Lehrbuch Praktische Theologie

Herausgegeben von
Albrecht Grözinger, Christoph Morgenthaler
und Friedrich Schweitzer

Band 1
Religionspädagogik

Friedrich Schweitzer

Religionspädagogik

Lehrbuch Praktische Theologie
Band 1

Bibliografische Information der Deutschen Nationalbibliothek
Die Deutsche Nationalbibliothek verzeichnet diese Publikation
in der Deutschen Nationalbibliografie; detaillierte bibliografische
Daten sind im Internet über https://portal.dnb.de abrufbar.

climate-id.com/12559-1708-1001

2. Auflage, 2019
Copyright © 2006 Gütersloher Verlagshaus, Gütersloh,
in der Verlagsgruppe Random House GmbH,
Neumarkter Str. 28, 81673 München

Sollte diese Publikation Links auf Webseiten Dritter enthalten, so übernehmen wir
für deren Inhalte keine Haftung, da wir uns diese nicht zu eigen machen, sondern
lediglich auf deren Stand zum Zeitpunkt der Erstveröffentlichung verweisen.

Umschlaggestaltung: Init GmbH, Bielefeld
Satz: SatzWeise, Bad Wünnenberg
Druck und Bindung: Books on Demand GmbH, Norderstedt
Printed in Germany
ISBN 978-3-579-05402-5

www.gtvh.de

Inhalt

Vorwort

Dieses Lehrbuch bietet eine grundlegende Einführung in die Religionspädagogik sowie einen knappen, aber möglichst umfassenden Überblick, so dass es ebenso für Studium und Examensvorbereitung oder als Nachschlagewerk benutzt werden kann. Damit wendet es sich besonders an Theologiestudierende (sowohl Pfarramts- als auch Lehramtsstudium) sowie an Vikarinnen und Vikare, Referendarinnen und Referendare. Sein wichtigstes Anliegen ist es, Religionspädagogik verständlich zu machen. Darin entspricht es der Überzeugung, dass sich Entwicklungen in Theologie und Pädagogik nicht einfach dem Zufall verdanken, sondern Zusammenhänge darstellen, in die Einsicht gewonnen werden kann – zum Nutzen besserer Orientierung für Praxis und Theorie. Eine solche Orientierung bildet die Grundlage religionspädagogischer Kompetenz.

Religionspädagogik auf der Höhe der Zeit steht heute von Anfang an im Horizont der gesellschaftlichen, kulturellen und religiösen Pluralität. Im Interesse an Dialog- und Pluralitätsfähigkeit, an Ökumene und Verständigung werden in diesem Buch, das aus der Perspektive eines evangelischen Theologen und Religionspädagogen geschrieben ist, durchweg auch Entwicklungen besonders im katholischen Bereich, aber auch in der internationalen Diskussion sowie – was noch am wenigsten gelingt – im Blick auf religiöse Sozialisation und Erziehung in anderen Religionen dargestellt. Damit soll das Buch dem Anliegen eines konfessionell-kooperativen (evangelisch-katholischen) Religionsunterrichts, der christlichen Ökumene sowie der Notwendigkeit eines interreligiösen Lernens gerecht werden. Zugleich soll deutlich werden, dass sich viele Einsichten erst dann einstellen, wenn der vergleichende Blick auch für die Religionspädagogik fruchtbar gemacht wird.

Das Buch ist so gestaltet, dass es fortlaufend von Anfang bis Ende gelesen werden kann, dass die Kapitel und Abschnitte aber auch jeweils für sich verstanden werden können. Das umfangreiche erste Kapitel eignet sich besonders dazu, einen orientierenden Überblick zu gewinnen, der sich dann durch die Lektüre der übrigen Kapitel vertiefen und erweitern lässt. Für Studierende könnte besonders das letzte Kapitel nützlich sein, da hier ausführlich auf wissenschaftliches Arbeiten in der Religionspädagogik, u. a. im Studium, eingegangen wird.

Das Anliegen, dass alle Kapitel und Abschnitte für sich selbst lesbar sein sollen, bringt gewisse Wiederholungen mit sich. Um die Redundanz gleichwohl in Grenzen zu halten, werden zahlreiche Querverweise gegeben, die mit einem Pfeil (→) gekennzeichnet sind. Zugunsten der Lesbarkeit wurde auf

Anmerkungen verzichtet. Literaturhinweise erfolgen im laufenden Text in Klammer. Wird eine Veröffentlichung im selben Abschnitt mehrfach zitiert, erscheinen Autorennamen und Jahreszahl bei der ersten Nennung, danach werden die Seiten nur mit einer Zahl in Klammer angegeben. Am Ende des Buches findet sich ein ausführliches Literaturverzeichnis mit den vollständigen Nachweisen (allerdings i.d.R. ohne Reihentitel, auf die zugunsten des Umfangs verzichtet wurde). Engzeilige Absätze bieten weitere Erläuterungen oder Einzelheiten.

Das Erscheinen dieses Buches ist für mich Anlass zu vielfältigem Dank: Die Kollegen Albrecht Grözinger und Christoph Morgenthaler, die mit eigenen Bänden an der vorliegenden Lehrbuchreihe beteiligt sind, haben mich mehrfach mit wichtigen Ratschlägen unterstützt. Als jüngere Kollegen und Mitarbeiter haben Oliver Kliss und Thomas Schlag große Teile des Manuskripts gelesen, hilfreiche Fragen gestellt und Verbesserungsvorschläge gemacht. Sollte es gelungen sein, ein gut lesbares Buch vorzulegen, so ist dies nicht zuletzt den studentischen Leserinnen der Manuskriptfassung zu danken – Evelyn Krimmer und Hilke Müller, deren Rückmeldungen mich ermutigt haben. Frau Müller hat mir auch bei der Gesamtredaktion sowie bei der Erstellung des Literaturverzeichnisses viel Arbeit abgenommen. Ohne die unendliche Geduld und Sorgfalt von Suse Schüürmann, die den Text im Sekretariat betreut und über viele Fassungen hinweg gepflegt hat, hätte das Buch nicht erscheinen können. Ihnen allen möchte ich an dieser Stelle herzlich danken, ebenso wie den Studierenden in vielen Lehrveranstaltungen und dem Verlag bzw. dessen Lektor Diedrich Steen, der sich des Projekts mit großem Engagement angenommen hat.

Tübingen, im Frühjahr 2006   Friedrich Schweitzer

1. Zugänge zur Religionspädagogik: Erfahrungen, Grundaufgaben und Bezugshorizonte

In diesem ersten Teil soll ausgehend von praktischen Erfahrungen erarbeitet werden, welche Grundaufgaben die Religionspädagogik zu erfüllen hat und in welchen Zusammenhängen und Bezugshorizonten diese Aufgaben zu bestimmen sind.

1.1 Erfahrungsbezogener Zugang: Drei Fallbeispiele

Die drei Fallbeispiele im Folgenden machen deutlich, warum und in welchem Sinne Religionspädagogik als Theorie oder Wissenschaft wichtig wird. Sie sprechen verschiedene Bereiche an: Familie, Religionsunterricht, Öffentlichkeit und (Bildungs-)Politik. Sie betreffen unterschiedliche Fragen, nach der Sicht des Kindes, religiöse Erziehung, Didaktik, Religion und Gesellschaft. Auch zusammengenommen decken diese Beispiele aber nicht den Gesamtumkreis religionspädagogischer Fragen ab. Sie zielen vielmehr auf Grundsituationen, die in der heutigen Praxis immer wieder begegnen.

1.1.1 Wenn dich morgen dein Kind fragt – oder: »Wie sieht der liebe Gott eigentlich aus?«

Ein Kind, das nach Gott fragt – das ist gewiss eine Grundsituation der religiösen Erziehung, wie sie zunächst vor allem Eltern vertraut ist. Es ist nicht die einzige Grundsituation einer solchen Erziehung. Denkbar ist genauso, dass Eltern ihrem Kind etwas mitteilen wollen, nicht weil das Kind ausdrücklich danach fragt, sondern weil es ihnen im eigenen Leben oder für die Zukunft des Kindes wichtig ist.

Nun aber ist es das Kind, das nach Gott fragt und wissen will, wie »der liebe Gott eigentlich aussieht«. Solche Fragen haben Eltern wohl in der gesamten Menschheitsgeschichte beantwortet – »einfach so«, ohne großes Nachdenken. Die Antworten dürften dabei recht unterschiedlich ausgefallen sein. »Gott kann man nicht sehen, aber in der Bibel gibt es Geschichten von Gott«, »Jesus hat den Menschen von Gott erzählt. Soll ich dir eine dieser Geschichten erzählen?« – So oder ähnlich könnten die Antworten von Eltern gelautet haben, die bei der Frage nach Gott vor allem an die christliche Überlieferung denken. Andere versuchen vielleicht eine stärker bildhafte Antwort: »Gott ist wie die Luft, die wir zum Atmen brauchen!« Daneben ist aber auch mit eher kurz angebundenen Reaktionen und mit Überforderung zu rechnen: »Ich weiß nicht!« oder: »Frag einen Pfarrer!« Vielleicht bestand die Antwort sogar nur im schweigenden Übergehen der Frage.

Unabhängig davon, wie die Antwort im Einzelnen ausfällt, ist deutlich, dass die meisten Eltern für ihre Antworten nicht auf religionspädagogische Theorien oder auf die Wissenschaft angewiesen sind. Sie wissen gleichsam von selbst oder meinen jedenfalls zu wissen, was und wie sie antworten sollen. Weiterreichende, dann auch als religionspädagogisch zu bezeichnende Interessen entwickeln sich im Bereich der Familienerziehung wohl erst, wenn Eltern unsicher werden oder wenn sie eine entsprechende Neugier entwickeln. Das ist sicher dann der Fall, wenn ihnen bewusst wird, dass es sehr unterschiedliche Antworten auf religiöse Fragen gibt, etwa unterschiedliche Gottesbilder und -vorstellungen, und sie nicht wissen, was sie dem Kind nun sagen sollen. Dabei können unterschiedliche Erwartungen eine Rolle spielen: die Erwartungen einer Kirche oder Religionsgemeinschaft, die bestimmte Auffassungen vertritt und der sich die Eltern zugehörig fühlen; die Ansprüche eines aufgeklärten rationalen Denkens, das gegen naive Gottesbilder spricht; in den Medien oder sonst in der Gesellschaft verbreitete Denkmuster; eigene Bedürfnisse und Erfahrungen. Eine Unsicherheit kann sich aber auch daraus ergeben, dass Eltern in erster Linie ihrem Kind und seinen Verstehensmöglichkeiten gerecht werden wollen. So wird beispielsweise immer wieder gesagt, die biblischen Antworten seien für Kinder noch nicht verständlich. In der Tat: Wer wollte auf die Kinderfrage, wie der »liebe Gott eigentlich aussieht«, einfach mit Kol 1,15 f. antworten: Christus »ist das Ebenbild des unsichtbaren Gottes, der Erstgeborene vor aller Schöpfung. Denn in ihm ist alles geschaffen, was im Himmel und auf Erden ist, das Sichtbare und das Unsichtbare«? Auch wenn es primär um das Kind gehen soll, spielen Erwartungen an Eltern und an die Erziehung eine Rolle, etwa die Erwartungen der Pädagogik und der Psychologie, die Auskunft darüber geben, was als kindgemäß gelten kann. In einer solchen Situation fragen auch Eltern nach theoretischen, wissenschaftlich geprüften Antwortmöglichkeiten. Allgemeiner ausgedrückt: Religionspädagogik kommt ins Spiel, wenn das intuitive Wissen von Eltern nicht mehr ausreicht und wenn Eltern nach wissenschaftlich geprüften Unterstützungs- oder Orientierungsmöglichkeiten suchen.

Fragen und Unsicherheiten von Eltern sind aber nicht der einzige Ursprung von Religionspädagogik. Das gilt selbst im Blick auf die religiöse Familienerziehung. Noch wichtiger für die Herausbildung von Religionspädagogik als Theorie und Wissenschaft waren und sind in gewisser Hinsicht

Kirche und Gesellschaft, die sich ebenfalls dafür interessieren, welche religiöse Erziehung im Elternhaus praktiziert wird. Die Kirche – besonders in Gestalt von Synoden und Kirchenleitungen – macht sich dabei in der Gegenwart vor allem Sorgen um die Verlässlichkeit von Familie als Träger der religiösen Erziehung: Wird die Familie noch den Erwartungen gerecht, welche die Kirche an sie hat? Stimmt es, dass in der Gegenwart tendenziell von einem Traditionsabbruch auszugehen ist? – In der Gesellschaft kommt die religiöse Familienerziehung besonders unter dem Aspekt der Werteerziehung in den Blick: Werden in der Familie die für das gesellschaftliche Zusammenleben erforderlichen moralischen Orientierungen von Gut und Böse überhaupt noch vermittelt? Trägt die religiöse Familienerziehung zu solchen Orientierungen genügend bei? Wo so gefragt wird, kommt es zu einem doppelten Interesse an Religionspädagogik: Zum einen entsteht ein Bedarf an verlässlichen Informationen darüber, welche religiöse und moralische Erziehung in der Familie heute vorauszusetzen ist. Zum anderen verbindet sich damit in aller Regel der Wunsch, die erzieherische Kompetenz von Eltern zu stärken.

Betrachten wir noch eine weitere Situation, in der Kinder nach Gott fragen, in diesem Falle nicht die eigenen Kinder, sondern Kinder im Religionsunterricht der Schule. Besonders im Grundschulalter fragen Kinder hier häufig nicht weniger direkt als in der Familie und wollen etwa wissen, wie »Gott aussieht«. Dennoch unterscheidet sich die Situation im Religionsunterricht in vieler Hinsicht von der in der Familie. In den Religionsunterricht werden Kinder nicht hineingeboren, und sie sind der Lehrerin oder dem Lehrer nicht einfach durch die Familienzugehörigkeit anvertraut. Vielmehr veranstaltet der Staat in der von ihm getragenen Schule einen solchen Unterricht und schicken Eltern ihre Kinder dorthin. Auch wenn dies nicht immer ausdrücklich gesagt wird, ist beides an bestimmte Voraussetzungen gebunden, auf die sich alle Beteiligten verlassen können müssen. Nach dem heutigen Verständnis von Schule und Unterricht muss das dort Dargebotene öffentlich und wissenschaftlich verantwortet werden können. Sowohl die Inhalte als auch die Formen des Lehrens und Lernens müssen professionellen Standards gerecht werden. Solche Standards wiederum verlangen eine entsprechende Ausbildung der Unterrichtenden, öffentlich ausgewiesene Lehrpläne sowie eine Theorie des Lehrens und Lernens im Religionsunterricht, womit weitere Gründe für die Ausbildung von Religionspädagogik als Theorie und Wissenschaft genannt sind.

Fassen wir das im Ausgang von einer religiösen Kinderfrage Entwickelte noch einmal zusammen, so sind bislang vier Motive für Religionspädagogik als Theorie und Wissenschaft deutlich geworden: Religiöse Erziehung soll *kindgemäß* sein (1.) und zugleich *sachgemäß* (2.). Sie soll, für das Beispiel der Frage nach Gott gesprochen, dem kindlichen Verstehen und Verstehenwollen ebenso gerecht werden wie unserem eigenen Wissen und unseren eigenen Glaubensüberzeugungen im Blick auf Gott. Darüber hinaus müssen religiöse Erziehung und Religionsunterricht besonders dort, wo sie in Einrichtungen wie der Schule stattfinden, *öffentlich* und *wissenschaftlich verantwortet* werden (3.). All dies setzt in vieler Hinsicht wissenschaftlich überprüfbare *Erkenntnisse über die Realität der religiösen Erziehung* in der Gegenwart voraus (4.).

Nun lässt sich gerade bei der Frage, wie »Gott aussieht«, noch ein weiteres Motiv benennen, das für die Religionspädagogik im engeren Sinne entscheidend ist. Denn bei allem, was die Religionspädagogik thematisiert, muss es ihr stets darum gehen, die *Entwicklung* und das *Lernen* von Kindern (oder Jugendlichen und Erwachsenen) zu unterstützen und weitere Entwicklungs- und Lernchancen zu eröffnen (5.). Jede Antwort auf die Frage des Kindes ist deshalb daran zu messen, ob sie das Interesse des Kindes aufrecht erhält oder schwächt. Darüber hinaus eröffnen Antworten nur dann Entwicklungs- und Lernchancen, wenn sie dem Kind Ausgangspunkte bieten, von denen aus es selbst weiter fragen, denken oder arbeiten kann. Man könnte auch sagen: Religionspädagogisch angemessene Antworten dürfen weder alle Fragen so beantworten, dass der Prozess des Fragens stillgestellt oder abgebrochen wird, noch dürfen sie einfach alles offen lassen, weil sonst das Interesse abbricht. Religionspädagogisch gesehen können Antworten zu viel, aber auch zu wenig bieten.

Am Ende dieses Abschnitts kann schließlich noch eine Frage aufgenommen werden, die gerade für ein Lehrbuch der Religionspädagogik wichtig ist. Welche Kenntnisse und Fertigkeiten, die etwa in einem *Studium der Theologie* erworben werden, befähigen zu einer Antwort auf die Frage eines Kindes, »wie Gott eigentlich aussieht«? Auslegung des Alten und Neuen Testaments, Geschichte der Kirche, dogmatische und ethische Theorien sind für eine Antwort, die sachgemäß sein soll, sicherlich wichtig. Für eine auch kindgemäße Antwort, die darüber hinaus in geprüfter Weise Entwicklungs- und Lernchancen eröffnen soll, reichen sie aber nicht aus. Zudem leuchtet unmittelbar ein, dass die Forderung nach Sachgemäßheit vom Anspruch auf Kindgemäßheit nicht einfach isoliert und für sich allein behandelt werden kann. Beide Forderungen greifen vielmehr ineinander und sollten daher gemeinsam behandelt werden. Dies lässt sich so zusammenfassen, dass Religionspädagogik auf verschiedene wissenschaftliche Disziplinen bezogen ist. Sie muss im Verbund mit Theologie und Religionswissenschaft, aber auch mit Pädagogik und Psychologie betrieben werden.

1.1.2 Bibel im Religionsunterricht – oder: Dürfen Kinder die Bibel »unrichtig« verstehen?

Wir sind bereits darauf gestoßen, dass die Bibel nicht einfach ein Buch für Kinder ist. Vieles, was darin geschrieben steht, ist Kindern kaum verständlich oder zugänglich. Schon seit langer Zeit wird jedoch angenommen, dass diese Einschränkung zwar für abstrakte Texte wie die neutestamentliche Briefliteratur gelte, nicht aber für biblische Erzählungen und Gleichnisse. Neuere empirische Untersuchungen (→ 106 ff.) haben ergeben, dass Kinder auch in diesem Falle ihre eigenen Verstehens- und Deutungsweisen einsetzen und dabei die Geschichten und Gleichnisse verändern. Vater und Sohn Wegenast (1999) haben als Religionspädagogen sogar die These vertreten, dass »biblische Geschichten auch ›unrichtig‹ verstanden werden« dürfen. Ich nehme diese Frage anhand eines Unterrichtsbeispiels auf, das für unsere Tübinger Unterrichtsforschung eine gleichsam paradigmatische Bedeutung gewonnen hat.

Es handelt sich um eine Sequenz aus dem Religionsunterricht in Klasse 5 (aus Schweitzer u. a. 1997, 15 f.). Die Stunde – zum Thema »Gleichnisse« – beginnt mit Assoziationen zu einem Bild. Zu sehen ist ein junger Mann, der von Schweinen umgeben ist.

> Ein *Schüler* murmelt: Da sind Schweine drauf.
> Eine *Schülerin* sagt: Also das könnte vielleicht so was sein wie mit dem verlorenen Schaf oder so, (nur) daß halt jetzt ein Schwein (fehlt) ... Also es könnte sein, daß das das gleiche ist, bloß mit Schweinen, daß jetzt ein Schwein fehlt.

Diese Assoziation zeigt ein typisches Unterrichtsproblem: das sog. »Religionsstunden-Ich«. Die übrigen Schülerassoziationen sind weniger bemerkenswert und führen rasch auf die richtige Spur: »Ist es vielleicht das Gleichnis vom verlorenen Sohn?«

Das Gleichnis wird dann mit einigen Unterbrechungen vorgelesen. Am Ende steht die Frage der

> *Lehrerin:* Möchtet ihr sonst noch etwas sagen, zum Text? Was euch auffällt?
> *Schülerin:* Der Bruder, der ist eifersüchtig.
> *Lehrerin:* Da kommen wir gleich noch drauf.
> *Schülerin:* Aber der Vater, also der probiert jetzt beide gleichgerecht als ... wie soll man sagen, zu verteilen.
> *Schülerin:* Und ... der Sohn hat ja gedacht, er sei jetzt gar nicht mehr sein richtiger Sohn, und er hat ihn (wieder) ganz anders aufgenommen, als er gedacht hat ...
> *Schülerin:* Also zuerst, da waren alle beide bockig gegen sich einander, und als der Sohn dann wiedergekommen ist, da hat's dem Vater leid getan. Und da ... haben sie sich beide entschuldigt.

Besonders auffällig ist wohl die Äußerung der Schülerin, die davon spricht, beide seien »bockig« gewesen. Gemeint sind ja nicht die beiden Brüder, von deren spannungsvollem Verhältnis das biblische Gleichnis spricht – gemeint sind vielmehr Vater und Sohn. Die Geschichte wird offenbar so aufgefasst, dass Vater und Sohn sich gestritten hätten, dass der Sohn daraufhin fortgezogen und nun mehr oder weniger reumütig zurückgekehrt wäre. Der Vater wiederum hätte inzwischen einen parallelen Prozess der Besinnung durchgemacht, so dass am Ende beide versöhnungsfähig geworden wären. Davon ist im Gleichnis jedenfalls nicht die Rede. Die Kinder geben das Gleichnis auf eine Art und Weise wieder, die das Gleichnis verändert.

Dies gilt auch noch in einer zweiten Hinsicht, wenn ein Kind sagt, der Vater probiere, »beide jetzt gleichgerecht«, also wohl: gleichberechtigt und fair zu behandeln. Im Hintergrund steht vermutlich die Vorstellung einer gerechten, auf Gleichbehandlung bedachten Verteilung des väterlichen Besitzes auf die beiden Söhne. Erneut ist dies eine »Auslegung«, die das biblische Gleichnis nicht unerheblich verändert.

Wie soll damit umgegangen werden? Welche Aufgaben und Möglichkeiten hat der Religionsunterricht? Herkömmlicherweise wurde und wird auf solche Äußerungen von Kindern, die von der richtigen Auslegung abweichen oder ihr widersprechen, mit einer Korrektur reagiert: Die Lehrerin oder der Lehrer sagt, wie das Gleichnis verstanden werden soll. Inzwischen ist freilich bekannt, dass solche Korrekturversuche eher das Gewissen der Unterrichtenden beruhigen und kaum das Verständnis der Kinder erreichen. In unserer Untersuchung zum Religionsunterricht (Schweitzer u. a. 1997) zeigte sich häufig im weiteren Gesprächsverlauf, dass die Kinder solche Korrekturen eher selten übernehmen. »Unrichtige« Deutungen sind offenbar nicht einfach ein Problem fehlender Kenntnis oder Einsicht, das sich durch Informationen und korrekte Auskünfte lösen ließe. In ihnen kommen vielmehr bestimmte, für die Kinder wichtige Sichtweisen und Überzeugungen zum Tragen.

Wenn die Verstehens- und Deutungsweisen der Kinder nun aber für sie selbst wichtig sind, kann weitergehend die Auffassung vertreten werden, der Unterricht habe kein Recht, hier Veränderungen anzustreben oder gar herbeizuführen. Diese Auffassung führt religionspädagogisch aber nicht wirklich weiter. Denn wenn dies so wäre: Warum brauchen wir dann überhaupt Religionsunterricht? Reicht es zu, diesen Unterricht lediglich als Lieferanten von Materialien anzusehen, mit denen die Kinder dann einfach machen, was sie wollen?

Erneut begegnen wir hier der Spannung zwischen *Sachgemäßheit* und *Kindgemäßheit*. Lösungen kommen nur dann in den Blick, wenn beide Pole dieser Spannung berücksichtigt werden. Wenn religionspädagogisch kompetente Handlungsweisen weder in ohnehin nicht wirksamen Korrekturversuchen bestehen können noch in einer bloßen Zurückhaltung gegenüber den spontanen Verstehensweisen der Kinder, dann ist ein Vorgehen gefragt, das ebenso sensibel für die Kinder ist wie für das biblische Gleichnis. Solche Vorgehensweisen setzen allerdings Einblick in die kindliche Entwicklung sowie in die lebensweltlichen Zusammenhänge und Bedürfnisse von Kindern voraus Nur unter dieser Voraussetzung können Impulse gegeben werden, mit denen die Kinder tatsächlich etwas anfangen können und durch die sie zumindest auf den Weg zu einem auch sachlich angemesseneren Verständnis der Bibel gelangen.

Religionspädagogik erscheint in diesem Zusammenhang als diejenige Theorie und Wissenschaft, die zu einem produktiven Umgang mit kindlichen Verstehensweisen befähigt. Schon an dieser Stelle wird sichtbar, dass Religionspädagogik nicht in der bloßen Vermittlung vorab festliegender Kenntnisse bestehen kann und noch weniger, wie häufig zu Unrecht angenommen wird, allein in einem Repertoire geeigneter Methoden. Religionspädagogik zielt vielmehr auf Wahrnehmungs-, Urteils- und Handlungsfähigkeit im Spannungsfeld von Sachgemäßheit und Kindgemäßheit.

1.1.3 Weltanschaulich neutrale Religionskunde statt konfessionellem Religionsunterricht – oder: Welche Orientierungsangebote braucht die jüngere Generation?

Kaum eine andere religionspädagogische Frage hat in den letzten Jahren in Wissenschaft und Öffentlichkeit so viel Aufmerksamkeit auf sich gezogen wie die nach der Zukunft des konfessionellen Religionsunterrichts. In Deutschland, aber auch in einigen anderen europäischen Ländern werden religionswissenschaftlich ausgerichtete Formen von Unterricht diskutiert oder eingeführt wie zuletzt in der Schweiz (Kanton Zürich: »Religion und Kultur« →89 ff.). Noch immer am bekanntesten ist die Auseinandersetzung um den Brandenburger Schulversuch bzw. das heutige Unterrichtsfach »Lebensgestaltung – Ethik – Religionskunde« (LER →92). Zu entscheiden war hier, in welcher Form Religion in der staatlichen Schule nach der deutschen Vereinigung thematisiert und unterrichtet werden soll. Zwei gegensätzliche Vorstellungen prallten dabei aufeinander: Auf der einen Seite wurde die Einführung des in Westdeutschland üblichen konfessionellen Religionsunterrichts auch in Brandenburg gefordert, so wie dies im Grundgesetz (→82 ff.) vorgeschrieben ist. Auf der anderen Seite wurde vor allem auf den in Brandenburg sehr hohen Anteil konfessionsloser Kinder und Jugendlicher (ca. 80 %) verwiesen sowie auf die pädagogische Notwendigkeit, gerade im Bereich von Ethik und Religion ein gemeinsames Lernen im Klassenverband zu ermöglichen. Das Land

Brandenburg hat sich gegen einen konfessionellen Religionsunterricht entschieden und statt dessen für LER als ein religionskundliches Schulfach, das ohne Beteiligung der Religionsgemeinschaften allein vom Staat verantwortet wird. Der dadurch ausgelöste Streit um Religionsunterricht und Religionskunde bzw. LER wurde weder in inhaltlich-religionspädagogischer noch in rechtlicher Hinsicht endgültig entschieden. Das von mehreren Seiten angerufene Bundesverfassungsgericht vermied eine Entscheidung, indem es den Klägern die letztlich auch realisierte Möglichkeit einer sog. einvernehmlichen Verständigung nahelegte.

Die Einzelfragen, die sich mit dieser Auseinandersetzung verbinden, sollen uns an dieser Stelle noch nicht beschäftigen (→92). Ich konzentriere mich auf die Frage nach *Religion in der Schule* als eine der religionspädagogischen Grundfragen, die im Blick auf die Zukunft des schulischen Religionsunterrichts bearbeitet werden müssen. Denn dazu sind inzwischen sehr unterschiedliche Überzeugungen anzutreffen, obwohl über das Ziel eines Zusammenlebens in Frieden und Toleranz und einer Verständigungsorientierung zwischen den Religionen kaum mehr gestritten wird. Die Auffassung, Frieden und Toleranz ließen sich am ehesten dadurch erreichen, dass die Unterschiede und Gegensätze zwischen Kulturen und Religionen oder Konfessionen in der Öffentlichkeit und vor allem in der staatlichen Schule keine Rolle spielen, ist am deutlichsten im Bereich der Politik der Europäischen Union ausgeprägt, wobei im Hintergrund u. a. der Einfluss Frankreichs zu stehen scheint. Aus den genannten Gründen wird Religion in Frankreich weithin als reine Privatangelegenheit behandelt, weshalb es dort auch keinen Religionsunterricht in der staatlichen Schule geben darf. Religion kann unter dieser Voraussetzung in der Schule nur in weltanschaulich neutraler Weise thematisiert werden, beispielsweise als Religionsgeschichte oder in Form religionswissenschaftlicher Kenntnisse. Darüber hinaus ist auch den Schülerinnen und Schülern das Tragen sog. ostentativer religiöser Symbole in der Schule verboten.

Dass weltanschauliche Neutralität der Öffentlichkeit der einzige Weg zu Frieden und Toleranz sei, wird jedoch keineswegs allgemein akzeptiert. Die Behandlung von Religion nur als Privatsache widerspreche nicht nur dem Selbstverständnis vieler Religionen und sicherlich dem Selbstverständnis des Christentums, sondern verhindere auch ein wechselseitiges Verstehen und eine Verständigung zwischen den Religionen. In diesem Falle werden Frieden und Toleranz gerade von einer Begegnung verschiedener Religionen in der Öffentlichkeit und deshalb auch in der staatlichen Schule erwartet, weil in dieser Sicht nur so eine Verständigung vorbereitet und eingeübt werden kann. Pluralitätsfähigkeit als Bildungsziel setze die Auseinandersetzung mit Differenz und Pluralität voraus und könne deshalb nicht in einer weltanschaulich neutralen Schule erreicht werden, welche die Religionen nur in der distanzierten und neutralisierten Form von Religionskunde in der Schule zulassen will. Welcher der beiden Positionen aus welchen Gründen der Vorzug gegeben werden sollte, kann hier noch offen bleiben. Ebenso unentschieden lasse ich das Problem, ob es sich bei der Auseinandersetzung zwischen weltanschaulich neutraler Religionskunde und konfessionellem Religionsunterricht tatsächlich um eine reine Alternativentscheidung handeln kann oder ob hier auch mit Zwischen- und Mischformen zu rechnen ist. Worauf es im vorliegenden Zusammenhang ankommt, sind die Fragen, die sich aus der Auseinandersetzung um die Zukunft des Religionsunterrichts für die Religionspädagogik als Theorie und Wissenschaft ergeben. Offenbar reicht es heute nicht mehr aus, Religionspädagogik allein als Theorie der religiösen Erziehung oder als Lehr-Lern-Theorie zu konzipieren. Weiterreichende Fragen, die über die religiöse Familienerziehung ebenso hinausgehen wie über den schulischen Religionsunterricht oder die Pädagogik in der Gemeinde, betreffen den *Umgang der Gesellschaft mit der jüngeren Generation* sowie die Gestalt von *Institutionen* wie der Schule, in denen sich dieser Umgang vollzieht. Im Kern geht es dabei um die Frage, welche Orientierungsangebote der jüngeren Generation gerecht werden und wie solche Angebote aussehen sollen.

Innerhalb der Theologie können solche gesellschaftlichen Fragen nicht nur der Religionspädagogik, sondern auch der christlichen Ethik zugerechnet werden. Soweit es sich um pädagogische Vollzüge und Institutionen handelt, werden entsprechende Themen in der theologischen Ethik aber in der Regel faktisch nicht behandelt (wobei Ausnahmen wie Herms 1999 nicht verschwiegen werden sollen). So wird es für die Religionspädagogik unausweichlich, sich heute weiterreichenden gesellschaftlichen, politischen und rechtlichen Fragen zu stellen und über die engeren Bereiche von religiöser Erziehung und Bildung hinaus auch das weitere Feld von Pädagogik und Religion insgesamt in den Blick zu nehmen.

Weiterführende Literatur

F. Schweitzer, Das Recht des Kindes auf Religion. Ermutigungen für Eltern und Erzieher, Gütersloh ²2005
L. Krappmann/C. T. Scheilke (Hg.), Religion in der Schule – für alle?! Die plurale Gesellschaft als Herausforderung an Bildungsprozesse, Seelze-Velber 2003

1.2 Problemgeschichtlicher Zugang: Religionspädagogische Grundaufgaben und ihre Neubestimmung in Moderne und Postmoderne

In diesem Unterkapitel sollen die religionspädagogischen Grundaufgaben, wie sie in den Fallbeispielen (→ 1.1) ansatzweise sichtbar geworden sind, weiter entfaltet werden. Da sich ein Verständnis dieser Grundaufgaben am leichtesten anhand ihrer geschichtlichen Herausbildung gewinnen lässt, wähle ich hier einen problemgeschichtlichen Zugang. Im Folgenden geht es also nicht um die Geschichte als solche, sondern um die Einführung in religionspädagogische Grundaufgaben im geschichtlichen Horizont. Dabei kann auch deutlich werden, dass religionspädagogische Aufgaben in aller Regel auf bestimmte geschichtliche Situationen und Herausforderungen bezogen sind, was in der Überschrift zu diesem Abschnitt mit dem Hinweis auf die Neubestimmung solcher Aufgaben in Moderne und Postmoderne eigens hervorgehoben wird.

Die nachfolgende Darstellung verbindet bestimmte Themen und Problemstellungen mit historischen Zusammenhängen von der biblischen Zeit bis hin zur Gegenwart. Eine solche Einteilung scheint mir didaktisch sinnvoll, auch wenn die Geschichte im Einzelnen natürlich nicht in einer solchen vereinfachten Darstellung aufgeht.

1.2.1 Biblischer Glaube und Hochschätzung des Kindes: Die Generationentatsache als Ausgangspunkt der Religionspädagogik

Angesichts der enormen Bedeutung der Bibel für das Christentum und besonders für die evangelische Kirche und Tradition lag und liegt es nahe zu fragen, welche Auskunft die Bibel über Fragen der religiösen Erziehung und der Pädagogik zu geben vermag. Die bislang vorliegenden Untersuchungen sind aber vor allem für diejenigen, die diese Frage in praktischer Absicht stellen, eher enttäuschend. Entweder bieten sie historisch zwar interessante, für die Gegenwart aber kaum anschlussfähige Einblicke in die geschichtliche Situation der Erziehung in biblischer Zeit (zusammenfassend etwa Crenshaw 1998), oder sie gehen so deutlich von Interessen der Gegenwart aus (so etwa Jentsch 1951), dass sie nicht mehr wirklich als biblische Darstellungen bezeichnet werden können. Exegetisch-historische und religionspädagogisch-praktische Interessen greifen noch zu wenig ineinander, auch wenn neuerdings erfreuliche Schritte hin zu einer engeren Zusammenarbeit unternommen werden (Überblick: Jahrbuch für biblische Theologie Bd. 17: Gottes Kinder). Wünschenswert bleibt eine engere Verzahnung von Exegese und erziehungswissenschaftlichen Perspektiven. Religionspädagogisch aufschluss-reiche Folgerungen lassen sich jedenfalls noch nicht daraus gewinnen, dass auf historisch unbezweifelbare, pädagogisch gleichwohl unhaltbare Auffas-sungen in der Bibel verwiesen wird, wie sie beispielsweise in der biblischen Weisheitsliteratur zu finden sind. Allerdings haben entsprechende Anweisun-gen in der Geschichte stark gewirkt: »Züchtige deinen Sohn, solange Hoff-nung da ist, aber lass dich nicht hinreißen, ihn zu töten« (Sprüche 19,18 oder aus der sog. apokryphen Literatur, Sir 30,1: »Wer seinen Sohn liebhat, der hält … die Rute bereit«).

Natürlich geht weder das Alte noch das Neue Testament in solchen Sprü-chen auf, die uns heute eher abstoßend und grausam vorkommen. Ebenso bemerkenswert sind die biblischen Zeugnisse von einem liebevollen, durch Respekt geprägten Umgang zwischen Eltern und Kindern, um den es auch im recht verstandenen 4. Gebot geht (»Du sollst Vater und Mutter ehren …«). Solange aber nur einzelne Zitate und Belege nebeneinander gestellt werden, ergibt sich daraus keine hilfreiche Orientierung für die Religionspädagogik. Eine solche Orientierung wird hingegen erreichbar, wenn wir uns auf grund-legende biblische Motive konzentrieren, die in der Geschichte und bis hinein in unsere Gegenwart von entscheidender Bedeutung sind.

Ein erstes solches Motiv kann in der *Wertschätzung nachfolgender Genera-tionen* gesehen werden. Wie wenig selbstverständlich diese Einstellung ist, wird besonders in unserer eigenen Gegenwart deutlich, etwa angesichts rück-läufiger Geburtenraten in vielen europäischen Staaten oder angesichts der immer wieder diskutierten Frage, welche Lasten etwa in Gestalt von Renten-zahlungen oder des Verbrauchs endlicher Ressourcen wie Erdöl nachfolgen-den Generationen auferlegt werden dürfen. Natürlich ist davon in der Bibel noch nicht die Rede, aber diese Probleme bestimmen gleichwohl den heutigen Rezeptionshorizont für die Bibel. Sie machen bewusst, dass im Blick auf nach-folgende Generationen grundlegende Einstellungen angesprochen sind. Des-halb ist es bemerkenswert, wenn die Fortsetzung und Ausbreitung des menschlichen Geschlechts in der Bibel von Anfang an im Horizont des gött-lichen Segens gesehen werden (Gen 1,28: »Und Gott segnete sie und sprach zu ihnen: Seid fruchtbar und mehret euch«). In Gottes Bund mit Abraham bzw. Abram werden nachfolgende Generationen zum ausdrücklichen Gegenstand der Verheißung (Gen 12,2: »Und ich will dich zum großen Volk machen und will dich segnen«). Damit ist zugleich die Sorge für die nachwachsende Gene-ration begründet, auch im Sinne eines respektvollen Umgangs der Generatio-nen miteinander. Auf derselben Linie liegen später etwa die Ausführungen der Haustafel im Epheser-Brief (Eph 6, 1.4: »Ihr Kinder, seid gehorsam euren Eltern in dem Herrn … Und ihr Väter, reizt eure Kinder nicht zum Zorn«). Teil der positiven Wahrnehmung nachfolgender Generationen, aber doch eigens hervorzuheben ist die besondere *Wertschätzung des Kindes* (Weber 1980, Müller 1992, Bunge 2001). In kaum zu überbietender Weise wird der Dienst am Kind als Gottesdienst verstanden (Mk 9,37: »Wer ein solches Kind in meinem Namen aufnimmt, der nimmt mich auf; und wer mich aufnimmt, der nimmt nicht mich auf, sondern den, der mich gesandt hat«). Und noch mehr: Den Kindern wird das Reich Gottes zugesprochen (Mk 10,14: »Lasst die Kinder zu mir kommen und wehret ihnen nicht; denn solchen gehört das Reich Gottes«). Auf diese Sicht des Kindes wird in der Gegenwart vermehrt zurückgegriffen (Schweitzer 1992, 405 ff., Synode der EKD 1995, Miller-McLemore 2003).

Weder die Sorge für nachfolgende Generationen noch die Verheißung des Reiches Gottes für Kinder begründen aber für sich genommen die Notwendigkeit der religiösen Erziehung. Diese Notwendigkeit wird erst aus der *Eigenart des biblischen Glaubens* einsichtig. Denn dieser Glaube beruht nicht einfach auf ekstatischen Erfahrungen oder unvermittelten Erleuchtungen. Er ist vielmehr aufs engste mit der biblischen Überlieferung verbunden – mit der Erinnerung an Erfahrungen mit Gott in der Geschichte, die erzählt und dargestellt werden können. Daraus ergibt sich der Anstoß zur Unterweisung. Bereits in den frühesten Darstellungen christlicher Gemeinden werden Lehrer genannt (1. Kor 12,28; Eph 4,11), was sachlich voraussetzt, dass tatsächlich etwas gelehrt und auch gelernt werden kann. Der biblische Glaube führt also aufgrund seiner Eigenart und seines Inhalts zur Notwendigkeit der religiösen Unterweisung und Erziehung nachfolgender Generationen.

Es steht freilich außer Zweifel, dass sich der Einbezug der jüngeren Generation in die Glaubensüberlieferung lange Zeit eher in Gestalt von Prägung oder automatischem Hineinwachsen vollzog. Immerhin belegt das Buch Deuteronomium aber doch den ausdrücklichen Übergang zum *Lehren und Lernen* sowie zu einer *am Verstehen orientierten Vermittlung* (Finsterbusch 2002). Hier begegnen wir noch einmal der Grundsituation religiöser Erziehung (→ 11 ff.): »Wenn dich nun dein Sohn morgen fragen wird: Was sind das für Vermahnungen, Gebote und Rechte, die euch der Herr, unser Gott, geboten hat?« (Dt 6,20). Bemerkenswert ist nicht zuletzt die Anweisung, die dann im Blick auf den so gefragten Vater formuliert wird. Denn diese Anweisung zeigt, wie die Überlieferung der geschichtlichen Erinnerung zu einem verständigen Einbezug führen soll (Dt 6,21 ff.: »so sollst du deinem Sohn sagen: Wir waren Knechte des Pharao in Ägypten, und der Herr führte uns aus Ägypten mit mächtiger Hand ...«). Damit wird eine Sicht begründet, die heute etwa mit der Formel »Das Gottesvolk der Bibel als Lerngemeinschaft« beschrieben wird (Lohfink 1989).

Damit sind Grundelemente benannt, die für eine biblische Begründung religiöser Erziehung sowie ausdrücklich eines auf den biblischen Glauben bezogenen Lehrens und Lernens in Anspruch genommen werden können. Sie lassen sich zu drei Motiven bündeln: *nachfolgende Generationen als Verheißung und Wertschätzung des Kindes*, die *Eigenart des biblischen Glaubens als Anstoß für Lehren und Lernen*, eine *am Verstehen orientierte Form der Vermittlung*.

Es muss bewusst bleiben, dass sich die biblischen Aussagen über künftige Generationen und über das Kind, über Erziehung, Lehren und Lernen in diesen Motiven nicht erschöpfen. Ebenso ist deutlich geworden, dass neben heute anschlussfähigen Aussagen auch solche stehen, die wie etwa beim Thema (körperlicher) Strafen klar zurückgewiesen werden müssen. Gleichwohl ergeben sich aus den beschriebenen drei Motiven wichtige Einsichten für die heutige Religionspädagogik. Vor allem wird hier deutlich, worin der am weitesten reichende Grund für die Notwendigkeit einer Religionspädagogik liegt. Es ist die sog. *Generationentatsache* – die Tatsache, dass Menschen geboren werden und sterben und dass deshalb immer mehrere Generationen zugleich miteinander leben. In der Neuzeit hat dies vor allem F. Schleiermacher (1849, 7) hervorgehoben, wenn er die gesamte Pädagogik und damit auch seine Theorie der religiösen Erziehung und Bildung von der Generationentatsache her begründet und als Ausgangspunkt die Frage sieht: »Was will denn eigentlich die ältere Generation mit der jüngeren?« Erst mit dieser Verankerung in der Generationentatsache gewinnt die Religionspädagogik festen Grund und kann einsichtig werden, warum die Frage nach religiöser Erziehung und Bildung unabdingbar einen eigenen Platz in der Theologie und in der Erziehungswissenschaft beanspruchen muss. Alle anderen Begründungen etwa mit dem schulischen Religionsunterricht, dem Konfirmandenunterricht usw. sind demgegenüber als beispielhafte Konkretionen zu verstehen, die sich im Laufe der Geschichte immer wieder verändert haben und auch in Zukunft wieder verändern können. Der Begründung von Religionspädagogik in der Generationentatsache ist allerdings, wie sich ebenfalls gezeigt hat, eine bestimmte Deutung hinzuzufügen: Nur wenn das Verhältnis zwischen den Generationen durch das Interesse an einer verständigen Vermittlung bestimmt ist, so wie es auch dem biblischen Glauben entspricht, kann es zum Anlass für Erziehung und Bildung statt von bloßer Gewöhnung, Prägung, Indoktrination usw. werden.

Diese Hinweise gehören allerdings in den Zusammenhang von Religionspädagogik als Theorie und Wissenschaft, wie wir sie in der biblischen Zeit noch nicht finden. Die Herausbildung zumindest von religionspädagogischen Anleitungen, die zwar noch nicht als Wissenschaft, aber doch als eine erste Form von Theorie angesprochen werden können, vollzieht sich freilich schon in den ersten nachchristlichen Jahrhunderten. Am bekanntesten sind die Anleitungen aus dem Bereich des *katechetischen Unterrichts*, d. h. des Unterrichts für die damals erwachsenen Taufbewerber. Daneben sind aber auch Ausführungen zur Familienerziehung zu nennen. Diese katechetischen und pädagogischen Schriften zeigen, dass die biblischen Impulse geschichtlich wirksam geworden sind. Zumindest in knapper Form sollen deshalb dazu einige Hinweise gegeben werden (weiterer Überblick: Paul 1993):

Das berühmteste Beispiel einer *Anleitung für Katecheten* stammt von Augustinus (354-430). Als Hintergrund setzt Augustins Schrift »Vom ersten katechetischen Unterricht« (de catechizandis rudibus) den altkirchlichen Katechumenat als eine mehr oder weniger feste Institution voraus. Vor der Taufe mussten sich Taufbewerber einer Zeit der Unterweisung und sittlichen Bewährung unterziehen. Für den Unterricht waren Katecheten zuständig wie jener Bruder Deogratias, dem Augustinus helfen möchte. Offenbar hat dieser Lehrer Probleme: »Nun leidest du aber nach deiner Aussage fast ständig unter der quälenden Unsicherheit, wie denn die Kernpunkte des christlichen Glaubens in geeigneter Form zu vermitteln sind«. Deogratias ist unzufrieden mit seinem eigenen Vortrag, der ihm »oberflächlich und langweilig« erscheint (Augustinus 1985, 13). Interessant sind die Ratschläge des Augustinus u. a. deshalb, weil er sich bereits Gedanken über die geeignete Auswahl von Inhalten macht (»kurz und exemplarisch zusammenfassen«, 19) und weil er das Problem reflektiert, wie didaktisch unterschiedlichen Lern- und Bildungsvoraussetzungen bei den Hörern entsprochen werden kann (31 ff.). Damit sind zumindest einige der Fragen benannt, die in der Religionspädagogik bzw. -didaktik bis heute bearbeitet werden.
Als frühes Beispiel für eine auf die christliche *Familienerziehung* bezogene Darstellung kann die Schrift von Johannes Chrysostomos (ca. 349-407) »Über Geltungssucht und Kindererziehung« genannt werden. Geboten wird hier eine umfassende Anleitung zur Familienerziehung, die ebenso die moralische Erziehung umfasst wie die religiöse Unterweisung. Ausdrückliche Überlegungen gelten der Art und Weise, wie biblische Geschichten in welchem Lebensalter erzählt werden können (Text bei Gärtner 1985, 197 ff.).

Kirchlich-katechetische Unterweisung und christliche Familienerziehung lassen sich als Themen also weit in die Geschichte des Christentums zurückverfolgen. Da sich der Taufunterricht im Katechumenat damals an Erwachsene wendet, können hier sogar frühe Wurzeln einer christlichen Erwachsenenbildung entdeckt werden, auch wenn von Erwachsenenbildung im modernen Sinne natürlich noch nicht die Rede sein kann. Was im Vergleich zur heutigen Religionspädagogik fehlt, ist der *Religionsunterricht der Schule*. In den ersten nachchristlichen Jahrhunderten konnte es einen solchen Unterricht schon aufgrund der zum Teil durch Verfolgung und Unterdrückung bestimmten Stellung der Christen im römischen Staat nicht geben. Gleichwohl war die Schule schon früh Thema des christlichen Erziehungsdenkens, weil der Schulbesuch christlicher Kinder zu Konflikten zwischen dem christlichen Glauben und der als Heidentum wahrgenommenen und in der Schule vermittelten römischen Götterwelt führte. Diese Diskussion ist insofern bleibend aufschlussreich, als hier zugleich das Interesse des Christentums an Bildung hervortritt.

Die christliche Kritik am antiken Bildungswesen hat verschiedene Facetten. Grundsätzlich wird bemängelt, dass in der Schule die aus christlicher Sicht unerlässliche Charakterbildung vernachlässigt werde (so etwa Athenagoras um 180 n. Chr., vgl. Scholl 1976, 505 ff.). Ihren Brennpunkt besitzt diese Kritik jedoch bei Glaubensfragen, eben weil in der römischen Schule ganz selbstverständlich die antike Götterdichtung behandelt wurde. Besonders interessant sind hier die Auffassungen Tertullians (ca. 160-220), der den Schulbesuch christlicher Kinder als unabdingbar ansieht, den Lehrerberuf für Christen aber ausschließt. »Lesen und Schreiben« sei der »Weg zu jeder Lebensstellung«. Ohne die »weltlichen Studien« könnten »die religiösen nicht bestehen«. »Es ist jedoch eher möglich, dass die Gläubigen die Literatur lernen als sie lehren ... Wenn ein Gläubiger die Literatur lehrt, so steht er ohne Zweifel ein für die Lobeserhebungen der Götzen; wenn er sie kennen lehrt, so bestätigt er sie; indem er sie erwähnt, gibt er ein Zeugnis für sie ab« (zit. nach Scholl 1976, 509 f.). H.-I. Marrou (1957, 457 f.) deutet die Konflikte zwischen Christentum und Schule, indem er auf die Angewiesenheit des Christentums schon für die »einfache Ausübung des Gottesdienstes« auf »wenigstens ein Mindestmaß von literarischer Bildung« verweist: »Das Christentum ist eine gelehrte Religion und kann nicht in Verbindung mit Barbarei gedacht werden«. Es sei in konstitutiver Weise eine »Religion des Buches«, in deren Entwicklung »die Rolle des geschriebenen Wortes im täglichen Leben der Kirche« immer deutlicher hervortritt.

Auch die eigene Gestaltung *christlicher Schulen* hat eine lange Geschichte. Seit dem 4. Jahrhundert kommt es zur Gründung von Klosterschulen zunächst in Ägypten, später auch in anderen Ländern. Dazu treten in der Folgezeit mehr und mehr auch unabhängig von den Klöstern weitere Schulen wie etwa die Bischofsschulen, die sich am Sitz des Bischofs entwickelten (vgl. Marrou 1957, 477 ff.; zur weiteren Information: Johann 1976, Schwenk 1992).

Die Entwicklung in den ersten nachchristlichen Jahrhunderten lässt also deutlich erkennen, dass die o. g. biblischen Motive – positive Wahrnehmung nachfolgender Generationen und Wertschätzung des Kindes, die Eigenart des biblischen Glaubens als Anstoß zum Lehren und Lernen, das Interesse an einer am Verstehen orientierten Vermittlung – zur Ausbildung eigener, vor allem katechetischer Bildungsbemühungen in Gemeinde und Familie geführt haben sowie den Hintergrund für die fortgesetzte Sorge um die nicht-christliche Beeinflussung der Kinder durch die Schule bildeten. Als »Religion des Buches« war das Christentum gleichwohl auf Schule und Bildung angewiesen. Fragen der religiösen Unterweisung im engeren Sinne gehen schon früh mit dem Interesse an einer umfassenden ethischen Erziehung (Charakterbildung) einher, deren Vernachlässigung der Schule vorgehalten wird. Erkennbar sind ebenfalls Ansätze zur Ausbildung theoretischer Anweisungen für den katechetischen Unterricht und die religiöse Erziehung. In ihnen kann der erste Schritt zu einer Religionspädagogik als Theorie und Wissenschaft gesehen werden.

Die Anfänge der Institutionalisierung christlicher Erziehung und Bildung konnten im weiteren Verlauf der Geschichte nicht aufrechterhalten werden (Überblick: Paul 1993, 1995). Auch der Übergang des Christentums zur Staatsreligion führte nicht zu einem christlich geprägten Bildungswesen, schon weil für das Mittelalter nicht von einem breit ausgebauten oder gar für alle Kinder und Jugendlichen zugänglichen Bildungswesen gesprochen werden kann. Es blieb bei einzelnen Reformversuchen, deren bemerkenswertester wohl die Schulreform unter Karl dem Großen (768-814) war. Diese Reform stützte sich nicht zuletzt auf christliche Schulen, erbrachte aber ebenfalls keine nachhaltige Veränderung der Situation. Weiterreichende Neuaufbrüche sind erst im Spätmittelalter zu verzeichnen, mit Renaissance und Humanismus, mit Reformation und Gegenreformation bzw. der Herausbildung des Konfessionalismus.

Weiterführende Literatur

Jahrbuch für Biblische Theologie Bd. 17: Gottes Kinder, Neukirchen-Vluyn 2002
P. Müller, In der Mitte der Gemeinde. Kinder im Neuen Testament, Neukirchen-Vluyn 1992
E. Paul, Geschichte der christlichen Erziehung. Bd. 1: Antike und Mittelalter, Freiburg u. a. 1993; Bd. 2: Barock und Aufklärung, Freiburg u. a. 1995

1.2.2 Die Nicht-Lehrbarkeit des Glaubens und die Notwendigkeit des Lernens: reformatorische Aspekte

Es liegt nahe, dass ein von einem evangelischen Religionspädagogen verfasstes Lehrbuch einen eigenen Abschnitt zu reformatorischen Aspekten enthalten muss. Die Identität der evangelischen Tradition hängt auch in diesem Bereich davon ab, ob die von den Reformatoren gewonnenen Einsichten noch immer als Grundlage in Anspruch genommen werden können. Insofern ist es umgekehrt überraschend und problematisch, wenn neuere evangelische Lehrbücher der Religionspädagogik (z. B. Grethlein 1998, Kunstmann 2004) gar nicht mehr eigens auf die reformatorischen Grundlegungen eingehen, um die Religionspädagogik stattdessen einfach in der Neuzeit beginnen zu lassen. Auch römisch-katholische Lehrbücher zur »Geschichte der christlichen Erziehung« (Paul 1995, 66 ff.) können die entsprechenden Bemühungen der Reformatoren in einem knappen »Exkurs« behandeln. Sie bringen damit den Zweifel daran zum Ausdruck, dass eine Hervorhebung der reformatorischen Leistungen im Erziehungs- und Bildungsbereich historisch gerechtfertigt werden kann.

Aus heutiger Sicht können die pädagogischen Ansätze der Reformatoren sicher nicht isoliert von ihrer Vorgeschichte in der vorreformatorischen Kirche betrachtet werden. Gleichwohl darf umgekehrt der enge Zusammenhang zwischen reformatorischen Grundentscheidungen und einem entsprechenden pädagogischen Denken nicht übergangen werden.

Was berechtigt historisch gesehen zu einer Hervorhebung der Reformation in religionspädagogischer Hinsicht? Die Antwort auf diese Frage lässt zugleich die Merkmale der reformatorischen Erziehungs- und Bildungsarbeit hervortreten. Martin Luther, Philipp Melanchthon, Ulrich Zwingli und später Jean Calvin, aber auch an anderen Orten wirkende Reformatoren wie etwa Johannes Brenz, Johannes Sturm, Martin Bucer und Martin Bugenhagen, um nur einige zu nennen, setzten sich in neuer Weise für allgemeine und religiöse Bildung für alle ein (Überblick: Nipkow/Schweitzer 1991). Bis heute sind im evangelischen Bereich die damals neu entwickelten Katechismen und der katechetische Unterricht bedeutsam geblieben, aber auch der enge Zusammenhang zwischen Bildung und Protestantismus ist – vor allem in der Neuzeit – geschichtsmächtig geworden, auch wenn mit Recht auf vergessene Parallelentwicklungen im Katholizismus hingewiesen werden kann (Ehrenpreis/Lotz-Heumann 2002). Das reformatorische Interesse an Bildung kann einerseits darauf zurückgeführt werden, dass die angestrebte Kirchenreform ohne eine entsprechende Bildungsreform nicht durchgeführt werden konnte – insofern diente Bildung für die Reformatoren der Kirche –, andererseits darf auch das über die Kirche hinausreichende Bemühen um Frieden und Gerechtigkeit (pax et iustitia), an denen sich Bildung und Schule in reformatorischer Sicht ausrichten sollen, nicht übersehen werden. Die von den Reformatoren geforderte Bildung ist ebenso religiöse wie auch ethische Bildung.

(1) Das reformatorische *Bemühen um Schule und Bildung* tritt in markanter Weise bereits in einer der ersten Programmschriften der Reformation hervor, der sog. Adelsschrift Luthers von 1520 (An den christlichen Adel deutscher Nation von des christlichen Standes Besserung):

> »Vor allen Dingen sollte in den hohen und niederen Schulen die vornehmste und allgemeinste Lektion sein die Heilige Schrift und den jungen Knaben das Evangelium. Und wollte Gott, eine jegliche Stadt hätte auch eine Mädchenschule, darinnen täglich die Mägdlein eine Stunde das Evangelium hörten, es wäre deutsch oder lateinisch … Sollte nicht billig ein jeglicher Christenmensch bei seinen neun oder zehn Jahren wissen das ganze heilige Evangelium, da sein Namen und Leben drin steht? Lehrt doch eine Spinnerin und Näherin ihre Tochter dasselbe Handwerk in jungen Jahren. Aber nun wissen das Evangelium auch die großen, gelehrten Prälaten und Bischöfe selbst nicht« (zit. n. Nipkow/Schweitzer 1991, 45).

In dieser Forderung liegen die Motive einer christlichen, auf die Bibel bezogenen Unterweisung und der Einrichtung von Schulen sehr dicht beisammen. Die Schulen sollen christliche Schulen sein, die allen offen stehen – historisch bemerkenswert: auch den Mädchen. Die in den Schulen ermöglichte Bildung soll dem Unwissen, das gerade in der Kirche bis hinauf zu den »Prälaten und Bischöfen« verbreitet sei, entgegenwirken – hier greifen Kirchenreform und Bildungsreform unmittelbar ineinander.

Die späteren sog. Schulschriften Luthers gehen demgegenüber stärker auf allgemeine Bildungsfragen ein, ohne dass der Zusammenhang mit der Erneuerung von Kirche preisgegeben würde. Wichtig sind in dieser Hinsicht vor allem die Ratsherrenschrift (1524) sowie die Schulpredigt (1530):

> Die beiden Schriften »An die Ratsherren aller Städte deutschen Landes, dass sie christliche Schulen aufrichten und halten sollen« und »Eine Predigt, dass man Kinder zur Schule halten solle« sind parallel aufgebaut, wobei der Aufbau bereits die Argumentation deutlich werden lässt. Beschrieben werden zunächst der geistliche Nutzen und Schaden von Schule und Bildung, dann der zeitliche oder weltliche Nutzen und Schaden. Darin entsprechen diese Schriften Luthers Unterscheidung zwischen den beiden Regimenten (manchmal missverständlich auch als die beiden »Reiche« der Zwei-Reiche-Lehre bezeichnet), mit denen Gott die Welt regiert (weltliches und geistliches Regiment in der Zuordnung zu Gesetz und Evangelium). In geistlicher Hinsicht geht es an erster Stelle um die für eine reformatorische Kirche erforderliche Pfarrerausbildung, die im Blick auf die Predigt in deutscher Sprache die Fähigkeit zu eigener Bibelauslegung und deshalb sprachliche Bildung voraussetzt. Latein könne aber auch dem nicht schaden, der nicht in den Pfarrdienst geht, sondern später nur sein Haus zu regieren habe. In weltlicher Hinsicht sollen Schule und Bildung zur Aufrechterhaltung von »Frieden, Recht und Leben« (zit. n. Nipkow/Schweitzer 1991, 63) beitragen, nämlich als der von Gott für Staat oder Gesellschaft vorgesehenen Ordnung, die auf entsprechend ausgebildete Menschen angewiesen ist. Hier wird auch sichtbar, dass Luther den Übergang von der mittelalterlichen Fehde-Ordnung zu einer ansatzweise modernen Rechtsordnung auf der Grundlage schriftlich verfasster Gesetze und Rechte im Blick hat. Dem entspricht es, wenn der Zugang zu entsprechenden Ämtern nicht durch Geburt, sondern durch Bildung eröffnet werden soll: »Gott will's nicht haben, dass geborene Könige, Fürsten, Herren und Adel sollen allein regieren und Herren sein, er will auch seine Bettler dabei haben, sie dächten sonst, die edele Geburt macht alleine Herren und Regenten und nicht Gott alleine« (67) – ein Argument, das durchaus demokratisch anmutet, auch wenn damals natürlich noch nicht von einer Demokratie die Rede sein konnte. Zu erwähnen ist schließlich noch die enorme Hochschätzung, welche die Arbeit des Lehrers in dieser Sicht genießt: »Denn ich weiß, dass dies Werk nächst dem Predigtamt das allernützlichste, größte und beste ist, und weiß dazu noch nicht, welchs unter beiden das beste ist« (68).

Zur Einordnung und zum Verständnis dieser Schriften gehört auch der Hinweis, dass die reformatorischen Forderungen nach Schule und Bildung nicht nur auf die von ihnen in Kirche und Gesellschaft wahrgenommenen Missstände und Defizite bezogen waren, sondern auch auf ungewollte Nebenfolgen der Reformation selbst. Denn gerade dort, wo die Reformation besonders erfolgreich war, kam es zur Schließung von Klöstern und damit auch der Klosterschulen, die bis dahin eine wichtige Bildungsmöglichkeit zumindest für den Klerus dargestellt hatten. So mussten neue Möglichkeiten für eine Schulträgerschaft gefunden werden, für die Luther angesichts der von ihm als nicht zureichend eingeschätzten Möglichkeiten und Fähigkeiten der Eltern die Obrigkeit, d. h. im damaligen Sinne: den Staat in die Pflicht nahm.

(2) Zu den wichtigsten *katechetischen Schriften* Luthers gehören die Vorrede zur Deutschen Messe (1526) sowie der Kleine Katechismus und der Große Katechismus (1529), samt ihren Vorreden. Sie beschreiben keine Theorie des katechetischen Unterrichts, enthalten aber Vorschläge und Anweisungen für die Einrichtung und Gestaltung eines solchen Unterrichts.

Wenn die Vorrede zur Deutschen Messe, einer der wichtigsten Schriften Luthers zur Reform des Gottesdienstes, auch bei den katechetischen Schriften aufgeführt wird, verweist dies auf die enge Verknüpfung von Gottesdienst und einer auf das Verstehen zielenden Verkündigung und Belehrung oder Unterweisung. So soll der Katechismus nicht nur im Elternhaus, sondern auch im Gottesdienst eine zentrale Rolle spielen: »dass er auf der Kanzel zu etlichen Zeiten oder täglich, wie das die Not fordert, vorgepredigt werde und daheim in Häusern, des Abends und Morgens, den Kindern und Gesinde, so man will, Christen machen, vorgesagt und gelesen werde« (zit. n. Nipkow/Schweitzer 1991, 72). Wichtig ist auch, wie dies geschehen soll: »Nicht alleine also, dass sie die Wort auswendig lernen noch reden, wie bisher geschehen ist, sondern von Stück zu Stück frage und sie antworten lasse, was ein jegliches bedeute und wie sie es verstehen« (ebd.). Auch das berühmte Wort vom »Kinder mit ihnen werden« findet sich hier: »Und so lass sich hier niemand zu klug dünken und verachte solch Kinderspiel. Christus, da er Menschen ziehen wollte, musste er Mensch werden. Sollen wir Kinder ziehen, so müssen wir auch Kinder mit ihnen werden« (73).
Ähnliche Ziele verfolgen auch die Katechismen, die nicht nur auswendig gelernt werden sollen, sondern darüber hinaus den »Verstand« fordern. Inhalte des Katechismus sind die Zehn Gebote, das Glaubensbekenntnis, das Vaterunser, Taufe, Beichte und Abendmahl, ergänzt durch eine Haustafel, das Traubüchlein und das Taufbüchlein (Kleiner Katechismus). Die Abfolge der Stücke kann pädagogisch-theologisch gedeutet werden – vom Gesetz zum Evangelium bzw. von der Verzweiflung an der eigenen Sünde hin zum rettenden Glauben (vgl. Peters 1984). Zugleich plädiert Luther aber für einen freien Umgang mit den Stücken und Inhalten, wenn er in der Vorrede zum Kleinen Katechismus sagt: »treibe das Gebot und Stück am meisten, das bei Deinem Volk am meisten not leidet« (zit. n. Die Bekenntnisschriften der Evangelisch-Lutherischen Kirche = BSLK, 504). Auch sieht Luther seinen eigenen Katechismus nicht als den einzig möglichen oder legitimen an. Er geht vielmehr von einer Wahlfreiheit aus, wie sie angesichts der zahlreichen Katechismen der Reformationszeit auch tatsächlich gegeben war (»Darumb erwähle Dir, welche Form Du willt«, 503). Allerdings soll dann an der gewählten Form festgehalten werden, damit keine Verwirrung entsteht. In

einer Zeit wie unserer eigenen Gegenwart, in der das sog. lebenslange Lernen als modernste Entdeckung angesehen wird, sei auch an Luthers Aussage in der Vorrede zum Großen Katechismus erinnert, er selbst müsse »ein Kind und Schüler des Katechismus bleiben und bleib's auch gerne« (548).

Auch hinter den katechetischen Schriften und insbesondere hinter den Katechismen stehen praktische Erfahrungen, nämlich das Erschrecken darüber, wie wenig die von den Reformatoren angestrebte Erneuerung der Kirche in den Gemeinden im Blick auf das Verstehen des christlichen Glaubens tatsächlich Raum gegriffen hatte. Zugleich lassen die katechetischen und pädagogischen Schriften die theologischen Grundmotive des reformatorischen Bemühens um Erziehung und Bildung deutlich hervortreten.

(3) Das wichtigste der *theologischen Grundmotive* für die reformatorischen Bemühungen um christliche Unterweisung und Bildung besteht in einem veränderten Verständnis von Glaube und Kirche. Stand vor der Reformation der Glaube der Kirche im Vordergrund und sollte es für die einzelnen Christen genügen, an diesem Glauben teilzuhaben, so hoben die Reformatoren den persönlichen Glauben jedes Einzelnen in seiner entscheidenden Bedeutung hervor. Im Glauben steht demnach jeder in einem unmittelbaren Verhältnis zu Gott, das durch die Kirche zwar unterstützt, aber eben nicht vermittelt oder vertreten werden kann. Deshalb kommt es nun auch darauf an, dass jeder und jede Einzelne versteht, worum es im Glauben geht – und genau dies ist ohne eine entsprechende christliche Unterweisung nicht zu erreichen. Damit auch der Gottesdienst der Kirche das Verstehen des Glaubens fördern und Gottes Zuwendung in seinem Wort deutlich machen kann, müssen Gottesdienst und gottesdienstliche Verkündigung in deutscher Sprache geschehen. Die deutsche Predigt setzt aber, über eine christliche Unterweisung im engeren Sinne hinaus, allgemein verständige und urteilsfähige Hörer und Hörerinnen voraus. Die von der Reformation angestrebte Kirchenreform war deshalb ohne eine parallele Bildungsreform nicht zu realisieren. In zugespitzter Form tritt dies bei der für das Pfarramt erforderlichen Bildung vor Augen: Der Umgang mit der Bibel in den Originalsprachen sowie die Ausarbeitung einer eigenen Predigt ist ohne Kenntnis der alten Sprachen und ohne eine Ausbildung muttersprachlicher Fähigkeiten nicht denkbar. Dem entspricht es, dass der Einsatz für Bildung nicht nur für Luther kennzeichnend war, sondern dass ihm auch andere Reformatoren – etwa Melanchthon ebenso wie Zwingli und Calvin – mit jeweils eigenen Akzentsetzungen folgten.

Zwingli setzt sich in seiner Schrift »Wie man die Jugend in guten Sitten und christlicher Zucht aufziehen und üben solle« (lat. 1523, dt. 1526) besonders für die Bildung im Jugendalter ein. Er legt großen Wert auf ein verstehendes und begreifendes Lernen, in dessen Zentrum das Evangelium stehen soll. Melanchthons Schriften zu Erziehung und Bildung entsprechen einerseits deutlich den Auffassungen Luthers, heben andererseits aber weit stärker die Bedeutung einer humanistischen Bildung sowie das Eigenrecht von Bildung unabhängig vom kirchlichen oder gesellschaftlichen Bedarf hervor (leicht zugängliche Ausgaben: Melanchthon 1989, 1997). Wenn von Calvin keine spezielle Erziehungsschrift zitiert werden kann, darf dies nicht über sein bemerkenswertes Engagement in dieser Hinsicht hinwegtäuschen. Das Verstehen des Glaubens sowie die Fähigkeit, über den eigenen Glauben Rechenschaft geben zu können, stellen bei Calvin zentrale Motive dar, die in vielen seiner Schriften angesprochen werden (Überblick: Hedtke 1969, Einführung: Buschbeck 1989). Bestimmend ist für Calvin, im Unterschied zu Luther, die Verknüpfung von Erwachsenwerden und Wachstum im Glauben als fortschreitende Heiligung (Schweitzer 1992, 67), so wie dies seiner Theologie insgesamt entspricht.

Bildung als reformatorisches Anliegen ist also keine Nebensache, sondern durch den Bezug auf Glaube, Kirche und Predigt, Verkündigung und Verstehen unmittelbar auf das Zentrum der Reformation selbst bezogen. Insofern entsprechen die Bildungsbemühungen, wie besonders bei Luther deutlich wird, auch dem neuen Verständnis von Rechtfertigung bzw. der reformatorischen Rechtfertigungslehre, aus der das veränderte Verständnis von Glaube und Kirche letztlich erwächst. Der Bezug auf die Rechtfertigungslehre begründet dabei nicht nur die Notwendigkeit des Lernens, sondern auch die *Nicht-Lehrbarkeit des Glaubens*. Denn der Rechtfertigungsglaube ist und bleibt ein freies Geschenk Gottes, das von Menschen nicht herbeigeführt werden kann, weder mit pädagogischen noch mit anderen Mitteln. So betont Luther schon im Vorwort zum Kleinen Katechismus, dass »man niemand zwingen kann noch soll zum Glauben« (BSLK 504). Die Begründung dafür wird in der Erklärung zum dritten Glaubensartikel sichtbar: »Ich gläube, dass ich nicht aus eigener Vernunft noch Kraft an Jesum Christ, meinen Herrn, gläuben oder zu ihm kommen kann, sondern der heilige Geist hat mich durchs Evangelion berufen« (BSLK 511 f.). Damit sind die Grenzen einer jeden Erziehung oder Bildung *zum* Glauben benannt. In reformatorischer Sicht ist der Glaube kein Erziehungs- oder Bildungsziel, obwohl dieser Glaube zugleich Bildung voraussetzt.

Die Frage nach der Lehrbarkeit oder Nicht-Lehrbarkeit des Glaubens begleitet die Religionspädagogik seit der Reformation. Die Hervorhebung der Grenzen der Lehrbarkeit des Glaubens kann sogar als ein kennzeichnendes Merkmal der evangelischen Tradition angesprochen werden. Die Aufmerksamkeit für solche Grenzen war und ist in der katholischen Tradition jedenfalls weit geringer, was noch einmal die Bedeutung der Rechtfertigungslehre auch für die reformatorische Pädagogik unterstreicht. Dass »der Mensch gerecht wird ohne des Gesetzes Werke, allein durch den Glauben« (Rö 3,28) –

diese Unterscheidung zwischen Glauben und Werken als Grundlage der Rechtfertigung ist nur dann sinnvoll, wenn der Glaube nicht seinerseits als Werk ausgelegt werden kann. Die damit bezeichnete Grenze, dass der Glaube nicht in der Verfügung von Menschen steht, gilt nicht nur im Blick auf Lehren und Lernen, sondern auch für die Predigt sowie für jedes andere menschliche Tun und Lassen. Für Luther steht aber ebenso fest, dass der Glaube sich nicht als eine inhaltsleere Haltung oder Einstellung des Menschen beschreiben lässt. Der Glaube ist für ihn vielmehr immer an einen bestimmten Inhalt gebunden, allerdings nicht einfach im Sinne einer behauptenden Aussage (»glauben, dass«), sondern so, dass damit ein Geschehen bezeichnet ist (»Christum ergreifen«). Der Christusglaube ist demnach ein Geschehen oder ein Verhältnis zwischen Christus und den Glaubenden, wie er ohne ein Wissen von Christus nicht möglich ist. Damit ist in mehreren Hinsichten Lernen als Voraussetzung des Glaubens angesprochen:

– Erstens geht es um die Kenntnis des Wortes, in dem Christus ergriffen und erfasst werden kann. Nach biblisch-theologischem Verständnis begegnet Christus nicht einfach unvermittelt im Geist oder durch die Natur, sondern durch die im biblischen Wort gefasste Überlieferung und durch deren Auslegung. Anders als beispielsweise bei einer ekstatischen Religion, die von bestimmten persönlichen Erlebnissen abhängt, ist der christliche Glaube deshalb grundlegend auf die Überlieferung von Jesus Christus, seinem Leben und Sterben und seiner Auferstehung angewiesen.
– Zweitens ist mit dieser Kenntnis bereits die Notwendigkeit eines weiterreichenden Verstehens angesprochen, weil die Überlieferung beispielsweise durch bloßes Auswendiglernen nicht erfasst werden kann.
– Eine dritte Ebene des Lernens betrifft die Beziehungen zu bestimmten Menschen. Die christliche Überlieferung tritt im Leben von Kindern und Jugendlichen, aber auch von Erwachsenen nicht unabhängig von zwischenmenschlichen Beziehungen auf. Sie ist stets persönlich oder personal vermittelt.

Dass der Glaube nur empfangen werden kann und dass der Glaube doch auf Lernen angewiesen ist, darin liegt nur vordergründig eine Paradoxie. Die scheinbare Paradoxie löst sich auf, wenn man bedenkt, dass sowohl die Grenzen des Lernens wie dessen Notwendigkeit zwei Seiten derselben theologischen Einsicht darstellen: Wird der Glaube dem Menschen von Gott geschenkt, so kann der Mensch nicht über diesen Glauben verfügen – dies ist eine zentrale Einsicht der Rechtfertigungslehre. Damit ist aber auch jeder Gläubige, da die Kirche nicht mehr als Anstalt der Heilsmittlerschaft zwischen ihn und Gott eintreten kann, auf eigenes Wissen und Verstehen angewiesen. Dem persönlichen Gottesverhältnis jedes einzelnen Menschen entspricht die Pflicht, sich selbst aus der Bibel und mit Hilfe des Katechismus zu belehren, was wiederum Lernen voraussetzt und einschließt. Lernen ist eine notwendige, aber keine hinreichende Bedingung für den Glauben. Zugespitzt: Nur solange der Glaube durch Lernen nicht verfügbar ist, kann er christlicher Glaube bleiben. Aber es gilt auch: Nur solange Glaube Verstehen und Lernen einschließt, kann er christlicher Glaube heißen. Auch wenn Glaube kein Lernziel ist, so spielen Erziehung, Bildung und Unterricht für das Entstehen des Glaubens doch eine wichtige Rolle. Sie bestimmen gleichsam mit, was Kinder, Jugendliche oder Erwachsene zu hören bekommen und zählen insofern zu den »äußeren Entstehungsbedingungen des Glaubens« (vgl. Härle 1995, 70).

Es ist bezeichnend für das reformatorische Erziehungs- und Bildungsdenken, dass es trotz – oder genauer gesagt: wegen – des engen Bezugs auf Glaube, Rechtfertigung und Kirche zugleich eine enorme Weite aufweist und auch den Bereich einschließt, der heute häufig als Gesellschaft von der Kirche unterschieden wird. Die Unterscheidung zwischen dem geistlichen und dem weltlichen Regiment, wie sie vor allem Luthers Schulschriften zugrunde liegt, steht gerade nicht für den Wunsch, christliche Erziehung und Bildung sollten sich auf den geistlichen Bereich beschränken. Erziehung und Bildung sollen vielmehr auch dem weltlichen Regiment dienen, für »Frieden, Recht und Leben« im Sinne der gesellschaftlichen und staatlichen Wohlordnung. Heute könnte formuliert werden, dass es neben der religiösen immer auch um *ethische Erziehung* geht, die theologisch also keineswegs gleichgültig ist. Wurde die Unterscheidung zwischen den beiden Regimenten in früherer Zeit manchmal so missverstanden, dass nur das geistliche Regiment auf Gott bezogen sei, so wird heute betont, dass auch das weltliche Regiment von Gott gewollt ist. Beide Regimente gehören zusammen und sind aufeinander bezogen, so wie dies auch in der für Luther grundlegenden Unterscheidung zwischen Gesetz und Evangelium der Fall ist (Überblick: Seils 1985, im Blick auf Bildung: Nipkow 1990, 204 ff.).

Für die Geschichte und Entwicklung von Religionspädagogik und evangelischem Erziehungsdenken ist die Zuordnung von Erziehung und Bildung zum weltlichen Regiment in mehrfacher Hinsicht bedeutsam geworden. Sie erklärt, warum einerseits die Rede von »evangelischer Erziehung« gerade im evangelischen Bereich selbst auf Ablehnung stößt und warum hier andererseits eine besondere Offenheit für pädagogische bzw. erziehungswissenschaftliche Einsichten besteht.

Vor allem O. Hammelsbeck hat die Rede von »evangelischer Erziehung« ausdrücklich abgelehnt, weil sie »Evangelium und Erziehung unkritisch vermengen« würde. Erziehung müsse als »weltliches Tun« bejaht und anerkannt werden (Hammelsbeck 1950, 48 f.). Erziehung könne aber »vom Evangelium her« geschehen: »Mit dem Evangelium oder zum Evangelium hin erziehen zu wollen, ist ein sündhafter Eingriff in Gottes Rechte, ist ein lästerlicher Erweis unseres Unglaubens. Eine evangelische Lehre von der Erziehung kann ihre Pädagogik nur in der einen Kategorie denken: *Erziehen vom Evangelium her*« (51).

K. E. Nipkow spricht von einem »doppelten Durchbruch, den die Reformation gebracht hat«: »Der erste Durchbruch ist die Freilegung der christlichen Glaubenswahrheit, wie sie die Reformatoren verstehen, durch die ausschließliche Bindung des Heilserwerbs und der Heilsgewissheit an den Glauben an das Evangelium, das in der Heiligen Schrift verbürgt und in der Predigt gehört wird. Der zweite Durchbruch ist – komplementär – die Freigabe der Welt an ihre eigenständige Wahrheitsfindung hinsichtlich der rechten Lebensführung, indem die weltlichen Geschäfte aus jeder denkbaren Relation zum geistlichen Heil entlassen werden, um ihnen im selben Atemzug nur um so eindringlicher die Sorge um das weltliche Wohl zu belassen. Auch das pädagogische Denken und Handeln wird damit freigesetzt und der pädagogischen Vernunft überantwortet«. Die »Freigabe der Welt« sowie die Offenheit für pädagogische Einsichten kann also keine Beliebigkeit hinsichtlich der Deutungen von Welt und Wirklichkeit oder der für eine Pädagogik leitenden Menschenbilder bedeuten. Die »pädagogischen Optionen« sollten, »unbeschadet ihrer *relativen pädagogischen Eigenständigkeit* mit dem Glauben vereinbar und damit *theologisch abbildbar* sein« (Nipkow 1990, 205 f.).

Ob auch bei Luther und den Reformatoren von einer besonderen *Wertschätzung des Kindes*, wie sie besonders für das Neue Testament bezeichnend ist (→ 20 ff.), gesprochen werden kann, ist umstritten. Weithin bekannt sind Luthers Äußerungen zum Kind im Sinne der Erbsündenlehre, welche die Verdorbenheit auch schon der kindlichen Natur hervorheben. Demnach sind Kinder »von Natur aus schlecht« (WA 47, 819). Die »erbsund« sei »vonn natur angeborn« (WA 6, 276). Demgegenüber darf aber nicht übersehen werden, dass Luther auch ganz anders vom Kind sprechen kann (Schweitzer 1992, 45 ff.): In Aufnahme von Mk 10,14 ff. werden Kinder als Vorbilder und als »gelehrter im Glauben« bezeichnet (WA.TR 4, 263). »Das Wort Gottes wird von Kindern und Einfältigen am besten begriffen« (WA 31/II, 160). Dem entspricht es weiterhin, wenn Luther nicht nur die Erziehungsbedürftigkeit von Kindern hervorhebt, sondern auch große Hoffnungen für eine Erneuerung des Christentums auf die Kinder und deren Erziehung setzt: »Dan soll man der Christenheit widder helffen, ßo muß vorwar an den Kindern anheben« (WA 2, 170). Insofern kann davon gesprochen werden, dass die biblisch begründete Hochschätzung des Kindes trotz des Erbsündendenkens auch bei Luther deutlich nachklingt und das reformatorische Erziehungs- und Bildungsdenken mitbegründet.

(4) Ob die beschriebenen reformatorischen Bemühungen um Erziehung und Bildung historisch gesehen eine eigene Hervorhebung verdienen, entscheidet sich nicht nur aus dem inner-evangelischen Zusammenhang heraus, sondern auch am Vergleich mit *katholischen Entwicklungen*. Entsprechende Vergleiche liegen bislang in der Religionspädagogik allerdings erst in Ansätzen vor. Sie lassen aber doch den Schluss zu, dass sowohl mit Gemeinsamkeiten als auch

mit gewichtigen Unterschieden zu rechnen ist. Die unterschiedlichen theologischen Voraussetzungen auf evangelischer und katholischer Seite machen sich auch in Pädagogik und Katechetik bemerkbar, während der Humanismus einen gemeinsamen Hintergrund darstellt.

Vergleichsmöglichkeiten zwischen evangelischen und katholischen Positionen bieten etwa die Erziehungsschriften des Erasmus von Rotterdam, mit dem Luther besonders weitreichende theologisch-anthropologische Kontroversen führte. Das von Erasmus (1465-1536) angestrebte Ziel einer Menschwerdung durch Bildung (»Menschen, das glaube mir, werden nicht geboren, sondern gebildet ... Die Vernunft macht den Menschen«, Erasmus 1963, 115) kann von den Reformatoren, insbesondere von Melanchthon (z.B. 1989, 157: Durch die »Verfeinerung« mithilfe »humaner Bildung« können »die meisten ihre wilde Art abstreifen«), durchaus geteilt werden. Es muss in der einseitigen Hervorhebung der Vernunft als Kennzeichen des Humanen vom reformatorischen Glaubensverständnis her aber doch eingeschränkt werden (zum weiteren Vergleich Heine 1986).

Auch im katechetischen Bereich machen sich die theologischen Unterschiede bemerkbar. Hier ist auf katholischer Seite vor allem der Katechismus des Petrus Canisius (1521-1597) wirksam geworden. Er folgt auch nach katholischer Einschätzung ganz »der augustinisch-thomanischen Tradition und gliedert nach Glaube (Glaubensbekenntnis), Hoffnung (Vaterunser, Gebete), Liebe (Hauptgebot, Dekalog, Kirchengebote), Sakramente; zuletzt folgt die *Gerechtigkeit* (›gute Werke‹ nach den mittelalterlichen Beicht- und Glaubensformeln)« (Paul 1995, 39). Den weiteren Hintergrund stellen dabei die von den Jesuiten entwickelten umfassenden Erziehungsprogramme dar, die deutlich auf eine Erziehung *zum* Glauben mithilfe einer konsequent durchgestalteten katholischen Pädagogik zielen (vgl. 15 ff.).

(5) Eine weitere Frage betrifft die *praktische Verwirklichung* der von den Reformatoren formulierten Bildungsprogramme. Einerseits macht der Vergleich mit katholischen Entwicklungen bewusst, dass Erziehung und Bildung nicht ein allein evangelisches Anliegen bleiben, sondern in beiden Konfessionen verstärkt beachtet und den konfessionellen Mustern folgend ausgestaltet werden. Andererseits bleibt zu beachten, dass die Durchsetzung auch der reformatorisch-pädagogischen Forderungen schon im Blick auf den Schulbesuch aller Kinder und damit hinsichtlich der allgemeinen Bildungsbeteiligung auf Jahrhunderte keineswegs erreicht werden konnte. Dennoch sollten die pädagogischen Forderungen keineswegs bloß als reine Theorie angesehen werden. Besonders bemerkenswert ist das breite Bemühen der Reformatoren um den katechetischen Unterricht und die Entwicklung von Katechismen (dokumentiert bei Reu 1904 ff. in neun umfangreichen Bänden allein für das 16. Jahrhundert! – vgl. Fraas 1971) sowie um die Praxis der Katechismuspredigten.

Der von den Reformatoren ganz allgemein geforderte Katechismusunterricht darf allerdings nicht ohne weiteres mit dem Konfirmandenunterricht (→239 ff.) gleichgesetzt werden. Luther beispielsweise setzte sich zwar entschieden für eine konsequente katechetische Unterweisung ein, nicht aber für einen Konfirmandenunterricht. Dessen Anfänge in der evangelischen Tradition liegen vielmehr bei dem Straßburger Reformator Martin Bucer (1491-1551). Zu einer flächendeckenden Einführung von Konfirmandenunterricht und Konfirmation kam es nicht vor dem 18. Jahrhundert (Überblick: Vischer 1958, Hareide 1971, Osmer 1996).

(6) Zur Ausbildung einer *wissenschaftlichen Katechetik oder Religionspädagogik* kommt es im 16. Jahrhundert noch nicht, obwohl die Katechetik von A. Hyperius (1570) manchmal als erste protestantische Katechetik angesprochen wird. Aus heutiger Sicht geurteilt bietet sie eher praktische Anweisungen auf der Grundlage persönlicher Erfahrungen und entsprechend kaum den Versuch einer theoretischen Durchdringung katechetischer Aufgaben. Sehr viel weiter reichen in dieser Hinsicht die großen pädagogischen Reformprogramme des 17. und frühen 18. Jahrhunderts, wie sie in der damaligen Reformpädagogik sowie in der Pädagogik des Pietismus entwickelt wurden. Diese Programme markieren zugleich den Übergang zur Moderne und sollen deshalb hier noch knapp gekennzeichnet werden.

Einer der wichtigsten *Reformpädagogen des 17. Jahrhunderts* war J. A. Comenius (1592-1670), dessen pädagogische, theologische, philosophische und politische Schriften bis heute Beachtung finden.

In seinem erst posthum veröffentlichten pädagogischen Hauptwerk »Pampaedia« (Comenius 1965) entwickelt er eine umfassende Bildungstheorie auf christlicher Grundlage. Nach den Wirren des Dreißigjährigen Krieges strebt er eine grundlegende Erneuerung der Gesellschaft an – die »Pampaedia« ist Teil der »Allgemeinen Beratung über die Verbesserung der menschlichen Angelegenheiten«. *Alle* (omnes) sollen gebildet, das *Ganze* (omnia) soll erfasst werden, und zwar *wohlgegründet* (omnino). Leitend ist für Comenius die Gottebenbildlichkeit des Menschen: »Auf diese Weise soll die ganze Menschheit dem Bilde Gottes, zu dem sie ja erschaffen ist, so ähnlich wie möglich gemacht werden ... Kurz gesagt geht es darum, alle Menschen durch die wahre Weisheit zu erleuchten, sie durch eine rechtschaffene Staatsverfassung wieder in die rechte Ordnung zu bringen und sie durch die wahre Religion so mit Gott zu einen, dass niemand den Sinn seiner Sendung auf diese Welt verfehlen kann« (Comenius 1965, 17). Noch deutlicher als bei den Reformatoren treten bei Comenius frühdemokratische Züge hervor – niemand soll von den Bildungsmöglichkeiten ausgeschlossen sein: »wo Gott keinen Unterschied gemacht hat, da soll auch der Mensch keine Schranken aufrichten« (31). Auffällig ist auch der Optimismus, dass die gefallene Menschheit durch Bildung ihrer Bestimmung zur Gottebenbildlichkeit nähergebracht werden könne. Theologisch beruft sich Comenius hier auf die in Christus geschehene Erneuerung des Menschengeschlechts.

Zugänge zur Religionspädagogik

Größte Wirkung hat vor allem die 1657 erschienene »Große Didaktik« (Didactica Magna, Comenius 1982) entfaltet. Sie bietet eine umfassende Einführung in die Lehrkunst, in die »sichere und vorzügliche Art und Weise, in allen Gemeinden, Städten und Dörfern eines jeden christlichen Landes Schulen zu errichten, in denen die gesamte Jugend beiderlei Geschlechts ohne jede Ausnahme rasch, angenehm und gründlich in den Wissenschaften gebildet, zu guten Sitten geführt, mit Frömmigkeit erfüllt und auf diese Weise in den Jugendjahren zu allem, was für dieses und das künftige Leben nötig ist, angeleitet werden kann« (Comenius 1982, 9). Wie schon diesem Zitat aus dem Titel der Schrift, der wie damals üblich bereits eine Inhaltsangabe enthält, zu entnehmen ist, folgt auch die »Große Didaktik« dem Anliegen einer christlichen Bildungstheorie, in der »echte Wissenschaft«, »reine Sitten« sowie »innerste Frömmigkeit« miteinander verbunden sind (11). Für die Religionspädagogik besonders wichtig ist Kapitel 24 über die »Methode, zur Frömmigkeit hinzuführen«. Die dort beschriebenen »21 Regeln« (159 ff.) bieten weit mehr als die von Comenius selbst versprochenen Hinweise zur Methode. Comenius reflektiert ebenso die kindlichen Lernvoraussetzungen wie die Inhalte und Ziele des Unterrichts und geht damit einen wichtigen Schritt weiter in Richtung auf eine wissenschaftliche Religionspädagogik. – Zur gegenwärtigen Rezeption sei exemplarisch auf K. E. Nipkow (1990, 215 ff.) verwiesen (weitere Hinweise: Dieterich 2003).

Die *pietistische Pädagogik* des 17. und frühen 18. Jahrhunderts stellt im Vergleich zu Comenius die Frömmigkeit stärker ins Zentrum, steht dessen reformpädagogischen Bemühungen aber dennoch in vielem nahe.

Auch A. H. Francke (1663-1727) zielt, noch immer angesichts der lange anhaltenden Folgen des Dreißigjährigen Krieges, auf eine umfassende Verbesserung der Gesellschaft, die von Erziehung und Bildung ausgehen soll. Die Gründung der pädagogischen Einrichtungen in Glaucha bei Halle (sog. Hallesche Anstalten) dient ebenso diesem Ziel wie die theoretischen Schriften. Für die Religionspädagogik ist Franckes »Kurzer und einfältiger Unterricht, wie die Kinder zur wahren Gottseligkeit und christlichen Klugheit anzuführen sind« aus dem Jahre 1702 am wichtigsten. In dieser Schrift entwickelt Francke eine differenzierte Theorie der religiösen Erziehung und Unterweisung. Besonders hervorgehoben werden der Erzieher oder Lehrer als Vorbild sowie die Bedeutung einer gründlichen katechetischen Unterweisung, die mit einem erzählenden Katechismus, dem Auswendiglernen von biblischen Sprüchen sowie einer verfeinerten Fragetechnik (sog. Zergliederungsfragen) eine neue Gestalt finden soll. Dass die für den Pietismus so wichtige Bekehrung Ziel der Erziehung sei, wird bei Francke selbst nicht gesagt. Die von ihm ähnlich wie von Comenius angestrebte »Erneuerung zum Ebenbilde Gottes« schließt allerdings ein, »dass der natürliche Eigenwille gebrochen werde« (Francke 1964, 14 f.). Das Brechen des kindlichen Willens ist jedoch theologisch zu verstehen und nicht als pädagogische Anweisung. Zum Glauben sollen die Kinder vielmehr »durch die Lieblichkeit des Evangeliums, und nicht durch die Strenge des Gesetzes … angeleitet und angeführt werden« (39). Gleichwohl ist Franckes Erziehungsverständnis durchweg vom Gedanken des Behütens vor negativen Einflüssen bestimmt sowie durch die Forderung nach einer beständigen

»Aufsicht« über die Kinder, durch die ein Ausbrechen der Sünde verhindert werden soll (Literatur: Schweitzer 1992, 96 ff.). – Im Aufbau von Franckes Schrift spiegelt sich mit der Zweiteilung (Gottseligkeit – christliche Klugheit) die Luthers Schulschriften strukturierende Zwei-Regimenten-Lehre. Stärker als bei Luther wird bei Francke allerdings die enge Verbindung zwischen Klugheit und Frömmigkeit hervorgehoben. Dahinter steht zum einen die Sorge, dass »fromme«, aber nicht »kluge Leute« den Herausforderungen der Welt nicht gerecht würden, zum anderen die Wahrnehmung, dass sich die Klugheit völlig verselbständigt und den Bezug auf ihre wahrhafte Quelle in Gott verliert (43 f.). – Auch Franckes »Kurzer und einfältiger Unterricht« kann als Fortschritt auf dem Weg zu einer wissenschaftlichen Religionspädagogik gewürdigt werden. Weite Verbreitung fanden die pietistische Pädagogik und Katechetik durch das Lehrbuch von J. J. Rambach »Wohl-unterrichteter Catechet« (1722, dazu Hug 2003).

Weiterführende Literatur

K. E. Nipkow/F. Schweitzer (Hg.), Religionspädagogik. Texte zur evangelischen Erziehungs- und Bildungsverantwortung seit der Reformation. Bd. 1: Von Luther bis Schleiermacher, München 1991

F. Schweitzer, Die Religion des Kindes. Zur Problemgeschichte einer religionspädagogischen Grundfrage, Gütersloh 1992

R. Preul, Luther und die Praktische Theologie. Beiträge zum kirchlichen Handeln, Marburg 1989

H. Schröer/D. Zilleßen (Hg.), Klassiker der Religionspädagogik, Frankfurt/M. 1989

1.2.3 Religiöse Bildung vor den Herausforderungen von Vernunft, Subjekt und moderner Pädagogik: neuzeitliche Aspekte

Für eine sich als evangelisch verstehende Religionspädagogik haben die beschriebenen biblischen und reformatorisch-theologischen Grundlegungen ihre Bedeutung nicht verloren. Gleichwohl ist nicht zu übersehen, dass es in der Neuzeit zu Umbrüchen kommt, durch die sich jede Form von christlicher Erziehung und Bildung in grundlegender Weise herausgefordert sieht. In vieler Hinsicht werden im Zusammenhang der Aufklärung Erwartungen formuliert, die bis heute einen für die Religionspädagogik kaum hintergehbaren Horizont bilden. In der Auseinandersetzung mit solchen Erwartungen bildet sich die *moderne Religionspädagogik* heraus – der Idee nach vor allem bei F. Schleiermacher zu Beginn des 19. Jahrhunderts, als eine wissenschaftliche Disziplin, die ausdrücklich so bezeichnet wird, dann zu Beginn des 20. Jahrhunderts. Die moderne Religionspädagogik kann als der Versuch verstanden werden, die Vermittlung und Aneignung der religiösen Tradition so zu begreifen und begreifbar zu machen, dass sie auch angesichts der Herausforderungen durch Vernunft, Subjekt und moderne Pädagogik einzuleuchten vermögen, nämlich als ein Bildungsprozess, der auch den Kriterien des modernen Bildungsverständnisses gerecht werden kann.

(1) Die *neuen Herausforderungen*, vor die sich die religiöse Erziehung und Bildung durch die Aufklärung gestellt sieht, können exemplarisch anhand der entsprechenden Auffassungen J.-J. Rousseaus nachvollzogen werden. Rousseau wird vielfach als Begründer der modernen Pädagogik angesehen. Sein 1762 erschienener Erziehungsroman »Emile« gilt als »der« Klassiker der Pädagogik. In diesem Buch plädiert Rousseau für einen Verzicht auf religiöse Erziehung in der Kindheit, weil Kinder noch gar nicht verstehen könnten, worum es beim Glauben geht.

Die »Pflicht zu glauben« setze »die Möglichkeit dazu voraus«, und genau diese Möglichkeit sei bei Kindern noch nicht gegeben. »Wenn ein Kind an Gott glaubt, so glaubt es nicht an Gott«, sondern es glaubt nur denen, »die ihm sagen, es gäbe etwas, das man Gott nennt«. Für das Kind sei »alles unendlich«. Ihr Verstand sei »zu kurz«. »Erzählt man ihnen von der Macht Gottes, so halten sie ihn [für] fast eben so stark wie ihren Vater«. Deshalb lehnt Rousseau insbesondere den Katechismusunterricht als eine ausgesprochene »Dummheit« ab. Auf den Einwand, »die meisten christlichen Dogmen« seien eben »Geheimnisse«, antwortet er: »dass es Geheimnisse gibt, die man nicht nur nicht begreifen, sondern auch nicht glauben kann … Um Geheimnisse anzuerkennen, muss man wenigstens begreifen, dass sie unbegreiflich sind. Aber selbst dazu sind die Kinder unfähig. In einem Alter, in dem alles ein Geheimnis ist, gibt es keine Geheimnisse im eigentlichen Sinne des Wortes« (Rousseau 1981, 266-268).
Was folgt daraus? Wie schon gesagt, vor allem die Forderung nach einem Verzicht auf religiöse Erziehung in der Kindheit. Denn es »wäre besser, gar keinen Begriff von der Gottheit zu haben als einen niedrigen, fantastischen, beleidigenden, einen der Gottheit unwürdigen« (268 f.). Ziel der Erziehung könne es nicht sein, das Kind einfach in eine Religionsgemeinschaft – Rousseau spricht von »Sekten« – einzuführen. Ziel müsse es vielmehr sein, das Kind bzw. den Jugendlichen dazu instand zu setzen, diejenige Religion »zu wählen, zu der ihn der richtige Gebrauch seiner Vernunft führen muss« (270).

Bedeutsam an Rousseaus Argumentation ist weniger die durchaus unrealistische Forderung, Kinder überhaupt nicht mit Religion in Berührung kommen zu lassen. Entscheidend ist vielmehr, *wie* Rousseau das kindliche Fassungsvermögen und damit dessen Subjektivität argumentativ ins Spiel bringt: nämlich als eine Voraussetzung oder Norm von so grundlegender Bedeutung, dass alle theologischen Argumente hinsichtlich der Notwendigkeit religiöser Erziehung nur noch nachrangig berücksichtigt werden. Grundlegend sind stattdessen das Kind und die kindlichen Möglichkeiten des Verstehens. Dies soll der Ausgangspunkt der modernen Pädagogik sein: Nur was dem Kind gerecht zu werden vermag, kann pädagogische Legitimität beanspruchen. Historisch ebenfalls von großem Gewicht ist das von Rousseau formulierte Erziehungsziel einer religiösen Wahlfähigkeit im Horizont der Vernunft. Die Einführung in eine religiöse Tradition wird damit konstitutiv an die pädagogisch auszubildende eigene Urteilsfähigkeit von Kindern und vor allem Jugendlichen oder Erwachsenen gebunden.

Rousseau war wohl der radikalste, aber keineswegs der einzige oder erste Vertreter solcher Auffassungen. Englische Aufklärer wie J. Locke hatten schon im 17. Jahrhundert bezweifelt, dass es sinnvoll sein könne, Kindern die Bibel unterschiedslos zu lehren, und entsprechend für eine kindgerechte Auswahl plädiert. In Deutschland waren es dann vor allem die sog. Philanthropen, die in der zweiten Hälfte des 18. Jahrhunderts Rousseaus Sichtweisen populär machten. Sie entwickeln ein auf die sog. natürliche Religion, die aus der menschlichen Vernunft fließe, bezogenes Verständnis von religiöser Erziehung. Methodisch entspricht dem die aufklärerische Sokratik als Fragetechnik, mit deren Hilfe Kinder die religiösen Wahrheiten selbst entdecken sollen. Man berief sich auf das Vorbild des Sokrates in den platonischen Dialogen, folgte aber einem neuzeitlichen Verständnis von Erkenntnis als auf Sinnesdaten aufbauender Verstandesleistung. Dies sollte auch für Religion und religiöse Erziehung gelten (vgl. Schian 1900). Wie etwa die einflussreiche Schrift C. G. Salzmanns »Über die wirksamsten Mittel, Kindern Religion beizubringen« (1780) zeigt, lag der Schwerpunkt dann fast ausschließlich bei der moralischen Erziehung (Geschichten von »guten Kindern«, moralische Vorbildlichkeit Jesu usw.), die als Kern von Religion und religiöser Erziehung angesehen wurde.

(2) Vor dem Hintergrund dieser Herausforderungen ist die *Grundlegung der modernen Religionspädagogik* zu sehen. Entscheidend war dafür eine zugleich kritische und konstruktive Auseinandersetzung mit diesen Herausforderungen. Denn es war weder möglich, die von der Aufklärungsphilosophie und -pädagogik entwickelten Forderungen einfach zu übernehmen – dies hätte nur, wie bei Rousseau, zu einem Verzicht auf religiöse Erziehung führen können oder zu einer bloßen Vernunftreligion (»natürliche Religion«) –, noch konnten die entsprechenden Erwartungen einfach ignoriert werden. Religionspädagogik lässt sich insofern als Projekt von Theologie nach der Aufklärung verstehen, als unter Voraussetzung der Aufklärung, deren Aufnahme, aber auch der kritischen Auseinandersetzung mit ihr Religion im Sinne des Christentums mit Erziehung und Bildung neu zusammengedacht wird, nicht zuletzt im Bezug auf eine sich kirchlichen und theologischen Ansprüchen gegenüber autonom etablierende Erziehungswissenschaft. Diesen für die Konstitution der modernen Religionspädagogik entscheidenden Schritt hat insbesondere F. Schleiermacher vollzogen, der deshalb als »Vater der (modernen) Religionspädagogik« angesprochen werden kann. Dies soll in fünf Hinsichten verdeutlicht werden:

– *Anthropologische und gesellschaftlich-kulturelle Begründung religiöser Bildung:* Die am weitesten reichende Voraussetzung einer modernen Religionspädagogik kann in der spezifischen Form ihrer (Selbst-)Begründung gesehen werden. Sie setzt als Legitimation nicht mehr einfach die Existenz von Kirche oder kirchlicher Bedürfnisse voraus, sondern sucht nach Möglichkeiten einer allgemein einsichtigen Begründung. Das Anliegen einer solchen Begründung besitzt nicht nur für die Religion insgesamt, sondern auch für die Religionspädagogik ihre exemplarische Gestalt in Schleiermachers »Reden über die Religion« (1799). In dieser Schrift wird Religion zunächst als unaufgebbare Dimension des Menschseins dargestellt. Unter dieser Voraussetzung kann Schleiermacher in der dritten Rede religiöse Bildung als anthropologisch geboten verstehen: Religiöse Bildung ist unverzichtbar, weil sie im Menschsein selbst als Möglichkeit angelegt ist. Gleich im ersten Satz dieser Rede heißt es: »Bildung der Menschen zu dieser erhabenen Anlage« (Schleiermacher 1967, 100) – Bildung also zur Religion als einer mit dem Menschsein gegebenen Möglichkeit. Religiöse Bildung wird daher zur freien Mitteilung, zur Anregung und Unterstützung – mit dem Ziel religiöser Selbsttätigkeit. Auch wenn heute der eher missverständliche Begriff »Anlage« in der Regel nicht mehr verwendet wird, ist die von Schleiermacher entwickelte anthropologische Begründungsfigur weithin maßgeblich geblieben. Religion und religiöse Bildung sind für die Religionspädagogik ein Recht des Kindes, nicht der Kirche oder des Staates (vgl. Schweitzer 2005a). Bemerkenswerterweise versteht Schleiermacher die Kirche selbst als eine »Bildungsinstitution« (Preul 1997,128 ff.), deren Notwendigkeit aus der Aufgabe religiöser Bildung erwächst.

Systematisch ausformuliert findet sich bei Schleiermacher neben der anthropologischen auch eine gesellschaftlich-kulturtheoretische Begründung religiöser Bildung (vor allem in Schleiermachers »Erziehungslehre«, den erst posthum veröffentlichten Vorlesungen von 1826). Demnach erwächst die Notwendigkeit aller pädagogischen Tätigkeit – und dies schließt auch die religiöse Bildung ein – aus der Abfolge von Generationen und dem mit dem Wechsel der Generationen verbundenen Grundproblem, dass der erreichte Stand von Kultur, Religion usw. immer wieder neu gesichert werden muss (Schleiermacher 1849, 6). Ohne Erziehung würden spätere hinter frühere Generationen zurückfallen, und »es könnte von der Entwicklung des Menschengeschlechts keine Rede sein« – eine »Entwicklung«, die Schleiermacher keineswegs naiv im Sinne eines Fortschrittsoptimismus als selbstverständlich ansieht, sondern als Kern des ethischen Rahmens seiner Erziehungstheorie explizit ausweist (10 f.). Hier begegnen wir der bereits erwähnten Begründung von (Religions-)Pädagogik aus der Generationentatsache (→20 ff.).

Angesichts solcher Begründungformen und ihrer weitreichenden Implikationen erweist sich die herkömmliche »Katechetik« als unzureichend. Sie wird von Schleiermacher deshalb problematisiert: »Der Name [Katechetik] ist nur von einer zufälligen Form der unmittelbaren Ausübung hergenommen, mithin für den ganzen Umfang der Aufgabe zu beschränkt« (Schleiermacher 1973, § 291). Schleiermacher bietet hier keinen Alternativvorschlag für einen neuen Begriff, aber er markiert damit gleichsam die Leerstelle, in die später der Begriff »Religionspädagogik« einrücken kann.

– *Religionspädagogik als interdisziplinäres Unternehmen:* Kaum weniger bedeutsam als die anthropologische und gesellschaftlich-kulturelle Begründung religiöser Bildung ist für die moderne Religionspädagogik der Bezug auf nicht-theologische Disziplinen wie Pädagogik und Psychologie. Zu Beginn des 19. Jahrhunderts sind diese Disziplinen allerdings noch kaum als eigenständige Wissenschaften ausgebildet. Die interdisziplinäre Einbindung ist im Falle von Schleiermachers Theorie der religiösen Bildung jedoch insofern bereits in vollem Maße gegeben, als religiöse Bildung sowohl als Gegenstand theologischer als auch nicht-theologischer Wissenschaften erscheint. In Schleiermachers allgemeiner Theorie der Erziehung spielt die Kirche als Kulturfaktor eine konstitutive Rolle. Dies bringt es mit sich, dass nicht nur die in Schleiermachers »Erziehungslehre« enthaltenen Einzelausführungen zur religiösen Erziehung in Familie und Schule religionspädagogisch bedeutsam sind, sondern eben die gesamte »Erziehungslehre«. Bei sämtlichen Bestimmungen zu den Bildungszielen ist nach Schleiermacher nämlich zu bedenken, dass die Bildungstheorie sich gleichermaßen auf das Leben im Staat und auf das Leben in der Kirche ausrichten muss: »Es ist auch ein Teil unserer sittlichen Aufgabe, dass das Gesamtleben in der Kirche eben so von einem Geschlecht auf das andere fort und fort erhalten werde, wie das gesamte Leben in dem Staate«. Deshalb gilt: »Unsere Theorie muss sich gleichmäßig auf beides beziehen« (Schleiermacher 1849, 13). Kirche ist hier ein grundlegender Bezugshorizont für die gesamte pädagogische Theoriebildung. Fragen der religiösen Bildung gehören nicht nur in die (Praktische) Theologie, sondern als eine »allgemein pädagogische Aufgabe« ebenso in die Erziehungswissenschaft (Schleiermacher 1973, § 294). Mehr noch: Für Schleiermacher kommt es entscheidend darauf an, den Sinn religiöser Erziehung und Bildung auch für die allgemeine Pädagogik einsichtig zu machen.

– *Unterscheidung und Trennung von Staat und Kirche:* Die rechtliche Trennung von Staat und Kirche wurde in Deutschland erst 1918/19 mit dem Übergang zur Weimarer Republik vollzogen. Insofern ist bei Schleiermacher eher von einer Unterscheidung als bereits von einer Trennung von Staat und Kirche zu sprechen. Für die Herausbildung einer modernen Religionspädagogik ist diese Unterscheidung bzw. später die Trennung von Staat und Kirche insofern von enormer Bedeutung, als sie religiöse Erziehung und Bildung vor allem in der staatlichen Schule neu begründungsbedürftig werden lässt. Religionspädagogische Aufgaben lassen sich nun nicht mehr einfach aus staatlichen Erfordernissen heraus begründen, aber umgekehrt begründet die Existenz einer Kirche oder Religionsgemeinschaft auch keine pädagogischen Aufgaben für den Staat. So müssen neue Verhältnisbestimmungen zwischen Staat und Kirche gefunden werden, welche die Freiheit und Unabhängigkeit von Kirche und Staat wahren und doch zugleich die religiöse Erziehungs- und Bildungsaufgabe der Schule plausibel machen.

In diesem Sinne wird die Pädagogik bei Schleiermacher der Politik zwar »koordiniert«, aber eben nicht ein- oder untergeordnet, und dies wird systematisch mit dem Hinweis auf die Selbständigkeit des »Lebens in der Kirche« gegenüber dem Staat begründet (Schleiermacher 1849, 13). Eben deshalb müsse sich alle Erziehung, wie erwähnt, »gleichmäßig auf beides beziehen«, also auf das Leben in der Kirche ebenso wie auf das im Staat. Damit ist zugleich eine Umstellung auf plurale Verhältnisse verbunden (zur geschichtlichen Entwicklung s. Kliss 2005). Nach der Trennung von Staat und Kirche ist grundsätzlich mit mehreren Konfessionen und in späterer Zeit auch mit mehreren rechtlich gleichgestellten Religionen zu rechnen. Insofern ist die moderne Religionspädagogik bereits zu Beginn auf den ebenfalls erst später sog. Pluralismus bezogen (→53 ff.).

– *Entwicklungsbezug, Dialog und darstellende Mitteilung – zur praktischen Überwindung der Katechetik:* Der Anspruch auf eine pädagogisch begründete, kindgerechte Form der religiösen Erziehung und Bildung muss nicht nur in der Theorie oder Wissenschaft, sondern vor allem auch in der Praxis eingelöst werden. Dies zeigen Schleiermachers Überlegungen zur praktischen Gestaltung religiöser Bildungsprozesse. Seine grundlegende Skepsis gegenüber der Identifikation der religiösen Bildungsaufgabe mit der »zufälligen Form« der Katechese (Frage-Antwort-Methode, Auswendiglernen usw.) wurde bereits erwähnt. Entscheidend ist Schleiermachers Überzeugung, dass religiöse Bildung als ein individuell-persönlicher Austauschprozess zu verstehen sei: »Die Einwirkung auf die religiöse Gesinnung beruht auf der Lebensmanifestation in dem Verhältnis des einzelnen zum einzelnen« (Schleiermacher 1849, 370). Sie kann daher nicht gleichermaßen in der Schule mit ihren (damals) sehr großen Klassenverbänden geschehen. Die personalen Verhältnisse in der Familie hingegen – Schleiermacher setzt hier die bürgerliche Familie im Unterschied zu (teils früheren) familiären Großverbänden voraus – biete die beste Gelegenheit für eine solche Kommunikation »vom einzelnen zum einzelnen«. Implizit liegt darin zugleich eine weitere Abgrenzung gegenüber der herkömmlichen Form des katechetischen Unterrichts. Darüber hinaus kritisiert Schleiermacher den Katechismusunterricht auch ausdrücklich, weil der dabei in aller Regel eingesetzte Katechismus in seiner allgemein vorgegebenen Form keine individualisierende Kommunikation zulasse und damit hinter den Anforderungen an religiöse Bildung zurückbleibe (Schleiermacher 1850, 372 ff.). Ebenfalls von grundlegender praktischer Bedeutung ist der schon in den »Reden« in höchster Zuspitzung formulierte Anspruch auf kindgerechte religiöse Bildung.

Sie soll sich an der »Heiligkeit des kindlichen Alters« ausrichten sowie an der »Ewigkeit der unverletzlichen Willkür« auch schon des Kindes (Schleiermacher 1967, 117). Dem entsprechen später beispielsweise die Ausführungen zur religiösen Entwicklung des Kindes in der »Erziehungslehre« (Schleiermacher 1849, 346 ff.) mit der Forderung, die kindlichen religiösen Vorstellungen als entwicklungsgemäßen Ausdruck anzuerkennen. Auch den kirchlichen Unterricht beschreibt Schleiermacher in deutlicher Abgrenzung zu den herkömmlichen katechetischen Verfahren. In Anlehnung an die Aufklärungspädagogik und die von dieser entwickelte Sokratik (→40), deren Begründung mit der sog. »natürlichen Theologie« Schleiermacher allerdings widerspricht, wird einerseits der Dialog als Unterrichtsverfahren empfohlen und andererseits die von Schleiermacher sog. darstellende Mitteilung, bei der die religiöse Individualität des Unterrichtenden zum Ausdruck kommen kann (Schleiermacher 1850, 357 ff.).

– *Religiöse Mündigkeit als Ziel des Unterrichts:* Mündigkeit ist ein zentrales Ziel von Aufklärung. Der »Ausgang aus selbstverschuldeter Unmündigkeit« (I. Kant) kann als das geradezu entscheidende Merkmal von Aufklärung angesprochen werden. Bei Rousseau wird sie im Blick auf Religion als Fähigkeit zu eigener Wahl und Entscheidung ausgelegt (→39). Als Hindernis für die angestrebte Mündigkeit wird vielfach die Kirche angesehen, weil sie zu den Autoritäten zählt, welche die Menschen in Abhängigkeit halten. In dieser Sicht steht religiöse Erziehung *gegen* Mündigkeit. Wenn Schleiermacher das Ziel des kirchlichen Unterrichts und der religiösen Erziehung als »religiöse Selbständigkeit« sowie ausdrücklich als »religiöse Mündigkeit« bestimmt (Schleiermacher 1850, 396), so ist dies vor diesem Hintergrund höchst bemerkenswert. Das Bildungsziel »religiöse Mündigkeit« belegt noch einmal in zugespitzter Form die für die moderne Religionspädagogik grundlegende Syntheseleistung, die in diesem Falle darin besteht, den Mündigkeitsanspruch der Aufklärung so aufzunehmen, dass er mit religiöser Bildung vereinbart werden kann. Kirche und Religion sind so gesehen kein Hindernis für das Mündigwerden von Kindern, Jugendlichen und Erwachsenen. Sie bezeichnen vielmehr eine Dimension des Menschseins, ohne die sich umfassende Mündigkeit nicht erreichen lässt.

Vielfach wird der Beginn der modernen Religionspädagogik nicht bei Schleiermacher oder im frühen 19. Jahrhundert angesetzt, sondern erst hundert Jahre später. Daran ist richtig, dass wir bei Schleiermacher zwar der ideen-

Zugänge zur Religionspädagogik

geschichtlichen Entwicklung von Religionspädagogik als Programm begegnen, die institutionellen und sozialen Voraussetzungen für die Realisierung dieses Programms jedoch erst zu Beginn des 20. Jahrhunderts gegeben sind (→46 ff.).

Die zumindest für die Idee der modernen Religionspädagogik beschriebene enge Verbindung mit Schleiermacher könnte den Eindruck erwecken, die moderne Religionspädagogik sei ausschließlich eine protestantische Angelegenheit. Für die von Schleiermacher geprägte Form trifft dies auch zu, aber zugleich dürfen die zumindest teilweise *parallelen Entwicklungen im katholischen Bereich* nicht übersehen werden. Als Beispiele für eine im Vergleich mit dem Protestantismus begrenzte Öffnung für eine Religionspädagogik nach der Aufklärung können etwa der preußische und später österreichische Schulreformer J. I. von Felbiger (1724-1788), der Tübinger und später Freiburger Praktische Theologe J. B. Hirscher (1788-1865) mit seiner (kritisch) an die Aufklärungspädagogik mit ihrem Ideal der Mündigkeit angelehnten Zielsetzung der »christlichen Volljährigkeit« sowie einer kindgemäßen religiösen Erziehung (Hirscher 1831, 2, 72 ff.) sowie der Theologe und spätere Regensburger Bischof J. M. Sailer (1751-1832) genannt werden, dessen Pädagogik im Folgenden etwas genauer dargestellt werden soll (weitere Hintergründe: Simon 2001).

Sailers pädagogische Hauptschrift »Über Erziehung für Erzieher« von 1807 bzw. erw. 1831 weist deutliche Parallelen zu Schleiermachers Entwürfen auf. Bezeichnend für Sailers Umgang mit der Aufklärung ist einerseits die Berufung auf die »ewige Vernunft« (Sailer 1962, 11) und andererseits eine Begrenzung der natürlichen Vernunft, die schon durch den von Sailer gewählten Zusatz »ewige« Vernunft deutlich wird. Noch klarer wird dies, wenn er Kants Verständnis von Erziehung als Aufstieg zur Moral entgegenhält, dass dem Menschen »bei allen Vorzügen der Kenntnis der feinen Sitte und der Sittlichkeit doch die höchste Würde eines Menschenlebens fehlen« würde. Diese Würde komme erst mit dem »Anerkennen Gottes« in den Blick, weshalb das Kind »zum *göttlichen Leben* gebildet werden« müsse (20). So vollende sich die moralische Erziehung erst, wenn sie zur religiösen wird. Sailer spricht von einer »Kette«, in der sich die menschlichen Bildungssphären miteinander verbinden. In »dieser Kette wäre das Göttliche der erste, das Geistige im Menschen der zweite, das Sinnliche im Menschen der dritte Ring« (21). Ähnlich wie bei Schleiermacher geht es auch hier um eine Verteidigung von Religion unter den Voraussetzungen der Aufklärung, im Vergleich zu Schleiermachers »Reden« allerdings mit stärkerer Hervorhebung der Verbindung von Moral und Religion. Immer wieder betont Sailer bei alldem, dass die Erziehung ihr Ziel in der »Selbstführung« des Menschen besitze – was ebenfalls als eine modifizierte Rezeption des Mündigkeitsdenkens verstanden werden kann.

Im Vergleich zwischen Sailer und Schleiermacher treten zunächst Gemeinsamkeiten zwischen der evangelischen und katholischen Entwicklung von Religionspädagogik hervor. Die Öffnung für die Aufklärung bedeutet auch für Sailer, dass die Kirche nicht mehr einfach als unbefragbar feststehende Autorität gelten kann. Ausdrücklich weist er darauf hin, dass die Erziehung nicht nur »für die stehende zeitliche Kirchenform« bilden dürfe – sonst diene sie einem bloß »zeitlichen und einseitigen Staats- oder Kircheninteresse« (90). Weitere Parallelen liegen in der Berufung auf eine Anthropologie, die Religion als unverzichtbaren Aspekt des Menschseins verdeutlicht, sowie in der Hervorhebung des Entwicklungsgedankens im Sinne einer kindgemäßen religiösen Erziehung. Daneben sind aber auch die Unterschiede nicht zu übersehen. Anders als Schleiermacher bestimmt Sailer das Verhältnis zwischen Religion und Kultur in einer hierarchischen Weise: Religion ist die notwendige Vollendung von Kultur, Erziehung und Bildung – als eine oberste Instanz, an die alle anderen Bereiche im Sinne der genannten »Kette« gebunden sein sollen. Dies unterstreicht, dass dem freiheitlichen Anspruch einer Religionspädagogik bei Sailer nicht zu überwindende Grenzen gezogen sind.

Die Bedeutung konfessioneller religionspädagogischer Profile tritt um die Mitte des 19. Jahrhunderts – wohl erstmals – in ausdrücklich im Titel so bezeichneten Entwürfen profiliert hervor. Sehr deutlich wird dies bei C. Palmer (Evangelische Katechetik, 1844, Evangelische Pädagogik, 1853) und G. M. Dursch (Pädagogik oder Wissenschaft der christlichen Erziehung auf dem Standpunkt des katholischen Glaubens, 1851), wobei das Verhältnis zwischen dem *allgemeinen* Anspruch und der Berufung auf einen »*Standpunkt*« wenig reflektiert wird.

Für die weitere Entwicklung der Religionspädagogik in beiden Konfessionen wird, schon ab etwa den 1850er Jahren auf evangelischer und dann dem 20. Jahrhundert auch auf katholischer Seite, vor allem die Herbartianische Pädagogik wichtig, wie sie im Anschluss an J. F. Herbart von T. Ziller, E. Thrändorf u. a. im Bereich der Religionspädagogik entfaltet wird (vgl. Jacobs 1969, Schilling 1970, Pfister 1989).

Wirksam geworden ist besonders der Versuch, die (Religions-)Didaktik auf eine konsequent psychologische Grundlage zu stellen. Das didaktische Schema der sog. Formalstufen zielt auf eine Abfolge von Lernschritten gemäß den lernpsychologischen Gesetzmäßigkeiten. Am Anfang soll die *Analyse* stehen, bei der nach Anknüpfungspunkten im Gedankenkreis der Kinder gesucht wird. Die daran anschließende *Synthese* führt neue Inhalte ein. Bei der dritten Stufe, der *Assoziation*, werden Beispiele gesucht, aus denen eine allgemeine Regel, ein Begriff oder ein Glaubenssatz gewonnen werden kann. Bei der Stufe des *Systems* soll die allgemeine Regel in einen weiteren Zusammenhang eingeordnet werden. Schließlich steht bei der letzten Stufe der *Methode* die Anwendung im Vordergrund (Thrändorf 1884/1885).

(3) Von *Religionspädagogik als wissenschaftlicher Disziplin* kann ab etwa Anfang des 20. Jahrhunderts gesprochen werden. In dieser Zeit entsteht auch die (Selbst-)Bezeichnung »Religionspädagogik« – eine begriffliche Neuprägung,

die vermutlich auf den Religionswissenschaftler M. Reischle zurückgeht (Bockwoldt 1977). Prominente Programmzeitschriften wie die »Monatsblätter für den evangelischen Religionsunterricht« auf evangelischer und die »Katechetischen Blätter« auf katholischer Seite spielen dabei ebenso eine Rolle wie die Einrichtung eigener Lehrstühle für Religionspädagogik (Überblick s. Schweitzer/Simojoki 2005). Inhaltlich wird eine ausdrücklich als »modern« bezeichnete Religionspädagogik angestrebt, die sich von der herkömmlichen Katechetik abgrenzt und zum Teil an deren Stelle treten soll. Als führende evangelische Vertreter der neuen Religionspädagogik sind F. Niebergall, R. Kabisch und O. Eberhard zu nennen, wobei der Einbezug des theologisch konservativ (»positiv«) ausgerichteten Eberhard anzeigt, dass die in der Literatur verbreitete Gleichsetzung der Religionspädagogik zu Beginn des 20. Jahrhunderts mit dem damaligen Liberalismus nicht ohne weiteres zutrifft (vgl. auch Roggenkamp-Kaufmann 2001).

Eine exemplarische Darstellung der neuen Entwicklungen bietet Niebergalls programmatischer Artikel über »Die Entwicklung der Katechetik zur Religionspädagogik«.

Niebergall nennt fünf »Merkmale« der *herkömmlichen Katechetik:* 1. geschichtliche statt psychologische Orientierung; 2. Lehre als Weg der Beeinflussung; 3. Vorordnung des Stoffes vor dem Kind; 4. Betonung von Lehre statt Leben; 5. kein Bewusstsein der Differenz zwischen kirchlichem und schulischem Unterricht (Niebergall 1911, 33). Dagegen stelle die *neue Religionspädagogik* die Psychologie vor die Geschichte, die Gefühlspsychologie vor die intellektuelle Psychologie und die lebensbezogene vor die lehrmäßige Einwirkung; mit der allgemeinen Pädagogik anerkenne sie das »Recht« des Kindes und gehe von der Unterscheidung zwischen schulischem und kirchlichem Unterricht aus (41 f.).

Als eine Art Kompendium und viel beachtetes Dokument der religionspädagogischen Entwicklung kann das 1910 von R. Kabisch veröffentlichte Buch »Wie lehren wir Religion?« gelten (bis 1931 sieben Auflagen!). Der Untertitel dieses Buches »Versuch einer Methodik des evangelischen Religionsunterrichts für alle Schulen auf psychologischer Grundlage« weist in dieselbe Richtung wie Niebergalls Beschreibung der Religionspädagogik.

Bezeichnend für Kabischs Darstellung ist die Hinwendung zu einer Psychologie der Gefühle (im Anschluss an W. Wundt), welche die stärker auf das Denken gerichtete Psychologie Herbarts (→ 46) ablösen soll. Der Religionsunterricht soll konsequent auf die Erfahrungen des Kindes bezogen sein und selbst Erfahrungen ermöglichen. Davon erhofft sich Kabisch eine wirksamere Gestaltung des Unterrichts und weiterreichend eine tragfähigere Grundlage für religiöse Überzeugungen.

Bekannt und berühmt ist die didaktisch-methodische Vielfalt, für die sich die Reformpädagogik zu Beginn des 20. Jahrhunderts ganz allgemein eingesetzt hat. Die Schule als bloße Unterrichtsanstalt sollte durch die Ausgestaltung von Schule als Stätte des gemeinsamen Lebens, Erfahrens, Handelns, Arbeitens usw. überwunden werden. In der Religionspädagogik finden sich solche Impulse vor allem bei O. Eberhard, der im Anschluss an die Idee der sog. Arbeitsschule (G. Kerschensteiner) einen in Form und Methode höchst vielfältigen »arbeitsschulmäßigen Religionsunterricht« entwickelte (Eberhard 1924, 1925). Die heute in der Religionspädagogik wieder stark beachteten Möglichkeiten eines erfahrungs- und handlungsorientierten Unterrichts (→ 148 ff.) werden hier in großer Breite dargestellt.

»*Modern*« will diese Religionspädagogik jedoch keineswegs bloß im Blick auf eine Aktualisierung von Unterrichtsmethoden sein. Es geht ihr vielmehr in einem umfassenden Sinne darum, dass sich der Religionsunterricht und seine Theorie den Herausforderungen durch die Moderne stellen sollen. Dies lässt sich in mindestens vier Hinsichten rekonstruieren (ausführlich: Schweitzer/Simojoki 2005):

– *Öffnung für die moderne Kultur:* Zu Beginn des 20. Jahrhunderts waren die mit dem Übergang zur Industriegesellschaft verbundenen gesellschaftlichen und kulturellen Veränderungen besonders spürbar. Pluralisierung und Individualisierung werden ebenso zu Kennzeichen der gesellschaftlichen und kulturellen Situation im Allgemeinen wie der religiösen Kultur im Besonderen. Die Vielfalt theologischer und religiöser Positionen in Kirche, Theologie und Schule werden als unhintergehbare Herausforderung wahrgenommen, in der sich das Recht subjektiver Religion niederschlägt. Eine besondere Herausforderung liegt in der vielfach empfundenen Kluft zwischen religiöser Überlieferung und moderner Wissenschaft.

– *Religionsfreiheit und Demokratie:* Durch die mit der modernen Demokratie verbundene Trennung von Staat und Kirche (in Deutschland 1918/19), die auch eine Trennung von Schule und Kirche einschließt, kommt der Religionsunterricht in neuer Weise unter Legitimationsdruck. Er muss sich nun schulisch und pädagogisch begründen lassen. Neben dem mit den Kirchen oder Religionsgemeinschaften verbundenen sog. konfessionellen Religionsunterricht werden zunehmend andere Formen etwa einer objektiven und weltanschaulich neutralen Religionskunde, eines vom Staat verantworteten Moralunterrichts (1905 tritt er in Frankreich an die Stelle des Religionsunterrichts) oder eines lebenskundlichen Unterrichts diskutiert (z. B. auch in der Schweiz).

– *Professionalisierung der Religionslehrerschaft:* Professionalisierung zählt zu den grundlegenden Merkmalen der gesellschaftlichen Modernisierung. Sie lässt sich auch im Bereich der (Religions-)Lehrerschaft seit dem 19. Jahrhundert beobachten. Die Befähigung zum Religionsunterricht wird immer stärker an rechtlich und wissenschaftlich definierte Voraussetzungen gebunden – zunächst im Bereich der Höheren Schule (hier bildet sich die Berufsgruppe der Religionsoberlehrer heraus, vgl. Roggenkamp-Kaufmann 2001), später auch im Bereich der Volksschule. Dem entspricht der Ausbau von Einrichtungen der Lehrerbildung, auch für den Religionsunterricht (sog. Lehrerseminare, an denen die Ausbildung für den Religionsunterricht eine wichtige Rolle spielte). Daraus ergeben sich Ausbildungsaufgaben für die neue Religionspädagogik, und es entsteht eine Gruppe gebildeter Personen, die sich für Religionspädagogik als Theorie, zumindest im Blick auf ihre eigene schulische Praxis, interessieren.

– *Verwissenschaftlichung:* Mit der gesellschaftlichen Modernisierung wächst der Einfluss der modernen Wissenschaft. Das gilt für das Verhältnis von Glaube und Naturwissenschaft, aber auch für die wissenschaftliche Ausbildung der Religionslehrerschaft. Speziell geht es um die Berücksichtigung der psychologischen und pädagogischen Wissenschaft, für die sich die Religionspädagogik programmatisch öffnen möchte, sowie um eine an wissenschaftlichen Kriterien ausgerichtete Gestaltung von Religionsunterricht.

Die damalige Religionspädagogik verstand und bezeichnete sich selbst als »modern«. Die genannten Zusammenhänge machen zugleich deutlich, dass hinter dem angestrebten Übergang von der Katechetik zur Religionspädagogik nicht nur eine bewusste Hinwendung zu den Herausforderungen der Moderne stand, sondern die gesellschaftliche Modernisierung zugleich als eine von einzelnen Optionen zumindest ein Stück weit unabhängige Voraussetzung oder Ursache für diesen Übergang angesehen werden kann. Dafür spricht nicht zuletzt der Vergleich zwischen den Gestalten von Religionspädagogik in den verschiedenen Konfessionen sowie in verschiedenen Ländern. Wenn auch in jeweils eigener Ausprägung kommt es zu einem parallelen Übergang von der Katechetik zur Religionspädagogik nicht nur auf evangelischer, sondern auch auf katholischer Seite sowie, besonders markant, auch in den Vereinigten Staaten.

Als wichtigste *religionspädagogische Reform auf katholischer Seite* zu Beginn des 20. Jahrhunderts wird die Ausbildung der sog. Münchener Methode angesehen (A. Weber 1906, H. Stieglitz 1906 u. a.). Durch diese, an die Herbartianische Psychologie (→46) angelehnte Methode sollte auch in diesem Fall die herkömmliche Katechetik erneuert und im Sinne eines modernen Lernverständnisses reformiert werden. Theoretisch weiterreichend sind die Ansätze zu einer »Religions- und Moralpädagogik« (Göttler 1923), die als direkteste Parallele zu den evangelischen Entwicklungen angesehen werden kann (Schilling 1970, 24 ff.). Göttler zielt auf eine pädagogische Erweiterung der Katechetik und auf eine religiöse Vertiefung der Pädagogik. Auch wenn die Öffnung für die Herausforderungen der modernen (Religions-)Kultur und Wissenschaft auf katholischer im Vergleich zur evangelischen Seite verhaltener ausfiel, ist der beiden Konfessionen gemeinsame Bezug auf die gesellschaftliche Modernisierung nicht zu übersehen.

Ähnlich kann auch im Blick auf die *Religionspädagogik in den Vereinigten Staaten* geurteilt werden. Dort bildet sich als neuer Begriff *Religious Education* heraus – eine ebenfalls unmittelbare Parallele zu dem neuen Begriff der Religionspädagogik.

Ein Religionsunterricht oder andere Formen der religiösen Erziehung in der staatlichen Schule wurden dort allerdings schon seit Ende des 19. Jahrhunderts in zunehmend strenger Weise ausgeschlossen (wobei erst ein höchstrichterliches Urteil im Jahre 1963 eine Art Schlussstrich zieht). Die zu Beginn des 20. Jahrhunderts entstehende religionspädagogische Reformbewegung (Religious Education Movement) bezieht sich daher vor allem auf die Sunday School (→211), die als religiöse oder religionspädagogische Ergänzung zur staatlichen Schule gesehen wird. Führende Religionspädagogen wie vor allem G. A. Coe vertreten gleichwohl weitreichende Anliegen einer Gesellschaftsreform im Anschluss an die »liberale« Theologie des Social Gospel (verstanden als Sozialreform) sowie die Philosophie und Pädagogik von J. Dewey. Auffällig im Vergleich zu Deutschland ist die konstitutiv demokratische Ausrichtung der damaligen amerikanischen Religionspädagogik (Überblick: Osmer/Schweitzer 2003b).

(4) Der Versuch, religiöse Erziehung und Bildung so zu begründen und zu gestalten, dass sie den Herausforderungen der Moderne gerecht werden, und in diesem Sinne zu einer modernen Religionspädagogik zu gelangen, hat schon seit dem 19. Jahrhundert immer wieder *Einsprüche und Gegenentwürfe* hervorgerufen. Aufgrund der religionspädagogischen Öffnung für die moderne Kultur und Wissenschaft wurde vor allem ein Verlust christlicher Eindeutigkeit und kirchlicher Bindung befürchtet. Darüber hinaus kam es durch die geschichtliche Entwicklung mehrfach zu tiefen Einbrüchen für alle Bemühungen um eine Synthese zwischen Christentum und Kultur, insbesondere durch die mit dem Ersten Weltkrieg verbundene Kulturkrise in der Weimarer Zeit sowie durch politisch-ideologische Überformungen von Kultur und Erziehung im Nationalsozialismus oder im Staatssozialismus der DDR. Diese Einsprüche und Einbrüche führten in der Religionspädagogik vor allem in Deutschland – aufgrund anderer geschichtlicher Voraussetzungen weniger im internationalen Bereich – zu Gegenmodellen, die sich durch das Festhalten am traditionellen Verständnis von Katechetik, durch den entschiedenen Bezug auf Kirche sowie durch Hervorhebung der offenbarungstheologischen Grundlagen gegen die erfahrungsorientierte moderne Religionspädagogik profilierten, bis hin zu dem Versuch, den als diffus wahrgenommenen Begriff der Religionspädagogik wieder abzuschaffen.

Der Ruf nach einer »Erziehung zur Kirchlichkeit« und nach einer kirchlichen Katechetik ist vor allem für das 19. Jahrhundert bezeichnend:

C. Palmer fordert an erster Stelle, dass die Katechetik »wieder mit theologisch-kirchlichem Geiste getauft« werde (Palmer 1844, IV). Vordergründig geht es ihm darum, dass die Katechetik nicht einer weltlichen Pädagogik überlassen bleiben dürfe, weiterreichend steht hinter seiner Forderung die Einschätzung, die Katechetik sei dem Heidentum anheim gefallen. Deshalb müsse sie »getauft« werden. – Ganz aus der Geschichte des christlichen Katechumenats will C. A. G. von Zezschwitz eine Theorie der Katechetik schöpfen. Die Geschichte der Kirche ist für ihn das Modell und »Ableitungsprincip« für die Katechetik – Kirchlichkeit der Horizont für alle Ziele der Erziehung und Bildung (von Zezschwitz 1863, 35). All dies soll nicht nur für die Kirche und den kirchlichen Unterricht gelten, sondern auch für Familie und Schule, deren religionspädagogische Aufgaben aus dem kirchlichen Katechumenat abgeleitet seien.

Auf katholischer Seite stellt die neuscholastische Katechismusepoche dazu eine gewisse Parallele dar (Trautmann 1990, 39 ff., Bartholomäus 1983, 37 ff.). Im Zentrum steht der 1847 erschienene Katechismus von J. Deharbe, der bewusst vor die Aufklärung zurückgreift und an die scholastische Theologie (Thomas von Aquin u. a.) anknüpft, mit ausgeprägter apologetischer und gegenreformatorischer Tendenz.

Als Gegenmodell zur modernen Religionspädagogik wurde dann in der Weimarer Zeit die sog. *Evangelische Unterweisung* entwickelt. Sie speist sich einerseits aus der in dieser Zeit von K. Barth u. a. begründeten Wort-Gottes-Theologie (sog. Dialektische Theologie) und andererseits aus dem Rückbezug auf Luther nach dem Verständnis des damaligen Neu-Luthertums. Kennzeichnend ist die Berufung auf Offenbarung statt Erfahrung sowie auf ein durch das Evangelium bedingtes grundlegend kritisches Verhältnis zu Kultur und Bildung. Besondere Plausibilität gewann dieses Gegenmodell zunächst angesichts der Erfahrung einer tiefen Kulturkrise nach dem Ersten Weltkrieg sowie angesichts der religionsfeindlichen Haltungen des nationalsozialistischen Regimes, was z. T. auch seinen Einfluss nach 1945 erklärt.

Als wichtigste Vertreter der Evangelischen Unterweisung sind, mit unterschiedlichen Schwerpunkten auf dem Religions- und Konfirmandenunterricht, E. Thurneysen, G. Bohne, M. Doerne, M. Rang, O. Hammelsbeck und H. Kittel zu nennen. Bis heute immer wieder als Meilenstein zitiert wird Bohnes 1929 veröffentlichtes Buch »Das Wort Gottes und der Unterricht«, in dem dieser einen Religionsunterricht in der »Spannung« zwischen Religion und Kultur, Glaube und Bildung, der göttlichen Offenbarung und menschlicher Erkenntnis konzipiert. Religion wird als »*ewige Krisis der Kultur*« verstanden (Bohne 1929, 23 ff.). Gerade dieses oft als erstes Zeugnis der Evangelischen Unterweisung genannte Buch zeigt, dass selbst dieses bewusst als Gegenmodell zur modernen Religionspädagogik konzipierte Verständnis weithin den modernen Voraussetzungen verpflichtet bleibt. Trotz aller Ablehnung einer psychologischen Grundlegung des Religionsunterrichts, wie sie Kabisch vorgenommen hatte (→ 47), ist bei Bohne eine Hervorhebung des Jugendalters als religiöser Entscheidungszeit zu beobachten, wie sie seit Rousseaus Zeiten (→ 39) nicht mehr zu finden war.

Weniger aufgrund ihres theoretischen Gewichts als wegen ihres knappen Umfangs und den plakativen Formulierungen ist Kittels 1947 erschienene Programmschrift »Vom Religionsunterricht zur Evangelischen Unterweisung« zu einem der wichtigsten Dokumente dieser Richtung geworden. Kittel geht es um eine grundlegende Revision der Religionspädagogik. Er wendet sich gegen die Bezeichnung »Religionsunterricht«, die für eine unhaltbare Gleichsetzung von Religion und Christentum stehe (Kittel 1949, 7). Der Religionsunterricht soll nicht ein allgemeines religiöses Bewusstsein pflegen, sondern sich ganz auf das Evangelium konzentrieren – mit Bibel, Katechismus und Kirchengesangbuch. Seit der Aufklärung sei die Religionspädagogik auf Abwege geraten, weshalb das von Schleiermacher vorgedachte und in der modernen Religionspädagogik des frühen 20. Jahrhunderts realisierte Programm widerrufen werden müsse: Evangelische Unterweisung statt Religionsunterricht – Katechetik statt Religionspädagogik! Auch die Evangelische Unterweisung besitzt auf *katholischer Seite* eine gewisse Parallele. In den 1930er Jahren werden die religions- und moralpädagogischen Ansätze durch die »materialkerygmatische« Richtung (J. A. Jungmann u. a.) zunehmend verdrängt (Dokumentation: Wegenast 1983, 83 ff.). Bestimmend wird der Bezug auf die Heilsgeschichte als Hinführung zu Christus. Psychologische Bezüge und Methodenfragen treten zurück hinter das Interesse an der Einheit des katholischen Glaubens.

Nach 1945 haben sich die Vertreter der Evangelischen Unterweisung gerne als Opposition zum Nationalsozialismus dargestellt (besonders wirksam: Kittel 1949). Inzwischen ist bekannt, dass diese Selbstdarstellung geschichtlich so nicht ohne weiteres zutrifft und dass auch Vertreter dieser Richtung dem Nationalsozialismus zumindest nahe standen.

Vor allem F. Rickers (1995) belegt, dass Kittel sich in den 30er Jahren in kompromittierender Weise dem Nationalsozialismus angenähert hatte. Im Übrigen gab es im Bereich der Religionspädagogik schon seit den 20er Jahren nationale und deutsch-christliche Strömungen (Lachmann 1996, Kühl-Freudenstein 2003), aus denen dann im Nationalsozialismus eine Art angepasster nationalsozialistischer »Religionspädagogik« erwachsen konnte. Auch hier mischen sich allerdings unterschiedliche theologische und religionspädagogische Richtungen (Rickers 2000). Auf katholischer Seite waren religionspädagogische Anpassungen an den Nationalsozialismus wohl insgesamt seltener (wobei entsprechende Untersuchungen z. T. noch ausstehen). Auf »einige recht plumpe Anbiederungen an völkischen Rassismus« (Schilling 1970, 108) ist hier ebenfalls hinzuweisen.

Trotz einer gewissen Blüte in der Zeit nach dem Zweiten Weltkrieg konnte sich die Evangelische Unterweisung in Westdeutschland nicht auf längere Zeit durchsetzen. In der *DDR* hingegen, wo aufgrund des Staatssozialismus weithin religions- und kirchenfeindliche Verhältnisse herrschten, lag ein Anknüpfen an die bewusst auf Kirche bezogene Katechetik sowie an die als Gegenmodell zur staatlichen Schule konzipierten Formen einer Evangelischen Unterweisung in der Gemeinde näher. Als ein Religionsunterricht in der Schule der DDR zunehmend unmöglich wurde und seit den 50er Jahren die vom Staat propagierte Jugendweihe (→ 240) dem Konfirmandenunterricht und der Konfirmation entgegengesetzt wurde, konnte für den nun konsequent von der Kindheit an auszubauenden kirchlichen Unterricht (»Christenlehre« → 216) auf die Erfahrungen im Kirchenkampf und die damals entwickelten Formen einer kirchlichen Katechetik zurückgegriffen werden. Allerdings kam es in den

60er und 70er Jahren auch im Bereich der Kirchen in der DDR zu kulturellen und lebensweltlichen Öffnungen, welche die ursprünglichen Grenzen der Evangelischen Unterweisung deutlich überschritten.

Die *Geschichte der Katechetik in der Zeit der DDR* ist allerdings noch vergleichsweise wenig erforscht. Strukturierende Quellensammlungen (Reiher 1992) sowie Überblicksdarstellungen (Lehtiö 1983, Aldebert 1990, Comenius-Institut 1998b) stellen eine Grundlage dar, die nur allmählich etwa durch Beiträge zu einzelnen ostdeutschen Vertretern der Katechetik ergänzt werden (Degen 2000, Hoenen 2003). Westdeutsche Lehrbücher sparen, schon wegen ihrer Beschränkung auf den schulischen Religionsunterricht (den es in der DDR nicht gab), die Entwicklungen in Ostdeutschland häufig aus (so etwa Lämmermann 1994) oder gehen – gewiss vorschnell – davon aus, dass es unter den ostdeutschen Bedingungen in der DDR-Zeit nicht zu »innovativen Ansätzen« kommen konnte (so Grethlein 1998, 139). Demgegenüber ist festzuhalten, dass die ostdeutsche Gemeindepädagogik Impulse enthält, die auch in Westdeutschland innovativ gewirkt haben und noch immer innovativ wirken können (vgl. etwa Schwerin 1991). Dies gilt besonders für die Grundlegung von Gemeindepädagogik (Henkys 1978, Foitzik 1992 →74, 197 ff.), aber auch für wichtige Anstöße wie das »Konfirmierende Handeln der Gemeinde«, die Professionalisierung von Katechetinnen und Katecheten usw. Vor allem aber hat sich die Frage des religionspädagogischen Umgangs mit Konfessionslosigkeit in Ostdeutschland naturgemäß weit früher gestellt als im Westen, so dass auch in dieser Hinsicht in der genannten Literatur innovative Ansätze zu finden sind (vgl. Domsgen 2005).

Weiterführende Literatur

K. E. Nipkow/F. Schweitzer (Hg.), Religionspädagogik. Texte zur evangelischen Erziehungs- und Bildungsverantwortung seit der Reformation. Bd. 1: Von Luther bis Schleiermacher, München 1991; Bd. 2/1: 19. und 20. Jahrhundert, Gütersloh 1994; Bd. 2/2: 20. Jahrhundert, Gütersloh 1994
M. Meyer-Blanck, Kleine Geschichte der evangelischen Religionspädagogik. Dargestellt anhand ihrer Klassiker, Gütersloh 2003
F. Schweitzer/H. Simojoki, Moderne Religionspädagogik. Ihre Entwicklung und Identität, Freiburg/Gütersloh 2005
K. Wegenast (Hg.), Religionspädagogik. Bd. 1: Der evangelische Weg, Darmstadt 1981; Bd. 2: Der katholische Weg, Darmstadt 1983
R. Bolle u. a. (Hg.), Hauptströmungen evangelischer Religionspädagogik im 20. Jahrhundert. Ein Quellen- und Arbeitsbuch, Münster u. a. 2002

1.2.4 Religiöse Pluralisierung, Individualisierung, Globalisierung: postmoderne Horizonte

Ob und in welchem Sinne von einer »Postmoderne« gesprochen werden kann, die sich als eine eigene Epoche von der Moderne unterscheidet (vgl.

Welsch 1988, Harvey 1989), ist umstritten. Manche sprechen lieber von der »Spätmoderne« (Giddens 1991) oder von einer »zweiten« bzw. »reflexiven« Moderne (Beck u. a. 1996). Auch der Begriff »Globalisierung« kann im Sinne einer solchen Zeitdiagnose verwendet werden (vgl. Beck 1997). Im vorliegenden Zusammenhang kommt es weniger auf die genaue Bezeichnung der gegenwärtigen Situation als vielmehr darauf an, dass offenbar über die im 17. und 18. Jahrhundert einsetzende Moderne hinaus erneut mit grundlegenden Umbrüchen zu rechnen ist. Solche Umbrüche bringen es mit sich, dass die beschriebene Neubestimmung religionspädagogischer Grundaufgaben angesichts von Aufklärung und Moderne (→38 ff.) in einem wiederum gewandelten Kontext erörtert, erweitert und verändert werden muss. Dies ist allerdings nicht so zu verstehen, als wären die für die Moderne kennzeichnenden Herausforderungen von Vernunft, Subjekt und moderner Pädagogik einfach bedeutungslos geworden – sie bestehen vielmehr auch weiterhin, so wie auch die biblischen und reformatorischen Begründungen zwar durch geschichtliche Entwicklungen überlagert werden, ihre grundlegende Bedeutung aber nicht verloren haben. Gleichwohl müssen die biblischen, reformatorischen und neuzeitlichen Perspektiven in unserer Gegenwart in anderer Weise aufgenommen werden, als dies in der Zeit ihrer Entstehung der Fall war.

(1) Die drei in der Überschrift genannten Begriffe *Pluralisierung, Individualisierung, Globalisierung* bezeichnen jeweils wichtige Hinsichten, in denen die Religionspädagogik mit veränderten Herausforderungen konfrontiert ist. Sie müssen an dieser Stelle knapp erläutert werden.

Gesellschaftliche und kulturelle *Pluralität* kann als Signatur unserer Zeit aufgefasst werden. Dies spiegelt sich etwa im Begriff der multikulturellen Gesellschaft, die auch eine multireligiöse Gesellschaft ist. Religiöse Pluralität herrscht dabei in mehreren Hinsichten vor:

– Innerhalb der einzelnen *Konfessionen* und *Kirchen* wächst das Bewusstsein der *inneren Vielfalt*. Die Zugehörigkeit zur evangelischen Kirche kann mit sehr unterschiedlichen Gestalten der Lebensführung einhergehen, und selbst bei den Glaubensüberzeugungen ist eher von einem Spektrum zu sprechen als von einer einheitlichen Glaubensform. Auch auf katholischer Seite hat sich das in Deutschland lange Zeit prägende sog. katholische Milieu aufgelöst und sind zunehmend vielfältige Lebens- und Glaubensüberzeugungen anzutreffen (Daiber 1995, Gabriel 1993, EKD 2003c).
– Zur innerkirchlichen kommt die *innerchristliche Pluralität*. In Deutschland ist das Nebeneinander der evangelischen und der katholischen Kirche eine feste Gegebenheit, und auch andere christliche Kirchen und Gemeinschaften, die lange Zeit als »Sekten« abgetan wurden, haben längst offizielle Anerkennung gefunden. Die innerchristliche Pluralität macht sich bis hinein in Ehe und Familie bemerkbar: Inzwischen werden ungefähr ebenso viele konfessionsverschiedene bzw. -ver-

bindende Ehen geschlossen wie evangelisch-evangelische oder katholisch-katholische (Ebertz 2000, 30).

– *Religiöse Pluralität* erwächst aus der gleichzeitigen Präsenz unterschiedlicher Religionen in Deutschland und Europa, neben dem Christentum vor allem des Islam (in Deutschland beläuft sich die geschätzte Anzahl von Muslimen auf ca. 3 Millionen). Dies bedeutet, dass nicht-christliche Religionen keine geographisch weit entfernte Tatsache mehr sind, sondern im Alltag beständig vor Augen stehen (Überblick: Klöcker/Tworuschka 1994).

– *Weltanschauliche Pluralität* entsteht aus dem Nebeneinander von religiösen und nicht-religiösen Lebensorientierungen und Überzeugungen. In Deutschland und Europa wächst die Anzahl derer, die keiner Konfession oder Religionsgemeinschaft angehören (was allerdings nicht mit Religionslosigkeit oder gar Atheismus gleichgesetzt werden darf – religiöse Interessen artikulieren sich auch außerhalb von Kirche oder jenseits formeller Mitgliedschaften in einer Religionsgemeinschaft). Besonders in Ostdeutschland haben der Staatssozialismus und die von diesem betriebene atheistische Erziehung bis heute nachhaltige Folgen: In manchen Regionen Ostdeutschlands sind etwa 80 % der Bevölkerung konfessionslos (Pollack/Pickel 2000).

Religiöse Individualisierung kann als Kehrseite der Pluralisierung verstanden werden. Auch sie folgt einer allgemeinen gesellschaftlichen Tendenz zur Auflösung verbindlicher Vorgaben hinsichtlich der persönlichen Lebensführung und Lebensgestaltung.

In Einzelnen bedeutet dies, dass Religion als Privatangelegenheit jedes und jeder Einzelnen angesehen wird, auch schon von Kindern in der Familie. Als subjektive Einstellung und Überzeugung entziehen sich Glaube oder Religion in dieser Sicht jeder sozialen Normierung. Bezeichnend ist der Titel einer Untersuchung über Religion in der Schweiz »Jede(r) ein Sonderfall?« (Dubach/Campiche 1993).

Globalisierung wird vielfach nur als ein ökonomischer Prozess verstanden. Tatsächlich schließt dieser Prozess jedoch auch kulturelle und religiöse Aspekte ein (Beck 1997, Beyer 2001). Globalisierung führt zu Bewusstseinsveränderungen hinsichtlich von Raum und Zeit sowie des Lebens in einer Welt, die zu einem einzigen Ort zusammengeschrumpft zu sein scheint (Giddens 1991).

Im Blick auf Religion ist beispielsweise an den Einfluss internationaler Medien und weltweiten Marketings (Coca Cola!) zu denken, aber auch etwa an (Fern-)Reisen, die das Bewusstsein religiöser Vielfalt noch einmal verstärken. In ähnlichem Sinne kann die internationale oder globale Migration wirken, indem sie die Kulturen und Religionen weltweit stärker durchmischt und verflüssigt.

Die hier nur knapp gekennzeichneten Prozesse der Pluralisierung, Individualisierung und Globalisierung sind nicht in dem Sinne neu, dass sie erst in den letzten zehn oder zwanzig Jahren Raum gegriffen hätten. Ohne Zweifel haben sich diese Prozesse in den letzten Jahrzehnten aber enorm verstärkt und damit zu einer Situation geführt, die nicht zuletzt die Religionspädagogik vor neue Herausforderungen stellt.

(2) Die *neuen Herausforderungen für die Religionspädagogik* können zu drei Themen verdichtet werden: Umgang mit der Pluralität, Lehren und Lernen unter der Voraussetzung individualisierter Religion, Wahrnehmung globaler Verantwortung. Darüber hinaus gehört auch die Problematisierung des (konfessionellen) Religionsunterrichts in der Schule in diesen Zusammenhang.

Die Frage nach dem *Umgang mit Pluralität* stellt sich, weil nun jeder und jede Einzelne sich angesichts einer Vielzahl möglicher religiöser und nicht-religiöser Optionen, die sich bieten oder jedenfalls zu bieten scheinen, orientieren muss. Dies bedingt einen wachsenden Orientierungsbedarf, da die Entscheidung für eine bestimmte religiöse Überzeugung nicht mehr einfach beispielsweise durch die Herkunft aus einer bestimmten Familie vorgegeben ist. Der Religionssoziologe P. Berger (1980) spricht deshalb von einem »Zwang zur Häresie«, einem Zwang zu eigener (Auswahl-)Entscheidung. Tendenziell wohnt der Pluralität auch die Gefahr einer Orientierungslosigkeit inne, auf die im Extrem mit gegenläufigen Strategien der Vereindeutigung reagiert werden kann. Weithin werden, etwas holzschnittartig, relativistische Strategien, für die es in Glaubensfragen prinzipiell nur rein subjektive und deshalb gleichermaßen gültige Antworten geben kann, von fundamentalistischen Strategien unterschieden, denen zufolge nur eine einzige – die eigene – Antwort gelten kann. Religionspädagogisch angemessen ist hingegen ein reflektierter Umgang mit Pluralität, der auf Pluralitätsfähigkeit beruht. In diesem Sinne wird zwischen *Pluralität* als der Gegebenheit (religiöser) Vielfalt und *Pluralismus* als einem solchen reflektierten Umgang unterschieden (vgl. Schweitzer u. a. 2002, auch Nipkow 1998a, b). Pluralitätsfähigkeit bedeutet nicht einfach Überwindung von Pluralität oder Pluralismus, wie dies in der Vergangenheit in Kirche und Religionspädagogik oft gesehen oder gefordert wurde. Inzwischen wird nicht nur in der Religionspädagogik, sondern auch in der Systematischen Theologie eine positive Wahrnehmung von Pluralismus angestrebt (vgl. Herms 1995, Welker 1995, Huber 1998), gleichsam in endgültiger Überwindung staatskirchlicher Verhältnisse, aber auch in kritischer Abgrenzung gegenüber einem Gesellschafts- und Bildungsverständnis, das allein technische und ökonomische Formen der Rationalität gelten lassen will.

Dem Ziel der Pluralitätsfähigkeit entsprechen dann im Einzelnen religionspädagogische Lernkonzepte, die sich auf die Pluralität der Konfessionen (Ökumenisches Lernen, konfessionelle Kooperation im Religionsunterricht → 167 ff., 93), die Pluralität der Religionen (interreligiöses Lernen → 167 ff.) sowie das Nebeneinander von religiösen und nicht-religiösen Weltanschauungen beziehen. Die damit angesprochenen religionspädagogischen Aufgaben stellen sich keineswegs

Zugänge zur Religionspädagogik

allein in einem nicht mehr an eine bestimmte Konfession gebundenen Religionsunterricht, sondern gelten für alle Formen der Religionspädagogik in Schule und Gemeinde. Ohne eine gezielte Aufnahme der religiösen Pluralität müssen die im Unterricht vertretenen Überzeugungen sonst rein willkürlich erscheinen.

Die Herausforderung des Lehrens und Lernens unter den Voraussetzungen *individualisierter Religion* besteht vor allem darin, dass nun ein Ausgehen von der Tradition oder von der Zugehörigkeit zu einer bestimmten religiösen Gemeinschaft oder Institution (Kirche, Konfession, Religionsgemeinschaft usw.) nicht mehr zureicht, eben weil Kinder, Jugendliche oder auch Erwachsene ihre eigenen religiösen Überzeugungen, Interessen und Fragen nicht mehr an bestimmte Traditionen oder Institutionen gebunden sehen. So verstehen sich zahlreiche Jugendliche als religiös oder zumindest als religiös interessiert, aber – wie sie ausdrücklich sagen – nicht im Sinne von Kirche, Bekenntnis oder Dogma. Kirchlichkeit und Religion treten auseinander, was die Religionspädagogik nur so aufnehmen kann, dass sie ausdrücklich nach individuellen Formen von Religion fragt (Schweitzer 1998).

Wie diese Religionsformen inhaltlich einzuschätzen sind, bleibt dabei zunächst bewusst offen. Weder kann es darum gehen, die Religionspädagogik nunmehr vorbehaltlos an religiöse Strömungen in der Gesellschaft anzupassen, noch würde eine allein kritisch-ablehnende religionspädagogische Einstellung der Sinnsuche heutiger Menschen gerecht. Religiöse Lernprozesse können nur gelingen, wenn sie an die individualisierten Formen von Religion anknüpfen und diese aufzunehmen vermögen. In dieser Situation wird die sorgfältige Wahrnehmung gelebter Formen von Religion zu einer eigenen religionspädagogischen Aufgabe. Es kann nicht mehr davon ausgegangen werden, dass die aus der theologischen Tradition oder Systematik erwachsenen Begriffe zureichen, um diese Formen von Religion auch nur zu verstehen. Über die Wahrnehmung hinaus muss es zu einer bewussten didaktischen Öffnung für die Erfahrungen und lebensgeschichtlichen Zusammenhänge der Kinder, Jugendlichen und Erwachsenen kommen.

In der Religionspädagogik der zweiten Hälfte des 20. Jahrhunderts lassen sich zunehmend solche Öffnungsbemühungen beobachten. Dabei steht zunächst die stark ethisch und politisch akzentuierte Problemorientierung im Vordergrund, die von Problemen und Themen der Gegenwart ausgehen will. Konzepte wie Erfahrungs- und Schülerorientierung, lebensgeschichtlich und entwicklungspsychologisch ausgerichtete Elementarisierung, Arbeit mit religiösen Symbolen und Zeichen (→ 148 ff.) zeigen dies ebenso wie die Forderung nach einer phänomenologischen Religionspädagogik, die das Wahrnehmen als religionspädagogische Aufgabe ganz in den Vordergrund stellt (→ 267). Ähnliches gilt für die kulturhermeneutische Ausrichtung (→ 267), die sich auf die in der Kultur der Gegenwart vorfindlichen Formen von Religion bezieht. In der Religionspädagogik hat dabei beispielsweise Religion in der populären Musik und im Film starke Beachtung erfahren.

Mit der Frage nach den gelebten Formen von Religion verbunden ist auch die in der Religionspädagogik erst seit etwa den 1980er Jahren deutlich festzustellende Aufnahme von *Gender-Aspekten*, vor allem im Blick auf religiöse Erziehung und Bildung von Mädchen. Angestrebt wird auch in diesem Falle eine sorgfältige Wahrnehmung und Beachtung geschlechtsspezifischer religiöser Bedürfnisse und Interessen sowie die Überwindung einer einseitigen Konzentration von Religionspädagogik auf von männlichen Vertretern entwickelte Modelle oder auf Lebens- und Handlungszusammenhänge, die den Erfahrungen von Mädchen und Frauen nicht entsprechen (→172 ff.). Insofern geht die Gender-Frage nicht im Problem religiöser Individualisierung auf, sondern ist ebenso mit befreiungspädagogischen und -theologischen Aspekten verbunden.

Bislang vorliegende Darstellungen beziehen sich etwa auf »vergessene Religionspädagoginnen« des 20. Jahrhunderts (Pithan 1997) oder auf den weiteren Zusammenhang der religiösen Mädchenbildung seit dem 19. Jahrhundert (Edelbrock 2006). Vor allem mit Hilfe der Methoden qualitativer Sozialforschung wurden Erfahrungen und Lebensgeschichten von Mädchen und Frauen erhoben und im Blick auf möglicherweise geschlechtsspezifische Aspekte hin ausgewertet (→257). Die Frage nach religionspsychologischen (Entwicklungs-)Theorien, die bewusst auf Geschlechtunterschiede eingestellt sind und den Mädchen und Frauen gerecht werden wollen, ist noch immer weithin offen. Stärker aus der Praxis kommen Unterrichtsentwürfe sowie Vorschläge beispielsweise für die Arbeit mit Konfirmandinnen und Konfirmanden (→172).

Einflüsse der *Globalisierung* wurden in der Religionspädagogik bislang vor allem unter dem Aspekt globaler Verantwortung aufgenommen. Mit dem in den 1980er Jahren einsetzenden sog. Konziliaren Prozess verbindet sich die Frage nach dem Leben in der Einen Welt (Schmidt 1993). Dabei erweitert sich das frühere Interesse an der sog. Dritten Welt bzw. den Entwicklungsländern und der Entwicklungshilfe zu einem Ansatz globalen Lernens, der eng mit dem des Ökumenischen Lernens (→167) verbunden ist. In diesen Zusammenhang gehört auch die Suche nach einer globalen Ethik – einem »Weltethos« (Küng 1990), die zum Teil in der Religionsdidaktik aufgenommen worden ist (Lähnemann 1995). Entscheidend ist dabei in vieler Hinsicht die Suche nach weltweiter Gerechtigkeit und Solidarität oder nach einer ethisch reflektierten Gestaltung von Globalisierungsprozessen, die nicht allein dem freien Spiel der Kräfte auf dem Markt überlassen werden sollen.

In theoretischer und wissenschaftlicher Hinsicht entspricht der Globalisierung die Ausbildung einer *international-vergleichenden Religionspädagogik*, wie sie – trotz der Anfänge etwa in den 1920er Jahren (Eberhard 1930) – erst in der jüngsten Vergangenheit stärker ausgebildet wurde. Je mehr über andere Länder und über die religionspädagogische Situation dort bekannt wird, desto mehr wächst offenbar auch der Wunsch, aus dem Vergleich zu lernen (Osmer/Schweitzer 2003b, Schweitzer 2005b →286). Darüber hinaus machen es Internationalisierungsprozesse wie die europäische Vereinigung in der Europäischen Union bildungspolitisch wünschenswert, dass eine international ausgerichtete Religionspädagogik auch über das eigene Land hinaus als Gesprächspartner für die Politik auftreten kann.

(3) Die durch Pluralisierung, Individualisierung und Globalisierung aufgeworfenen Herausforderungen gelten für alle religionspädagogischen Handlungsfelder, in der Gemeinde ebenso wie in der Schule. Für den *schulischen Religionsunterricht* führen sie jedoch zu einer weiteren *Problematisierung seiner Begründung und Gestaltung*. Bereits die in zahlreichen Ländern im Zuge der gesellschaftlichen Modernisierung vollzogene Trennung von Staat und Kirche oder Religion bedeutete vielfach auch eine Trennung zwischen der vom Staat getragenen Schule und der evangelischen oder katholischen Kirche. Mit unterschiedlichen Tendenzen kirchenfeindlicher oder -freundlicher Art wurde in Frankreich und in den USA der Religionsunterricht in staatlichen Schulen abgeschafft, weil er als Verstoß gegen die Laizität des Staates (Frankreich) oder gegen die strikte Trennung von Staat und Kirche (USA) angesehen wurde. Auch dort, wo die Trennung von Staat und Kirche nicht zur Abschaffung des Religionsunterrichts führte, stellte und stellt sich zunehmend das Problem, dass ein evangelischer und katholischer Religionsunterricht (andere Formen wie den jüdischen Religionsunterricht gab es in Europa nach 1945 zumindest in der staatlichen Schule nur ausnahmsweise) der Zusammensetzung der Schülerschaft mit hohen Anteilen von Konfessionslosigkeit oder eines wachsenden Anteils von Kindern mit Zugehörigkeit zu nicht-christlichen Religionsgemeinschaften nicht mehr entsprach. Vielfach wurden daher Alternativen zum Religionsunterricht eingerichtet (Ethikunterricht, Philosophie, Werte und Normen usw. →89 ff.). Das Nebeneinander von Religions- und Ethikunterricht wird pädagogisch vielfach problematisiert, weil es den pädagogischen Anforderungen einer Bildung zur Pluralitätsfähigkeit nicht gerecht werde. Durch die Trennung werde die faktische Pluralität gleichsam für den Religionsunterricht wieder aufgehoben und eine künstliche Homogenität erzeugt. Zum Teil wird daher ein sog. allgemeiner Religionsunterricht (»für alle«, also im Klassenverband) oder ein rein wissenschaftlicher Unterricht über Religion (»Religionskunde«) als Königsweg für die Zukunft angesehen. Dem lässt sich entgegenhalten, dass ein möglichst objektiver Unterricht über Religion weder den Lern- und Entwicklungsbedürfnissen von Kindern und Jugendlichen noch dem Selbstverständnis der Religionen gerecht wird. Darüber

hinaus stellt sich auch in diesem Falle die Frage nach der Rolle des Staates, der unter der Voraussetzung der Trennung von Staat und Kirche die Verantwortung für einen Religionsunterricht nicht übernehmen kann und sich bei einem religionskundlichen Angebot um die strenge Einhaltung der weltanschaulichen Neutralität bemühen muss. Die kontroverse Diskussion um die Zukunft des schulischen Religionsunterrichts berührt zahlreiche didaktische, rechtliche, pädagogische und theologische Aspekte und muss daher in größerer Ausführlichkeit behandelt werden (→81 ff.).

Weiterführende Literatur

K. E. Nipkow, Bildung in einer pluralen Welt. Bd. 1: Moralpädagogik im Pluralismus; Bd. 2: Religionspädagogik im Pluralismus, Gütersloh 1998

F. Schweitzer/R. Englert/U. Schwab/H.-G. Ziebertz, Entwurf einer pluralitätsfähigen Religionspädagogik, Freiburg/Gütersloh 2002

R. R. Osmer/F. Schweitzer, Religious Education between Modernization and Globalization: New Perspectives on the United States and Germany, Grand Rapids/Cambridge 2003

F. Schweitzer/T. Schlag (Hg.), Religionspädagogik im 21. Jahrhundert, Freiburg/Gütersloh 2004

R. Jackson, Rethinking Religious Education and Plurality: Issues in diversity and pedagogy, London/New York 2004

1.3 Systematischer Zugang: Bezugshorizonte der Religionspädagogik

Es ist bezeichnend für die Religionspädagogik, dass sich ihre Grundaufgaben aus mehreren Zusammenhängen ergeben – aus Kirche, Schule und Gesellschaft, aber auch aus dem individuellen Lebenszusammenhang. Ein systematisches Verständnis von Religionspädagogik muss daher diese verschiedenen Bezugshorizonte aufnehmen. Welche Bezugshorizonte dabei besonders berücksichtigt werden sollen, hängt nicht nur von geschichtlich wandelbaren Herausforderungen ab, wie sich dies im problemgeschichtlichen Zugang (→ 1.2) gezeigt hat, sondern auch von positionellen Entscheidungen. So kann Religionspädagogik beispielsweise stärker kirchlich oder stärker schulisch bestimmt sein, eher theologisch als pädagogisch usw. Nachfolgende Darstellung nimmt fünf Bezugshorizonte in den Blick, die zumindest auf die eine oder andere Weise Berücksichtigung finden müssen, auch wenn sie der jeweiligen Position entsprechend unterschiedlich gewichtet werden können.

1.3.1 Religion und Bildung – Bildung und Religion

Den Ausgangspunkt der Religionspädagogik markiert systematisch betrachtet eine Doppelfrage: Was bedeutet Bildung für Religion, und welche Rolle spielt Religion für Bildung? Während sich eine Verbindung von Erziehung und Religion fast von selbst versteht (→117 ff.), weil Religion das Aufwachsen von Kindern und Jugendlichen in der gesamten Geschichte mit beeinflusst hat, ist eine Zusammengehörigkeit von Religion und Bildung keineswegs automatisch gegeben. Bildung zielt auf eigenes und eigenständiges Verstehen, auf Mündigkeit und kritische Urteilsfähigkeit. Daher kann gefragt werden, ob sich solche Ziele mit Religion überhaupt vereinbaren lassen, und dies von beiden Seiten her: Nicht jede Form von Religion lässt kritische Urteilsfähigkeit wünschenswert erscheinen, und nicht alle Bildungstheorien halten Religion für vereinbar mit Mündigkeit.

(1) *Religion und Bildung:* Das Interesse an Bildung ist nicht in allen Religionen gleich. Besonders ausgeprägt ist es in den sog. Buchreligionen, für die das geschriebene Wort eine hervorgehobene Bedeutung besitzt. Das gilt für Judentum und Christentum, aber auch für den Islam. Kenntnis und Verständnis der Überlieferung in Bibel und Koran sind für diese Religionen unerlässlich, was erklärt, warum nicht nur ein entsprechendes Lernen gefordert, sondern vielfach auch im weiterreichenden Sinne Bildung gefördert wurde. Kenntnis und Verständnis der religiösen Tradition sind dabei nicht isoliert zu betrachten, sondern als Teil einer umfassenden Kultur des Lesens und Schreibens, des Verstehens und Auslegens.

Für das Christentum ist der *Zusammenhang von Glaube und Lernen* unabweisbar. Der christliche Glaube hat einen bestimmten Inhalt – nicht einfach im Sinne von Glaubenssätzen oder Dogmen, sondern als Christus-Glaube. Dieser Glaube ist an die biblische Überlieferung gebunden, aus der die Kenntnis von Jesus Christus und das Verständnis von Christus als »Ebenbild Gottes« (2. Kor 4,4) allererst zu gewinnen sind. Diese Einsicht verbindet im Prinzip alle christlichen Konfessionen. Unterschiede erwachsen aus der Entscheidung darüber, wie weit Kenntnis und Verständnis der einzelnen Christen reichen sollen. Reformatorische Kirchen gehen vom Priestertum aller Gläubigen aus und halten es daher für unverzichtbar, dass jeder und jede Einzelne auch zum Verständnis des Glaubens gelangt (→26 ff.). In der katholischen Tradition hingegen standen stärker der Glaube der Kirche und das geweihte Priestertum im Vordergrund, so dass es auf das Lernen und Verstehen der einzelnen Christen weniger ankam – eine Einschränkung, die allerdings tendenziell mit dem II. Vaticanum überwunden ist (Ratzinger 1967).

Besonders in der lutherischen Tradition wird nicht nur auf die Notwendigkeit, sondern auch auf die *Grenzen des Lernens* im Verhältnis zum Glauben hingewiesen. Als Gabe Gottes kann und darf der Glaube nicht einfach anerzogen oder in dem Sinne gelehrt werden, dass er als ein mit pädagogischen Mitteln erreichbares Lernziel erscheint (→26 ff.).

Als »*Streit um die Lehrbarkeit der Religion*« sind vor allem die entsprechenden Auseinandersetzungen um die Wende zum 20. Jahrhundert in die Geschichte der Religionspädagogik eingegangen. Die Frage »Lässt sich Religion lehren?« (von Soden 1901), die den Ausgangspunkt des damaligen Streits markiert, bezog sich zunächst auf den schulischen Kontext, der in der Sicht der damals massiven Schulkritik einem Lehren und Lernen des Glaubens wenig zuträglich war (man sprach von »Schulkasernen«, »Massenunterricht« und »Maschinenbetrieb«, von »Schulekel« und »Abschreckungsunterricht«, vgl. Schweitzer 1991a, 13). Prinzipielle Argumente finden sich vor allem bei den evangelischen Religionspädagogen R. Kabisch (»Wie lehren wir Religion?«, 1910) und F. Niebergall (Religion ist nicht im strengen Sinne lehrbar, möglich sind jedoch Anregungen und »Reize«, Niebergall 1908, vgl. Plagentz 2003). Angestrebt wird eine erfahrungsbezogene, auf die kindliche Entwicklung eingestellte Form von Religionsunterricht, durch den die christliche Religion der »kindlichen Naturreligion« gleichsam eingepfropft werden könne. Die konfessionelle Bestimmtheit der Antworten auf die Frage nach der Lehrbarkeit tritt durch den Vergleich mit dem katholischen Religionspädagogen J. Göttler (1917, 527) plastisch hervor: »Lehrbar ist also auch Religion nicht schlechthin, lehrbar sind nur religiöse Vorstellungen und deren Formulierungen, auch gewisse äußere Betätigungen. Die religiöse Überzeugung … ist nicht lehrbar im eigentlichen Sinne, aber erziehbar, d.h. durch erziehliche Beeinflussungen bestimmbar«. Das ausgeprägte Bewusstsein von den Grenzen der Lehrbarkeit von Religion erwächst aus dem evangelischen Verständnis von Rechtfertigung (→31 ff.).

Die Betonung der Grenzen des Lernens und der Nicht-Lehrbarkeit des Glaubens hat gelegentlich auch zu einer vollständigen Abwertung von Didaktik oder Methodik geführt, die ganz hinter das Wirken des Heiligen Geistes zurücktreten sollen. Eine Auseinandersetzung mit dieser Einschätzung ist noch immer klärend.

Am nachdrücklichsten haben sich wohl Vertreter der sog. Evangelischen Unterweisung (→51) auf die Nicht-Lehrbarkeit des Glaubens berufen. Beispielsweise versuchte T. Heckel (1928, 45, 29), aus Luthers Auslegung des dritten Artikels die »Kritik aller bisherigen Methodik« abzuleiten. Berechtigt diese Wertung dazu, Didaktik und Methodik bei der Unterrichtsvorbereitung links liegen zu lassen und *statt dessen* um den Heiligen Geist zu bitten? Schon früh hat etwa O. Eberhard (1932, 4) bemerkt, dass Heckel ein Kategorienfehler unterlaufen sei. Denn offenbar handele es sich doch um »zwei völlig ungleichartige Größen«, die hier »ohne Unterscheidung des religiösen Blickpunktes und der pädagogischen Betrachtung« gegeneinander ausgespielt werden sollen. Demnach ist festzuhalten: Das theologische und das pädagogische Verständnis des Lernens stehen gerade in ihrer Unterschiedenheit nicht in einem ausschließenden Widerspruch zueinander, sondern in einem Verhältnis wechselseitiger – komplementärer – Ergänzung. Diese grundsätzliche Komplementarität lässt sich nur aufheben, wo ganz auf freie Geistwirkungen gesetzt und deshalb auf verständliche Mitteilung der christlichen Überlieferung verzichtet wird. Dass dies im Sinne des christlichen Glaubensverständnisses nicht gemeint sein kann, zeigt sich nicht zuletzt auch bei den Vertretern der Evangelischen Unterweisung, die nach aller Verwerfung der Methodik am Ende doch wieder eine Methodik bieten wollen und müssen (Heckel 1928, 46). Es ist daher angemessen, wenn in der neueren religionspädagogischen Diskussion verbindende Sichtweisen gesucht werden, die das wechselseitige Aufeinander-Verwiesensein von Glauben und Lernen zum Ausdruck bringen, ohne die Grenzen der Lehrbarkeit aus dem Blick zu verlieren. So kann etwa formuliert werden, dass sich die »Glaubensvermittlung ... ›in, mit und unter‹ den allgemeinen Lern- und Sozialisationsbedingungen« vollziehe (Fraas 1978, 35). Das Bewusstsein von den Grenzen der Lehrbarkeit von Glaube und Religion erspart nicht die pädagogische Sorgfalt.

Die Überzeugung, dass das Christentum, insbesondere in seiner protestantischen Ausprägung, eine gleichsam natürlich Nähe zu Bildung besitze, wird – und wurde seit der Aufklärung (→ 38 ff.) – durch den *Autonomieanspruch der Pädagogik* auf eine neue Probe gestellt. Die etwa von dem Erziehungswissenschaftler H. Nohl (1963, 124) geforderte »Autonomie der Pädagogik« im Verhältnis zu gesellschaftlichen Mächten und Weltanschauungen soll zwar nur eine »relative Selbständigkeit« sein, aber sie wendet sich doch grundsätzlich gegen jede Form der Indienstnahme von Pädagogik. Der Erzieher dürfe nicht »einseitig der subalterne Beauftragte der Kirche oder des Staates oder gar einer Partei« sein. In der Erziehungswissenschaft der Gegenwart wird der Autonomieanspruch der Pädagogik als »Idee eines nicht-hierarchischen Verhältnisses der fundamentalen Einzelpraxen innerhalb einer Ordnung der menschlichen Gesamtpraxis« formuliert (Benner 1987, 36). D. Benner unterscheidet sechs Praxisformen – Arbeit, Politik, Kunst, Ethik, Pädagogik und Religion – als »Grundphänomene« des menschlichen Zusammenlebens, wobei keine eine »Vorrangstellung gegenüber den anderen« anstreben dürfe (35). Daraus ergeben sich Konsequenzen beispielsweise für den Religionsunterricht, der die Entwicklung kritischen Denkens und eigener Mündigkeit einschließen müsse: »Anliegen eines solchen Unterrichts kann es nicht sein, Heranwachsende zur Affirmation der Dogmatik und Lehre, der Heilsgewissheiten und Herrschaftsstrukturen einer bestimmten Kirche zu erziehen, sondern sie in Betrachtungsweisen einzuführen, welche die Differenz zwischen fundamentalistischer Lehrkirche und wahrer Kirche in die Geschichte der Religion zurückverfolgen und für die Gegenwart fruchtbar zu machen suchen« (Benner 2002, 70).

Mit dem Autonomieanspruch der Pädagogik und dem von Benner geforderten »nicht-hierarchischen« Verhältnis der menschlichen Einzelpraxen zueinander verbinden sich aus theologisch-religionspädagogischer Sicht zwei gewichtige *Rückfragen:*

Zum einen könnte das Verhältnis von Religion und Pädagogik als ein bloßes Nebeneinander von Lebensbereichen missverstanden werden. In der Pädagogik könnte Religion dann als Privatsache mehr oder weniger ausgegrenzt bleiben, während umgekehrt Pädagogik als religiös und weltanschaulich neutral aufzufassen wäre. Benners spätere Erläuterungen zeigen, dass dies nicht gemeint sein kann. Religion solle »alles Fühlen, Denken und Handeln der Menschen begleiten, nicht aber die menschliche Gesamtpraxis beherrschen oder gar bevormunden« (Benner 2002, 55). Zudem steht die Pädagogik auch in Benners Sicht im Horizont einer auf Natur und Vernunft bezogenen »Sinnperspektive« (Benner 1987, 133) und damit in einem anthropologischen und geschichtsphilosophischen Horizont, bei dem es um letzte Bestimmungen des Menschen, seiner Geschichte sowie der Welt insgesamt geht.

Zum anderen führt die Forderung, dass religiöse Bildung einem von der Pädagogik formulierten Bildungsanspruch genügen müsse, zu der Rückfrage, welche Kriterien dabei zur Anwendung kommen sollen und ob diese Kriterien auch theologisch bejaht werden können. Zumindest die in Deutschland vorherrschende pädagogische Tradition ist allerdings stark christlich geprägt, so dass von einer wechselseitigen »Abbildbarkeit« theologischer und pädagogischer Aussagen im Sinne einer »Konvergenz« gesprochen werden kann (Nipkow 1975, 196). Dabei ist jedoch nicht zu übersehen, dass vor allem in unserer Gegenwart auch andere Auffassungen in der Pädagogik wirksam sind, so dass ausdrücklich nach »konvergierenden *und* divergierenden Elementen« gefragt werden muss (177). Plädiert Nipkow damit für ein partnerschaftlich-dialogisches Verhältnis zwischen Theologie und Erziehungswissenschaft, so betonen andere wie R. Lachmann (2003a, 24), dass »eine Fachdidaktik *für einen christlichen RU* ... im letzten ihr normatives ›Standbein‹ in der Theologie« haben müsse – wobei freilich unklar bleibt, wie die auch von Lachmann angestrebte Zusammenarbeit mit der Pädagogik unter dieser Voraussetzung funktionieren soll (zu den damit angesprochenen wissenschaftstheoretischen Fragen →271 ff.).

Religionspädagogik als Disziplin steht seit ihrer Begründung (→38 ff.) für die Überzeugung, dass Religion auf Bildung angewiesen ist und dass das Verhältnis von Religion und Bildung so ausgestaltet werden kann, dass es auch pädagogischen Ansprüchen gerecht wird. Religionspädagogik bedeutet so gesehen eine grundlegende Offenheit für die Kultur der Gegenwart sowie für einen interdisziplinären Dialog mit der Erziehungswissenschaft bzw. mit den Human- und Sozialwissenschaften, auf die sich die Erziehungswissenschaft ihrerseits bezieht. Eine solche Religionspädagogik ist bislang vor allem im Bereich des Christentums ausgebildet worden (insbesondere in der evangelischen und katholischen Tradition, nur ansatzweise im Bereich der Orthodoxen Kirche, vgl. Tarasar 1995). Andere Religionen kennen eine solche Reli-

Zugänge zur Religionspädagogik

gionspädagogik nicht (Rickers/Gottwald 1998) oder sind – im Zusammenhang ihrer Präsenz in der westlichen Welt – erst dabei, entsprechende Vorstellungen auszubilden (so im Falle des Islam, vgl. Heidari 1998). Im Judentum, für das Bildung traditionell eine hervorgehobene Rolle spielt, kann ebenfalls nicht von einer Religionspädagogik gesprochen werden (Schröder 2000), wohl aber von jüdischen Erziehungstheorien (z. B. Fox u. a. 2003), einschließlich gewichtiger Beiträge zur Moralerziehung (Alexander 2001).

(2) *Bildung und Religion:* Grundsätzlich wird die Bildungsbedeutung von Religion sowohl in Politik und Öffentlichkeit als auch in der Erziehungswissenschaft weithin anerkannt. Umstritten sind hingegen die Formen, in denen religiöse Bildung institutionalisiert werden soll, so wie dies exemplarisch im Streit um den konfessionellen Religionsunterricht deutlich wird (→81 ff.). Darüber hinaus gibt es ein zur Zeit allerdings selten vertretenes atheistisches Verständnis sowie Tendenzen im Bildungsdenken, die zu einer Marginalisierung religiöser Bildung führen.

Die *kritische Einschätzung der Bildungsbedeutung von Religion* stützt sich vor allem auf vier Begründungen:

– Starken Einfluss besitzt heute die Überzeugung, dass Bildung in erster Linie der *ökonomischen* und *technologischen Sicherung von Zukunft* dienen soll. Eine solche Schwerpunktsetzung führt nicht nur zur Marginalisierung von Religion, sondern auch anderer historischer und musischer Bildungsaufgaben.

Die seit einigen Jahren so einflussreich gewordenen internationalen Schulleistungsvergleichsuntersuchungen (PISA u. a.) beziehen sich in der Regel nur auf mathematisch-naturwissenschaftliche sowie sprachliche Fähigkeiten. Ihre Ergebnisse führen dazu, dass vor allem diesen Bereichen Aufmerksamkeit geschenkt wird. Programmatisch hervorgehoben werden die Bildungsaufgaben im Blick auf den internationalen Wettbewerb in den Bereichen von Ökonomie und Technologie.

Problematisch ist ein solches Bildungsdenken, weil es nicht auf eine umfassende Bildung des Einzelnen zielt und somit hinter einem Bildungsverständnis zurückbleibt, das sich am Anspruch einer umfassenden Humanität orientieren will (EKD 2003a). Problematisch ist ein auf Technik und Ökonomie beschränktes Bildungsverständnis aber auch im Blick auf das gesellschaftliche Zusammenleben sowie auf das Leben in der Einen Welt, das weit mehr voraussetzt als technische und ökonomische Fähigkeiten. Selbst der internationale Wettbewerb kann nur funktionieren, wenn das friedliche Zusammenleben der Menschen auch in kultureller, ethischer und religiöser Hinsicht gesichert wird.

– Ein *rationalistisches Bildungsverständnis* will Bildung darauf begrenzen, was in objektiver Weise, allein mit Hilfe von Vernunft und Wissenschaft, geprüft und als (vorläufig) wahr befunden wird. Aus dieser Perspektive kann ein grundsätzlicher Gegensatz zwischen Bildung und Religion angenommen werden – mit der Folge, dass Religion jede Bildungsbedeutung verliert.

Ein besonders drastisches Beispiel für einen solchen Rationalismus bietet der englische Erziehungsphilosoph P. H. Hirst (1994, Orig. 1971), dem zufolge die Rede von »christlicher Erziehung« einen »Widerspruch in sich selbst« darstelle. Er kritisiert einen »primitiven Begriff« von Erziehung und Bildung, der ähnlich wie in primitiven Stammeskulturen auf eine möglichst unveränderte Vermittlung von Überzeugungen an die nächste Generation hinausläuft. Ein »anspruchsvollerer« Bildungsbegriff werde erst erreicht, wenn anerkannt wird, dass nicht »alle Dinge, die von einer Gruppe als wahr oder wertvoll angesehen werden, denselben Status besitzen«. Denn aus dieser Einsicht folge, dass die nächste Generation nichts deshalb übernehmen soll, weil die frühere davon überzeugt ist, sondern »weil es objektive Gründe gibt«. Diesem Bildungsverständnis zufolge sind nicht christliche, humanistische oder buddhistische Glaubensüberzeugungen ausschlaggebend, sondern allein die »Richtschnur von Objektivität und Vernunft«, denen sich alle Glaubensüberzeugungen beugen müssen (308 f.).

Vernunft und Wissenschaft sollen für Bildung, auch für religiöse Bildung, ohne Zweifel eine wichtige Rolle spielen – dies kann theologisch durchaus bejaht werden. Das von Hirst in Anspruch genommene rationalistische Verständnis von Wissenschaft, Objektivität und Vernunft als alleiniger »Richtschnur« kann heute aber kaum mehr überzeugen. So hat vor allem die neuere wissenschaftstheoretische Diskussion sehr deutlich gemacht, dass auch Wissenschaft und vermeintlich objektive Erkenntnisse geschichtlich wandelbar sind (man denke etwa an den revolutionären Übergang zum kopernikanischen Weltbild) und dass immer Interessen und weltanschauliche Überzeugungen mit im Spiel sind. Insofern macht es wenig Sinn, die Auseinandersetzung mit Glaubensüberzeugungen aus dem Bildungsprozess entweder ganz ausschließen zu wollen oder sie auf die Prüfung durch »objektive« Vernunft zu beschränken.

– Sehr weite Verbreitung namentlich in der deutschen Erziehungswissenschaft besitzen *Säkularisierungsannahmen*. Demnach verliere Religion ihre Bildungsbedeutung, weil sie ihren gesellschaftlichen Einfluss längst eingebüßt habe. Die Tragfähigkeit solcher Annahmen erscheint in dieser Sicht so selbstverständlich, dass sie durch theoretische oder empirische Analysen nicht mehr eigens geprüft werden muss. Auch die Jugendforschung geht von solchen Vorannahmen aus und berücksichtigt Religion schon bei ihren Erhebungen bestenfalls am Rande (z. B. Deutsche Shell 2000, kritisch dazu Thonak 2003).

Ein eindrückliches Beispiel für die ungeprüfte Wirksamkeit von Säkularisierungsannahmen bietet der Erziehungswissenschaftler W. Edelstein (2001), der seinem moralpädagogischen Entwurf die Annahme eines engen, offenbar als zwangsläufig angesehenen Zusammenhangs zwischen »Modernisierung und Säkularisierung« zu Grunde legt. Auf die neuere religionssoziologische Diskussion, die jedenfalls ein nicht weiter qualifiziertes Säkularisierungsdenken stark in Frage stellt (z. B. Berger 1999, zur Diskussion: Pollack 2003) oder den Säkularisierungsbegriff als wissenschaftlich unbrauchbar aufgeben will (Luhmann 2000, 278), wird dabei bemerkenswerterweise gar nicht eingegangen. Dies legt die neuerdings auch in der Erziehungswissenschaft diskutierte Annahme nahe, dass die Abgrenzung von Religion und Kirche weniger mit der gesellschaftlichen Realität als vielmehr mit dem Selbstbild der Pädagogik und einer entsprechend konstruierten Geschichte zu tun hat (Oelkers u. a. 2003).

Sachlich beruht das Säkularisierungsdenken vielfach auf der mangelnden Unterscheidung zwischen Religion und Kirchlichkeit. Rückläufige Kirchlichkeit heißt nicht, dass Religion ihre Bedeutung auch im Leben der einzelnen Menschen verloren hätte. Ebenso kann aus dem Rückgang religiöser Einflüsse in Institutionen wie etwa der Schule nicht gefolgert werden, dass Religion aus Gesellschaft und Kultur insgesamt verschwunden wäre. Der Zusammenhang zwischen Modernisierung und Säkularisierung ist keineswegs automatisch oder naturgegeben – weder, wie schon lange gesehen und diskutiert, in den USA noch, wie neuerdings hervorgehoben, in Europa (Davie/Hervieu-Léger 1996).

– Zu einer religionsfeindlichen Einstellung auch im Bereich der Bildung kann der *Atheismus* führen, der allerdings weithin eine seltene Erscheinung geblieben ist. Wirksam geworden ist ein atheistisches Bildungsdenken vor allem in den staatlichen Schulen in der Zeit der DDR. Das Erbe einer Erziehung ohne Religion oder einer weltanschaulichen Erziehung gegen Religion (Schneider 1995) ist bis heute spürbar. Wenn in Ostdeutschland teilweise bis zu 80 % der Bevölkerung ohne Religions- oder Konfessionszugehörigkeit sind, so ist dies nicht zuletzt auf den Einfluss einer solchen Erziehung zurückzuführen.

Die *positive Einschätzung der Bildungsbedeutung von Religion*, wie sie weithin auch in der Erziehungswissenschaft vorherrscht, stützt sich hauptsächlich auf *vier Begründungen:*
– Die größte Akzeptanz besitzt die *kulturgeschichtliche Begründung.* Demnach haben Christentum und Judentum, zum Teil aber auch der Islam die abendländische Geschichte bis hinein in Sprache, Kunst, Musik, Literatur, Architektur, Recht usw. so stark beeinflusst, dass sich diese ohne entsprechende Kenntnisse über Religion nicht einmal verstehen lässt.

Selbst in Frankreich, wo es an staatlichen Schulen keinen Religionsunterricht gibt und wo die strikte Trennung von Staat und Kirche (Laizismus) vielfach dazu geführt hat, dass Religion auch in anderen Fächern wie etwa Geschichte nicht einmal angesprochen wird, wurde in den letzten Jahren neu erkannt, dass Bildung ohne Religion angesichts der kulturgeschichtlichen Bedeutung der Religionen widersinnig wird. Große Beachtung hat der Debray-Bericht (Debray 2002) gefunden, der sich für die bewusste und verstärkte Berücksichtigung zumindest religionswissenschaftlicher und -geschichtlicher Inhalte in der Schule ausspricht.

– *Anthropologische Begründungen* können insofern für die Bildungsbedeutung von Religion in Anspruch genommen werden, als auch die pädagogische Anthropologie (z. B. Gerner 1986) Religion als eine unverzichtbare Dimension des Menschseins begreift. Auch wenn heute gerne auf die historische Wandelbarkeit anthropologischer Annahmen verwiesen wird (Wulf 1997), kommt anthropologischen Begründungen noch immer eine wichtige Bedeutung zu. In der Geschichte der Pädagogik haben sie bis ins 20. Jahrhundert hinein großen Einfluss ausgeübt – etwa bei W. Flitner, der in seiner einflussreichen »Allgemeinen Pädagogik« religiöse Bezüge als konstitutiv für die Pädagogik darstellt (Flitner 1983, 140 ff.).

– Die *ethische Begründung* beruft sich auf die aus religiösen Überzeugungen erwachsende Motivation zum ethischen Handeln, so wie dies klassisch bei I. Kant dargestellt wird (vgl. Ladenthin 2002). Die Erkenntnis ethischer Normen ist demnach eine Frage der Vernunft, aber die für das Handeln ausschlaggebenden Motive müssen aus anderen, vor allem religiösen Quellen kommen.

– In dem Maße, in dem erkannt wird, dass die multikulturelle Gesellschaft fast immer und jedenfalls in Europa auch eine multireligiöse Gesellschaft ist, erwächst daraus eine weitere – *politisch-kulturelle* – Begründung für die Bildungsbedeutung von Religion: Einübung in ein *friedliches und tolerantes Zusammenleben*. Besonders seit dem 11. September 2001 finden entsprechende Argumente auch in der Bildungspolitik verstärkte Aufmerksamkeit und wird hervorgehoben, dass interkulturelles und interreligiöses Lernen (→167 ff.) auch für die staatsbürgerliche und demokratische Erziehung und Bildung unverzichtbar sind (vgl. Jackson 2004).

Diese vier Begründungen für eine positive Einschätzung der Bildungsbedeutung von Religion werden auch als pädagogische Begründungen für Religionsunterricht in Anspruch genommen (→88).

Weiterführende Literatur

K. E. Nipkow, Bildung in einer pluralen Welt. 2 Bde., Gütersloh 1998
F. Schweitzer, Pädagogik und Religion. Eine Einführung, Stuttgart 2003
E. Groß (Hg.), Erziehungswissenschaft, Religion und Religionspädagogik, Münster 2004
D. Benner/F. Brüggen, Art. Bildsamkeit/Bildung. In: D. Benner/J. Oelkers (Hg.), Historisches Wörterbuch der Pädagogik, Weinheim/Basel 2004, 174-215

1.3.2 Religion in der Lebensgeschichte: Identitätsbildung und Sinnfindung

Es versteht sich keineswegs von selbst, dass die Lebensgeschichte oder Biographie des einzelnen Menschen als ein grundlegender Bezugshorizont von Religionspädagogik angesehen wird. Hinter dieser Entscheidung steht vielmehr eine positive Bewertung des individuellen Lebenszusammenhangs, der nicht nur unter dem Aspekt gesellschaftlicher Erfordernisse und Erwartungen wahrgenommen oder gesellschaftlichen Institutionen, zu der in dieser Hinsicht auch die Kirche zählt, untergeordnet werden soll. Die Eigenbedeutung des individuellen Lebenszusammenhangs kann in unterschiedlicher Weise begründet werden. In erster Linie wird hier heute an das Erbe der Aufklärung gedacht sowie an die für diese bezeichnende Verknüpfung von Menschenwürde und Vernunftbegabung (vgl. Kant 1797/1956). So gesehen steht die vernunftgeleitete Mündigkeit jedes und jeder Einzelnen als Ziel von Erziehung und Bildung im Vordergrund. Stärker auf die Vielfalt des Individuellen zielt hingegen das von der Romantik ausgehende Bildungsdenken (vgl. Schleiermacher 1800/1978). Hier wird gefordert, dass die Pädagogik die Vielgestaltigkeit menschlicher Anlagen achten und ihre Aufgabe als Ausprägung von Individualität verstehen soll. Es ist leicht nachzuvollziehen, dass solche philosophischen und bildungstheoretischen Begründungen weithin vor dem Hintergrund des biblischen Verständnisses von Gottebenbildlichkeit (Gen. 1,27) zu sehen und vielfach von diesem direkt oder indirekt beeinflusst sind. Insofern ist es auch theologisch begründet, die Lebensgeschichte als Bezugshorizont von Religionspädagogik hervorzuheben.

Die religionspädagogischen Aufgaben im Horizont von Lebensgeschichte können als Unterstützung von Identitätsbildung und Sinnfindung bestimmt werden. Was dies im Einzelnen bedeutet, lässt sich allerdings nur sagen, wenn zugleich das Verständnis von Identität und Sinn genauer erläutert wird.

(1) *Identität:* »Identität« gehört zu den Begriffen, die weithin verwendet, aber nur selten genau definiert werden. Trotz seiner großen Verbreitung in Pädagogik und Religionspädagogik ist der Identitätsbegriff wissenschaftlich schwer zu fassen (Schweitzer 1985). Eine wichtige Rolle für das Identitätsverständnis spielen die Arbeiten des Psychoanalytikers E. H. Erikson (1974). Bei Erikson bedeutet Identität das »Gefühl, man selbst zu sein«, wobei die »persönliche Identität« durch andere anerkannt werden muss (»soziale Identität«). Weiterhin wird die Ausbildung einer Identität bei Erikson vor allem mit dem Jugendalter verbunden. Identitätsbildung bedeutet dann, dass die in der Kindheit übernommenen oder ausgebildeten Identifikationen hinterfragt und zu Gunsten einer neuen, möglichst selbstbestimmten Synthese überwunden werden. Die von Eriksons Modell suggerierte Auffassung, die

Identitätsbildung könne mit dem Jugendalter abgeschlossen werden, wird schon seit langem kritisch in Frage gestellt. Identitäten bleiben immer offen und bestimmungsbedürftig, Identitätsbildung ist ein lebenslanger Prozess (Krappmann 1979). Im Zusammenhang der Postmoderne und der entsprechenden gesellschaftlichen Pluralisierungsprozesse (→54) wird manchmal angenommen, dass statt von Identität eher von einem »Patchwork« gesprochen werden sollte (Keupp 1997, Keupp u. a. 1999). Auch wenn Identitäten immer als unabgeschlossen, offen, flexibel, plural usw. anzusehen sind, verweist der Identitätsbegriff doch auf bleibende Orientierungsbedürfnisse und Grundfragen der Persönlichkeitsbildung. Insofern kann auch in Zukunft auf diesen Begriff nicht verzichtet werden. Dabei muss freilich bewusst sein, dass mit dem Identitätsbegriff nicht eine festliegende Persönlichkeitseigenschaft bezeichnet wird, sondern das »Verhältnis des Menschen, der ›ich‹ sagt, zu dem, was dieses Ich über sich aussagt«. Insofern gilt: »Identität gibt es *nur als Fiktion*« (Mollenhauer 1983, 156, 158).

Für die Religionspädagogik steht der Zusammenhang von *Identität und Religion* im Vordergrund. Dabei kann zwischen dem grundsätzlichen Zusammenhang von Identität und Religion einerseits und der stärker eingegrenzten Frage nach religiöser Identität andererseits unterschieden werden. Religion kann als allgemeine Dimension der Identitätsbildung verstanden werden, ohne dass deshalb schon von religiösen Identitäten gesprochen werden müsste.

Von *Religion als einer allgemeinen Dimension der Identitätsbildung* geht etwa E. H. Erikson aus, wenn er einen konstitutiven Zusammenhang zwischen Identität und adoleszenter Sinnfindung feststellt (Erikson 1975, 1981). Dabei spricht er allerdings in allgemeiner Weise von »Weltanschauung« und lässt offen, ob es sich um eine religiöse oder eine andere Form handelt. Größeren Einfluss auf die pädagogische Diskussion hat in dieser Hinsicht allerdings der von J. Habermas geprägte Begriff einer »postkonventionellen Ich-Identität« ausgeübt. In diesem Falle wird eine solche als Ziel der menschlichen Entwicklung angesehene Identität gerade davon abhängig gemacht, dass religiöse Bindungen für diese Identität nicht mehr bestimmend seien (Habermas 1976, 1981). Im Zentrum steht für Habermas die These, dass die einheitsstiftende Funktion traditioneller Weltbilder nunmehr auf bewusste Kommunikationsprozesse übergehen müsse, so dass alle (u. a. eben auch religiöse) Traditionen reflexiv verflüssigt werden. Demnach verlieren jedenfalls im Blick auf das Weltbild alle Einzelkulturen und -traditionen in der modernen Gesellschaft ihre vormals tragende Bedeutung. Habermas beschreibt eine Abfolge unterschiedlicher Formen von Identität: die für archaische Gesellschaften bezeichnende *natürliche Identität*, die auf mythischen Weltbildern beruhe; die durch eine klar bestimmte Gruppenidentität charakterisierte *Rollenidentität*, die immer an bestimmten Traditionen, Rollen oder Normen hafte; schließlich die *Ich-Identität*, die durch die Universalreligionen zwar vorbereitet werde, selbst aber nicht mehr an Religion oder religiöse Weltbilder gebunden sein könne.

Religionspädagogisch und theologisch ist die Vorstellung einer solchen nicht-religiösen Ich-Identität abzulehnen (Schweitzer 2003a, 147 ff.). Religion bleibt auf allen Stufen der Identitätsentwicklung bedeutsam. Auf dem von Habermas beschriebenen Niveau der Ich-Identität kann dies allerdings nicht einfach eine etwa bloß durch Kirchenzugehörigkeit u. ä. lediglich in einem äußerlichen Sinne bestimmte Form von Religion sein. Zu denken ist vielmehr an in reflektierter Form persönlich übernommene religiöse Überzeugungen, wie dies auch in Theorien der religiösen oder der Glaubensentwicklung auf empirischer Grundlage dargestellt wird (→ 161 ff.).

Die Unterscheidung zwischen einer natürlichen Identität, einer Rollenidentität und einer Ich-Identität eignet sich dazu, das Verständnis von *religiöser Identität* weiter zu klären. Von einer *natürlichen religiösen Identität* ist zu sprechen, wenn die Zugehörigkeit zu einer bestimmten Religionsgemeinschaft als selbstverständliches, durch Geburt und Herkunft vorgegebenes Persönlichkeitsmerkmal – vergleichbar mit Haut- und Haarfarbe, aber auch mit Nationalität – angesehen wird (vgl. Schweitzer/Biesinger 2002, 25 ff. mit empirischen Belegen). Kinder sprechen davon, dass die Konfessions- oder Religionszugehörigkeit »angeboren« sei oder durch bestimmte Riten wie die Taufe gleichsam hergestellt werde usw. – Eine *religiöse Rollenidentität* würde demgegenüber bedeuten, dass die angestrebte, erwünschte oder auch realisierte Zugehörigkeit zu einer religiösen Gruppe oder Gemeinschaft bzw. Kirche bestimmend ist. Hier tritt die soziale Dimension von Identität besonders hervor. Im Blick auf traditionelle Verhältnisse leuchtet dies unmittelbar ein. Unter den Voraussetzungen einer multikulturellen und -religiösen Gesellschaft macht die herkömmliche Vorstellung einer solchen religiösen Rollenidentität weniger Sinn. Religion erscheint nun als zunehmend pluralisiert, privatisiert und individualisiert. So entsteht die paradox anmutende Situation, dass gerade Offenheit und Flexibilität zu einer Konvention werden, an die sich Jugendliche oder Erwachsene um der sozialen Zugehörigkeit willen anpassen. – Von einer *religiösen Ich-Identität* kann erst dann gesprochen werden, wenn die durch Herkunft, sozialisationsbedingte Prägungen sowie soziale Zugehörigkeiten vorgegebenen religiösen Orientierungen in reflexiver Form angeeignet werden.

Unter den Voraussetzungen der Pluralität werden feste Identitäten unwahrscheinlich, so dass auch die religiöse Identität eher einem »Gewebe« gleichen kann (Ziebertz 1999, 70 ff.). Möglich sind aber auch fundamentalistische Tendenzen, besonders wenn Pluralität als gesellschaftliche Verweigerung von Identität erfahren wird (zur Diskussion Gephart/Waldenfels 1999, Bielefeldt/Heitmeyer 1998, Heitmeyer u. a. 1997). Auch der sog. Synkretismus ist hier einzuordnen. Die Diskussion (Drehsen/Sparn 1996, vgl. Schweitzer 1998, 2003b) hat allerdings gezeigt, dass die Mischung unterschiedlicher religiöser Einflüsse unter den gesellschaftlichen Voraussetzungen der Gegenwart nicht als Merkmal einer speziellen Gruppe, sondern als eine allgemeine, einen Großteil der Jugendlichen und Erwachsenen betreffende Erscheinung zu verstehen ist (so auch Berger 1980).

Auch aus theologischer Sicht sind Vorstellungen einer festliegenden Identität, die als Leistung des Ich verstanden werden, problematisiert worden. Identitätsbildung kann als gleichsam höchste menschliche Leistung der Selbstkonstitution ausgelegt werden und widerspricht dann direkt dem christlichen Rechtfertigungsverständnis (Schneider-Flume 1985). Sie ist so gesehen ein Paradebeispiel für eine an Leistungsgerechtigkeit ausgerichtete Selbstüberforderung. Im Sinne des Rechtfertigungsgeschehens bleibt Identität auf die Beziehung zu Gott und auf Transzendenz verwiesen und besitzt Geschenkcharakter (vgl. Fraas 1983, Schweitzer 2003b, 79 ff.). Problematisch sind daher auch Vorstellungen von Ganzheit und Vollendung der Identität. Demgegenüber ist die Identität theologisch als »fragmentarisch« beschrieben worden. H. Luther (1992b) hat die Auffassung vertreten, dass die Fähigkeit, sich selbst als ein Fragment zu akzeptieren, eine direkte Konsequenz aus dem Glauben an Gottes rechtfertigende Liebe darstelle. Zu bedenken ist dabei allerdings auch die Gefahr, dass die gebrochene Natur des menschlichen Lebens idealisiert wird. Das Lob der Fragmente sollte nicht die Hoffnung auf Heilung des Zerbrochenen vergessen lassen (Schweitzer 2003b, 89).

(2) *Sinn:* Der Begriff Sinn wird heute zumeist in der Bedeutung von »wertvoll« oder »sinnvoll« verstanden. Ursprünglich verweist er einfach auf die menschlichen Sinne. Das Substantiv »Sinn« kann demgegenüber suggerieren, es gäbe einen von menschlichen Erfahrungen abgelösten »Sinn an sich« (dazu kritisch aus theologischer Perspektive Sauter 1982).

Bereits deutlich geworden ist, dass für E. H. Erikson die Identitätsbildung im Jugendalter auf sinnstiftende religiöse oder weltanschauliche Deutungen angewiesen ist. Noch weiter reichend haben Religionspsychologen wie R. Kegan (1986) und J. W. Fowler (1991) die menschliche Entwicklung überhaupt als Abfolge unterschiedlicher Formen des Schaffens und Findens von Sinn beschrieben (→ 106 ff.). Diese Entwicklung geschehe nicht einfach automatisch beispielsweise als Reifung, sondern aufgrund von Anregungen aus der Umwelt. Die religionspädagogische Begleitung von Sinnfindungsprozessen stellt daher auch psychologisch gesehen eine wichtige Aufgabe dar, nicht zuletzt angesichts von Sinnkrisen und des Scheiterns von Sinnfindungsversuchen, wie sie etwa aus der Kinder- und Jugendpsychiatrie bekannt sind (Klosinski 1991).

Zusammenfassend kann festgehalten werden, dass der Sinnbegriff für die besonders im Jugendalter wichtige Erfahrung sinnvollen Lebens und sinnvoller Lebensperspektiven steht. Insofern besitzt der zeitgenössische Sinnbegriff eine deutliche Nähe zum Begriff des Glaubens. Theologisch stellen sich ähnliche Fragen wie im Blick auf Identität und muss besonders die Vorstellung vom Sinn schaffenden Menschen problematisiert werden (Nipkow 1982, 47 ff.).

(3) *(Religions-)Pädagogische Aufgaben:* Durch die Notwendigkeit einer Begleitung und Unterstützung von Prozessen der Identitätsbildung und Sinnfindung wird die Religionspädagogik im Blick auf den individuellen Lebenszusammenhang begründet. Die entsprechende religionspädagogische Grundaufgabe bezieht sich auf die Transformation eines *Lebenslaufs*, verstanden als Abfolge von Situationen, Erlebnissen, Beziehungen usw., in eine als sinnvoll erfahrene *Lebensgeschichte*, die auch von einer Ich-Identität zu sprechen erlaubt. Festzuhalten ist dabei allerdings, dass weder Identitätsbildung noch Sinnfindung einfach Ziele (religions-)pädagogischen Handelns sein können. Identität und Sinn betreffen das »Verhältnis zu meinem Selbstbild« als einem »Entwurf« (Mollenhauer 1983, 158). Deshalb können entsprechende Bildungsprozesse von außen lediglich angeregt, nicht aber herbeigeführt werden. Religionspädagogische Angebote stellen einen zwar wichtigen, aber keinesfalls allein hinreichenden Beitrag dar. Wenn es bei der Identitätsbildung und Sinnfindung gleichsam um den Kern oder eine innerste Bestimmung des Menschen und seiner Persönlichkeit geht, stoßen Pädagogik und Religionspädagogik darüber hinaus auf prinzipielle Grenzen: Freiheitliche Pädagogik darf den Entwicklungsprozess von Menschen gerade dort nicht determinieren wollen, wo es um Entscheidungen oder Orientierungen geht, die das gesamte Leben tragen.

> Die Vermittlung umgrenzter Fähigkeiten ist pädagogisch unproblematisch, nicht jedoch die Vermittlung von Identität oder Sinn (selbst wenn dies faktisch gar nicht möglich ist, muss bereits der entsprechende Versuch problematisiert werden). Zum Bereich des aus prinzipiellen Gründen pädagogisch nicht Verfügbaren gehört konstitutiv die (religiöse) Identitätsbildung, die deshalb pädagogisch zwar begleitet werden kann und auch begleitet werden muss, jedoch immer ohne über die sich bildende Identität verfügen zu wollen.

Hier trifft sich die pädagogische Reflexion hinsichtlich der Grenzen legitimen Handelns mit theologisch-religionspädagogischen Vorbehalten hinsichtlich der Lehrbarkeit des Glaubens (→31). Auch über den Glauben, der theologisch gesehen den Kern einer religiösen Identität ausmacht, kann und darf pädagogisch bzw. religionspädagogisch nicht verfügt werden.

Weiterführende Literatur

F. Schweitzer, Lebensgeschichte und Religion. Religiöse Entwicklung und Erziehung im Kindes- und Jugendalter, Gütersloh ⁵2004

M. Wohlrab-Sahr (Hg.), Biographie und Religion. Zwischen Ritual und Selbstsuche, Frankfurt/New York 1995

W. Sparn (Hg.), Wer schreibt meine Lebensgeschichte? Biographie, Autobiographie, Hagiographie und ihre Entstehungszusammenhänge, Gütersloh 1990

1.3.3 Kirchliche Bildungsaufgaben: Konfession und Ökumene

Vielfach wird der Bezug auf Kirche in der Religionspädagogik an erster Stelle genannt, aber auch dies ist keineswegs selbstverständlich. In manchen Ländern wie beispielsweise England wird Religionspädagogik völlig unabhängig von Kirchen oder Religionsgemeinschaften betrieben, wobei zwischen *religious education* als Bestandteil allgemeiner (schulischer) Bildung und *religious nurture* als der Einführung in den Glauben in Familie und Kirche bzw. anderen Religionsgemeinschaften unterschieden wird (Hull 1984). Gegen eine solche Aufteilung kann allerdings eingewandt werden, dass sich education und nurture so einfach nicht trennen lassen. Wie die Erfahrungen etwa in Deutschland zeigen, kann kirchlichen oder von der Kirche mitverantworteten Angeboten wie dem schulischen Religionsunterricht nicht ohne weiteres abgesprochen werden, dass sie auch pädagogischen Bildungskriterien gerecht werden. Darüber hinaus weist ein von Kirche und Religionsgemeinschaften strikt abgetrennter Religionsunterricht als Religionskunde eigene Probleme auf (→89 ff.).

Soweit Religionspädagogik auch kirchlich und theologisch verantwortet werden soll, erwächst ihre Begründung aus der religiösen Tradierungsaufgabe angesichts neuer Generationen (→20 ff.). Religionspädagogik muss es geben, weil das Auftreten neuer Generationen die Kirche bzw. das Christentum insgesamt, aber auch die Gesellschaft mit dem Problem konfrontiert, wie die christliche Tradition über den Wechsel der Generationen hinweg fortgeführt werden kann.

Als Religionsgemeinschaft existiert das Christentum heute in der Gestalt zahlreicher Kirchen oder, dem angelsächsischen Sprachgebrauch folgend: Denominationen. Diese besitzen jeweils ein eigenes Selbstverständnis und berufen sich zum Teil auf besondere Bekenntnisse. Insofern spitzt sich das allgemeine Tradierungsproblem auf den Einbezug in eine jeweils bestimmte Konfession zu (lutherisch, reformiert, römisch-katholisch, orthodox usw.). Nach heutigem Verständnis zumindest der evangelischen, weithin aber auch der katholischen Kirche kann dieser Einbezug nicht einfach als Eingliederung gestaltet werden. Darin unterscheidet sich das Selbstverständnis der Kirchen konstitutiv von solchen (religiösen) Gruppen, die für die Eingliederung neuer Mitglieder und Generationen auch Mittel wie Indoktrination als legitim erachten (zur Problematik sog. Sekten-Kinder vgl. Eimuth 1996). Deshalb ist mit Nachdruck vom *Bildungsauftrag* der Kirche zu sprechen.

Angesichts der biblisch gebotenen und verheißenen Einheit des Christentums (z. B. Joh 17, 21: »damit sie alle eins seien«) sowie angesichts sowohl gesellschaftlicher als auch weltweiter Herausforderungen kann eine Begrenzung des kirchlichen Bildungsauftrags nur auf die eigene Konfession nicht mehr als ausreichend betrachtet werden. Ökumene und ökumenisches Lernen müssen den Bezug auf die eigene Konfession erweitern – nicht nur, wie es in Deutschland vielfach aufgefasst wird, als Ökumene zwischen den evangelischen Kirchen und der römisch-katholischen Kirche, sondern im weltweiten Horizont.

(1) Nach dem Gesagten kann der Bezug auf Kirche eine Religionspädagogik nur unter der Voraussetzung begründen, dass Kirche ihr Verhältnis zur nachwachsenden Generation im Sinne eines Bildungsauftrags auslegt. Umgekehrt ergeben sich für das Verständnis von Religionspädagogik weitere Klärungen aus der *Bestimmung des Bildungsauftrags von Kirche* in der Gegenwart.

In Aufnahme und Erweiterung von Stellungnahmen der EKD (vgl. EKD 1994, 45) sowie neuerer Darstellungen zum Kirchenverständnis (Huber 1998, 293 ff.) kann von einer *vierfachen Bildungsverantwortung der Kirche* gesprochen werden:

– Pädagogische Aufgaben in der *Gemeinde*, manchmal zusammenfassend als Gemeindepädagogik bezeichnet, von der frühen Kindheit bis ins hohe Alter.
– Pädagogische Aufgaben in der *(staatlichen) Schule*, vor allem im Bereich des *Religionsunterrichts*, aber auch im sog. Schulleben (Schulgottesdienste, Arbeitsgemeinschaften, Angebote in der Ganztagsschule usw.).
– *Bildungseinrichtungen in kirchlicher Trägerschaft* (Kindertagesstätten, Kirchliche Schulen, Kirchliche Erwachsenenbildung, Akademien usw.).
– Beteiligung am *öffentlichen Bildungsdiskurs* (Bildungspolitik, Wissenschaft, Öffentlichkeit usw.).

Der Bezug auf diese vier Aufgaben spricht für ein weitgefasstes Verständnis von Religionspädagogik, die demnach weder auf die Schule noch auf die Gemeinde beschränkt werden kann. Darüber hinaus lassen sich die pädagogischen Aufgaben von Kirche keineswegs auf Religion im Sinne religiöser Erziehung und Bildung begrenzen. Besonders leicht ist dies bei Schulen in kirchlicher Trägerschaft zu erkennen, bei denen nicht nur nach dem Religionsunterricht, sondern eben nach einer auch theologisch verantworteten Gestalt der gesamten Einrichtung zu fragen ist. Ebenso geht es bei der Beteiligung von Kirche am öffentlichen Bildungsdiskurs nicht nur um ein Plädoyer für religiöse Bildung (so wichtig dies ist), sondern um den Einsatz für eine – nach theologischem Urteil – humane Bildung, so wie dies exemplarisch in der Bildungsdenkschrift der EKD »Maße des Menschlichen« (EKD 2003a) zum Ausdruck kommt. K. E. Nipkow (1990) hat deshalb dafür plädiert, in Erweiterung des herkömmlichen Verständnisses von Religionspädagogik den Begriff »kirchliche Bildungsverantwortung« aufzunehmen. In diesen Zusammenhang gehört auch die kirchentheoretische Bestimmung von Kirche als »Bildungsinstitution« (Preul 1997, 140 ff.), wodurch sowohl die grundlegende Bedeutung von Bildung in der Kirche als auch die Bildungsbedeutung von Kirche in der Gesellschaft hervorgehoben werden soll.

(2) Kirche kann und will ihren Bildungsauftrag heute nicht nur im Blick auf die eigene Konfession, sondern im Bezug auf die *Ökumene* wahrnehmen. Prinzipielle Einigkeit besteht in dieser Hinsicht zumindest zwischen den evangelischen Kirchen und der römisch-katholischen Kirche, auch wenn das unterschiedliche Kirchenverständnis zu ebenso unterschiedlichen Auffassungen von Ökumene führt. Dadurch gewinnt auch die Religionspädagogik eine ökumenische Dimension, die sich z. B. im »ökumenischen Lernen« (EKD 1985) oder in einem konfessionell-kooperativen Religionsunterricht (EKD 1994, DBK 1996) äußert (→93). Programmatisch formuliert geht es darum, Gemeinsamkeiten zu stärken und Unterschieden gerecht zu werden (Schweitzer/Biesinger 2002). Ökumenische Öffnung und auf andere Konfessionen und Kirchen bezogene Lernaufgaben und -inhalte gehören demnach als unverzichtbarer Bestandteil zur Religionspädagogik und Religionsdidaktik.

Das Ökumene-Verständnis zielt »auf die Zusammenführung, auf die Einheit und das Zusammenleben *aller* getrennten Kirchen und Christen«, erschöpft sich darin aber nicht. Denn: »Darüber hinaus kommt das Zusammenleben aller Menschen auf dieser Erde ins Blickfeld« (EKD 1985, 11). Gemeint ist das »Leben in der Einen Welt«, das Streben nach weltweiter Gerechtigkeit und Solidarität. Seine Konkretion findet dies u. a. in der Auslegung des ökumenischen Lernens als globales Lernen. Manchmal wird der Begriff der Ökumene auch so ausgeweitet, dass er nicht mehr nur die Einheit im Christentum, sondern eine Einheit der Religionen meint. Die Frage nach den Religionen soll jedoch im nächsten Abschnitt als eigener Bezugshorizont aufgenommen werden.

Weiterführende Literatur

K. E. Nipkow, Bildung als Lebensbegleitung und Erneuerung. Kirchliche Bildungsverantwortung in Gemeinde, Schule und Gesellschaft, Gütersloh 1990

Zugänge zur Religionspädagogik

R. Preul, Kirchentheorie. Wesen, Gestalt und Funktionen der Evangelischen Kirche, Berlin/
New York 1997

F. Schweitzer (Hg.), Der Bildungsauftrag des Protestantismus, Gütersloh 2002

EKD (Hg.), Ökumenisches Lernen. Grundlagen und Impulse. Eine Arbeitshilfe der Kammer der EKD für Bildung und Erziehung, Gütersloh 1985

1.3.4 Religionen und Weltanschauungen in der pluralen Gesellschaft: Werte, Frieden, Toleranz und Verständigung

Staat, Gesellschaft und Öffentlichkeit stellen seit langem einen religionspädagogischen Bezugshorizont von grundlegender Bedeutung dar. Herkömmlicherweise wurde in diesem Zusammenhang ein Beitrag religiöser Erziehung und Bildung zu staatsbürgerlicher Loyalität erwartet, vor allem durch die Vermittlung entsprechender Werte. Heute tritt demgegenüber das Problem von Frieden und Toleranz in den Vordergrund, einerseits im Blick auf die zunehmend multikulturelle und -religiöse Gesellschaft und andererseits in transnationalen Zusammenhängen innerhalb Europas oder im globalen Sinne. Entsprechende Erwartungen werden von politischer, aber auch von kirchlicher Seite formuliert.

(1) *Werte und Religion:* Die Annahme, dass gesellschaftlich wünschenswerte Werte eine religiöse Grundlage brauchen, reicht weit zurück in die Vergangenheit. In einer bis heute wirksamen Gestalt findet sie sich etwa in der Sozial- und Staatsphilosophie J.-J. Rousseaus, auf den der Begriff der Zivilreligion zurückgeht (Contrat Social, 1762). Im Unterschied zur »Religion des Menschen«, die hier als die »reine und einfache Religion des Evangeliums« beschrieben wird, sowie im Unterschied zur »Priesterreligion«, die nach gesellschaftlicher Macht in Konkurrenz zum Staat strebe, gewährleiste die »Zivilreligion« die »Gesinnung des Miteinander, ohne die es unmöglich ist, ein guter Bürger und ein treuer Untertan zu sein« (Rousseau 1986, 140 ff.).

In neuerer Zeit hat der Begriff der *Zivilreligion* vor allem im Blick auf die politischen Verhältnisse in den USA Anwendung gefunden (Bellah 1976, 168 ff.). Trotz der strikten Trennung von Staat und Kirche oder Religion lassen sich demnach jedenfalls in den Vereinigten Staaten durchaus gemeinsame Glaubensüberzeugungen, Symbole und Rituale identifizieren, auf die sich die Politik in ihrer Rhetorik besonders in Krisenzeiten stützt. In der Gegenwart wird diskutiert, ob auch von einer Zivilreligion in Europa und in Deutschland gesprochen werden kann (Schieder 2001). So können etwa die Auseinandersetzungen um eine mögliche EU-Mitgliedschaft der Türkei auch im Sinne der Grenzen einer christlich gestützten Zivilreligion gedeutet werden, der dann der Islam und eine möglicherweise von diesem geprägte Zivilreligion gegenübersteht.

Leicht fassbar ist die politische Indienstnahme von Religion und religiöser Erziehung für politische Zwecke im 19. Jahrhundert. Selbst ein so angesehener Bildungstheoretiker wie W. von Humboldt spricht in diesem Sinne 1809 von der Aufgabe, »die Nation geneigt zu machen und bei der Geneigtheit zu erhalten, den Gesetzen zu gehorchen, dem Landesherrn mit unverbrüchlich treuer Liebe anzuhängen«. Dazu könne die Nation nur dann bewegt werden, wenn sie »klare und bestimmte Begriffe über ihre Pflichten hat und diese Begriffe vorzüglich durch Religiosität, in Gefühl übergegangen sind« (zit. n. Nipkow/Schweitzer 1994a, 78).

Solche Bestrebungen, Religion zum Zwecke der Herstellung von politischer Loyalität und Untertanengeist zu instrumentalisieren, machen die bis heute immer wieder vorgebrachten Vorbehalte gegen eine Gleichsetzung von religiöser Erziehung mit Werteerziehung verständlich – bis hin zu einer prinzipiellen Abgrenzung von Religion gegenüber allen Werten (Religion als »wertlose Wahrheit«, Jüngel 1990). Eine Funktionalisierung von Religion ist zum einen vom Selbstverständnis des Christentums her abzulehnen (in dieser Hinsicht gilt die sonst missverständliche These: »Gott ist mehr als Ethik«, Biesinger/Hänle 1997) und bleibt zum anderen ein solcher Funktionalisierungsversuch insofern ohne die gewünschte Wirkung, als eine auf politische Zwecke reduzierte Religion auf Dauer an Überzeugungskraft verliert. Eine prinzipielle Abgrenzung von Religion gegenüber Werten ist gleichwohl weder sinnvoll noch wünschenswert. Gerade eine Demokratie ist dauerhaft auf Wertquellen außerhalb von Staat und Politik angewiesen. Als Zeuge wird dafür gerne E. W. Böckenförde (1992, 112) zitiert: »Der freiheitliche, säkularisierte Staat lebt von Voraussetzungen, die er selbst nicht garantieren kann«. Dies lässt sich im Blick auf Erziehung leicht nachvollziehen: Wollte ein freiheitlich-demokratischer Staat der nachwachsenden Generation die für seinen eigenen Fortbestand erforderlichen Werte wie Solidarität, Gerechtigkeit, Toleranz usw. *aufzwingen*, würde er durch diesen Zwang seinen demokratischen Charakter in Frage stellen. Daher spielt Religion als eine mögliche Quelle entsprechender Werte für die Demokratie eine wichtige Rolle und lässt sich die gesellschaftliche und öffentliche Bedeutung einer religiös begründeten Moralerziehung plausibel machen. Der Rückgriff auf Zivilreligion als eine die gesamte Gesellschaft verbindende und alle ihre Mitglieder auf gemeinsame Werte verpflichtende Grundlage kommt angesichts der religiösen Pluralität der Gegenwart jedoch an seine Grenze. Noch mehr gilt dies für den traditionellen ausdrücklichen Rückgriff auf das Christentum als Quelle gesellschaftlicher Werte: Wenn etwa in Deutschland nur noch zwei Drittel der Bevölkerung einer Kirche angehören, kann die christliche Tradition nicht mehr fraglos als gemeinsame Wertegrundlage für alle gelten. In dieser Situation werden nicht-religiöse Alternativen zur Begründung von Werten und Werteerziehung gesucht, die aber ihre eigenen Probleme aufweisen:

In Philosophie und Erziehungswissenschaft besonders wirksam ist in dieser Hinsicht das Modell einer Diskursethik, derzufolge alle religiösen und weltanschaulichen Bindungen kommunikativ verflüssigt werden und ein bindender Konsens von diskursiven Übereinkünften erwartet wird (Habermas 1976, 1981). In der Politik wird diese Sicht häufig mit der Unterscheidung zwischen einer weltanschaulich neutralen Öffentlichkeit und der dann notwendig auf den Privatbereich beschränkten Religion verbunden. Religiöse Bindungen und Argumente können in dieser Sicht nur im Privatbereich Geltung beanspruchen, während in der Öffentlichkeit allein die Vernunft regieren soll.

Gegen solche Vorstellungen einer nicht-religiös begründeten Moralerziehung sprechen vor allem zwei Einwände (→72): Zum einen bleibt bei solchen Begründungsversuchen offen, woher die Motivation zum ethisch bestimmten Handeln kommen soll. Zum anderen führt die Berufung auf die Vernunft als in der Öffentlichkeit allein verpflichtendes Maß faktisch nicht zu einem freiheitlichen Pluralismus, sondern zur Vorherrschaft eines »Ethos bloßer Vernunft« (Herms 1996, 179).

Die Pluralität von Religionen und Weltanschauungen in der Gesellschaft schließt den Rückgriff des Staates auf nur eine Religion als allgemein verbindliche Wertebasis aus. Wenn die religiöse Begründung von Werten auch in Zukunft ihre Rolle spielen soll, so kann dies nur im Horizont einer »Moralpädagogik im Pluralismus« (Nipkow 1998a) geschehen – als Ausdruck eines vom Christentum und von anderen Religionen ausdrücklich bejahten »Pluralismus aus Prinzip« (Herms 1995).

(2) *Religiöse und weltanschauliche Pluralität:* Die Frage nach der Pluralität von Religionen und Weltanschauungen bricht bereits im individuellen Lebenszusammenhang auf, in Gestalt von Orientierungsproblemen im Sinne des »häretischen Imperativs« (Berger 1980), d.h. des für jeden unausweichlichen Zwangs zur Entscheidung hinsichtlich der eigenen (Glaubens-)Überzeugungen. Religiöse und weltanschauliche Pluralität stellt zugleich sowohl für die Gesellschaft als auch für die Religionen ein eigenes Problem dar. Durch die gleichzeitige Präsenz unterschiedlicher Religionen im selben Land sehen sich diese verstärkt mit der Herausforderung konfrontiert, ihr Verhältnis zueinander zu bestimmen und zu gestalten.

In der Religionspädagogik hat hier das United Kingdom eine Vorreiterrolle übernommen. Dort steht die interreligiöse Öffnung schon seit den1960er und 70er Jahren im Zentrum der Aufmerksamkeit, u.a. weil die Migrationsbewegungen nach dem Ende des alten Commonwealth seit den 1950er Jahren zu einer multikulturellen und -religiösen Gesellschaft geführt hatten (Überblick bei Copley

1997). Die von englischen Religionspädagogen wie J. Hull (1984) oder R. Jackson (1997, 2004) entwickelten religionspädagogischen Modelle finden deshalb heute zu Recht internationale Beachtung (→94). In Deutschland ist eine entsprechende religionspädagogische Diskussion erst seit etwa den 1990er Jahren zu beobachten (→169 ff.). Die Frage nach einer »pluralitätsfähigen Religionspädagogik« (Schweitzer u. a. 2002) erweist sich dabei als zentral. Dies gilt zunehmend auch für andere europäische Staaten (vgl. Schreiner 2000, Heimbrock 2004).

Die politischen und gesellschaftlichen Erwartungen an die Religionspädagogik richten sich auf ein Zusammenleben in Frieden und Toleranz, das durch Schule und (Religions-)Unterricht sowie durch andere pädagogische Angebote etwa in der Gemeinde vorbereitet und eingeübt werden soll. Für das Verständnis von Religionspädagogik sind dabei die unterschiedlichen und zum Teil gegensätzlichen Toleranzbegründungen von Interesse. Auch in dieser Hinsicht konkurrieren religiöse und nicht-religiöse Begründungen miteinander, mit jeweils unterschiedlichen Konsequenzen für das Verständnis religionspädagogischer Aufgaben.

Nicht-religiöse Toleranzbegründungen bewegen sich etwa im Horizont der Diskursethik (Habermas 1981) und halten Toleranz nur dann für erreichbar, wenn »keine anderen Werte zur Grundlage der Toleranz gemacht werden als das übergeordnete Prinzip der Rechtfertigung selbst« (Forst 2003, 20). Andere, z. B. religiöse Toleranzbegründungen enthalten in dieser Sicht immer die Tendenz zur Ausgrenzung und Abwertung all derer, die die jeweilige religiöse Überzeugung nicht teilen. Auch das von H. Küng (1990) entwickelte »Projekt Weltethos« steht religiösen Begründungen von Toleranz zwar näher, tendiert letztlich aber doch zu einer von den Religionen abgelösten Ethik in Gestalt übergeordneter moralischer Prinzipien.

Religiöse Toleranzbegründungen verweisen demgegenüber auf die Schwierigkeit, dass von den Religionen abgelöste Toleranzbegründungen *in* den Religionen kaum werden Fuß fassen können, eben weil sie von allen religiösen Grundlegungen bewusst abstrahieren. Vielversprechender sei demgegenüber die Suche oder Identifikation der religiösen Quellen von Toleranz (Schwöbel 2003).

Sofern der Weg nicht-religiöser Begründungen von Frieden und Toleranz als nicht gangbar oder zumindest als weniger überzeugend angesehen wird, erweist sich die Aufgabe einer Verständigung zwischen den Religionen erneut als eine zentrale Aufgabe auch der Religionspädagogik. Dem entspricht die neue Aufmerksamkeit auf *interreligiöses Lernen*, das sich im Unterschied zum ökumenischen Lernen nun ausdrücklich auf verschiedene Religionen bezieht (→169 ff.). Die Suche nach Leitmodellen für ein solches Lernen ist allerdings noch nicht zu einem konsensuellen Ergebnis gelangt. Bis heute konkurrieren unterschiedliche religionswissenschaftliche und theologische (missionswissenschaftliche und systematisch-theologische, aber auch religionspädagogische) Vorstellungen miteinander.

Das in England und Wales entwickelte Modell eines multireligiösen Religionsunterrichts z. B. fußte zunächst fast ausschließlich auf den religionswissenschaftlich-religionsphänomenologischen Kategorien von N. Smart und zielte auf eine möglichst objektive Betrachtung unterschiedlicher Religionen (teaching/learning *about* religion), so wie dies für eine »Didaktik der Religionswissenschaft« auch in Deutschland empfohlen wurde (Körber 1988). Theoretische und praktisch-pädagogische Schwierigkeiten führten später zu einer wieder stärker an existentiellen Fragen ausgerichteten Religionsdidaktik (Grimmitt 1987), die auch ein Lernen *von* den Religionen ermöglichen soll (learning *from* religion – in Anwendung auf Deutschland vgl. Scheilke 2003 →94).

Auf katholischer Seite werden im Anschluss an das II. Vaticanum häufig sog. inklusive Vorstellungen vertreten (Überblick bei Leimgruber 1995). Demnach haben die nicht-christlichen Religionen teil an der Wahrheit, die im vollen Sinne aber nur in der römisch-katholischen Kirche vertreten wird. Diese Auffassung wird inzwischen zwar als unzureichend angesehen, weil sie keinen wirklichen Dialog zulässt, hat aber doch zu einer deutlichen Öffnung für interreligiöse Fragen geführt.

Demgegenüber kommt auf evangelischer Seite eine entsprechende Thematisierung der Religionen erst neuerdings in Gang. Noch immer ist hier ein Nachholbedarf zu konstatieren (VELKD 1991, 9, 11). Viele Fragen sind noch offen – nicht zuletzt die nach dem Verhältnis zwischen Mission und Konvivenz (Sundermeier 2000). Einigkeit besteht darin, dass ein vorschneller (Schein-)Konsens zwischen den Religionen nicht weiterführt (vgl. EKD 2003d) und dass von den Religionen nicht in allgemein-abstrahierender, sondern in differenzierender Weise gehandelt werden muss (anders im Blick auf das Judentum als auf den Islam usw., vgl. Nipkow 1998b). Die Frage nach dem Verständnis anderer Religionen soll als *theologische* Frage aufgenommen werden (Wahrheitsfrage). So befindet sich die evangelische Religionspädagogik derzeit noch auf dem Wege zu einem geklärten Verständnis interreligiösen Lernens (Überblick Schweitzer 2005c).

Weiterführende Literatur

F. Schweitzer/R. Englert/U. Schwab/H.-G. Ziebertz, Entwurf einer pluralitätsfähigen Religionspädagogik, Freiburg/Gütersloh 2002

K. E. Nipkow, Bildung in einer pluralen Welt. 2 Bde., Gütersloh 1998

P. Schreiner/U. Sieg/V. Elsenbast (Hg.), Handbuch Interreligiöses Lernen, Gütersloh 2005

1.3.5 Religionsunterricht in der Schule: Recht des Kindes, Religionsfreiheit, Formen der Institutionalisierung

Religionsunterricht in der Schule ist nicht das einzige, aber doch ein sehr wichtiges Handlungsfeld der Religionspädagogik. Ein systematischer Bestimmungsversuch religionspädagogischer Aufgaben wäre unvollständig, wenn er die besonderen Herausforderungen in diesem Bereich nicht eigens aufnähme.

Gemeint ist der Religionsunterricht in der staatlichen Schule, der unter anderen rechtlichen Voraussetzungen steht als Kirche und Gemeinde. In den rechtlichen Bestimmungen zum Religionsunterricht spiegeln sich gesellschaftliche und politische Erwartungen, welche die bereits dargestellten Anforderungen (→61 ff.) weiter konkretisieren. Der vorliegende Abschnitt bezieht sich also noch nicht auf die inhaltliche Gestaltung (s. Religionsdidaktik →137 ff.), sondern auf die institutionelle Gestalt von Religionsunterricht, die allerdings erhebliche Folgen auch im Blick auf die Inhalte und Ziele des Religionsunterrichts in sich schließt.

Mit Ausnahme von Frankreich ist heute ein schulischer Religionsunterricht im weitesten Sinne in ganz Europa die Regel. Allerdings unterscheiden sich die geschichtlichen und rechtlichen Voraussetzungen von Land zu Land in ganz erheblicher Weise, so dass die Vergleichbarkeit sehr eingeschränkt ist (Schreiner 2000). Nachfolgende Darstellung ist deshalb auf Deutschland begrenzt, mit Ausblick auf andere Länder (→94).

(1) *Rechtliche Voraussetzungen:* Als einziges Schulfach wird der Religionsunterricht im Grundgesetz (GG) ausdrücklich erwähnt und als »ordentliches Lehrfach« etabliert (Art. 7,3 GG). Insofern wäre es möglich, sich allein auf diese Bestimmung zu berufen und die Erteilung von Religionsunterricht als rechtlich zwingendes Erfordernis anzusehen. Angesichts kontroverser Diskussionen in der Gegenwart kann dies aber nicht mehr ohne weiteres überzeugen, so dass nach weiteren Begründungen zu fragen ist.

Nach deutschem sozialstaatlichem Verständnis begründen die im GG niedergelegten Grundrechte (Art. 1-19) nicht nur den Schutz persönlicher Freiheiten, sondern auch eine Pflicht des Staates, die Bürgerinnen und Bürger bei der Inanspruchnahme ihrer Grundrechte zu unterstützen. Deshalb kann beispielsweise unter Berufung auf die ersten drei Artikel des GG (»Würde des Menschen«, »Recht auf die freie Entfaltung seiner Persönlichkeit«, Gleichheit vor dem Gesetz) ein Recht auf Bildung behauptet werden, aus dem sich Ansprüche an das staatliche Handeln ergeben. In paralleler Weise ist Art. 4 GG (»Die Freiheit des Glaubens, des Gewissens und die Freiheit des religiösen und weltanschaulichen Bekenntnisses sind unverletzlich«) nicht nur im Sinne von religiöser und weltanschaulicher Neutralität des Staates bzw. Nicht-Diskriminierung (sog. *negative Religionsfreiheit*) auszulegen, sondern auch als Anspruch an den Staat, die Verwirklichung von Glaubens- und Bekenntnisfreiheit zu unterstützen (sog. *positive Religionsfreiheit*). Nach heutigem Verständnis stellen religiöse Bildung und Religionsunterricht wichtige Möglichkeiten dar, diesem Anspruch gerecht zu werden. Deshalb wird die rechtliche Begründung von Religionsunterricht (Art. 7,3 GG) im Horizont von Art. 4 GG interpretiert (auch in kirchlicher Sicht: EKD 1994).

Zugänge zur Religionspädagogik

Weitere Bezüge bestehen zum Elternrecht (Art. 6 GG: »Pflege und Erziehung der Kinder sind das natürliche Recht der Eltern«). Das GG unterstellt die Schule aber nicht einfach dem Elternrecht, sondern sieht einen eigenen Erziehungsauftrag des Staates vor (so wird Art. 7,1 GG ausgelegt: »Das gesamte Schulwesen steht unter der Aufsicht des Staates«, vgl. Häberle 1981), so dass von einem partnerschaftlichen Verhältnis zwischen Elternhaus und Schule auszugehen ist. Dies schließt allerdings die Achtung von Elternrechten auch in der Schule ein. Art. 7,2 GG (»Die Erziehungsberechtigten haben das Recht, über die Teilnahme des Kindes am Religionsunterricht zu bestimmen«) wahrt sowohl die Glaubens- und Bekenntnisfreiheit als auch das Recht der Eltern im Blick auf die Erziehung ihrer Kinder.

Vor diesem Hintergrund ist Art. 7,3 GG auszulegen (vgl. Listl/Pirson 1994):

»Der Religionsunterricht ist in den öffentlichen Schulen mit Ausnahme der bekenntnisfreien Schulen ordentliches Lehrfach. Unbeschadet des staatlichen Aufsichtsrechtes wird der Religionsunterricht in Übereinstimmung mit den Grundsätzen der Religionsgemeinschaften erteilt. Kein Lehrer darf gegen seinen Willen verpflichtet werden, Religionsunterricht zu erteilen.«

Was ein »*ordentliches Lehrfach*« ist, kann unterschiedlich ausgelegt werden. Eindeutig besteht für die staatliche Schule die Pflicht, einen Religionsunterricht anzubieten (es sei denn, es würde im Einzelfall eine Schule als »bekenntnisfrei« begründet). Weiterhin darf der Religionsunterricht gegenüber anderen Fächern nicht benachteiligt werden, z. B. also nicht nur in Randstunden oder am Nachmittag stattfinden. Besonders wichtig ist die aus dieser Bestimmung resultierende Pflicht für den Staat, die Lehrerversorgung zu gewährleisten, was auch die Lehrerausbildung einschließt. In der neueren Rechtsauslegung (Hildebrandt 2000) wird die Auffassung vertreten, dass Art 7,3 nicht nur eine institutionelle Angebotspflicht, sondern auch ein einklagbares »Grundrecht auf Religionsunterricht« begründet.

Der Religionsunterricht muss »*in Übereinstimmung mit den Grundsätzen der Religionsgemeinschaften*« erteilt werden. Damit wird den Religionsgemeinschaften eine starke Stellung im Blick auf den Religionsunterricht eingeräumt: Sie haben das Recht zu sagen, welche Grundsätze für sie gültig sind. Zugleich ist die Trennung von Staat und Kirche garantiert: Der Staat kann und darf in religiösen Fragen keine Vorgaben machen – er darf nicht vorschreiben, was im Religionsunterricht wichtig ist und was nicht. Er ist angewiesen auf die Religionsgemeinschaften, die die Inhalte für den Religionsunterricht festlegen. Dass dies, wie es in der traditionellen Rechtsauslegung heißt, im Sinne »positiver Lehrsätze und Dogmen« geschehen müsse, wird von Theologie, Kirche und Religionspädagogik so allerdings nicht mehr geteilt (→ 137 ff.). Von grundlegender Bedeutung ist, dass Art. 7,3 nicht einfach von »*Kirchen*«, sondern ausdrücklich von »*Religionsgemeinschaften*« spricht.

Daraus ergibt sich die Möglichkeit zur Einrichtung von Formen des Religionsunterrichts in »Übereinstimmung mit den Grundsätzen« nicht-christlicher Religionen.

In der Weimarer Zeit, in der die damalige Verfassung eine ähnliche Bestimmung enthielt, gab es *jüdischen Religionsunterricht*, wie er zum Teil auch in der heutigen Bundesrepublik wieder unterrichtet wird (Klein 2001). Umstritten ist die Einrichtung eines *islamischen Religionsunterrichts* (→90), dessen Möglichkeit das GG jedoch grundsätzlich ebenfalls einschließt. Die Formulierung im GG setzt allerdings die Existenz einer entsprechenden »Religionsgemeinschaft« voraus, die als Gegenüber des Staates auftreten kann. Solche Religionsgemeinschaften sind im Islam nicht üblich, woraus sich bislang nicht überwundene Schwierigkeiten für die Einführung eines islamischen Religionsunterrichts ergeben. Weiterhin wird manchmal in Zweifel gezogen, ob bei einem islamischen Religionsunterricht die ebenfalls erforderliche Wahrung der Grundrechte garantiert sei. Die bislang vorfindlichen Schul- und Unterrichtsversuche beschränken sich entweder auf freiwillige Angebote etwa am Nachmittag (also ohne Einrichtung eines »ordentlichen Lehrfaches«) oder auf eine allein vom Staat (also nicht in »Übereinstimmung mit den Grundsätzen« der Religionsgemeinschaft) verantworteten sog. islamischen Religionskunde. In verschiedenen Bundesländern wird derzeit mit weiteren Möglichkeiten experimentiert. Ein Sonderfall stellt in dieser Hinsicht das Land Berlin dar, weil hier die von anderen Bundesländern abweichenden rechtlichen Voraussetzungen schon jetzt einen islamischen Religionsunterricht zulassen (allerdings nicht als »ordentliches Lehrfach«, weil es in Berlin ein solches »ordentliches Lehrfach« Religionsunterricht nicht gibt).

Schließlich hält Art. 7,3 GG in nochmaliger Aufnahme von Art. 7,1 ausdrücklich fest, dass sich das *staatliche Aufsichtsrecht* auch auf den Religionsunterricht erstreckt. Dies bedeutet zum einen, dass die Inhalte des Religionsunterrichts dem GG nicht widersprechen dürfen. Zum anderen folgt daraus, dass der Unterricht pädagogischen Ansprüchen (→61ff., 88, 116ff.), wie sie auch sonst im Bereich der staatlichen Schule gelten, gerecht werden muss.

Das GG nennt mit der sog. *Bremer Klausel* eine Ausnahme. In Art. 141 GG heißt es: »Art. 7 Abs. 3 Satz 1 findet keine Anwendung in einem Lande, in dem am 1. Januar 1949 eine andere landesrechtliche Regelung bestand.«

Eine solche Regelung bestand und besteht in *Bremen*, wo die Landesverfassung einen »bekenntnismäßig nicht gebundenen Unterricht in Biblischer Geschichte auf allgemein christlicher Grundlage« (Art. 32 BLV) vorschreibt (Spieß 1992). Die konfessionsübergreifende Form fasste zunächst Lutherische und Reformierte zusammen und schließt heute auch Katholiken ein. – *Berlin* gehörte 1949 ebenfalls nicht zum Geltungsbereich des GG, was erklärt, warum der Religionsunterricht dort bis heute kein reguläres Schulfach darstellt, sondern in den Räumen der staatlichen Schule von der Kirche erteilt wird.
Aktuelle Bedeutung gewann Art. 141 GG in der Auseinandersetzung um das Brandenburger Schulfach »*Lebensgestaltung-Ethik-Religionskunde*« (LER →92)

Zugänge zur Religionspädagogik

anstelle eines Religionsunterrichts nach Art. 7,3 GG. Für das Recht eines solchen Faches berief sich das Land Brandenburg auf die »Bremer Klausel«. Die rechtlichen Auseinandersetzungen um diese Frage wurden vom Bundesverfassungsgericht mit einem Kompromissvorschlag beendet und sind insofern nicht abschließend geklärt (Schweitzer 2002c).

Ähnliche Auseinandersetzungen werden auch in der *Schweiz* geführt, besonders in *Zürich*. Dort wurde die Einführung eines neuen Schulfaches »Religion und Kultur« beschlossen (zu den rechtlichen Voraussetzungen: Famos 2005). In anderen europäischen Ländern haben die Religionsgemeinschaften und Kirchen z. T. auch dann ein gewisses Mitwirkungsrecht, wenn – wie in England und Wales – der Religionsunterricht religionsübergreifend organisiert ist (Überblick: Schreiner 2000).

Ergänzend ist noch auf die rechtlichen Voraussetzungen des *Ethikunterrichts* bzw. *Philosophieunterrichts* o. ä. hinzuweisen (mit europäischem Überblick: Brüning o. J. [ca. 2001]). Dieser Unterricht wird im GG nicht erwähnt. Seine Begründung findet er in den Verfassungen und Schulgesetzen der einzelnen Bundesländer. In den westlichen Bundesländern ist er Ersatzunterricht, d. h. er tritt im Falle einer Befreiung vom Religionsunterricht an dessen Stelle (nicht als minderwertiger, sondern als vollwertiger »Ersatz«, zumindest in rechtlicher Hinsicht). In den östlichen Bundesländern besteht i. d. R. eine Wahlpflichtfachalternative zwischen Religions- und Ethikunterricht.

Die grundgesetzlichen Bestimmungen zum Religionsunterricht legen einen übergeordneten Rahmen fest, in den sich zahlreiche weitere Bestimmungen und Konkretionen einfügen können (Landesverfassungen, Gesetze, Verordnungen). Eigens zu erwähnen sind die Vereinbarungen zwischen dem Staat und den Kirchen (Konkordate, Staatskirchenverträge), die häufig auch eine ausdrückliche Garantie für den Religionsunterricht einschließen. Alle diese Regelungen sind jedoch so auszulegen, dass sie dem ihnen vor- und übergeordneten Grundgesetz nicht widersprechen (sog. Gesetzeshierarchie).

(2) *Kirchliche Stellungnahmen:* Aus den rechtlichen Voraussetzungen für den Religionsunterricht, der »in Übereinstimmung mit den Grundsätzen der Religionsgemeinschaften erteilt« werden muss, ergibt sich die grundlegende Bedeutung kirchlicher Stellungnahmen. Es sind die Religionsgemeinschaften bzw. Kirchen, die Auskunft über ihre »Grundsätze« geben müssen. Auf evangelischer Seite kommt hier, neben landeskirchlichen Äußerungen, den Stellungnahmen der EKD besonderes Gewicht zu. Vor allem die Stellungnahme »Zu verfassungsrechtlichen Fragen des Religionsunterrichts« (EKD 1971) sowie die Denkschrift »Identität und Verständigung. Standort und Perspektiven des Religionsunterrichts in der Pluralität« (EKD 1994) können auf Grund ihrer grundlegenden Bedeutung als maßgeblich angesehen werden.

Gemeinsam ist diesen Dokumenten die Auslegung von Art. 7 GG von Art. 4 GG her, d. h. der Religionsunterricht wird als Ausdruck der positiven Religionsfreiheit und als »Sicherung der Grundrechtsausübung« aufgefasst, »nicht im Sinne eines Privilegs der Kirchen« (EKD 1971, 57 f.). Zu den »Grundsätzen der Religionsgemeinschaften« wird Folgendes ausgeführt:

> »a) Die Vermittlung des christlichen Glaubens ist grundlegend bestimmt durch das biblische Zeugnis von Jesus Christus unter Beachtung seiner Wirkungsgeschichte.
> b) Glaubensaussagen und Bekenntnisse sind in ihrem geschichtlichen Zusammenhang zu verstehen und in jeder Gegenwart einer erneuten Auslegung bedürftig.
> c) Die Vermittlung des christlichen Glaubens muss den Zusammenhang mit dem Zeugnis und Dienst der Kirche wahren«.

Im Blick auf den »Lehrer« bedeutet dies, dass er die »Auslegung und Vermittlung der Glaubensinhalte auf wissenschaftlicher Grundlage und in Freiheit des Gewissens vornimmt«. Weiterhin wird ein Verstehen »Andersdenkender« ebenso gefordert wie die »Auseinandersetzung mit nichtchristlichen Religionen und nichtreligiösen Überzeugungen«. Schließlich wird die »pädagogische Gestaltung« des Unterrichts ausdrücklich bejaht (EKD 1971, 60 f.).

Die Denkschrift von 1994 folgt diesen Linien. Sie bietet darüber hinaus eine angesichts aktueller Kontroversen erforderliche Auslegung von »Konfessionalität in evangelischer Sicht« und entwickelt Vorschläge für fächerübergreifende Kooperationen. Sie hält an einer evangelischen Bindung ebenso fest wie an der ökumenischen Ausrichtung:

> »Übertragen auf den *Religionsunterricht* ist damit der evangelische Charakter dieses Faches dann gewahrt …, wenn sich die Kirche unter Gott beugt und ihm allein in Jesus Christus die Ehre gibt. Sofern die evangelische Kirche sich so versteht …, dient sie im Vollzug ihrer Evangelizität der Katholizität der Kirche als der einen wahren Kirche des Glaubens. Seinem inneren theologischen Sinne nach ist folglich der evangelische Religionsunterricht auf die eine Kirche Jesu Christi, das heißt, grundsätzlich *ökumenisch* auszurichten, und er kann nicht ökumenisch sein, wenn er nicht in dem genannten Verständnis *evangelisch* ist« (EKD 1994, 63).

Vor diesem Hintergrund ist der Vorschlag eines »konfessionell-kooperativen Religionsunterrichts« (→93) zu verstehen. Gewünscht werden »fächerübergreifende Unterrichtseinheiten« sowie »gemeinsame Unterrichtsphasen«, besonders für »zwischenkirchlich umstrittene Themen«. Gemeint ist also vor allem die evangelisch-katholische Kooperation, aber auch andere Formen »ökumenischen, interkulturellen und interreligiösen Lernens« werden angestrebt (EKD 1994, 69 f.). Eine Kooperation mit dem Ethikunterricht ist ebenfalls im Blick, weshalb die Denkschrift eine »Fächergruppe« vorschlägt, in der die entsprechenden Fächer (verschiedene Formen von Religionsunterricht, Ethik- und Philosophieunterricht usw.) zusammengefasst werden und, so je-

Zugänge zur Religionspädagogik

denfalls die Hoffnung, eine stärkere Stellung in der Schule gewinnen können. Übergreifend wird bei alldem an der doppelten Aufgabe festgehalten, die durch den Titel »Identität und Verständigung« angezeigt ist.

Auf *katholischer Seite* ist auf zwei parallele Dokumente hinzuweisen, die bis heute maßgeblich geblieben sind: »›Der Religionsunterricht in der Schule‹. Ein Beschluss der Gemeinsamen Synode der Bistümer in der Bundesrepublik Deutschland« (Gemeinsame Synode 1974) und »Die bildende Kraft des Religionsunterrichts. Zur Konfessionalität des katholischen Religionsunterrichts« der Deutschen Bischofskonferenz (DBK 1996):

> Der Synodenbeschluss tritt »für einen spezifisch schulischen Religionsunterricht ein«, der also nicht einfach kirchliche Aufgaben wahrnehmen oder kirchliche Erwartungen erfüllen soll. Gewünscht wird ein schüler- und erfahrungsbezogener Unterricht, gemäß »den Ansätzen moderner Didaktik« (Gemeinsame Synode 1974, 299, 301).
>
> Die Verlautbarung von 1996 setzt sich, in Entsprechung zur Denkschrift der EKD (1994), vor allem mit Fragen der Konfessionalität auseinander. Neben zahlreichen Gemeinsamkeiten wird dabei auch das spezifisch katholische Kirchenverständnis deutlich, wenn es im Blick auf »Konfession« heißt: »An die Stelle von Selbstbeharrung, Abgrenzung und Selbstisolierung tritt nun *gesprächsfähige Identität*. An die Stelle von Verschmelzung und Vereinheitlichung tritt der in der eigenen Geschichte gewonnene Reichtum als Gewinn auch für die anderen. Die Geschichte der Ausbildung einer kirchlichen Identität auf beiden Seiten rückgängig zu machen, ist nicht denkbar, aber auch nicht einmal wünschbar. Das wäre abstrakt. Ökumenisch kann deshalb nur sein, wer in diesem Sinn auch konfessionell ist« (DBK 1996, 49).

Prinzipiell wird auf katholischer Seite an der sog. Trias (katholische Inhalte, Lehrende und Lernende) festgehalten, während auf evangelischer Seite nur die Inhalte und die Lehrenden genannt werden, so dass im Blick auf die Zusammensetzung der Schülerschaft Offenheit besteht. Gleichwohl eröffnet die DBK-Stellungnahme von 1996 Möglichkeiten der Kooperation im Religionsunterricht, wie sie dann in einer Gemeinsamen Erklärung der Kirchen auch ausdrücklich festgehalten werden (DBK/EKD 1998).

In den letzten Jahren ist von beiden Kirchen eine Reihe kleinerer Stellungnahmen veröffentlicht worden, in denen schulstufen- und schulartenspezifische aktuelle Fragen, Herausforderungen der Schulentwicklung bzw. der Bildungspolitik aufgenommen werden – von Seiten der EKD »Religion in der Grundschule« (2001), »Religion und Allgemeine Hochschulreife. Bedeutung, Aufgabe und Situation des Religionsunterrichts in der gymnasialen Oberstufe und im Abitur« (2004c), »Ganztagsschule – in guter Form« (2004a); auf katholischer Seite ist auf die »Kirchlichen Richtlinien zu Bildungsstandards für den katholischen Religionsunterricht in den Jahrgangsstufen 5-10/Sekundarstufe I« (DBK 2004) sowie auf die Schrift »Der Religionsunterricht vor neuen Herausforderungen« (DBK

2005b) hinzuweisen. Diese und weitere Stellungnahmen lassen sich über die Websites der Kirchen (ekd.de; dbk.de) abrufen.

(3) *Pädagogische Begründungen und erziehungswissenschaftliche Kriterien für den Religionsunterricht:* Aus den rechtlichen Voraussetzungen, den kirchlichen Stellungnahmen sowie aus den bildungstheoretischen Anforderungen an die Schule ergibt sich die Notwendigkeit, den Religionsunterricht *pädagogisch* zu begründen. In den entsprechenden Darstellungen (Adam/Lachmann 2003b, 121 ff., Faust-Siehl/Schweitzer 2000) wird dafür auf bildungstheoretische Argumente (→61 ff.) verwiesen, die zu einer positiven Einschätzung der Bildungsbedeutung von Religion führen: die kulturgeschichtliche, die anthropologische, die ethische und die politisch-kulturelle Begründung. Darüber hinaus kann die entwicklungspsychologische Bedeutung von Religion genannt werden (→106 ff.), aus der sich die Notwendigkeit einer religionspädagogischen Begleitung als Recht des Kindes auf Religion (Schweitzer 2005a) ableiten lässt. Schließlich können im weiteren Sinne auch die rechtlichen Bestimmungen (→82 ff.) als eine zumindest in dem Sinne allgemeine Begründung für schulischen Religionsunterricht gelten, dass diese Bestimmungen nicht nur im Raum der Kirche gültig sind.

Die pädagogischen Begründungen sprechen genau genommen für die Bildungsbedeutung von Religion, nicht zwingend jedoch für ein eigenes Fach Religionsunterricht. Die Aufgabe religiöser Bildung könnte auch in anderer Form wahrgenommen werden. Ähnlich wie bei der Muttersprache, die in allen Fächern geübt und gepflegt werden muss und für die das eigene Fach doch unverzichtbar bleibt, kann jedoch auch für religiöse Bildung ein solcher doppelter Ansatz gefordert werden. Ohne ein eigenes Fach Religion könnte es auch keine entsprechende Ausbildung geben. Und schließlich kann argumentiert werden, dass religiöse Bildung nur in Auseinandersetzung mit dem (Wahrheits-)Anspruch der religiösen Überlieferungen ihr Ziel erreicht und dass dies die Begegnung mit Lehrerinnen und Lehrern voraussetzt, die als Angehörige einer bestimmten Religion oder Konfession zu identifizieren und damit auch kritisch zu befragen sind. Insofern kann der Religionsunterricht nach heutigem Verständnis von Religionsfreiheit allerdings auch nicht für alle verbindlich gemacht werden.

Aus der in Art. 7,1 und erneut in 7,3 GG festgestellten staatlichen Schulaufsicht auch über den Religionsunterricht folgt, dass dieser Unterricht erziehungswissenschaftlichen Kriterien, wie sie auch sonst für die Schule gelten, gerecht werden muss. Insofern ist das zu Bildung und Religion Gesagte (→61 ff.) für diesen Unterricht verbindlich. Indoktrination, bloßes Werben für eine Religionsgemeinschaft u. ä. sind ausgeschlossen. Ziel des Unterrichts ist vielmehr (religiöse) Bildung.

Das Bildungsverständnis ist allerdings auch in der Erziehungswissenschaft nur in Gestalt unterschiedlicher, zum Teil konkurrierender Positionen und

Zugänge zur Religionspädagogik

Auslegungen verfügbar. Dies lassen nicht zuletzt auch die *erziehungswissen-schaftlichen Stellungnahmen zum Religionsunterricht* erkennen (z. B. von Hentig 1996, 94 ff., Tenorth 1997 mit der Tendenz zu einem nicht-konfessionellen Religionsunterricht, Benner 2002 mit bildungstheoretischer Begründung eines konfessionellen Religionsunterrichts). Als erziehungswissenschaftlich weithin zustimmungsfähig können die von D. Benner (1987, 106) für pädagogisches Denken und Handeln »konstitutiven Prinzipien« angesehen werden: »Aufforderung zur Selbständigkeit«, Bildsamkeit als »Bestimmtsein des Menschen zu Freiheit, Sprache und Geschichtlichkeit«. Sie bedeuten, dass der Religionsunterricht grundsätzlich am Ziel (religiöser) Mündigkeit auszurichten ist. In Benners Auslegung ergeben sich daraus herausfordernde Konsequenzen für Religionsunterricht:

> »Die von den Kultusministern anerkannten, in der bildungstheoretischen Tradition seit langem bekannten Grundsätze eines Pluralitätsgebots, Indoktrinierungsverbots und Kontroversitätsgebots gelten für alle Bildungsbereiche. Sie sind auf naturwissenschaftliche Bildung ebenso wie auf die gesellschaftswissenschaftliche und ästhetische Bildung auszulegen und dürfen nicht auf den Bereich der politischen Bildung begrenzt werden. Um ihnen auch in der religiösen Bildung Geltung zu verschaffen, sind die Glaubenslehren der Religionen im öffentlichen Unterricht nicht dogmatisch, sondern so zu vermitteln, dass differente und kontroverse Auslegungen, unterdrückte Deutungen und machtförmige Dogmatisierungen erkennbar und reflektiert werden«. Deshalb dürfe der Religionsunterricht »nicht missionierend vorgehen und ausgerichtet sein« (Benner 2004, 44 f.). Damit sind kontroverse Fragen zwischen Erziehungswissenschaft, Religionspädagogik und Theologie angesprochen, wie sie vor allem bei der Grundlegung der Religionsdidaktik erörtert werden (→64, 137 ff.).

(4) *Formen des Religionsunterrichts:* In welcher Form der Religionsunterricht in der Schule institutionalisiert werden soll, ist heute stark umstritten. Kritische Fragen richten sich zunächst an die herkömmlichen Modelle, aber auch die neu entwickelten Alternativen können nicht ohne weiteres überzeugen. Im Folgenden sollen die fünf für Deutschland besonders wichtigen Modelle erörtert und soll ein Ausblick auf andere Länder gegeben werden. Den Hintergrund bilden die beschriebenen Herausforderungen vor allem der (religiösen) Pluralisierung (→53 ff.).
– *Konfessioneller Religionsunterricht:* Dieser in nach Konfessionen getrennten Gruppen von einer sowohl staatlich als auch kirchlich autorisierten (evangelisch: vocatio, katholisch: missio) Lehrkraft erteilte Unterricht ist rechtlich gesehen die Normalform, auch wenn sie im Alltag vielfach nicht oder nicht vollständig realisiert wird (sog. Grauzone mit zahlreichen Mischungen z. B. mit Religionsunterricht im Klassenverband).

Die Stärke dieses Modells liegt in seiner Transparenz hinsichtlich der religiösen Voraussetzungen, von denen der Unterricht ausgeht. Pädagogisch bedeutsam ist die damit für die Unterrichtenden eröffnete Möglichkeit, klare Positionen zu beziehen, mit denen sich Kinder und Jugendliche auseinandersetzen können. – Die Schwächen bestehen darin, dass eine persönliche Begegnung mit anderen Religionen im Rahmen des Unterrichts nicht möglich ist und dass über Angehörige anderer Konfessionen und Religionen, wie sie auch an der eigenen Schule anwesend sind, in deren Abwesenheit gesprochen wird. Unzulänglich sind bislang darüber hinaus vielfach sowohl das Maß als auch die Art und Weise, wie andere Konfessionen und Religionen thematisiert werden. Angesichts einer multikulturellen und -religiösen Gesellschaft reicht es immer weniger zu, nur die eigene Konfession zu kennen.

Die ausführlichsten und differenziertesten Begründungen und Beschreibungen des konfessionellen Religionsunterrichts finden sich in den kirchlichen Stellungnahmen (EKD 1994, DBK 1996 →85 ff.). Weitergehend kann konfessioneller Religionsunterricht (mit G. R. Schmidt 1993, 131 f.) als »einweisende religiöse Erziehung« – im Unterschied zu einer bloß »hinweisenden religiösen Erziehung« – verstanden werden, auch wenn eine so weitreichende Zielsetzung gemäß den kirchlichen Stellungnahmen keineswegs zwingend ist. Über die Kritik am konfessionellen Religionsunterricht informieren verschiedene Sammelbände (z. B. Lott 1992).

Konfessioneller Religionsunterricht nach Art 7,3 GG ist nicht auf das Christentum beschränkt (→83 f.). Der *jüdische Religionsunterricht* hat in Deutschland eine lange Geschichte, zunächst im Rahmen jüdischer Schulen, in der Weimarer Zeit auch im staatlichen Schulwesen (Helmreich 1966, 110, 197). Trotz des Holocaust gibt es auch heute wieder jüdischen Religionsunterricht in Deutschland, allerdings keineswegs an allen Orten (Klein 2001).

Auf Grund der großen Zahl von Muslimen in Deutschland spielt die Frage eines *islamischen Religionsunterrichts* eine zunehmend wichtige Rolle. Allerdings sind die mit der Einrichtung eines solchen Unterrichts verbundenen Probleme noch keineswegs gelöst.

Die rechtlichen Voraussetzungen für die Einrichtung islamischen Religionsunterrichts wurden bereits beschrieben (→84). Lange Zeit fehlte es am politischen Willen, einen solchen Unterricht einzurichten. Seit den 1970er Jahren suchte man weithin alternative Wege für einen islamischen Religionsunterricht im Rahmen des freiwilligen muttersprachlichen Unterrichts am Nachmittag, teilweise in Zusammenarbeit mit türkischen Konsulaten. Am weitesten reichen die unter Mitarbeit evangelischer Religionspädagogen entwickelten Angebote in Nordrhein-Westfalen, auch mit eigenen Lehrplänen, Unterrichtsmaterialien usw. (Lähnemann 1986; Lehrpläne und Materialien wurden vom Landesinstitut für Schule und Weiterbildung, Soest veröffentlicht). Darüber hinaus wurde 1999 in Nordrhein-Westfalen ein Schulversuch »Islamische Unterweisung‹ in deutscher Sprache« eingerichtet (Gottwald/Siedler 2001). Dabei handelt es sich jedoch nicht um konfessionellen Religionsunterricht, sondern um eine allein vom Staat auf religionswissenschaftlicher und pädagogischer Grundlage verantwortete Religionskunde, die insofern eher dem Ethikunterricht vergleichbar ist. Sowohl eine solche Religionskunde als auch der Religionsunterricht im Rahmen eines freiwilligen muttersprachlichen Angebots bleiben hinter den Anforderungen an ein »ordentliches Lehrfach« zurück und stellen insofern keine endgültige Lösung dar. Die derzeit in einer Reihe von Bundesländern unternommenen Versuche, einen solchen Unterricht gemäß Art. 7,3 GG einzurichten, haben noch nicht zu einem endgültigen Ergebnis geführt (Diskussion: Baumann 2001, Schreiner/Wulff 2001, Bauer u. a. 2004). Vorbilder für islamischen Religionsunterricht gibt es in Europa vor allem in Österreich sowie in Belgien (Schreiner 2000).

– *Ethikunterricht:* In den meisten Fällen werden auch im Ethikunterricht religiöse Themen behandelt (Schmidt 1983/1984, Grözinger u. a. 1999, Überblick zum Ethikunterricht in Europa: Brüning o. J.). Da dieser Unterricht eine rein staatliche Veranstaltung ohne Mitwirkung der Religionsgemeinschaften darstellt, ist er an das Prinzip der weltanschaulichen Neutralität gebunden. Möglich ist nur ein Unterricht *über* Religion, d. h. mit religionskundlichem Charakter. Dem muss auch die Didaktik des Ethikunterrichts Rechnung tragen (Martens 2003, Pfeifer 2003).

Angesichts der demographischen Verhältnisse ist ein Ersatz- bzw. Alternativangebot zum konfessionellen Religionsunterricht heute unumgänglich. Ohne ein solches Angebot würde ein erheblicher Anteil der Kinder und Jugendlichen ohne spezielle ethische und religiöse Bildungsmöglichkeiten bleiben. Anders als beim Religionsunterricht, bei dem die Religionsgemeinschaften für ihre »Grundsätze« einstehen, kommt der Staat allerdings schon bei der Erstellung von Lehrplänen für den Ethikunterricht in die schwierige Situation, dass er unter Wahrung seiner weltanschaulichen Neutralität beispielsweise zwischen wichtigen und weniger wichtigen religiösen Themen unterscheiden muss. Da sich mit solchen Auswahlentscheidungen immer auch inhaltliche Wertungen verbinden, bleibt die Rolle des Staates hier prinzipiell prekär. Daraus ergibt sich, dass ein möglichst objektiver, weltanschaulich neutraler religionskundlicher Unterricht einer auf der Trennung von Staat und Kirche bzw. Religionsgemeinschaften beruhenden Demokratie keineswegs besser entspricht als ein Religionsunterricht nach Art. 7,3 GG. Ein konfessioneller Religionsunterricht kann als Ausdruck von Pluralismus und Religionsfreiheit durchaus demokratietheoretisch begründet werden (EKD 1994).

Das Ersatzfach wird im Übrigen in den deutschen Bundesländern auch unter anderen Bezeichnungen geführt: Philosophieunterricht, Werte und Normen usw. (KMK 1998).

– *»Religionsunterricht für alle« (Hamburg):* Die Idee eines sog. allgemeinen, im Klassenverband erteilten Religionsunterrichts geht auf das 18. und 19. Jahrhundert zurück. Auf der Grundlage der Aufklärungspädagogik, des Rationalismus und der Vorstellung einer natürlichen (Vernunft-)Religion forderte etwa J. B. Basedow (1764) einen gestuften Religionsunterricht, der erst ganz am Ende eine christliche oder gar konfessionelle Zuspitzung finden sollte. Knapp hundert Jahre später nahm F. A. W. Diesterweg diese Forderungen wieder auf und trat für einen nicht-konfessionellen »allgemeinen« Religionsunterricht ein (Nipkow/Schweitzer 1994a, 82 ff.). Mit anderer, nämlich interreligiöser Ausrichtung findet sich die Forderung nach einem »Religionsunterricht für alle« heute vor allem in Hamburg. Dort öffnet sich der evangelische Religionsunterricht (einen katholischen Religionsunterricht an staatlichen Schulen gibt es in Hamburg nicht – die katholische Kirche hat darauf zugunsten katholischer Schulen verzichtet) programmatisch für alle Kinder, um so im Unterricht ökumenisches und interreligiöses Lernen zu ermöglichen (Doedens/Weiße 1997, Weiße 1996).

Der Hamburger Religionsunterricht beeindruckt durch das starke Bewusstsein für Fragen des Lebens und Zusammenlebens in einer multireligiösen Gesellschaft. Besonders in neuerer Zeit wurde dabei auch deutlicher herausgearbeitet, wie sich interreligiöses Lernen unter den Voraussetzungen eines gemeinsamen Unterrichts vollziehen kann und soll. Rückfragen beziehen sich vor allem auf die »evangelische Verantwortung«, in der dieser Unterricht »für alle« erteilt wird (Nipkow 2000). Wie kann der Unterricht evangelisch und gleichermaßen offen für alle anderen Konfessionen und Religionen sein? In welchem Verhältnis stehen hier »Wahrheit und Dialog« (Weiße 2002) zueinander? Was bedeutet dies im Blick auf die Lehrkräfte? Solche Fragen verweisen nicht zuletzt auf rechtliche Probleme, die bei der weiteren Ausgestaltung zu bedenken sind (Link 2002). Auch die Unterrichtspraxis sieht sich kritischen Anfragen ausgesetzt, beispielsweise im Blick auf die Vorstellung, (Grundschul-)Kinder im Unterricht als Experten für die eigene Religion (Islam usw.) anfragen zu können (Asbrand 2000).

– *Religionskunde statt Religionsunterricht (LER u. a.):* Der Begriff »Religionskunde« bezeichnet, wie auch bei den entsprechenden Anteilen des Ethikunterrichts, die möglichst objektive, weltanschaulich neutrale Behandlung von Religion (Unterricht *über* Religion). Der Anspruch, dass dies die einzige der Schule angemessene und also im Klassenverband für alle verpflichtend zu erteilende Unterrichtsform sein soll, wurde in den letzten Jahren vor allem im Zusammenhang des Brandenburger Schulversuchs und später Schulfachs LER vertreten (das »R« stand zunächst für Religion, dann für Religionen, jetzt bedeutet es Religionskunde: »Lebensgestaltung-Ethik-Religionskunde«).

Bejaht werden kann das mit LER verbundene Ziel eines gemeinsamen Lernens aller Schülerinnen und Schüler, bei dem wechselseitiges Verständnis und Toleranz eingeübt werden sollen. Problematisch bleibt jedoch, dass Religion durchweg nur aus der Außenperspektive thematisiert werden soll, so wie dies der allein staatlichen Verantwortung für diesen Unterricht entspricht (so programmatisch: Edelstein u. a. 2001, 114, weitere Diskussion: Lott 1992). Der gelegentliche Einbezug sog. authentischer Vertreter ändert daran nur wenig. Weiterhin wurde in der anhaltend kontroversen Diskussion in neuer Weise fraglich, wie neutral ein religionskundlicher Unterricht tatsächlich sein kann. Die Lehrplanvorschläge für LER ließen und lassen zum Teil eine ausgeprägte weltanschauliche Ausrichtung erkennen. Problematisiert wird zudem, ob die Lehrerinnen und Lehrer tatsächlich ihre eigenen weltanschaulichen Prägungen im Alltag des Unterrichts so weit zurücknehmen können, dass die weltanschauliche Neutralität des Unterrichts nicht infrage gestellt wird. Wenn letztlich eine Befreiungsmöglichkeit von LER eingeräumt wurde, kann dies ebenso als Rücksicht auf religiöse Bindungen verstanden werden (so die offizielle Begründung) wie auch als Eingeständnis der fehlenden weltanschaulichen Neutralität (Zusammenfassung der Diskussion: Schweitzer 2002c, Rechtsfragen: →84 f.). Empirische Untersuchungen (Leschinsky 1996) sowie theoretische Analysen (Nipkow 1996) lassen es fraglich erscheinen, ob insbesondere der Aspekt »Religion« bei LER in angemessener Weise zur Geltung kommen kann.

Religionspädagogisch gesehen lassen sich Innen- und Außenperspektiven auf Religion nicht einfach auf unterschiedliche Fächer verteilen. Auch ein konfessioneller Religionsunterricht wird seiner Aufgabe nur gerecht, wenn er sowohl die Außen- als auch die Innenperspektive sowie Eigen- und Fremdperspektiven wahrzunehmen erlaubt und in einen reflektierten Umgang mit unterschiedlichen Perspektiven einführt. Umgekehrt lässt das in Zürich neu eingeführte religionskundliche Fach »Religion und Kultur« (Kunz u. a. 2005) mehr Offenheit erwarten, als dies für die Brandenburger Verhältnisse der Fall ist.

– *Kooperativer Religionsunterricht:* Unter dieser Bezeichnung können alle Gestalten von Religionsunterricht zusammengefasst werden, bei denen sowohl an der konfessionellen Bindung als auch an einer die Konfessionen (und in Zukunft eventuell auch die Religionen) übergreifenden Zusammenarbeit festgehalten wird. Der Unterricht wird dann teils in nach Konfessionen getrennten Gruppen und teils gemeinsam erteilt. Qualifizierte Kooperationsmodelle sind ebenso an Gemeinsamkeiten wie an Unterschieden ausgerichtet (so etwa das Tübinger Modell: »Gemeinsamkeiten stärken – Unterschieden gerecht werden«, Schweitzer/Biesinger 2002). Die Kooperation kann sich auf verschiedene Formen von Religionsunterricht sowie auf den Ethikunterricht beziehen.

Kooperativer Religionsunterricht ermöglicht die gleichzeitige Orientierung an »Identität und Verständigung« (EKD 1994, DBK 1996, DBK/EKD 1998). Konfessionelle Bindungen erlauben identifikatorisches Lernen, das in der Kooperation immer wieder zugunsten eines Begegnungslernens überschritten wird. Auf diese Weise wird ein kooperativer Religionsunterricht dem Streben nach Gemeinsamkeit ebenso gerecht wie den bleibend unterschiedlichen Prägungen in den Religionsgemeinschaften. Als Einwand werden vor allem organisatorische Schwierigkeiten geltend gemacht. Die Zahl der in Deutschland präsenten Religionen wächst noch immer, und es ist in der Tat schwer vorstellbar, für jede einzelne einen eigenen Religionsunterricht einzurichten – auch wenn etwa Österreich durchaus eine größere Vielfalt von Religionsunterricht für verschiedene Religionsgemeinschaften kennt (Jung 2000). Darüber hinaus stellt ein kooperativer Religionsunterricht, der beispielsweise mehrfach in einem Schuljahr die Sozialformen verändert oder einen Lehrerwechsel voraussetzt, besondere Anforderungen, was allerdings auch als ein Qualitätsmerkmal angesehen werden kann.

Eine einfache Lösung für das Problem, wie Religionsunterricht in der Schule angesichts einer zunehmend multireligiösen und zugleich in religiöser Hinsicht stark individualisierten Schülerschaft institutionalisiert werden kann und soll, ist offenbar nicht in Sicht. Sofern es zur Einrichtung eines islamischen Religionsunterrichts kommt, könnte zumindest der großen Mehrheit der Kinder und Jugendlichen mit einer der vier dann verfügbaren (Haupt-)Formen (evangelisch, katholisch, islamisch, Ethikunterricht) ein Angebot gemacht werden. Zugleich bliebe die Perspektive eines (phasenweise) kooperativen Unterrichts zwischen allen diesen Formen wichtig. Schließlich könnten dabei die auch jetzt schon z. T. verwirklichten Formen eines jüdischen oder christlich-orthodoxen Religionsunterrichts dort hinzukommen, wo regionaler Bedarf besteht.

Ausblick Religionsunterricht in Europa: Ähnlich wie in Deutschland stellen sich auch die Formen von Religionsunterricht in Europa in vielfältiger Gestalt dar (Schreiner 2000, Heimbrock 2004). Die für Deutschland identifizierten Modelle und Bezeichnungen können dabei allerdings, aufgrund der für jedes einzelne Land sich anders darstellenden geschichtlichen, rechtlichen und politischen Voraussetzungen, nicht ohne weiteres übertragen werden. In den meisten Ländern ist der konfessionelle Religionsunterricht entweder die einzige Form oder doch der Normalfall (z. B. Belgien, Österreich, Italien u. a.). Einen religionskundlichen Unterricht kann man vor allem in Schweden und neuerdings auch in Norwegen finden, zum Teil auch in Dänemark und in den Niederlanden. Der Religionsunterricht in England und Wales ist zwar ebenfalls eine allein staatliche Einrichtung, aber die besondere Form von Schulträgerschaft und -aufsicht lässt zugleich eine deutliche Beteiligung verschiedener Religionsgemeinschaften etwa bei der Erstellung von Lehrplänen zu.

Der Religionsunterricht in England und Wales ist insofern besonders interessant, als hier schon seit vielen Jahren Aufgaben des interreligiösen Lernens wahrgenommen werden (→79, 81). Die Schülerinnen und Schüler werden grundsätzlich im Klassenverband unterrichtet. Thematisch werden verschiedene Religionen berücksichtigt. Als bekanntestes Beispiel steht dafür das von J. Hull (2000, 141 ff.) entwickelte Modell: Religion als »Gabe an das Kind« (gift to the child), bei dem Kindern eine Begegnung mit religiösen Phänomenen (sog. Numen, z. B. eine Skulptur des indischen Elefantengottes Ganesha, die in den Unterricht mitgebracht wird) ermöglicht werden soll – als persönliche Bereicherung, allerdings ohne Übernahme der Glaubensweisen und -systeme. R. Jacksons (1997, vgl. Jackson/Nesbitt 1993) »ethnographischer Ansatz« zielt stärker auf eine Erschließung gelebter Formen von Religion, z. B. von Hindu-Kindern in England. Anfragen (u. a. Haußmann 1993, Nipkow 1998b, Meyer 1999) betreffen vor allem die ungeklärten theologischen Voraussetzungen des Interfaith-Unterrichts, die Form der Darstellung der verschiedenen Religionen sowie die Möglichkeiten besonders von Grundschulkindern, sich in reflektierter Form mit religiöser Vielfalt auseinanderzusetzen. Eine ausgesprochene Schwäche des Religionsunterrichts in England und Wales besteht weiterhin darin, dass der Religionsunterricht dort weithin ohne entsprechende Ausbildungsvoraussetzungen – also »fachfremd« – erteilt wird.

Bewertung und Zukunftsperspektiven: Eine glatte Lösung der angesprochenen Probleme ist derzeit nicht in Sicht. Wo es wie in den USA oder in Frankreich keinen Religionsunterricht in der staatlichen Schule gibt und Religion kaum thematisiert wird, wächst die Unzufriedenheit hinsichtlich der damit gegebenen Einschränkungen des Bildungsangebots und werden die abträglichen gesellschaftlichen Folgen entsprechender Defizite erkannt (Osmer 1999, Debray 2002). Ein allein konfessioneller, in getrennten Gruppen erteilter Religionsunterricht muss sich der Frage stellen, wie auf diese Weise den Anforderungen einer christlichen Ökumene und mehr noch den Herausforderungen religiöser und weltanschaulicher Pluralität entsprochen werden soll. Soweit ein Religionsunterricht »für alle« in der Verantwortung nur einer Konfession steht (so in Hamburg), widerspricht schon die Konstruktion dem Prinzip eines gleichberechtigten Nebeneinander der verschiedenen Religionsgemeinschaften (Nipkow 2000, Weiße 2002). Einer solchen Gleichberechtigung kommt ein religionskundlicher Unterricht in staatlicher Trägerschaft nahe, aber ein Unterricht bloß über Religion hat sich auch etwa in England und Wales nicht bewährt (Grimmitt 2000). Sofern ein Religionsunterricht für alle weiterreichende Ziele (in England und Wales das »Lernen von Religion«) realisieren soll, erhebt sich wiederum die Frage der Neutralität von staatlichen Schulen. Manche setzen deshalb auf einen sog. Begegnungsunterricht (Christentum und Islam in den Niederlanden, vgl. Fischer 1996) oder auf den konfessionell-kooperativen Religionsunterricht, bei dem sich getrennter und im Klassenverband erteilter Unterricht so miteinander verbinden, dass »Identität und Verständigung« (EKD 1994) oder »Beheimatung und Begegnung« (DBK 1996) möglich werden. Weitere Entwicklungen sind zu erwarten, wenn der vielfach geforderte islamische Religionsunterricht tatsächlich eingerichtet wird.

Für die Zukunft ist mit einer wachsenden Vielfalt unterschiedlicher Formen von Religionsunterricht in den verschiedenen Regionen Deutschlands oder auch der Schweiz zu rechnen, aber auch mit Mischmodellen, die Elemente des Religionsunterrichts, der Religionskunde und des Ethikunterrichts

– sei es kooperativ oder in anderer Weise – miteinander verbinden. Von wesentlicher Bedeutung wird es dabei sein, die jeweiligen Stärken und Schwächen der Modelle genau zu beachten und nach Möglichkeiten einer Optimierung zu suchen.

Weiterführende Literatur

J. Listl/D. Pirson (Hg.), Handbuch des Staatskirchenrechts der Bundesrepublik Deutschland. Bd. 1, Berlin ²1994

K. E. Nipkow, Bildung in einer pluralen Welt. Bd. 2: Religionspädagogik im Pluralismus, Gütersloh 1998

A. Battke u. a. (Hg.), Schulentwicklung – Religion – Religionsunterricht. Profil und Chance von Religion in der Schule der Zukunft, Freiburg u. a. 2002

R. Kunz u. a. (Hg.), Religion und Kultur – ein Schulfach für alle? Zürich 2005

2. Religionspädagogisch Sehen, Denken und Handeln lernen

In diesem Kapitel geht es um religionspädagogisches Sehen, Denken und Handeln im umfassenden Sinne. Die entsprechenden Kenntnisse und Fähigkeiten beziehen sich auf alle Handlungsfelder der Religionspädagogik. Der Religionsdidaktik bzw. der Gestaltung von Lehr-Lern-Prozessen in unterrichtlichen Situationen ist ein eigenes Kapitel (Kap. 3) gewidmet.

2.1 Wie wird religionspädagogisches Sehen, Denken und Handeln gelernt?

Eine erste Antwort auf die Frage, wie religionspädagogisches Sehen, Denken und Handeln gelernt werden kann, verweist auf Praxis und Erfahrung. Nicht am grünen Tisch oder an der Universität, sondern in Schule und Gemeinde selbst werde religionspädagogische Kompetenz erworben. Dies ist insofern richtig, als sich die entsprechenden Fähigkeiten nicht einfach aus Büchern gewinnen lassen. Sie sind eng mit der eigenen Person verbunden und können deshalb erst im Handeln und in der Auseinandersetzung mit eigenen Erfahrungen ausgeprägt werden. Zugleich gilt aber auch, dass Erfahrung allein ebenfalls nicht zu religionspädagogischer Kompetenz führt – sonst gäbe es in der Praxis nur gute Religionspädagoginnen und -pädagogen. Das Lernen aus eigener Erfahrung setzt vielmehr eine Lernfähigkeit voraus, die von theoretischen Einsichten abhängig ist. Der Erwerb religionspädagogischer Kompetenz steht in einem Theorie-Praxis-Zusammenhang. Im Folgenden sollen deshalb die Voraussetzungen dafür geboten werden, in den Zusammenhang von Praxis und Theorie lernfähig einzutreten.

2.1.1   Albi – oder: Was ein Jugendlicher religionspädagogisch zu denken gibt

Folgende Fallgeschichte stammt aus einem Tübinger Forschungsprojekt zur religiösen Familienerziehung. Im vorliegenden Kontext kann sie einen ersten Eindruck davon geben, welche Aufgaben sich für religionspädagogisches Sehen, Denken und Handeln darstellen.

Albi (diesen Namen hat sich der etwa 16jährige Jugendliche für die Anonymisierung selbst gewählt – wohl mit Bezug auf die Schwäbische Alb) erzählt von einer »guten Kindheit«. Die beiden Großmütter – die eine lebt im Elternhaus mit der Familie – sind für ihn besonders wichtig.

Zuerst von Gott gehört habe er von der Großmutter, die im Nachbarort wohnt. Sie ist die Mutter des evangelischen Vaters, nach Albi »*ziemlich* christlich«, nämlich geprägt durch den Pietismus. Diese Großmutter habe ihm beispielsweise eine »Hörspielkassette über Gott« geschenkt. Außerdem habe sie ihn immer biblische Sprüche auswendig lernen lassen, die er ihr dann vorsagen musste. Der katholischen Mutter von Albi haben solche Erwartungen allerdings nicht eingeleuchtet »Meine Mutter hat eigentlich gesagt: ›Ja, wir sind katholisch, ja, ich bin mir gar nicht sicher, aber ich glaube, das gibt's im Katholischen gar nicht‹«. Und so habe er die Sprüche nie auswendig gelernt.

Auch wenn im Interview nicht ausführlich darüber berichtet wird, steht doch zu vermuten, dass die unterschiedlichen religiösen Ausrichtungen und Erwartungen eine lähmende Wirkung auf die religiöse Familienerziehung ausgeübt haben: »Meiner Mutter war's gar nicht recht …, dass wir das immer machen mussten. Und mein Vater hat gar nichts dazu gesagt«. Opposition der Mutter – Schweigen des Vaters, der die Loyalität gegenüber seiner Mutter nicht in Frage stellen will und deshalb lieber gar nichts sagt? Hinsichtlich der religiösen Erziehung seien sich die Eltern einig gewesen. Bemerkenswert ist freilich, dass der Vater nie gemeinsam mit dem Rest der Familie einen Gottesdienst besucht, auch nicht im Umkreis der Erstkommunion.

Auf die Firmung habe er aus eigenem Entschluss verzichtet. Er hätte »kein Geld mehr gekriegt«, und dann hätte es ihn eigentlich »nicht so« interessiert.

An den Religionsunterricht der Grundschule hat Albi sehr positive Erinnerungen. Und wenn er heute nicht mehr zur Kirche geht, auch nicht an Weihnachten, so sagt er doch über den Pfarrer, der in der Grundschule Religion erteilte, »für den würde ich jetzt noch gern in die Kirche gehen«! Später sei der Religionsunterricht aber ebenfalls sehr langweilig gewesen und religiöse Fragen seien nicht wirklich behandelt worden.

Die religiöse Erziehung durch seine Eltern findet er im Rückblick akzeptabel. Er selbst würde seine Kinder wohl weniger religiös erziehen, es sei denn, die zukünftige Frau wolle es anders. (nach Sautermeister/Schweitzer 2005, 198, zum weiteren Zusammenhang: Biesinger u. a. 2005)

Albi ist religionspädagogisch offenbar nicht leicht anzusprechen. Den Religionsunterricht findet er ebenso »langweilig« wie den Gottesdienst, der keinen »Spaß« mache. Die religionspädagogische Aufgabe könnte so gesehen darin bestehen, Unterricht und Gottesdienst beispielsweise durch erlebnisorientierte Methoden attraktiv zu machen. Ein solches Verständnis religionspädagogischen Handelns bleibt aber so lange abstrakt und unspezifisch, als keine weiteren Ziele und Kriterien für die Attraktivität angegeben werden. Nicht alles, was Spaß macht, ist deshalb religionspädagogisch schon angemessen! Die nachhaltige Wirksamkeit religionspädagogischer Angebote hängt u. a. davon ab, wie sie sich auf den individuellen Lebenszusammenhang beziehen (→69 ff.). Albi bringt eine ganz bestimmte (religiöse) Lebensgeschichte mit, aus der sich sowohl Grenzen als auch Möglichkeiten für religiöse Lernprozesse ergeben. Die von ihm beschriebene Familienkonstellation wirkte und wirkt in religiöser Hinsicht eher lähmend. Das konfessionsverschiedene bzw. -verbindende Elternhaus geht mit Unterschieden offenbar vorzugsweise so um, dass sie zum Zwecke der Konfliktvermeidung ausgeblendet werden. Die Berufung auf die katholische Mutter begrenzt den Einfluss der evangelisch-pietistischen Großmutter, aber vom Vater wird auch keine Teilnahme am katholischen Gottesdienst verlangt.

So ist es verständlich, wenn Albi an Religion nur minimal interessiert zu sein scheint. Über die Teilnahme an der Firmung habe er im Blick auf das zu erwartende »Geld« entschieden, ähnlich wie andere Jugendliche es im Blick auf die Konfirmation berichten. Gerade vor diesem Hintergrund fällt auf, wie positiv Albi vom Religionsunterricht in der Grundschule spricht und von dem Pfarrer, der ihn erteilte. In diesem Falle wäre selbst der so langweilige Gottesdienst kein Hindernis: »für den würde ich jetzt noch gern in die Kirche gehen«! Sucht Albi nach überzeugenden Persönlichkeiten – nach einer authentischen Verbindung von Religion und Person? Läge hier ein religionspädagogischer Anknüpfungspunkt?

Und wie steht es mit den »religiösen Fragen«, die Albi im Religionsunterricht vermisst hat? Gibt es im Leben Albis solche Fragen, oder will er bloß seine Kritik am Unterricht begründen? – Hier müssten wir mehr darüber wissen, was Albi in der Gegenwart bewegt, wie er seine Freizeit verbringt, was er gerne mit Freunden tut und was er vom Leben erwartet. Die Kennzeichnung als »religiös minimal interessiert« erweist sich jedenfalls als vorläufig und vielleicht sogar als Hindernis für religionspädagogisches Handeln.

All dies sind Fragen, die sich im Blick auf einen Einzelfall ergeben. Die Fallgeschichte verweist aber zugleich auf allgemeinere Fragen des religionspädagogischen Sehens, Denkens und Handelns. Einige davon seien beispielhaft genannt:

– Ist es angesichts von heutigen Erfahrungen mit religiöser Familienerziehung sinnvoll oder gar notwendig, schon für Kinder im Vorschulalter verstärkt religionspädagogische Angebote außerhalb der Familie einzurichten?
– Wirkt religiöse Pluralität in der Familie (unterschiedliche Konfessions- oder Religionszugehörigkeit) auch in anderen Fällen lähmend auf die religiöse Familienerziehung? Welche Angebote könnten den Familien dabei helfen, andere Strategien als das Ausblenden religiöser Fragen zu entwickeln?
– Wie soll das Verhältnis zwischen religiöser Familienerziehung und schulischem Religionsunterricht gestaltet werden? Kann der Unterricht Defizite in der Familie kompensieren?

- Welche Bedeutung besitzen religiöse Biographien für religionspädagogisches Handeln?

2.1.2 Religionspädagogische Kompetenz: Voraussetzungen analysieren – Ziele und Kriterien bestimmen – Methoden auswählen – Erfolge kontrollieren

Wie am Beispiel der Fallgeschichte deutlich geworden ist, gehören zum religionspädagogischen Sehen, Denken und Handeln bzw. zur religionspädagogischen Kompetenz Kenntnisse und Fähigkeiten, die sich auf die Analyse biographischer und gesellschaftlicher Voraussetzungen, die Bestimmung begründeter Ziele und Kriterien sowie die reflektierte Auswahl von Methoden beziehen. In allen drei Hinsichten bietet allgemein die Erziehungswissenschaft, in Verbindung mit den Sozialwissenschaften, sowie speziell die Religionspädagogik analytische und konstruktive Perspektiven, die im Folgenden erschlossen werden sollen. Die einzelnen Perspektiven verbinden sich jeweils mit Grundbegriffen:
- *Sozialisation*, *Entwicklung* und *Lernen* betreffen die Voraussetzungen religionspädagogischen Handelns;
- *Erziehungs-* und *Bildungs*verständnis geben Auskunft über Ziele und Kriterien;
- *Methoden* der religionspädagogischen Praxis beschreiben die Verfahrensweisen;
- *Prüfungen*, *Standards* und *Evaluationen* dienen der Erfolgskontrolle.

2.2 Voraussetzungen: Sozialisation – Entwicklung – Lernen

Mit den Begriffen Sozialisation, Entwicklung und Lernen verbinden sich Forschungsansätze und Theorien, die das Aufwachsen von Kindern und Jugendlichen sowie entsprechende Prozesse im Erwachsenenalter aus unterschiedlichen Perspektiven beleuchten. In allen drei Fällen geht es um Vorgänge, die nicht einfach durch absichtliche Einwirkungen im Sinne der Pädagogik ausgelöst werden, sondern die gleichsam immer schon im Gange sind, ganz unabhängig von ausdrücklich pädagogischen Bemühungen. Dies ist allerdings insofern einzuschränken, als beispielsweise die pädagogischen Absichten von Eltern oder anderen Bezugspersonen vom Beginn des Lebens an mit im Spiel sind, so dass Sozialisation, Entwicklung und Lernen auch als übergreifende

Religionspädagogisch Sehen, Denken und Handeln lernen

Bezeichnungen sowohl für absichtsvoll als auch für nicht absichtsvoll bestimmte Prozesse verstanden werden können. In religionspädagogischer Hinsicht ist es wichtig, sich klar zu machen, dass Kinder, Jugendliche und Erwachsene immer schon durch vorgängige Sozialisations-, Entwicklungs- und Lernprozesse bestimmt sind.

2.2.1 Religiöse Sozialisation

Der Begriff (religiöse) Sozialisation ist erst seit verhältnismäßig kurzer Zeit in Gebrauch. Er ist eng mit der sog. »realistischen Wendung« in Erziehungswissenschaft und Religionspädagogik verknüpft (H. Roth, dazu Wegenast 1968), d. h. mit der Hinwendung zu den empirisch ausgerichteten Sozialwissenschaften. Zunächst wurde dabei ganz auf den Unterschied zwischen Sozialisation einerseits und Erziehung und Bildung andererseits abgehoben. Es sollte deutlich werden, dass das Aufwachsen von Kindern und Jugendlichen in vieler Hinsicht weit weniger durch die an Idealen ausgerichteten Erziehungs- und Bildungsziele bestimmt sei als vielmehr durch gesellschaftliche Einflüsse, durch die der einzelne Mensch an die gesellschaftlichen Voraussetzungen und Erwartungen angepasst wird. Ein berühmtes Beispiel für solche Vorgänge ist der sog. heimliche Lehrplan (Zinnecker 1975). Während der offizielle Lehrplan Gerechtigkeit, Fairness, soziales Lernen, Verantwortung usw. vorschreibt, übe die Schule durch ihre Struktur als Leistungsschule sehr viel wirksamer ein tendenziell rücksichtsloses Konkurrenzverhalten ein und lasse der Übernahme sozialer Verantwortung sehr wenig Raum. An diesem Beispiel ist auch abzulesen, dass die herkömmliche Sozialisationsforschung besonders auf institutionelle Zusammenhänge und soziale Wirkungen achtet und sich beispielsweise nicht auf die von den Unterrichtenden verfolgten Absichten und Ziele beschränkt. In der neueren Sozialisationsforschung werden allerdings ebenso die individuellen Aneignungs- und Verarbeitungsprozesse betont.

Eine zusammenfassende Darstellung hat die Sozialisationsforschung in Deutschland im »Handbuch der Sozialisationsforschung« gefunden (Hurrelmann/Ulich 1980, Neubearbeitung: 1991) bzw. in den verbreiteten Einführungen und Lehrbüchern von K.-J. Tillmann (2004) oder K. Hurrelmann (2002). Neben den übergreifenden Sozialisationstheorien spielen inzwischen bereichsspezifische Zugänge eine wichtige Rolle: Kindheitsforschung, Jugendforschung, Biographieforschung, Familienforschung, Gender-Forschung usw.

Für eine vorbehaltlose empirische Erforschung *religiöser* Sozialisationsprozesse hat sich in der Religionspädagogik besonders D. Stoodt (1975) eingesetzt, mit der programmatischen Formel: »Von der religiösen Erziehung zur religiösen Sozialisation«. Mit dieser Formel verbindet sich die weiterreichende Absicht, Religionspädagogik insgesamt in einen sozialisationstheoretischen Horizont einzuzeichnen und sie als »Sozialisationsbegleitung« auszugestalten. Im Blick auf die religiöse Sozialisation spielen zwei Fragen eine hervorgehobene Rolle: Zu untersuchen ist zum einen das Verhältnis zwischen Kirche, Gesellschaft und Religion, zum anderen der Einfluss, der von verschiedenen gesellschaftlichen Institutionen wie Familie, Schule usw. oder von gesellschaftlichen Entwicklungen zum Beispiel im Bereich der Medien auf die religiöse Sozialisation ausgeht.

(1) *Kirchlichkeit und Religion:* Leitend ist hier die Frage, welche Form von Religion in der Gesellschaft tatsächlich wirksam ist und dann auch die Sozialisation bestimmt. Diese Frage wird nicht theologisch, sondern mit Hilfe soziologischer Analysen und empirischer Untersuchungen bearbeitet. Die *Kirchensoziologie* erforscht Einstellungen, Bindungen und Beteiligungsformen der Kirchenmitgliedschaft im Wandel (Feige 1990a). Vor allem der Gottesdienstbesuch, aber auch die Bereitschaft, die Kirche etwa durch die Zahlung von Kirchensteuer zu unterstützen oder sich aktiv an kirchlichen Veranstaltungen zu beteiligen, gilt hier als Indikator für die religiöse Durchdringung einer Gesellschaft und für das Ausmaß religiösen Interesses. In diesem Zusammenhang gehören auch die seit den 1970er Jahren regelmäßig durchgeführten Erhebungen über die Kirchenmitgliedschaft im Bereich der EKD (zuletzt: EKD 2003c).

Angesichts des durchschnittlich in Deutschland sehr geringen Gottesdienstbesuchs (evangelisch weniger als 5 %, katholisch ca. 10 %), von anhaltenden Kirchenaustritten sowie fehlender Zustimmung zu kirchlichen Lehraussagen (z. B. Noelle-Neumann/Köcher 1987) werden die kirchensoziologischen Befunde häufig im Sinne der *Säkularisierungsthese* (→66 ff.) gedeutet. Demnach ist in Deutschland und in westlichen Gesellschaften allgemein von einem rückläufigen Einfluss von Religion in der Gesellschaft auszugehen – bis hin zum vollständigen Verschwinden von Religion. Solche sehr weitgreifenden Säkularisierungsannahmen, die sich weniger der Empirie als den Sozialphilosophien des 19. und frühen 20. Jahrhunderts verdanken (L. Feuerbach, K. Marx, A. Comte u. a.), werden heute allerdings kaum mehr vertreten. Zum Teil wird die Säkularisierungstheorie mit ihrem Anspruch, gesellschaftliche Modernisierung führe zwingend zu einem Religionsverlust, überhaupt zurückgewiesen (vgl. Berger 1999, Luhmann 2000), zum Teil werden differenzierende Sichtweisen entwickelt, denen zufolge ein rückläufiger Einfluss von Religion beispielsweise im ökonomischen Bereich durchaus mit einem bleibenden Einfluss von Religion auf die Politik oder im individuellen Leben einhergehen kann (Casanova 1994, Pollack 2003).

Religionspädagogisch Sehen, Denken und Handeln lernen

Besonders einflussreich geworden ist die Religionssoziologie T. Luckmanns (1991) mit der These, dass neben der in ausdrücklich religiösen Einrichtungen und Aktivitäten manifesten Religion in der modernen Gesellschaft zunehmend mit einer »unsichtbaren Religion« zu rechnen sei, die vor allem für den individuellen Lebenszusammenhang an Bedeutung gewinnt. Gedacht wird dabei an individuelle und soziale Formen der Erfahrung von Sinn und Transzendenz im Alltag, auch wenn diese keineswegs mit Kirche oder traditionellen religiösen Ausdrucksformen verbunden sind. Als Signatur von Religion in der Gegenwart gilt dann nicht Säkularisierung, sondern religiöse Pluralisierung und Individualisierung (→ 53 ff.).

Als besonders bedeutsam erweist sich die Unterscheidung zwischen *Kirchlichkeit* und *Religion* im Blick auf Jugendliche:

Die herkömmliche Jugendforschung, wie sie etwa in Gestalt der bekannten Shell-Jugendstudien betrieben wird, konzentriert sich, soweit sie überhaupt für Religion offen ist (kritisch: Thonak 2003), weithin auf die kirchliche Beteiligung Jugendlicher sowie auf traditionelle Formen von Religion. Ihre Befunde wertet sie als Beleg einer fortschreitenden Säkularisierung (Fuchs-Heinritz 2000), vor allem seit der deutschen Vereinigung von 1990 und des damit verbundenen »sozialistischen Erbes« (Eiben 1992). Bezeichnend ist folgende zusammenfassende Aussage: »Insgesamt haben wir eine Entwicklung hinter uns, die den (christlichen) Kirchen wenig Chancen belässt, unter den derzeitigen Bedingungen und in den bisherigen Formen Einfluss auf die junge Generation zu gewinnen« (Fischer u. a. 2000, 21). Im Grunde wird diese skeptische Aussage allerdings bereits durch dieselbe Studie widerlegt, wenn festgestellt wird: »Durch die Anwesenheit muslimischer Jugendlicher ist im jugendlichen Alltag gerade in dem Moment eine neue ›Konfessionsgrenze‹ wirksam geworden, als die alten konfessionellen Konturen weithin abgeschliffen waren« (Fuchs-Heinritz 2000, 180). Offenbar ist eine im weitesten Sinne christliche oder christlich mitgeprägte Sozialisation in Deutschland wirksam geblieben, auch wenn sich diese an der Kirchlichkeit Jugendlicher nicht ablesen lässt. Rückläufige Kirchlichkeit, so ist zusammenfassend festzuhalten, kann gerade bei Jugendlichen mit einem bleibenden Interesse an Religion und religiösen Fragen verbunden sein (Schweitzer 1998, 25 ff.).

(2) *Instanzen der religiösen Sozialisation:* Mit dem etwas technisch klingenden Begriff »Instanzen« werden die Institutionen oder Träger der religiösen Sozialisation bezeichnet. Im vorliegenden Zusammenhang kommen sie nur unter dem Aspekt ihrer faktischen Sozialisationswirkungen in den Blick, während Fragen der Gestaltung in einem eigenen Kapitel aufgenommen werden (→ 197 ff.).

Von inhaltlichem Interesse ist bereits die Frage, welche gesellschaftlichen Institutionen heute überhaupt als Instanzen der religiösen Sozialisation angesehen werden können. So wird vor allem im Blick auf die Familie vielfach ein religiöser Traditionsabbruch konstatiert – bis hin zu der Rede vom Ausfall der religiösen Familiensozialisation. Neuere Untersuchungen (Schwab 1995, Ebertz 2000, Domsgen 2004, Biesinger u. a. 2005) belegen allerdings, dass diese Sichtweise nicht ohne weiteres zutrifft. Zwar trägt die Familienerziehung heute weithin nur wenig zu einer kirchlichen Sozialisation bei, aber religiöse Orientierungen im Sinne einer an den Bedürfnissen und Interessen der Familie selbst bemessenen »Familienreligiosität« werden nach wie vor gepflegt und weiter tradiert. Allerdings gilt dies vor allem für Westdeutschland, während in Ostdeutschland nur eine Minderheit der Familien als Instanz der religiösen Sozialisation angesehen werden kann.

Das bleibende Interesse von Familien an Religion ist zunächst an der hohen Beteiligung an der Kindertaufe abzulesen. Soweit beide Eltern einer Kirche angehören, werden noch immer fast alle Kinder getauft (zum Teil allerdings erst vor bzw. bei der Konfirmation oder der Erstkommunion). Den EKD-Mitgliedschaftsuntersuchungen zufolge ist die Wertschätzung der Taufe bei Eltern in den letzten Jahrzehnten deutlich gewachsen (EKD 2003c, 20). Rituale wie Morgen- und Abendgebet, Tischgebet usw. sind jedoch stark rückläufig. Religion ist in den Familien nur selten Thema der Kommunikation. Ein gewandelter Erziehungsstil (»Vom Befehlen und Gehorchen zum Verhandeln«, Büchner 1983) sowie die oben beschriebenen individualisierten Formen von Religion bringen es mit sich, dass Religion als Privatangelegenheit jedes Einzelnen auch in der Familie behandelt wird.

Schon im Blick auf die religiöse Sozialisation in der Familie und noch mehr im Blick auf andere Sozialisationsinstanzen ist festzuhalten, dass die bislang verfügbaren empirischen Erkenntnisse sehr beschränkt sind. Sichere Aussagen sind deshalb kaum möglich. Ohne Zweifel spielt allerdings die *Schule* schon aufgrund des *Religionsunterrichts* eine wichtige Rolle. Vielfach ist der Religionsunterricht, wie Lehrerinnen und Lehrer beobachten, heute überhaupt der erste Ort, an dem Kinder der christlichen Tradition begegnen. Dabei ist in erster Linie an biblische Geschichten zu denken sowie zum Teil an liturgisch-rituelle Vollzüge, die trotz einer beobachtbaren neuen Offenheit bei der jüngeren Lehrergeneration insgesamt jedoch ebenfalls rückläufig scheinen.

Die Art und Weise, in der Religion in der Schule und im Religionsunterricht begegnet, besitzt ein deutliches Profil. Es ist nicht in erster Linie gelebte, sondern unterrichtete Religion (Feige u. a. 2000). Im Zentrum stehen Aufgaben der religiösen Bildung, nicht des Gottesdienstes oder der individuellen und sozialen Lebensgestaltung. Zudem ist der Kontext der Schule dabei stets präsent – häufig mit ausgesprochen nicht-religiösen Weltzugängen, welche die religiöse Sozialisationswirkung einschränken.

Gemeinde und *Kirche* bilden insofern eine Sozialisationsinstanz, als die *kirchliche Kinder- und Jugendarbeit*, einschließlich des *Konfirmandenunterrichts* bzw. der *Konfirmandenarbeit*, neben dem schulischen Religionsunterricht

den wichtigsten Ort der Begegnung mit ausdrücklich christlichen Religionsformen darstellt. Abgesehen vom Konfirmandenunterricht ist die Beteiligung
allerdings zum Teil eher niedrig oder lässt der eingeschränkte zeitliche Rahmen von vornherein nur entsprechend geringe Sozialisationswirkungen erwarten.

Über die Beteiligung am *Kindergottesdienst* ist fast nichts Sicheres bekannt. Untersuchungen dazu, wie groß der Anteil der getauften Kinder beim Kindergottesdienstbesuch tatsächlich ist und welche Kinder wie häufig teilnehmen, wurden
bislang nicht unternommen. Hinsichtlich der *kirchlichen Kinder- und Jugendarbeit* wird aufgrund vorliegender Befunde davon ausgegangen, dass etwa 10 bis
maximal 15 % der Kinder und Jugendlichen sich an solchen Angeboten zumindest punktuell beteiligen (zusammenfassend: Schweitzer 1998, 196 ff.). Für den
Konfirmandenunterricht kann laut den kirchlichen Statistiken mit einer fast hun-
dertprozentigen Beteiligung der getauften Jugendlichen gerechnet werden, auch
wenn in einzelnen Regionen und besonders im städtischen Umfeld andere Beobachtungen zu machen sind. Seit langem verweisen die EKD-Kirchenmitgliedschaftsuntersuchungen darauf, dass vom Konfirmandenunterricht besonders die
in der Regel positive Erinnerung an den Pfarrer oder die Pfarrerin bleibt, während die behandelten Inhalte wieder vergessen werden. Eine positive Sozialisationswirkung im Sinne der Kirchenbindung geht vom Konfirmandenunterricht
nur aus, wenn entsprechende Wirkungen aus anderen Bereichen wie Familie
und Religionsunterricht hinzutreten (Feige 1982). Teils in kirchlicher und teils
in kommunaler Trägerschaft ist der *Kindergarten* bzw. die *Kindertagesstätte* traditionell ebenfalls eine wichtige Instanz der religiösen Sozialisation. Die Konzeptentwicklung für religiöse Erziehung und Bildung in diesem Bereich spielt nach
wie vor eine wichtige Rolle (→205 ff.), aber empirisch ist sehr wenig darüber bekannt, wie mit entsprechenden Konzeptionen in der Praxis tatsächlich umgegangen wird. Umfragen bei Erzieherinnen machen deutlich, dass nur mit einer teil-
weisen Umsetzung religionspädagogischer Intentionen gerechnet werden kann
(Dippelhofer-Stiem 1997).

Zunehmende Bedeutung wird der Sozialisationswirkung von *(Jugend-)Kultur*
und *Medien* beigemessen. Populäre Formen von Kultur spielen für Kinder
und Jugendliche (sowie Erwachsene) eine wichtige Rolle. Neuerdings wird
die große Zahl religiöser Bezüge und Inhalte solcher Kulturformen hervorgehoben und eigens gewürdigt (religionspädagogischer Überblick: Biehl/We-
genast 2000).

In besonders großer Zahl sind Darstellungen zu Religion in der (Jugend-)Musik
vorgelegt worden (→165). Ein weiteres Thema ist Religion in (Spiel-)Filmen (Kino, Video usw.) sowie im Fernsehen, dem manchmal auch selbst eine rituell-re-
ligiöse Funktion zugesprochen wird. Im Internet sind Websites mit religiösem
Inhalt weit verbreitet. Nicht zuletzt bietet die Werbung mit immer wieder neuen
religiösen Anspielungen Anlass zu kritischer Erörterung. Solche Untersuchungen
eignen sich besonders dazu, allzu voreilige Annahmen hinsichtlich einer angeb-

lich religionslos gewordenen Gegenwartskultur zu widerlegen. Welche Sozialisationswirkungen von entsprechenden medialen und kulturellen Religionsformen tatsächlich ausgehen, bleibt weiter zu klären (vgl. Gräb 2002).

Die religiöse Sozialisation beschränkt sich nicht auf das Kindes- und Jugendalter, sondern schließt auch die *Erwachsenen* ein. Allerdings liegen dazu nur vergleichsweise wenige Untersuchungen vor (Überblick: Lück/Schweitzer 1999, 38 ff. →253 ff.).

(3) Sozialisationsforschung und Religionspädagogik: Die sehr weitreichende Erwartung, religiöse Erziehungs- und Bildungstheorien könnten durch die Sozialisationsforschung überhaupt abgelöst werden (Stoodt 1975), hat sich nicht erfüllt. Empirisch ausgerichtete Untersuchungen sind heute zwar zu einem unverzichtbaren Bestandteil der Religionspädagogik geworden, aber Religionspädagogik geht nicht in Sozialisationsforschung auf. Bedeutsam sind vor allem die mit Hilfe sozialwissenschaftlicher Methoden zu gewinnenden »realistischen« Einblicke in die tatsächlich gegebenen Verhältnisse sowie in die Wirkungen von Institutionen und kulturellen Zusammenhängen. Allerdings bleibt durchweg zu beachten, dass nicht zuletzt die sozialwissenschaftliche Umfrageforschung immer wieder zu plakativen Aussagen neigt (z. B. hinsichtlich der Kirchendistanz oder Religionslosigkeit Jugendlicher, fehlenden religiösen Wissens usw.), die kritisch hinterfragt werden müssen (Ziebertz 2004a).

Auch in der Religionspädagogik werden unterschiedliche Sozialisationstheorien rezipiert und eingesetzt; vgl. dazu die weiterführende Literatur:

Weiterführende Literatur

Comenius-Institut (Hg.), Religion in der Lebensgeschichte. Interpretative Zugänge am Beispiel der Margret E., Gütersloh 1993
M. Wohlrab-Sahr (Hg.), Biographie und Religion. Zwischen Ritual und Selbstsuche, Frankfurt/New York 1995
F. Schweitzer, Die Suche nach eigenem Glauben. Einführung in die Religionspädagogik des Jugendalters, Gütersloh ²1998

2.2.2 Religiöse Entwicklung

»Religiöse Entwicklung« wird hier im Sinne der neueren Religionspsychologie verstanden, wie sie in der Religionspädagogik vor allem seit den 1970er Jahren einflussreich geworden ist. Der Entwicklungsbegriff als solcher verweist auf ein organologisches Denken, d. h. auf die Vorstellung organischen Wachstums, die geistesgeschichtlich besonders mit der Romantik verbunden ist. Die darauf im 20. Jahrhundert aufbauende Entwicklungspsychologie fand in der Religionspädagogik zunächst durchaus Beachtung, trat dann aber ab den 1930er Jahren zugunsten stärker theologischer Ausrichtungen wieder zurück (→51).

Betont die Sozialisationsforschung die von der gesellschaftlichen Umwelt ausgehenden Einflüsse und Prägungen, so setzt die Entwicklungspsychologie stärker auf der individuellen Seite an und untersucht Veränderungen, die sich nicht einfach auf Prägung oder gezieltes Lernen zurückführen lassen. Ursprünglich war dabei die Vorstellung einer allein innengesteuerten (endogenen) Reifung leitend, die heute aber nicht mehr als tragfähig angesehen wird. Das Lebensalter erlaubt keine Vorhersagen bestimmter Entwicklungsstände. Die Entwicklung vollzieht sich im Rahmen eines Interaktionsprozesses zwischen Organismus und Umwelt. So gesehen stellen Entwicklung und Sozialisation nichts anderes dar als zwei Seiten desselben Prozesses (als Lehrbuch vgl. Oerter/Montada 1982 ff.)

Für die Religionspädagogik sind vor allem zwei unterschiedliche Deutungen oder Theorien der religiösen Entwicklung bedeutsam geworden: das psychoanalytische Modell des Lebenszyklus und das kognitiv-strukturelle Modell der Entwicklungsstufen (ausführliche Darstellung bei Schweitzer 2004).

(1) *Religiöse Entwicklung im Lebenszyklus:* Während der Begründer der Psychoanalyse, S. Freud, Religion vor allem im Horizont seiner Neurosentheorie behandelte und deshalb im Wesentlichen zu religionskritischen Auffassungen neigte (Gott »nichts anderes als ein erhöhter Vater«, »Religion als eine universelle Zwangsneurose«, vgl. Schweitzer 2004, 61 ff.), hat vor allem E. H. Erikson eine Theorie der religiösen Entwicklung vorgelegt, die bis heute einflussreich geblieben ist, auch wenn sie im Einzelnen modifiziert werden muss.

Eriksons Religions- bzw. Entwicklungspsychologie erschließt sich von den bei ihm beschriebenen acht Lebensaltern oder Entwicklungsphasen und -krisen her, die zusammen den Lebenszyklus ausmachen. Sie werden jeweils als Spannungsverhältnis beschrieben:

Grundvertrauen gegen Grundmisstrauen
Autonomie gegen Scham und Zweifel
Initiative gegen Schuldgefühl
Werksinn gegen Minderwertigkeitsgefühl
Identität gegen Identitätskonfusion
Intimität gegen Isolierung
Generativität gegen Stagnation
Integrität gegen Verzweiflung und Ekel.

Für jede Lebensphase ist die Spannung zwischen einem positiven und einem negativen Pol bezeichnend. Soll die weitere Entwicklung nicht durch Belastungen beeinträchtigt werden, muss jeweils ein dynamisches Übergewicht des positiven über den negativen Pol gewonnen werden. Dabei besitze jede Lebenskrise auch eine religiöse Dimension, die vor allem in der frühen Kindheit, in der mittleren Kindheit (vor der Schule) sowie im Jugendalter hervortritt (zusätzlich auch im Hohen Alter, das hier nicht behandelt werden soll) (vgl. Schweitzer 2004, 71 ff., Wright 1982, Zock 1990). Die religiöse Entwicklung wird demnach entscheidend durch die Ausbildung des Grundvertrauens, den Umgang mit Schuldgefühlen sowie die Identitätsbildung bestimmt.

In der *frühen Kindheit* muss das Kind lernen, den Eltern und anderen Bezugspersonen sowie der Umwelt zu *vertrauen*. Das Gesicht der Mutter oder des Vaters – als »das gütig und bejahend zugeneigte Gesicht der Barmherzigkeit« (Erikson 1975, 291) – steht für eine grundlegende religiöse Erfahrung, aus der psychologisch gesehen die bleibende Sehnsucht nach einem größeren Gegenüber erwächst, verbunden mit dem Vertrauen, dass hier Schutz und Geborgenheit zu finden sind.

Die zweite Krise verbindet sich mit der *Gewissensbildung*, die in der Zeit zwischen dem *4. und 6. Lebensjahr* angesetzt wird. Die »innere Stimme«, in der das Kind ebenso seine Eltern wie Gott selbst hören kann, lasse das religiöse Bemühen entstehen, den »drohenden Ton dieser Stimme« zu mildern (Erikson 1975, 291 f.). Demnach ist Gott nicht mehr einfach, wie bei Freud, ein »überhöhter Vater«, aber die mit Gottes Stimme im Gewissen verbundenen Schuldgefühle können das Kind auch nach Eriksons Auffassung lähmen.

Besonders wichtig ist für Erikson die Krise der *Identität* im *Jugendalter*. Mit der Ablösung von den Eltern komme es zu einem Abschied vom Kinderglauben, und eine neue selbständige Identität sei auf eine sinnstiftende Deutung von Welt und Geschichte angewiesen. Im besten Falle eröffne Religion den Horizont einer humanen Zukunft jenseits technologisch-ökonomischer Machbarkeitsvorstellungen.

Eriksons Verständnis der Ausbildung von Grundvertrauen als Grundlage religiöser Sehnsüchte ist später von anderen verfeinert worden (vgl. Finn/Gartner 1992). Die Psychoanalytikerin A. M. Rizzuto (1979) beschreibt den Wandel des Gottesbildes als einen lebenslangen Prozess, in dem sich das Gottesbild in Entsprechung zum Wandel der Lebenserfahrungen beständig wandeln muss, wenn es lebensbedeutsam bleiben soll. Auf grundsätzliche Kritik ist Eriksons Verständnis von »Identität« gestoßen, das häufig als zu statisch angesehen wird. Postmoderne Pluralisierungsprozesse bringen demnach auch ein »plurales Selbst« mit sich (vgl. Keupp u. a. 1999, Schweitzer 2003b). Eriksons Religionspsychologie bietet aber noch immer hilfreiche Orientierungen für die Religionspädagogik – etwa im Sinne eines Klassikers, von dem man auch dann noch lernen kann, wenn manche seiner Aussagen überholt sind.

(2) *Stufen der religiösen Entwicklung:* Der Begriff »Stufe« hat zahlreiche Rückfragen und Einwände auf sich gezogen (vgl. Schweitzer 2004, 159 ff.), die u. a. auf Übersetzungsprobleme zurückgehen – das englische »stage« bedeutet nicht »(Treppen-)Stufe«! In seiner heutigen Bedeutung geht der Begriff vor allem auf den Genfer Intelligenzforscher J. Piaget und dessen Untersuchungen u. a. über das »Weltbild des Kindes« in den 1920er Jahren zurück sowie auf den amerikanischen Moralpsychologen L. Kohlberg mit seiner Stufentheorie des moralischen Urteils (Kohlberg 1995). (Religions-)Pädagogisch sind Stufentheorien vor allem dazu geeignet, den Unterschieden zwischen dem Denken von Kindern oder Jugendlichen oder dem von Erwachsenen gerecht zu werden. Kinder wissen nicht einfach weniger – sie denken anders! Sie verfügen über andere Weltzugänge, auf die sich die Pädagogik einlassen muss. Was sich in den Augen Erwachsener widersprüchlich ausnimmt, kann für Kinder durchaus stimmig sein.

Kognitiv-strukturelle Entwicklungstheorien, die auch als strukturgenetische Theorien bezeichnet werden, rekonstruieren die Entwicklung des Denkens sowie der Deutung von Welt als eine Abfolge unterschiedlicher »Strukturen«, die gleichsam unterhalb der von wechselnden Inhalten bestimmten Oberfläche wirksam sind. Die wichtigsten Theorien dieser Art wurden von F. Oser in der Schweiz und J. W. Fowler in den USA vorgelegt.

Die Theorie der *Entwicklung des religiösen Urteils* (Oser/Gmünder 1984) konzentriert sich darauf, wie die Beziehung zwischen Mensch und Gott oder, allgemeiner formuliert, einem Letztgültigen (Ultimaten) jeweils konstruiert wird. Mithilfe sog. Dilemma-Geschichten werden Kinder, Jugendliche und Erwachsene in Interviews dazu herausgefordert, ihr religiöses Urteil zu aktivieren. Zur Veranschaulichung sei das dabei am häufigsten eingesetzte Paul-Dilemma wiedergegeben (Oser/Gmünder 1984, 130 f.):

»Paul, ein junger Arzt, hat soeben sein Staatsexamen mit Erfolg bestanden. Er hat eine Freundin, der er versprochen hat, dass er sie heiraten werde. Vorher darf er als Belohnung eine Reise nach England machen, welche ihm die Eltern bezahlen. Paul tritt die Reise an. Kaum ist das Flugzeug richtig aufgestiegen, meldet der Flugkapitän, dass ein Motor defekt ist und der andere nicht mehr zuverlässig arbeitet. Die Maschine sackt ab. Alle Sicherheitsvorkehrungen werden sofort getroffen – Sauerstoffmasken, Schwimmwesten usw. werden verteilt. Zuerst haben die Passagiere geschrien, jetzt ist es totenstill. Das Flugzeug rast unendlich schnell zur Erde. Paul geht sein ganzes Leben durch den Kopf. Er weiß, jetzt ist alles zu Ende. In dieser Situation denkt er an Gott und beginnt zu beten. Er verspricht – falls er gerettet würde –, sein Leben ganz für die Menschen in der Dritten Welt einzusetzen und seine Freundin, die er sehr liebt, sofern sie ihn nicht begleiten will, nicht zu heiraten. Er verspricht, auf ein großes Einkommen und Prestige in unserer Gesellschaft zu verzichten. Das Flugzeug zerschellt auf einem Acker – doch wie durch ein Wunder wird Paul gerettet! Nach seiner Rückkehr wird ihm eine gute Stelle in einer Privatklinik angeboten. Er ist aus 90 Anwärtern aufgrund seiner Fähigkeiten ausgewählt worden. Paul erinnert sich jedoch an sein Versprechen, das er Gott gegeben hat. Er weiß nun nicht, wie er sich entscheiden soll.«

Aus den Antworten in den daran anschließenden Interviewgesprächen wurden folgende fünf Stufen des religiösen Urteils rekonstruiert (nach Oser 1992a, 68):

Deus-ex-machina-Stufe:
Orientierung an einem Letztgültigen (Gott), das direkt »macht«, direkt in die Welt eingreift, den Menschen straft, belohnt, ihn leitet und führt. Der Mensch ist eher reaktiv, das Letztgültige hingegen, gütig oder strafend, aktiv. Die Bezeichnung dieser Stufe geht auf die Götter im griechischen Theater zurück, die plötzlich von oben einschweben und dann das Geschehen bestimmen.

Do-ut-des-Stufe:
Wie bei der sprichwörtlich gewordenen römischen Gottesbeziehung (»Ich gebe, damit du gibst!«) ist die Orientierung an einer Sicht bestimmend, die es dem Menschen ermöglicht, das Letztgültige (Gott) zu beeinflussen. Der Mensch muss etwas tun, um dafür in gleichem Maße die göttliche Gunst zu erhalten oder – nach Verfehlungen – Sanktionen abzuwenden.

Deismus-Stufe:
Der Mensch ist für sein Leben allein verantwortlich und fällt seine Entscheidungen selber. Wie beim geschichtlichen Deismus wird Gott als der Uhrmacher vorgestellt, der die Welt wie ein Uhrwerk geschaffen hat, das nun von selber läuft. Zwischen dem göttlichen und dem menschlichen Einfluss- und Handlungsbereich verläuft eine strikte Trennung.

Stufe des Apriori und der Korrelation:
Die nach wie vor bestimmende menschliche Freiheit wird nun auf Gott bzw. das Letztgültige im Sinne eines transzendentalen Grundes zurückgeführt, in dem die Bedingungen der Möglichkeit für menschliche Freiheit und Verantwortung gesehen werden.

Stufe der religiösen Autonomie durch unbedingte Intersubjektivität:
Das Unbedingte (Gott) scheint dort auf, wo der Mensch verantwortlich an der universellen menschlichen Gemeinschaft teilnimmt, in unbegrenzter Kommunikation und Solidarität.

Die Entwicklungstheorie von J. W. Fowler (1991) bezieht sich auf die menschliche Aktivität der Sinngebung und Sinnfindung, die in einem allgemeinen und also nicht auf Religion eingeschränkten Sinn als »Glaube« (faith) bezeichnet wird. Untersucht und rekonstruiert werden verschiedene Arten und Weisen, wie Menschen in ihrem Leben Sinn finden. Aufgrund qualitativer Interviews hat Fowler *sechs Stufen der Glaubensentwicklung* sowie eine zusätzliche Vorstufe identifiziert (Wiedergabe nach Schweitzer 2003a, 81 f., Darstellung mit Beispielen bei Schweitzer 2004, 137 ff.):

Primärer Glaube:
Diese Strukturstufe bezieht sich besonders auf die frühe und früheste Kindheit und entspricht inhaltlich weitestgehend dem Grundvertrauen bei Erikson.

Intuitiv-projektiver Glaube:
Dieser häufig im Vorschulalter anzutreffende Glaube ist ganz von der kindlichen Phantasie bestimmt. Ein in sich zusammenhängendes, konsistentes Gottesbild oder Weltbild wird erst allmählich ausgebildet.

Mythisch-wörtlicher Glaube:
Diese Stufe wird in der Regel zu Beginn des Grundschulalters erreicht. Sie entspricht den von Piaget beschriebenen konkret-operationalen Denkformen, die ganz auf die Anschauung bezogen sind. Symbolische Sprache wird (wort-)wörtlich verstanden. Das religiöse Interesse richtet sich insbesondere auf einzelne Erzählungen.

Synthetisch-konventioneller Glaube:
Diese Stufe ist für das (frühe) Jugendalter bezeichnend. Sinngebungen auch religiöser Art orientieren sich an der jeweiligen Bezugsgruppe und sind insofern konventionell. Eine durch eigene kritische Reflexion kontrollierte Glaubensüberzeugung ist noch selten (daher: »synthetisch«).

Individuierend-reflektierender Glaube:
Diese häufig im späten Jugendalter oder im frühen Erwachsenenalter anzutreffende Stufe setzt das formal-operationale Denken im Sinne Piagets voraus (Abstraktionsfähigkeit, hypothetisches Denken usw.). Gewissheit wird auf dieser Stufe vom eigenen kritischen Denken abhängig gemacht. Religiösen Traditionen und Symbolen begegnet nun ein entmythologisierendes, teils direkt religionskritisches Denken, das den Inhalt von Traditionen und Symbolen in rationale Vorstellungen überführen möchte.

Verbindender Glaube:
Diese Stufe bezeichnet das Erreichen eines komplementären Denkens im Sinne einer »zweiten (reflektierten) Naivität« (P. Ricoeur). Die Grenzen wissenschaftlichen Denkens werden bewusst, und damit öffnet sich das Verständnis für eine Neubewertung religiöser oder weltanschaulicher Deutungen, die nicht in wissenschaftliche Erkenntnisse übersetzt werden können. Daher kann nun symbolischen Ausdrucksformen ein besonderer Wert zugesprochen werden, der nicht mit wissenschaftlichen Aussageweisen konkurriert.

Universalisierender Glaube:
Bei dieser Stufe handelt es sich nicht um das Ergebnis empirischer Forschung, sondern um eine Zielstufe, die theoretisch konstruiert wird. Fowler will offenlegen, von welchen normativen Visionen seine Arbeit bestimmt ist. Inhaltlich geht es um eine universelle Form der Solidarität mit dem gesamten Sein und der menschlichen Gattung, die bei Fowler selbst christlich motiviert ist.

Die strukturgenetischen Theorien der religiösen Entwicklung haben international große Aufmerksamkeit erfahren (Diskussionsbände: Nipkow u. a. 1988,

Dykstra/Parks 1986, Bucher/Reich 1989, Osmer/Schweitzer 2003a u. a.). Trotz zahlreicher Einwände im Einzelnen können diese Theorien als vergleichsweise gut bewährt angesprochen werden.

Wichtige Weiterführungen beziehen sich auf das Verständnis von Symbolen (Bucher 1990a) und Gleichnissen (Bucher 1990b, Bee-Schroedter 1998) sowie auf die Weltbildentwicklung, zu der auch die Entwicklung des komplementären Denkens zählt (Fetz/Reich/Valentin 2001). Weitere Hinweise auf verwandte Untersuchungen finden sich im Abschnitt »Kindertheologie« (→159ff.). Zur religionsdidaktischen Rezeption vgl. bes. die Ausführungen zur »Elementarisierung« (→175ff.).

(3) *Religionspädagogik und Entwicklungspsychologie:* Entwicklungspsychologische Erkenntnisse fordern die Religionspädagogik dazu heraus, sich auf die Erfahrungen, Vorstellungen und Weltzugänge von Kindern und Jugendlichen einzulassen. Sie dienen dem Anliegen der Kindgemäßheit. Nicht angemessen ist hingegen ein Gebrauch, der zur Abwertung früher Entwicklungsstufen führt, etwa weil nur betont wird, was Kinder oder Jugendliche (angeblich) noch nicht können. Ebenso abzulehnen sind Vorstellungen eines Fahrplans, an dem sich das Aufwachsen von Kindern und Jugendlichen orientieren müsse. Religionspädagogisch können Befunde der Entwicklungspsychologie am ehesten im Horizont der nichtplanbaren Erfahrungen der Lebensgeschichte rezipiert werden. Daher gilt (Schweitzer 2004, 262f.): Zwischen der *Verschulung der Entwicklung* und einer *entwicklungsbezogenen Erziehung* verläuft eine feine, aber doch entscheidende Grenzlinie. Diese Grenze wird überschritten, wenn die Entwicklungsstufen als ein festliegendes Erwartungsmuster zugrundegelegt und wenn die tatsächlichen Erfahrungen der Kinder und Jugendlichen diesem Muster eingepasst werden. Die Entwicklungsstufen können nur einen allgemeinen Erwartungshorizont bilden: Sie sind zu verstehen als Deutungshilfe, d. h. als eine empirisch abgestützte Orientierung, mit deren Hilfe sich die Erziehung genauer auf die Entwicklung der Kinder und Jugendlichen einstellen kann. Entwicklungsstufen dürfen aber nicht zu einer Norm werden, die darüber bestimmt, welche Erfahrungen zu welcher Zeit zulässig sind. Die Berücksichtigung der religiösen Entwicklung soll und kann der Erziehung zu einer lebendigeren Form verhelfen, die für die Kinder und Jugendlichen mit ihren besonderen Fragen, Interessen und Bedürfnissen offen ist. Sie soll und darf nicht dazu führen, dass sich die religiöse Erziehung den stets individuellen Erfahrungen der Lebensgeschichte verschließt.

Weiterführende Literatur

F. *Schweitzer*, Lebensgeschichte und Religion. Religiöse Entwicklung und Erziehung im Kindes- und Jugendalter, Gütersloh [5]2004

R. L. *Fetz u. a.*, Weltbildentwicklung und Schöpfungsverständnis. Eine strukturgenetische Untersuchung bei Kindern und Jugendlichen, Stuttgart u. a. 2001
R. R. *Osmer/F. Schweitzer* (Hg.), Developing a Public Faith: New Directions in Practical Theology, Saint Louis 2003

2.2.3 Lernen und Religion

Anders als bei der religiösen Sozialisation und Entwicklung fällt es schwer, ohne weiteres von »religiösem Lernen« zu sprechen. Der Zusammenhang von Lernen und Religion ist stärker bestimmungsbedürftig, als dies bei Sozialisation und Entwicklung der Fall ist. »Lernen« ist dabei im weitesten Sinne zu verstehen und also keineswegs nur in Bezug auf Lehren oder Unterricht. In der Lernpsychologie (klassisches Lehrbuch: Bower/Hilgard 1983/84, zur neueren Diskussion: Domjan u. a. 2000) wird bei allen Änderungen des Verhaltens von Lernen gesprochen, sofern sie auf Erfahrung (im Unterschied zu Reifung oder Wachstum, aber auch etwa von Drogeneffekten) zurückzuführen sind und eine relative Dauerhaftigkeit aufweisen. Gelernt werden können demnach auch z. B. Angst und Unsicherheit, Gewohnheiten, alltägliche Denk- und Handlungsweisen usw. Entsprechend geht es über kognitive Prozesse hinaus immer auch um das beobachtbare Verhalten sowie um dessen biologische und neurophysiologische Hintergründe (wobei neuerdings besonders die Gehirnforschung große Beachtung findet).

Von diesem überaus weiten lernpsychologischen Verständnis sind pädagogische Lernbegriffe zu unterscheiden. Diese lehnen sich an das psychologische Verständnis an, heben aber in der Regel stärker auf bestimmte Formen des Lernens bzw. didaktische Arrangements ab (handlungsorientiertes Lernen, praktisches Lernen, Projektlernen usw.) oder auf bestimmte Inhaltsbereiche und mit diesen verbundene Zielsetzungen (soziales Lernen, moralisches Lernen, ökologisches Lernen usw.). Auch das eher metaphorisch zu verstehende »lebenslange Lernen« gehört in diesen Zusammenhang.

Nicht durchgesetzt hat sich der Versuch, die herkömmlichen pädagogischen Grundbegriffe von Erziehung und Bildung ganz durch den Lernbegriff zu ersetzen, wie dies im Rahmen der Bildungsreformen der 1960er Jahre versucht wurde. Eine direkte Umsetzung von Lernpsychologie in die pädagogische Praxis ist nicht möglich, auch wenn entsprechende Kenntnisse zur pädagogischen Kompetenz gehören. Die häufig in Laborsituationen gewonnenen Erkenntnisse erlauben keine unmittelbaren Ableitungen etwa für Schule und Unterricht, so wie dies auch für die Gehirnforschung gesagt werden kann: »Ganz gewiss lässt sich kein Schulsystem direkt aus der Gehirnforschung ableiten« (Spitzer 2002, XV).

(1) *Psychologisch-humanwissenschaftliche Theorien des Lernens:* Als Vater der Lernpsychologie gilt der russische Psychologe I. P. Pavlov, dessen Theorie des *Lernens als Konditionierung* auf Experimente mit Hunden zurückgeht. Dabei wird eine bereits vorhandene Verhaltensweise (unkonditionierter Reflex) mit einem neuen (konditionierten) Reiz verknüpft. Beispielsweise wurde der Speichelfluss mit dem Aufleuchten einer Lampe verknüpft. Der amerikanische Lernpsychologe B. F. Skinner erweiterte das sog. klassische zum *instrumentellen Konditionieren,* bei dem nicht nur bereits vorhandene Reflexe mit veränderten Auslösern verbunden, sondern auch neue Verhaltensweisen erzeugt bzw. gelernt werden. Der entscheidende Lernmechanismus besteht hier in der Verstärkung eines Verhaltens durch erwünschte bzw. unerwünschte Folgen. Der verstärkende Reiz folgt auf eine bestimmte Reaktion, so dass der Organismus lernt, weil sein Verhalten eine bestimmte Wirkung nach sich zieht (beispielsweise fällt ein Futterkorn in einen Behälter, wenn die Ratte einen Hebel drückt). Die Bezeichnung »instrumentell« verweist auf diesen Zusammenhang zwischen Verhalten und Wirkung (*»Lernen am Erfolg«*).

Für pädagogische Zusammenhänge besitzt das Verstärkungslernen unmittelbare Evidenz. Die Anerkennung guter Leistungen verstärkt das weitere Bemühen um Leistung. Umgekehrt kann fehlende Verstärkung ein gegenteiliges Verhalten bewirken: Wenn trotz guter Vorbereitung die Anerkennung ausbleibt, fehlt die Motivation für weiteren Einsatz. Vieles, was Kinder und Jugendliche lernen, ist aber offenbar so komplex, dass ihr Lernen nicht nach dem Modell des Konditionierens einzelner Verhaltensweisen begriffen werden kann. Eine weitere Lerntheorie – das *Lernen am Modell* – verweist deshalb auf komplexe Vorbilder, die als Modelle für das Lernen dienen. Hauptvertreter dieser Auffassung ist der amerikanische Lernpsychologe A. Bandura, der den Zusammenhang von Beobachtung und Nachahmung untersucht hat. Die Umwelt wird beobachtet, Eindrücke werden interpretiert, eigenes Handeln entsprechend entworfen. Allerdings spielen auch in diesem Falle Verstärkungseffekte eine wichtige Rolle, so wie dies in der Medienforschung hervorgehoben wird. Kinder übernehmen bevorzugt Verhalten von solchen Personen, die als besonders mächtig oder einflussreich bzw. gut wahrgenommen werden. Bandura spricht hier von »stellvertretender Verstärkung«, bei der die Handlungen eines Modells belohnt oder bestraft werden. Lernende identifizieren sich mit dem Modell, beziehen die vom Modell erfahrene Verstärkung auf sich selbst und werden dadurch im Blick auf bestimmte Verhaltensweisen bestärkt.

Schon für das Lernen am Modell sind kognitive Aspekte wichtig. In der zweiten Hälfte des 20. Jahrhunderts werden solche Aspekte immer stärker beachtet. In der pädagogischen Psychologie wird *Lernen als Erwerb von Wissen* untersucht (Aufbau, Strukturierung, Vernetzung, Begriffsbildung usw.), daneben Fragen von Lernmotivation, -leistung und -interesse. Solche Prozesse werden derzeit auch im Blick auf ihre physiologisch-neuronalen Hintergründe untersucht.

»Lernen findet im Kopf statt« – so begründet der Gehirnforscher M. Spitzer (2002, XIII) den Zusammenhang von Gehirnforschung und Lernverständnis (als weitere Einführung vgl. Roth 1997, biologisch evolutionstheoretisch Scheunpflug 2001b). Neu ist dabei weniger die Hervorhebung der Bedeutung positiver Emotionen oder der frühkindlichen Lernprozesse, die auch schon in der Psychologie beschrieben worden sind (Hüther 2004) – neu ist vielmehr der Bezug zur Gehirnentwicklung.

(2) *Religiöse Lernprozesse:* Ohne Zweifel lassen sich auch im religiösen Bereich zahlreiche Lernprozesse mit Hilfe psychologischer Lerntheorien beschreiben (Lernen von Verhaltensweisen, Inhalten, Emotionen usw.). Religiöse Sozialisation und zum Teil auch die religiöse Entwicklung können als Lernvorgänge gedeutet werden. Was genau unter einem »religiösen Lernprozess« zu verstehen sei (so die Frage in einem Themenheft der Zeitschrift: Der Evangelische Erzieher 2/1997), ist hingegen nicht leicht zu sagen.

Allgemein ist festzuhalten, dass Religion einen komplexen Zusammenhang darstellt, der nicht einfach aus der bloßen Addition einzelner Verhaltensweisen, Kenntnisse, Gefühle usw. entsteht. Erst wenn diese sich zu einem Ganzen zusammenfügen (in der Psychologie wird hier manchmal von »Gestalt« gesprochen), kann von Religion die Rede sein. Darüber hinaus muss das Lernverständnis im Blick auf den christlichen Glauben auf das Verständnis dieses Glaubens beispielsweise in der Spannung von Gesetz und Evangelium bezogen sein, wofür sich die bislang verfügbaren Lerntheorien kaum eignen. Im Blick auf die derzeitige Diskussion über Kompetenzen und Standards sowie über entsprechende Möglichkeiten des Lehrens und Lernens vor allem im Religionsunterricht (→134ff.) bilden die allgemeinen psychologischen Lerntheorien einen unerlässlichen Hintergrund, müssen aber durchweg weiter konkretisiert werden.

(3) *Religionspädagogik und Lernpsychologie:* Im Vergleich zu Untersuchungen von religiöser Entwicklung und Sozialisation spielt die Lernpsychologie für die Religionspädagogik bislang eine vergleichsweise geringe Rolle. Entsprechende Kenntnisse gehören gleichwohl zur religionspädagogischen Kompetenz, vor allem im Blick auf die Lehr-Lern-Forschung und deren Bedeutung für die Gestaltung von Unterrichtsprozessen (→137ff.). Im Übrigen sind die auch in der Religionspädagogik verbreiteten Lernkonzepte (soziales, moralisches, ökumenisches, interreligiöses, diakonisches Lernen usw. →152ff.) weniger im psychologischen als im pädagogischen Sinne des Lernens aufzufassen.

Ob die neuerdings auch in der Religionspädagogik unternommenen Versuche einer Rezeption von Ergebnissen aus Neurophysiologie und Gehirnforschung (Kunstmann 2002, 246 ff.) über ihre bildungstheoretisch-anthropologische Funktion hinaus auch für die Gestaltung von Lernprozessen fruchtbar sind, ist derzeit noch nicht absehbar. Der von M. Spitzer (2002, 423 ff.) beschriebene Weg von der Gehirnforschung zum Religionsunterricht (»Vom Frontalhirn zur Grundgesetzänderung«, 437) basiert jedenfalls eher auf allgemeinen (nicht- bzw. vorwissenschaftlichen) Auffassungen als auf medizinisch-neurophysiologischen Erkenntnissen.

Weiterführende Literatur

Was ist ein religiöser Lernprozess? Themenheft der Zeitschrift: Der Evangelische Erzieher 2/1997

B. *Weidenmann*/A. *Krapp* (Hg.), Pädagogische Psychologie. Ein Lehrbuch, Weinheim [2]1993

2.3 Übergreifende Ziele und Kriterien: Erziehung und Bildung

Wer religionspädagogisch sehen, denken und handeln will, muss sich über Ziele und Kriterien klar werden. Dabei sind beide Fragen pädagogisch gleichermaßen von Gewicht: *Was* soll erreicht werden und *wie* soll es erreicht werden? In pädagogischen Zusammenhängen müssen Mittel und Zwecke möglichst übereinstimmen. Zur Verständigung über Ziele und Kriterien eignet sich besonders die genauere Bestimmung des Erziehungs- und Bildungsverständnisses, an dem sich die Religionspädagogik orientieren soll. Dieses Verständnis kann und muss für einzelne Handlungsfelder sowie für unterschiedliche Lebensalter (→197 ff.) spezifiziert, kann aber auch in übergreifender Form dargestellt werden, wie es im vorliegenden Teilkapitel geschieht.

Herkömmlicherweise wurde zwischen Erziehung und Bildung mehr oder weniger streng unterschieden, wobei sich die Unterscheidung daraus ergab, dass Bildung in problematischer Weise mit der besonders von der Schule betriebenen Vermittlung von Bildungsgütern gleichgesetzt wurde. Im heutigen Sprachgebrauch haben sich die Unterschiede verflüssigt, so dass Erziehung und Bildung manchmal nahezu deckungsgleich erscheinen. Dennoch bleibt es hilfreich, die mit diesen beiden Begriffen für die Religionspädagogik verbundenen Implikationen jeweils für sich zu betrachten.

Die Unterscheidung zwischen Erziehung und Bildung ist nur in wenigen Sprachen geläufig. Im Französischen und Englischen z. B. gibt es nur den einen Begriff *Education*. Daraus wird manchmal die Forderung abgeleitet, man solle auf den ohnehin nicht klar zu bestimmenden Bildungsbegriff verzichten. Dagegen spricht nicht nur die im Folgenden zu klärende Unverzichtbarkeit der zumindest in der deutschen Tradition mit dem Bildungsbegriff verbundenen Bedeutungen, sondern auch die Beobachtung, dass etwa im Englischen weitere Differenzierungen als erforderlich angesehen werden (etwa zwischen »religious education« und »nurture«).

2.3.1 Religiöse Erziehung

Obwohl Erziehung der traditionell wichtigste Begriff der Pädagogik ist, verfügt diese Disziplin nicht über eine konsensuelle Definition. Erziehung ist ein vieldeutiges Phänomen, in dessen Wahrnehmung unterschiedliche Erwartungen und Wertungen einfließen. Jede Definition ist von solchen Erwartungen und Wertungen mitbestimmt und kann daher nicht ohne weiteres auf allgemeine Zustimmung hoffen. Erziehung stellt keinen einfach in der Anschauung aufzeigbaren Gegenstand dar (»Unsichtbarkeit der Erziehung«, Winkler 1995, 56). Erziehungsprozesse »sehen« kann nur, wer bereits über eine bestimmte Vorstellung von Erziehung verfügt.

In der Absicht, zu einer klareren Begriffsbestimmung zu gelangen, hat W. Brezinka (1978, 45) folgende Definition entwickelt:

> »Unter Erziehung werden Handlungen verstanden, durch die Menschen versuchen, das Gefüge der psychischen Dispositionen anderer Menschen in irgendeiner Hinsicht dauerhaft zu verbessern oder seine als wertvoll beurteilten Komponenten zu erhalten oder die Entstehung von Dispositionen, die als schlecht bewertet werden, zu verhüten«.

In dieser Definition wird Eindeutigkeit durch den Verzicht auf inhaltliche Festlegungen erreicht, wodurch sich freilich Vieldeutigkeit sofort wieder einstellt: Was soll als »wertvoll« gelten? Das persönlich für das Kind Wertvolle oder das für eine Gesellschaft Erforderliche? Geht es um philosophische oder theologische Wertsetzungen? usw.

Brezinkas Definition enthält eine weitere Einschränkung: Erziehung wird von ihm ganz an das absichtliche Handeln von Menschen gebunden (sog. *intentionale Erziehung*). Daneben gibt es immer Einflüsse, die nicht einfach auf bestimmte Absichten zurückverfolgt werden können, sondern gleichsam aus dem Leben selbst erwachsen. Stellt beispielsweise der Lebensstil nicht eine viel wirksamere Erziehung dar als alle Handlungen, mit denen bewusst und gezielt eingewirkt werden soll? Die Beeinflussung durch gesellschaftliche

Strukturen, Institutionen und Systeme wird als *funktionale Erziehung* beschrieben. In der Schule beispielsweise erziehen Lehrerinnen und Lehrer intentional, indem sie sich an bestimmten Erziehungszielen orientieren. Die Schule erzieht zugleich funktional durch ihre institutionelle Gestalt – durch ein konkurrenzorientiertes System der Leistungsbewertung, durch eine Lernorganisation nach Fächern, die im 45-Minuten-Takt erteilt werden, durch geringe Mitbestimmungsmöglichkeiten usw.

Angesichts der verschiedenen Bedeutungen und der Auslegungsmöglichkeiten des Erziehungsbegriffs ist es sinnvoll, drei verschiedene Ebenen zu unterscheiden:

– Auf einer umfassenden Ebene bezeichnet Erziehung den gesamten Prozess, in dem Kinder der Kultur einer bestehenden Gesellschaft eingegliedert werden. Entscheidend ist hier die Frage, wie neue Generationen diejenigen Verhaltensweisen, Kenntnisse und Fertigkeiten erwerben, die für das Leben in dieser Gesellschaft erforderlich sind. Darauf zielt die von F. Schleiermacher formulierte Grundfrage der Pädagogik:»Was will denn eigentlich die ältere Generation mit der jüngeren?« (Schleiermacher 1849, 7). Der Fortbestand der Gesellschaft muss über den Wechsel der Generationen hinweg durch Anpassung gewährleistet werden, das ist das Interesse der Gesellschaft an ihrer Selbsterhaltung. Zugleich braucht das Individuum ein bestimmtes Orientierungswissen sowie ein Repertoire an Verhaltensweisen, um in dieser Gesellschaft handlungsfähig zu werden, das ist das Interesse des heranwachsenden Menschen. Erziehung hat daher sowohl einen gesellschaftlichen als auch einen individuellen Pol, woraus sich eine Grundspannung aller Erziehung ergibt. Gesellschaftliche Erwartungen und individuelle Bedürfnisse geraten vielfach in Konflikt, so dass Erziehung stets vor der Frage steht, wie sie die Verantwortung für die Gesellschaft mit dem Interesse an persönlicher Freiheit vereinbaren kann.
– Innerhalb des Gesamtprozesses intergenerationeller Transmission kann sich der Erziehungsbegriff im engeren Sinne auf die intentionale Beeinflussung im Blick auf bestimmte Erziehungsziele und mit Hilfe bestimmter Erziehungsmethoden beziehen, so wie dies in der Definition Brezinkas der Fall ist.
– Ein noch weiter eingeschränktes Verständnis ist gemeint, wenn etwa in Politik und Öffentlichkeit »mehr Erziehung« gefordert wird. Dabei wird in aller Regel an die Vermittlung von Normen und ·Werten gedacht und folglich Erziehung als Werteerziehung vorgestellt.

Erziehung ist ein allgemein menschliches Phänomen, das in allen Kulturen und Gesellschaften in Geschichte und Gegenwart zu finden ist. Für die Ziele und die praktische Ausgestaltung spielen normative Vorstellungen, die manchmal als Menschenbilder bezeichnet werden (Meinberg 1988), und damit auch religiöse Voraussetzungen eine wichtige Rolle. Für die Religionspädagogik besonders interessant ist die in jüngerer Zeit vertretene These, dass es mit der Reformation zu einem grundlegenden Wandel im Erziehungsverständnis gekommen sei:

Religionspädagogisch Sehen, Denken und Handeln lernen

»Im deutschen Sprachraum ist von ›Erziehung‹ als wertgeladenem Substantiv erst seit der Reformation die Rede. Vorher sind Verbalkonstruktionen üblich, die auf konkrete Tätigkeiten wie Ernähren oder Pflegen verweisen. Nach und mit Luther sind Substantivkonstruktionen möglich geworden, die ›Erziehung‹ abstrakter definieren. Auffällig ist, dass diese Konstruktionen immer auf die ›Seele‹ des Menschen bezogen waren … Erziehung ist Formung zur Tugend, zunächst ausschließlich zur christlichen Tugend, später zu allen säkularen Tugenden« (Oelkers 2001, 30 f., unter Rückgriff auf Ergebnisse L. von Pogrells).

Diesem historischen Befund entspricht es, wenn in Religionspädagogik und Theologie nicht nur nach der *religiösen* Erziehung gefragt wird, sondern auch eine »Evangelische Lehre von der Erziehung« insgesamt (Hammelsbeck 1950, vgl. auch Bohne 1951/1953) entwickelt wurde. Dabei wird der Zusammenhang zwischen anthropologischen Auffassungen und Erziehungsverständnis explizit ausgearbeitet. Allerdings stellt sich die Frage, ob hier noch von *Religions*pädagogik gesprochen werden kann oder ob eher der weitere Begriff einer evangelischen Erziehungs- oder Bildungsverantwortung angemessen wäre (→75 f.).

(1) *Formen der religiösen Erziehung:* Darstellungen und Untersuchungen zur religiösen Erziehung richten sich häufig auf Einzelfragen wie das Erzählen biblischer Geschichten, Gebetserziehung usw. Systematische Gesamtdarstellungen sind selten. Sie können sich beispielsweise an lernpsychologischen Einteilungen orientieren (Fraas 1975, 122 ff.), mit der Unterscheidung zwischen handlungsbezogenen, affektiven und kognitiven Komponenten. Zu den Handlungskomponenten werden dann Gebet, Feste und Feiern gezählt, zu den affektiven Komponenten Stimmungen, Gefühle und Werte, zu den kognitiven Komponenten Bilder und biblische Geschichten, aber auch das eigene Fragen und Folgern von Kindern und Jugendlichen.

Eine andere Systematisierungsmöglichkeit ergibt sich aus der Überlegung, in welchen Dimensionen pädagogischer Einrichtungen und Institutionen religiöse Erziehung zum Ausdruck kommen kann. Im Blick etwa auf den Kindergarten bzw. die Kindertagesstätte ist dabei an folgende Dimensionen zu denken (Scheilke/Schweitzer 1999b):
– Gestaltung von Räumen
– Umgang mit Zeit
– Beziehungen
– Körper und Sinne
– Feste und Rituale
– Erzählen
– Stille, Meditation, Gebet
– Kunst und Kinderkultur

- Gemeinwesen und Gemeinde
- Spiel.

Solche Systematisierungsversuche zeigen, dass religiöse Erziehung nicht einfach als ein Spezialbereich, sondern als übergreifende Aufgabe in allen Bereichen des Lebens mit Kindern und Jugendlichen wahrzunehmen ist. Deshalb ist religiöse Erziehung auch nicht leicht einzugrenzen – alle Formen der Erziehung können für die religiöse Erziehung eine Rolle spielen, wobei der Moralerziehung (→152 ff.) noch einmal besondere Bedeutung zukommt. Ebenso sind die Grenzen zu religiöser Bildung (→122 ff.) fließend.

Einzeldarstellungen liegen vor allem zum Erzählen Biblischer Geschichten (Neidhart/Eggenberger 1975, Steinwede 1974) sowie zu Kinderbibeln (Adam/Lachmann 1999) oder zur Gebetserziehung (Petzold 2001) vor. Weitere Themen sind Lieder, Musik und Rituale (Harz 1982) oder das Lernen von Vorbildern (Mendl 2005).

(2) *Erziehung zum Glauben?* Gilt die bereits mehrfach erwähnte, für die evangelische Tradition bezeichnende Auffassung, dass der Glaube nicht lehrbar sei (→31), auch im Blick auf die Erziehung? Oder kann mit dem katholischen Religionspädagogen J. Göttler (1917, 527) gesagt werden, »religiöse Überzeugung« sei zwar nicht lehrbar, aber doch »erziehbar«? Dies könnte dann so verstanden werden, dass die Gefühle und Einstellungen, die eine »religiöse Überzeugung« tragen müssen, zwar nicht durch Unterricht oder Lehre, aber eben durch Erziehung gesichert werden können. Für diese Auffassung könnte auch sprechen, dass der Erziehungsbegriff in der evangelischen Tradition zu bestimmten Zeiten dem Bildungsbegriff vorgezogen wurde (→123).

Eine fast als klassisch zu bezeichnende Antwort auf diese Frage findet sich bei O. Hammelsbeck, der sich nachdrücklich gegen die Rede von »evangelischer Erziehung« abgrenzt. Eine »Erziehung zum Evangelium« oder zum Glauben sei ausgeschlossen. Möglich sei lediglich eine »Erziehung vom Evangelium her« bzw. eine Erziehung aus Glauben (→33):

»Behaupten oder fordern wir eine evangelische Erziehung, so leisten wir dem unreformatorischen Irrtum Vorschub, als könnten mit dem Evangelium gesetzliche Erziehungsmaßnahmen verquickt werden. Mit dem Evangelium oder zum Evangelium hin erziehen zu wollen, ist ein sündhafter Eingriff in Gottes Rechte, ist ein lästerlicher Erweis unseres Unglaubens. Eine evangelische Lehre von der Erziehung kann ihre Pädagogik nur in der einen Kategorie denken: *Erziehen vom Evangelium her*« (Hammelsbeck 1950, 51).

Diese Einschätzung hat, mit gewissen Einschränkungen, weithin Zustimmung gefunden (vgl. Nipkow 1990, 263 ff., Schmidt 1993, 213 ff.). Sie entspricht weiteren Unterscheidungen – etwa zwischen einer »hinweisenden religiösen Erziehung« und einer »einweisenden religiösen Erziehung« (→90) oder zwischen »religious nurture« (z. B. in Familie und Kirche) und »religious education« (in der Schule). Alle solche Unterscheidungen stoßen besonders angesichts der gegenwärtigen Erziehungswirklichkeit allerdings an deutliche Grenzen.

Auf der einen Seite ist eine bloß informierende, gleichsam in religiöser Hinsicht absichtslose religiöse Erziehung in Reinform kaum vorstellbar. Die religiösen Überzeugungen der Erziehenden spielen unvermeidlich eine große Rolle. Auf der anderen Seite ist auch in Familie und Kirche heute ein Erziehungsverständnis leitend, das an der Selbstbestimmung von Kindern und Jugendlichen ausgerichtet ist. Dies hat die Forschung zum Wandel von Erziehungsstilen deutlich zutage gefördert (vgl. Nave-Herz 2002, 61 ff.). Im Bereich der Kirche wird ein Erziehungsverständnis, das Kinder als Subjekte achten soll, auch programmatisch vertreten (Synode der EKD 1995, 49 ff.: »Perspektivenwechsel«). Pädagogisch lässt sich zudem der Versuch kaum legitimieren, ein schulisches Bildungsverständnis (im Sinne hinweisender Erziehung) so zu profilieren, dass dadurch gegenläufige Tendenzen in anderen Bereichen der Gesellschaft – im Extrem bis hin zur Indoktrination – geradezu vorgeschrieben oder jedenfalls unterstützt werden.

Nur hingewiesen werden kann an dieser Stelle auf die vielfachen Zusammenhänge zwischen pädagogischer und theologischer *Anthropologie*, die keineswegs nur die religiöse Erziehung betreffen. Fragen der Erziehungsbedürftigkeit und Erziehungsfähigkeit, von Strafe oder Unterstützung, menschlicher Perfektibilität usw. gehören in diesen Zusammenhang (Überblick: Schweitzer 2003a, 158 ff.).

(3) *Religiöse Begleitung statt Erziehung?* Durch Strömungen wie die antiautoritäre Erziehung oder die Anti-Pädagogik sind der Erziehungsbegriff und das mit ihm verbundene Verständnis grundlegend in Frage gestellt worden (zur Diskussion Flitner 1982). Auch in der Religionspädagogik wird manchmal versucht, den Begriff der Erziehung durch den der Begleitung zu ersetzen. Dafür lassen sich gewichtige Gründe anführen:

Soweit auch Erwachsene im Blick sind, kommt der Begriff Pädagogik (von *pais* =Kind) ebenso an seine Grenze wie der Erziehung: »Erwachsene kann man begleiten, soll man nicht erziehen« (Nipkow 1982, 46). Und weiter: »Von Lebensbegleitung zu sprechen und mit dieser Perspektive einzusetzen, ist nicht zuletzt dem *Evangelium* angemessen. Das Evangelium ist nämlich kein Erziehungsmittel, mit dem man zum Glauben erziehen kann« (46 f.). Diese Aussagen werden im Zusammenhang der religionspädagogischen Aufnahme der Lebenslaufforschung getroffen und finden von dort her eine weitere Bestärkung: Auch eine Biographie kann nicht einfach durch Erziehung bestimmt, sondern nur pädagogisch begleitet werden. Und schließlich geht es dabei immer wieder um existentielle Fragen wie die nach Tod und Sterben, bei denen Kinder und Jugendliche ebenfalls vielmehr der Begleitung bedürfen als der Erziehung.

Sprechen damit gute Gründe für die Erweiterung der (religions-)pädagogischen Terminologie, so wird der Erziehungsbegriff dadurch gleichwohl nicht hinfällig (Prange 2000). Dieser Begriff hält präsent, dass es in diesem Bereich eben nicht um ein Zusammenwirken gleichberechtigter und gleich mächtiger Partner geht, sondern immer auch um die Differenz der Generationen mit allen ihren Implikationen z.B. hinsichtlich des Vorsprungs der älteren Generation bei Erfahrung, Einsicht, Einflussmöglichkeiten, aber auch hinsichtlich der Verantwortung.

Weiterführende Literatur

K. Prange, Plädoyer für Erziehung, Baltmannsweiler 2000
J. Oelkers, Einführung in die Theorie der Erziehung, Weinheim/Basel 2001

2.3.2 Religiöse Bildung

Auf den grundsätzlichen Zusammenhang von Bildung und Religion wurde bereits eingegangen (→61 ff.). Im Folgenden geht es demgegenüber um Bildung im Sinne übergreifender Ziele und Kriterien für religionspädagogisches Sehen, Denken und Handeln. Aufgrund der mit seiner Geschichte verbundenen Bedeutungen ist der Bildungsbegriff für die Religionspädagogik von besonderem Interesse. Den Ursprung des Bildungsbegriffs – einer Besonderheit der deutschen Sprache – finden wir in der deutschen Mystik des Spätmittelalters, so dass von einer theologischen Wurzel des Bildungsbegriffs gesprochen werden kann. Vermutlich handelt es sich um eine Neuschöpfung von Meister Eckhart im ersten Drittel des 14. Jahrhunderts, der die Lehre von der Gottebenbildlichkeit (Imago Dei) mit neuplatonischen Vorstellungen verbindet. Er beschreibt Bildung als dreifachen Vorgang: Die Seele soll befreit werden von sinnlichen Vorstellungen (Entbildung), sie soll sich Gott einbilden, sich in Gott hineinbilden, und sie soll verwandelt und erneuert werden (Überbildung in Gott) (mit weiteren Hinweisen Benner/Brüggen 2004, theologisch-religionspädagogisch Nipkow 1990).

Seine heute weithin als klassisch angesehene Bedeutung nimmt der Bildungsbegriff um die Wende zum 19. Jahrhundert an. Bildung wird nun als Ideal einer geistigen Individualität sowie der Selbstbestimmung des Menschen ausgelegt. Der Bildungsbegriff schließt ebenso Impulse der Aufklärung ein wie eine Kritik am Nützlichkeitsdenken der Aufklärung, indem er die Idee der Mündigkeit mit der der Individualität versöhnt (J. H. Pestalozzi,

J. G. Herder, F. Schleiermacher, W. von Humboldt u. a.). Im weiteren Verlauf kommt es zu einer in der Erziehungswissenschaft zu Recht als fatal angesehenen Verengung, nämlich durch die Gleichsetzung von Bildung mit dem Durchlaufen einer sog. gehobenen Bildungslaufbahn (Bildungsbürgertum). Mehr und mehr wird von »allgemeiner Bildung« gesprochen, womit in aller Regel die Vertrautheit mit einem bestimmten Fächerkanon der Schule gemeint war.

Im 20. Jahrhundert ist der Bildungsbegriff mehrfach verworfen und abgelehnt worden, sowohl aus theologisch-religionspädagogischen als auch aus erziehungswissenschaftlichen Gründen:

Mit der Hinwendung zur Dialektischen Theologie und zum Neu-Luthertum verband sich in Religionspädagogik (damals: »Evangelische Unterweisung« →51) und Evangelischem Erziehungsdenken eine grundlegende Kritik am Bildungsbegriff, der als ideologisch-idealistisch sowie als individualistisch wahrgenommen wurde (M. von Tiling, W. Koepp, M. Doerne u. a., Überblick bei Preul 1980, 48 ff.). Bezeichnend ist O. Hammelsbecks (1950, 80, 88, i. Orig. z. T. gesp.) Vorwurf einer »Menschenbildmythik«, in der er den »letzten modernen Ausläufer des Platonischen Idealismus« sieht und die er als »Menschenbilderei« geißelt. Statt von Bildung sollte nun von »Erziehung«, »Zucht« und »Ordnung« (im Sinne von »Schöpfungsordnungen«) gesprochen werden – eine Tendenz, die aus heutiger Sicht (Nipkow 1990, 42 ff.) deutlich restaurative Züge aufweist und den Zusammenhang mit der »abendländischen Geistesgeschichte« zu verlieren droht (Preul 1980, 78 f.).
In der Erziehungswissenschaft geriet der Bildungsbegriff vor allem seit den 1960er Jahren im Zusammenhang mit der »realistischen Wendung« (H. Roth), d. h. sozialwissenschaftlich-empirischen Theorien und Methoden, unter Kritik. Der als unklar, idealistisch usw. wahrgenommene Bildungsbegriff sollte durch Äquivalente wie »Sozialisation«, »Lernen«, »Identität« usw. ersetzt werden (Diskussion bei Hansmann/Marotzki 1988).

Seit den 1980er Jahren ist sowohl in der Erziehungswissenschaft als auch in der Religionspädagogik eine deutliche Rückkehr zum Bildungsbegriff zu konstatieren, der nun wieder als unverzichtbarer Grundbegriff angesehen wird (Klafki 1985a, Überblick: Biehl 2003a, b).

(1) *Bildung als Grundbegriff der Religionspädagogik:* Als Grundbegriff der Religionspädagogik empfiehlt sich der Bildungsbegriff durch seine zugleich freiheitliche und soziale Ausrichtung (Freiheit in Solidarität, Klafki 1985a, 17: Selbstbestimmung, Mitbestimmungsfähigkeit, Solidaritätsfähigkeit). Darüber hinaus verweist der Bildungsbegriff auf die anthropologischen und ethischen Horizonte, in denen sich pädagogisches Handeln vollzieht und die immer auch religiöse Bestimmungen berühren. Die Frage nach dem Bildungsverständnis ermöglicht den Dialog zwischen theologischer Anthro-

pologie und Ethik (Pannenberg 1977, 1983, Herms 1990, Preul 2001) einerseits und den anthropologisch und ethisch gehaltvollen bildungstheoretischen Entwürfen aus der Erziehungswissenschaft (Benner 1987) andererseits. Schließlich bietet der nicht länger auf Schulbildung verengte Bildungsbegriff eine auf alle Lebensalter, einschließlich der frühen Kindheit und des Erwachsenenalters (Erwachsenenbildung) anwendbare Orientierung (Nipkow 1990). P. Biehl (2003b, 128) fasst die religionspädagogischen Intentionen einer Wiederaufnahme des Bildungsbegriffs prägnant zusammen:

»Der kritische Bildungsbegriff dient der Abwehr gesellschaftlicher Konformitätserwartungen, der Bewusstmachung der religiösen Dimension von Bildung und der Stärkung des sich selbst bildenden Subjekts. Darüber hinaus geht es m. E. darum, die Polarität, die dem Bildungsdenken in der deutschen Tradition innewohnt, dialektisch zusammenzuhalten und eine Halbierung der Bildung zu verhindern. Unter Bildung verstehen wir den lebenslangen Prozess der Subjektwerdung des Menschen im Kontext menschlicher Lebensverhältnisse. *Menschwerdung vollzieht sich im Medium eines Allgemeinen.* Subjektwerdung ist also nicht subjektivistisch misszuverstehen. Das Subjekt gewinnt die Freiheit des Denkens und Handelns nur in Auseinandersetzung mit einer Inhaltlichkeit, die nicht von ihm selbst stammt. Sie bildet sich in Spannung zu einer Wirklichkeit aus, die nicht einfach ›objektiv‹ vorgegeben ist, sondern ihrerseits bildungs- und veränderungsfähig ist«.

Eine eigene Ausarbeitung hat zuletzt der Zusammenhang von *Religion, Ästhetik und Bildung* durch J. Kunstmann (2002, 233) erfahren: »In ganz eigener Weise deutet der *ästhetische Grundzug* der Bildung auf eine Verwandtschaft mit der Religion hin, die ihrerseits ohne ästhetische Kategorien nicht zureichend begriffen werden kann … Religion und Bildung lassen sich unter modernen Bedingungen als *strukturähnlich* beschreiben. Sie antworten parallel auf die gefühlte Herausforderung der Existenz mit den Bildern der höchsten Möglichkeiten des Lebens«, wobei ein allein ästhetisches Bildungsverständnis allerdings auf Rückfragen aus der Perspektive der Ethik stößt (Nipkow 2004).

(2) Ziele religiöser Bildung: In der christlichen Bildungstradition werden immer wieder zwei übergreifende Zielsetzungen hervorgehoben, die als Bildung im Glauben und als ethische Bildung umschrieben werden können. In der Gegenwart tritt dazu als drittes übergreifendes Ziel die Pluralitäts- oder Verständigungsfähigkeit.

– *Bildung im Glauben* ist das Anliegen bereits einer Katechetik, die nicht nur auf Auswendiglernen, sondern – mit Luther formuliert (→32) – auf Verstehen zielt. Neuzeitlich wird dies mit dem Begriff »religiöse Mündigkeit« (Schleiermacher →44) weiter zugespitzt. Kenntnis und Verständnis der christlichen Überlieferung stehen hier im Zentrum sowohl zugunsten eines rechenschaftsfähigen Glaubens (Calvin →31) als auch persönlicher Urteils- und Entscheidungsfähigkeit. In erziehungswissenschaftlicher Zuspitzung schließt dies ausdrücklich die Möglichkeit ein, sich gegen den Glauben zu entscheiden, so wie dies theologisch der freiheitliche Charakter des Glaubens ebenfalls verlangt (Benner 2002, 70, Tenorth 1997, 381 f.).

– *Ethische Bildung* begleitet das Bemühen um christliche Erziehung und Bildung ebenfalls in seiner gesamten Geschichte (→ 24 ff.). Angesichts des in der Gegenwart deutlich zunehmenden Bedarfs an ethischer Orientierung, wie er u. a. im gesellschaftlichen Ruf nach Werteerziehung hervortritt (vgl. Nipkow 1981), besitzen ethische Bildungsziele eine besondere Dringlichkeit und müssen auch im Bereich der Religionspädagogik eigens thematisiert werden (Adam/Schweitzer 1996).

– *Bildung zu Pluralitäts- und Verständigungsfähigkeit* erwächst als Aufgabe aus der zunehmenden Pluralität von Gesellschaft, Kultur und Religionen (EKD 1994, Nipkow 1998a,b, Schweitzer u. a. 2002). Die erforderliche Verständigungsfähigkeit ist mehrdimensional bestimmt: gesellschaftlich, ethisch, ökumenisch, interkulturell und interreligiös (→ 152 ff., 167 ff.).

Weiterführende Literatur

H.-E. Tenorth, »Alle alles zu lehren«. Möglichkeiten und Perspektiven allgemeiner Bildung, Darmstadt 1994
K. E. Nipkow, Bildung in einer pluralen Welt. 2 Bde., Gütersloh 1998

2.4 Methoden und Gestaltungsprinzipien

Methoden- und Gestaltungsfragen stellen sich im gesamten Umkreis von Erziehung und Bildung. Besonders diskutiert werden sie heute jedoch im Blick auf (religionspädagogische) Lehr-Lern-Prozesse – also im Sinne der (Religions-)Didaktik (→ 137 ff.).

Lernen im Sinne psychologischer Lerntheorien wurde bei den Voraussetzungen der Religionspädagogik aufgenommen (→ 113 ff.). Demgegenüber geht es jetzt um ein (religions-)pädagogisches Lernverständnis, wie es aus den psychologischen Lerntheorien nicht einfach abgeleitet werden kann, auch wenn deren Einsichten durchweg beachtet werden müssen. In der Erziehungswissenschaft wird in diesem Sinne von einer *Lehr-Lern-Forschung* gesprochen. Nach K. Riedel (1989, 963) thematisiert sie »den Zusammenhang zwischen Veränderungen individueller Verhaltensdispositionen und Maßnahmen der Anregung und Unterstützung des Erwerbs spezifischer Kenntnisse, Einsichten, Handlungsbereitschaften und Fertigkeiten«. Von besonderem Interesse sind fördernde und erschwerende Bedingungen von Lehren und Lernen. Damit ist die Lehr-Lern-Forschung der Didaktik als Theorie des Lehrens und Lernens zugeordnet. Sie bezieht sich vor allem auf unterrichtliche Zusammenhänge in der Schule, kann aber angesichts der Entgrenzung des Bildungsbegriffs (→122 ff.) nicht auf Schule beschränkt sein. Im religionspädagogischen Zusammenhang ist ebenso an unterrichtliche Prozesse in der Gemeinde (etwa Konfirmandenunterricht) zu denken wie an andere (»offene«) Lehr-Lern-Prozesse in allen Feldern der Gemeindepädagogik, beginnend in der frühen Kindheit, bis hin zur Erwachsenenbildung (→197 ff.).

Das vorliegende Teilkapitel gehört so gesehen sachlich auch zu den Wegen der Religionsdidaktik (→137 ff.). Während es dort um eine Beschreibung religionsdidaktischer Entwicklungen und Diskussionen geht, sollen hier Grundfragen nach den Gestaltungsprinzipien, einschließlich religionspädagogischer Methoden, im Zentrum stehen.

Eine eigene religionspädagogische Unterrichtsforschung hat sich bislang nur in Ansätzen entwickelt (Überblick bei Fischer u. a. 2003). Nach S. Heil (2003) beschränken sich die verfügbaren empirischen Untersuchungen im Wesentlichen auf die »Mainzer Dokumentation von Religionsunterricht« (Stachel 1976), die Tübinger Untersuchungen zu »Religionsunterricht und Entwicklungspsychologie« (Schweitzer/Nipkow u. a. 1997) und zum konfessionell-kooperativen Religionsunterricht (Schweitzer/Biesinger 2002) sowie die Würzburger Untersuchung zur Weiterentwicklung von Korrelationsdidaktik (Ziebertz u. a. 2003a). Weiterhin kann auf das Hamburger Projekt zur Rekonstruktion von »Religionsunterricht aus Schülerperspektive« verwiesen werden (Knauth u. a. 2000).

Hinzuweisen ist auch auf häufig kleinere Untersuchungen im Rahmen von Promotionsprojekten, etwa zum interreligiösen Lernen (etwa Asbrand 2000), sowie auf sog. Akzeptanzstudien, bei denen Kinder und Jugendliche nach ihrer Bewertung des Unterrichts gefragt werden (Bucher 1996, 2000a, Kliemann/Rupp 2000). Große Aufmerksamkeit hat das sog. Compassion-Projekt (Kuld/Gönnheimer 2000) erreicht, bei dem Lernprozesse im Zusammenspiel von diakonischen Praktika und (Religions-)Unterricht untersucht werden. Schließlich gibt es noch Untersuchungen, die sich auf nur im weiteren Sinne mit Lehr-Lern-Prozessen verbundene Fragen beziehen (bspw. zur religiösen Entwicklung →106 ff., zu Religionslehrerinnen und -lehrern →185 ff.).

Die religionspädagogische Unterrichts- bzw. Lehr-Lern-Forschung ist bei weitem noch nicht so ausgebildet, dass daraus Gestaltungsprinzipien für die Praxis abgeleitet werden könnten. Die vorliegenden Untersuchungen bieten jeweils für bestimmte Fragestellungen aufschlussreiche Erkenntnisse, die im jeweiligen Zusammenhang zu berücksichtigen sind. Die auch empirische Analyse und Bewährung der im Folgenden beschriebenen Prinzipien und Methoden steht also noch weithin aus.

(1) *Religionspädagogische Gestaltungsprinzipien:* Fragt man nach einer besonderen Form des Lehrens und Lernens, die in der Religionspädagogik im Unterschied zu anderen Bereichen entstanden ist, stößt man an erster Stelle auf

Religionspädagogisch Sehen, Denken und Handeln lernen

den katechetischen Unterricht, d.h. die in Frage und Antwort sowie häufig auf der Grundlage eines Katechismus gestaltete Unterweisung. Trotz der langen Tradition des katechetischen Unterrichts im Christentum wird dieser Form seit langem keine normierende pädagogische Bedeutung mehr zugesprochen. Die Kritik am katechetischen Unterricht reicht ebenfalls weit zurück (schon seit Jahrhunderten wird ein »Papageientum« befürchtet). Inzwischen ist das Streben nach vielfältigen Gestaltungsmöglichkeiten für die Religionspädagogik bezeichnend.

Systematisch gesehen orientieren sich entsprechende Gestaltungsprinzipien am *Inhalt* sowie an der *Form* von Lehr-Lern-Prozessen. Sie müssen theologischen und zugleich pädagogischen Erwartungen gerecht werden. Manchmal wird dies so verstanden, als sei die Theologie für die Inhalte und die Pädagogik für die Lernformen zuständig. Dabei wird aber der wechselseitige Implikationszusammenhang von Inhalt und Form und somit auch von Theologie und Pädagogik übersehen.

Für den Versuch, die Grenzen der herkömmlichen Katechetik zu überwinden, spielen die Ausrichtung am *Erleben*, an *Erfahrungen* sowie am eigenen *Handeln* (sog. Handlungsorientierung) immer wieder eine wichtige Rolle.

Eine besonders breite, bis heute eindrückliche Vielfalt solcher Methoden wurde in der Zeit der Reformpädagogik zu Beginn des 20. Jahrhunderts entwickelt. O. Eberhard (1924, 1925) unterscheidet »freie geistige Tätigkeit«, »Erlebnismöglichkeiten« und »Tatpädagogik«. In jeder dieser drei Kategorien werden vielfältige Gestaltungsmöglichkeiten vorgestellt, die auf selbständiges Arbeiten, Austausch in freien Diskussionen, narrative Darstellungen, Umgang mit Kunst, Feiern, künstlerisches Gestalten, Ausbau der Klassen- und Schulgemeinschaft, Gebetserziehung usw. verweisen.

Die Vorschläge für Gestaltungsprinzipien werden häufig der jeweiligen pädagogischen Diskussion entnommen, in Einzelfällen auch im religionspädagogischen Bereich neu entwickelt. Einen Kanon solcher Einzelprinzipien gibt es nicht. Bis heute werden immer wieder neue Gestaltungsprinzipien in die religionspädagogische Diskussion eingeführt (zuletzt etwa bei der »performativen Religionspädagogik«, die sich an Impulse von »performance« im Sinne von Kommunikationswissenschaften und Theater anlehnen will →163). Übergreifend kann das Interesse festgehalten werden, religionspädagogische Lehr-Lern-Prozesse so zu gestalten, dass sie lebensbedeutsam werden und die Lernenden als Person erreichen können. Sie müssen deshalb ebenso das Verstehen fördern wie eine Verknüpfung des Gelernten mit dem eigenen Lebens- und Handlungszusammenhang (»Alltag«, »Lebenswelt« usw.).

Mit dem Programm der Religionspädagogik als Disziplin (→46 ff.) verbindet sich der Anspruch, dass die religionspädagogische Praxis weder die Inhalte, wie sie von der Theologie erschlossen werden, verfälscht noch den mit dem Bildungsbegriff verbundenen Geboten der Kindgemäßheit, der Entfaltung von Anlagen (Bildsamkeit) und der Ausrichtung an Mündigkeit und Urteilsfähigkeit, wie sie von der Erziehungswissenschaft vertreten werden, widerspricht. Insofern spielen Theologie und Pädagogik für die religionspädagogischen Gestaltungsprinzipien eine hervorgehobene Rolle. Selbstverständlich kommen aber auch weitere Bezugswissenschaften ins Spiel – etwa Entwicklungspsychologie, Religionssoziologie, Religionswissenschaft u. a. m. So gesehen besteht die religionspädagogische Aufgabe bei der Entwicklung von Gestaltungsprinzipien darin, die Ergebnisse unterschiedlicher Wissenschaften zu integrieren und sie in die Gestalt handlungsorientierender Perspektiven zu transformieren.

(2) *Methoden religionspädagogischer Praxis:* Entgegen vieler Missverständnisse wird in der (Religions-)Pädagogik die Auffassung vertreten, dass Methoden bzw. die Methodik Teil der Didaktik sind. Methodenfragen können nicht isoliert von inhaltlichen und anderen didaktischen Fragestellungen behandelt werden. Angesichts des großen Interesses an Methoden, das sich beispielsweise in hohen Auflagen entsprechender Werke niederschlägt, ist vor einer Überschätzung von Methoden ebenso zu warnen wie vor einer Unterschätzung. Den hohen Erwartungen an die Methodik stehen ernüchternde Erfahrungen gegenüber: Auch das beste Methodenbuch garantiert keine gute Praxis. Guter Unterricht beispielsweise ist keineswegs nur eine Frage der Methode. Zudem passen die in Büchern beschriebenen Methoden häufig nicht zur eigenen Situation und lassen sich die angestrebten Ziele mit ihrer Hilfe nicht erreichen. Unterschätzt wird jedoch auch die Eigendynamik von Unterrichtsmethoden. Sie strahlen auf die Inhalte des Unterrichts aus – bis hin zu den didaktischen Paradoxien, bei denen methodische Form und Inhalt in direkten Widerspruch zu einander treten (autoritärer Unterricht über demokratische Lebensformen, Frontalunterricht zum sozialen Lernen, monotoner Vortrag beim Thema Kreativität usw.). Faktisch führt eine Unterschätzung von Methoden häufig zu eher traditionellen Formen von Vortrag, Frontalunterricht usw. Empirische Untersuchungen zum Schulunterricht belegen nach wie vor ein breites Vorherrschen traditioneller Methoden wie Frontalunterricht (Terhart 2000).

Die *Methoden der religionspädagogischen Praxis* sind von *Methoden der wissenschaftlichen Forschung und Theoriebildung* zu unterscheiden. Wissenschaftliche Methoden werden an anderer Stelle dargestellt (→279 ff.).

Monographische Darstellungen zu Praxismethoden sowohl aus der Erziehungswissenschaft als auch der Religionspädagogik sind in großer Zahl verfügbar (Auswahlbibliographie bei Adam/Lachmann 2002b, 411). Auf katholischer Seite am weitesten verbreitet ist die Übersicht von B. Grom (»Methoden für Religionsunterricht, Jugendarbeit und Erwachsenenbildung«, [10]1996), auf evangelischer Seite sind es vor allem die »Methodischen Kompendien« von G. Adam/R. Lachmann (Bd. 1: ⁴2002, Bd. 2: 2002). Während diese Darstellungen vor allem Hinweise zur Arbeit mit einzelnen Methoden sowie entsprechende Beispiele bieten, geht es im Folgenden im Sinne religionspädagogischen Sehens, Denkens und Handelns um die Fähigkeit zum *reflektierten und gezielten Umgang mit Methoden* als einer grundlegenden Kompetenz.

Im Anschluss an die allgemeinpädagogischen Darstellungen von E. Terhart (2000), H. Meyer (2000) u. a. lässt sich die Frage der Methoden in vier Hinsichten strukturieren, die jeweils auf Kriterien der Methodenwahl verweisen:

– *Zielerreichung:* Methoden dienen dem Erreichen bestimmter Erziehungs- oder Lernziele, ihre Leistungsfähigkeit bemisst sich an diesen Zielen.
– *Sachbegegnung:* Methoden müssen die Begegnung mit einer bestimmten Sache (Erfahrungen, Themen usw.) ermöglichen und fördern.
– *Lernhilfe:* Methoden müssen so gewählt werden, dass sie möglichst günstige Bedingungen für Lernprozesse schaffen.
– *Rahmung:* Jede pädagogische Situation ist mit bestimmten institutionellen Voraussetzungen verbunden (räumliche und zeitliche Vorgaben usw.), die bei der Methodenwahl bedacht werden müssen.

Das Feld der Methoden wird durch die dreifache Unterscheidung zwischen Sozialformen, Handlungsmustern und zeitlicher Abfolge weiter geklärt:

– *Sozialformen* beschreiben, in welchen Lerngruppen zusammengearbeitet wird (Großgruppe, Kleingruppe, Partnerarbeit, Einzelarbeit).
– *Handlungsmuster* beschreiben, wie jeweils gehandelt bzw. gearbeitet wird (Vortrag, Rollenspiel, eigene Recherchen, Präsentation usw.).
– Die *zeitliche Abfolge* ist für alle unterrichtlichen Situationen wesentlich. Hier wird auch von Artikulation gesprochen, d. h. von der Verlaufsplanung für einzelne Unterrichtsstunden oder größere Sequenzen.

Bei der Methodenwahl sowie der Festlegung von Sozialformen, Handlungsmustern und Artikulationsschemata kommen übergreifende Orientierungen, Kriterien oder Idealbilder zum Tragen, die als methodische Gesamtkonzeptionen angesprochen werden können (sog. ganzheitliche Methoden, Anleitung zur Selbständigkeit, Handlungsorientierung usw.).

Solche Überlegungen zu den Kriterien der Methodenwahl zeigen ebenso wie entsprechende Erfahrungen in der Praxis, dass es *die* religionspädagogische Idealmethode oder den methodischen Königsweg nicht geben kann. Auch die manchmal als vorbildlich angesehene Methodenvielfalt, die zu häufigem Methodenwechsel führt, sollte nicht ohne weiteres als Ideal akzeptiert werden, auch wenn Vielfalt und Variabilität sicher ein Kennzeichen guter religionspädagogischer Praxis sind und der Langeweile entgegenwirken, nicht zuletzt in der Sicht von Schülerinnen und Schülern (Bucher 2000a).

Für die Religionspädagogik bedeutsam ist allerdings die für die Schule ebenso wie für andere pädagogische Handlungsfelder kennzeichnende Tendenz weg vom Frontalunterricht hin zu aktivierenden Methoden, die ein eigenverantwortliches Arbeiten und Lernen (Klippert 2000), Arbeiten in Projekten und selbständiges Handeln (»Praktisches Lernen«, vgl. Schweitzer 2002e) ermöglichen. Auch wenn vor allem die schulische Praxis noch immer weithin wenig Impulse dieser Art aufgenommen hat, darf die Religionspädagogik hinter den damit angezeigten Anforderungen nicht zurückbleiben.

Für die weitere Orientierung sowie für die Ausbildung von Methodenkompetenz ist die Unterscheidung von *Darstellungstypen zur Methodik* in der Literatur hilfreich. Diese beziehen sich auf bestimmte *Handlungsfelder* (Religionsunterricht, Konfirmandenunterricht usw.), bestimmte *Themen* (Bibelunterricht, ethische Themen usw.) sowie auf bestimmte *Altersgruppen* (Kindergarten, Grundschule, Sekundarstufe, Jugendarbeit, Erwachsenenbildung usw.). Mit diesen Bezügen verbinden sich jeweils weitere Auswahlkriterien für Methoden.

Die »Methodischen Kompendien« von G. Adam/R. Lachmann (2002a, b) beispielsweise beziehen sich auf den Religionsunterricht:

Beschrieben werden Sozial- und Interaktionsformen, sprachorientierte Unterrichtsmethoden (Gesprächsmethoden, Erzählen usw.), bildorientierte Unterrichtsmethoden (u. a. bildnerisches Gestalten, Umgang mit Kunst, audiovisuelle Medien), musikalische, spielerische und meditative Handlungselemente sowie stufenspezifische Problemstellungen (Sekundarstufe II). Die Bände belegen besonders eindrücklich das Bemühen um methodische Vielfalt.

Als weiteres Beispiel einer auf den Religionsunterricht bezogenen Darstellung seien die »Impulse und Methoden« von P. Kliemann (1997) genannt, deren Ziel ein »teilnehmerzentrierter, erfahrungsoffener, kommunikativer Religionsunterricht« ist.

Die Darstellung will Impulse geben und Praxis anregen. Sie besitzt ausdrücklich »Werkstattcharakter«. Behandelt werden »schweigend lernen«, »Lernen durch Lehren«, »Lernen an Stationen«, »vom Deutschunterricht lernen«, »spielerisch lernen«, »fächerverbindend lernen« sowie »zielorientiert lernen«.

Das nächste Beispiel bezieht sich in spezifischer Weise auf ein einzelnes Handlungsfeld: Konfirmandenunterricht.

Im »Handbuch für die Arbeit mit Konfirmandinnen und Konfirmanden« (Comenius-Institut 1998a) werden auch »Methoden in der Konfirmandenarbeit« beschrieben. Besonders interessant ist hier der Vergleich mit Methoden für den Schulunterricht, weil für den Konfirmandenunterricht auch übergreifende Planungsentscheidungen und Organisationsformen eigens aufgenommen und diskutiert werden. Anders als in der Schule liegt der organisatorische Rahmen hier nicht fest, so dass auch die Form des Konfirmandenunterrichts bzw. der Konfirmandenarbeit (schulunterrichtsähnliche Stunden, Blockveranstaltungen, Exkursionen, Praktika usw.) eigens bestimmt werden muss. Dargestellt werden in diesem Falle: Verabredungen/Kontrakt, Spiele zum Anfang; Beginn einer thematischen Einheit/Anwärmphase; Erhebung von Motivationen/ Abholen; Vertiefen der mitgebrachten eigenen Erfahrungen; Orientierungsangebote/Auseinandersetzung mit Bibel und Tradition; Darstellen/Gestalten/Ergebnissicherung.

Als Beispiel für themenbezogene Methoden kann die Bibeldidaktik von H. K. Berg (1993) dienen. Hier werden zehn Unterrichtsmethoden für den biblischen Unterricht dargestellt:

> Erzählen; Spielen/Inszenieren; Singen; mit Kunst arbeiten; Verfremden; kreatives, spontanes Gestalten; Kommunizieren; mit Texten arbeiten; Recherchieren; mit AV-Medien arbeiten.

Das letzte Beispiel steht für Methoden, die auf eine bestimmte Altersgruppe eingestellt sind, in diesem Falle auf Jugendliche (Jugendarbeit, Unterricht mit Jugendlichen). Als für Jugendliche attraktive Methoden beschreiben S. Dorgerloh/M. Hentschel (1997) beispielsweise musikalische Workshops, die Auseinandersetzung mit männlichen Leitbildern oder mit Kleidungsfragen.

Weiterführende Literatur

E. *Terhart*, Lehr-Lern-Methoden. Eine Einführung in Probleme der methodischen Organisation von Lehren und Lernen, Weinheim/München ³2000
G. *Adam/R. Lachmann* (Hg.), Methodisches Kompendium für den Religionsunterricht, Göttingen ⁴2002; Methodisches Kompendium für den Religionsunterricht 2. Aufbaukurs, Göttingen 2002

2.5 Erfolgskontrolle: Prüfen, Standards, Evaluation

Die Frage nach Standards und Evaluation, häufig noch erweitert durch die Stichworte »Kompetenz« und »Qualitätsentwicklung«, spielt in der pädagogischen und religionspädagogischen Diskussion der Gegenwart eine immer wichtigere Rolle. Im Hintergrund steht vor allem die PISA-Untersuchung (grundlegend: Deutsches PISA-Konsortium 2001). Diese internationale Vergleichsuntersuchung zu sog. Basiskompetenzen von Schülerinnen und Schülern in Klasse 9 strahlt seit ihrem Erscheinen weit über den schulischen Bereich hinaus auf alle pädagogischen Programme und Angebote aus. In der Rezeption verdichtet sich die inzwischen allgemein verbreitete Auffassung, dass die Kriterien eines möglichst effizienten Mitteleinsatzes, der nicht zuletzt ökonomisch beurteilt werden soll, auch im pädagogischen Bereich zu gelten haben, was allerdings zu grundsätzlichen pädagogischen und theologischen Rückfragen führen kann (vgl. etwa EKD 2003a).

Der weniger prätentiöse Begriff des Prüfens, der in neuerer Zeit auch mit Leistungsmessung, -kontrolle, -beurteilung usw. umschrieben wird, verweist auf ein Grundmerkmal besonders der Schule, das allerdings in vielen religionspädagogischen Lehrbüchern eher vernachlässigt oder ganz übergangen wird. Gleichwohl gehören zum Religionsunterricht heute ganz selbstverständlich auch Tests, Klassenarbeiten und andere Prüfungen, die nicht einfach als lästiger und bedeutungsloser Zusatz übergangen werden dürfen. Vielmehr müssen Prüfungen als konstitutiver Bestandteil von Lehr-Lern-Prozessen auch (religions-)pädagogisch verantwortet und gestaltet werden. Insofern gehört die Prüfungsthematik mit zu den Methoden für die religionspädagogische Praxis.

Im Übrigen sollte dabei nicht übersehen werden, dass Prüfungen traditionell einen besonders markanten Sitz auch im Leben der Gemeinde haben – nämlich in der Gestalt von katechetischen bzw. Katechismus-Prüfungen insbesondere bei der ersten Zulassung zum Abendmahl. In Ansätzen kann von solchen Prüfungen bereits im Blick auf den altkirchlichen Katechumenat gesprochen werden (nicht zuletzt fand hier bei den erwachsenen Taufbewerbern eine »Prüfung des Lebenswandels« statt, Paul 1993, 38 ff., 50). Seit dem IV. Laterankonzil (1215), das die Zulassung zur Eucharistie an das »Unterscheidungsalter« knüpfte, und besonders mit der Reformation gewann dieses spezielle Examen, bei dem »sich alle kleinen Christen präsentierten und alle dazu zugelassen wurden« (Caspard 2002, 17), eine historisch hervorgehobene Bedeutung als eines der ersten systematisch institutionalisierten Examen überhaupt. Darüber hinaus finden heute auch im gemeindlichen Bereich, etwa bei der Konfirmandenarbeit oder in der Erwachsenenbildung, Feedback-Verfahren zu Recht zunehmende Beachtung.

(1) *Prüfungen und Leistungskontrolle:* Prüfungen (Tests, Klassenarbeiten, mündliche Prüfungen) und Notengebung sind für den Religionsunterricht verbindlich vorgeschrieben. Die grundsätzliche, in der Erziehungswissenschaft immer wieder thematisierte Problematik solcher Formen der Leistungskontrolle und -bewertung ergibt sich aus der Vermischung pädagogischer und gesellschaftlicher Funktionen (vgl. grundsätzlich Klafki 1985b, für den Religionsunterricht Nipkow 1979).

Gesellschaftlich gesehen kann das Leistungsprinzip als Ausdruck der demokratischen Gleichheitsforderung angesehen werden (gesellschaftliche Positionen werden nicht mehr wie in einer Ständegesellschaft nach der Herkunft, sondern nach persönlicher Leistung erreicht). Zugleich sorgt das Leistungsprinzip aufgrund unterschiedlicher Lernvoraussetzungen, Chancen usw. selbst für Ungleichheit und fehlende gesellschaftliche Gerechtigkeit. Daran haben alle Bildungsreformen bis heute wenig geändert (von Friedeburg 1992). Pädagogisch betrachtet können Leistungsmessung und -bewertung nur dann als legitim gelten, wenn sie die Erziehung und Bildung fördern. Dies führt zu einer Problematisierung besonders der zugrunde gelegten allgemeinen Bezugsnormen, die für das Kind individuell und personbezogen auszulegen sind und nicht einfach anhand eines abstrakten nationalen oder internationalen Durchschnittswertes. Individuelle Lernfortschritte können sonst nicht mehr angemessen gewürdigt werden.

Theologisch ist besonders ein überzogenes oder überdehntes Leistungsverständnis abzulehnen, das den Wert des Menschen von seiner Leistungsfähigkeit abhängig macht. Ein sachbezogenes, auf den persönlichen Leistungswillen eingestelltes Leistungsverständnis ist jedoch nicht ausgeschlossen, sondern kann als Teil der weltlichen Ordnung akzeptiert werden. Dies gilt insbesondere für auch aus pädagogischer Sicht legitime Formen der Leistungsmessung und -bewertung.

Trotz der grundsätzlichen Rückfragen plädiert Nipkow (1979) für versetzungserhebliche Noten im Religionsunterricht, weil dieses Fach anders in der Schule nicht haltbar wäre und auch die Solidarität mit anderen Fächern dies gebiete. Bis heute ist jedoch die Frage offen, ob sich der Religionsunterricht insbesondere einer *fragwürdigen Form* der Notengebung anpassen soll (Scheilke 2000, 198 ff.). Die Suche nach alternativen, pädagogisch angemesseneren Formen bleibt insbesondere dem Religionsunterricht aufgegeben (auch wenn er dieser Aufgabe bislang nicht immer gerecht geworden ist). Grundlegend bleibt bei alldem die Forderung, dass »nicht nur das unterrichtet werden sollte, was geprüft wird« (Nipkow 1979, 85) – zumal der Glaube sich grundsätzlich einer menschlichen Prüfung entzieht und nach heutigem Verständnis auch eine Kontrolle des Lebenswandels ausgeschlossen bleibt, obwohl ethische Themen im Religionsunterricht eine wichtige Rolle spielen.

Ein breites Angebot alternativer Formen der Leistungskontrolle hat praxisnah T. Bohl (2001) dargestellt (Lernberichte, Feedback-Methoden, Selbstbeurteilung, Portfolios u. a. m.). Solche Anstöße sollten auch im Religionsunterricht verstärkt aufgenommen werden. Im religionspädagogischen Bereich reichen bislang die Vorschläge von B. Jendorff (1979, 2002) am weitesten.

Unterschieden wird bei Jendorff zwischen »offenen Aufgaben« (Visualisierungsaufgaben, Aufgaben mit Bildgeschichten, darstellendes Spiel, Essayaufgaben, Textaufgaben usw.), »geschlossenen Aufgaben« (Antwort-Wahlaufgaben, Zuordnungsaufgaben, Umordnungsaufgaben, Rätsel usw.) sowie »halboffenen Aufgaben« (Kurzantwort- und Ergänzungsaufgaben, Arbeiten mit und an Landkarten und Zeitleisten, Korrektur- und Verbesserungsaufgaben, Begriffsklärungen usw.). Als übergreifende Kriterien nennt Jendorff (2002, 204 f.): Offenlegung der didaktischen Funktion der Lernerfolgskontrolle, Transparenz der Beurteilung und Benotung, Fixierung des Lehrererwartungshorizonts, Schaffung einer entspannten Prüfungssituation, rasche Rückmeldung.

Von großer Bedeutung ist die Einsicht, dass Prüfungen und Leistungskontrollen immer auch als Rückmeldung an die Unterrichtenden zu verstehen sind. Sie erhalten Auskunft über die Wirksamkeit der von ihnen gestalteten Lehr-Lern-Prozesse. Unter diesem Aspekt kommt es vor allem darauf an, Konsequenzen aus entsprechenden Defiziten ziehen zu lernen, d. h. – falls erforderlich – alternative Formen des Lehrens oder der Unterrichtsgestaltung einzusetzen.

(2) *Standards und Kompetenzen:* Für die neuere Diskussion sind auch im Blick auf das Interesse an Standards und Kompetenzen besonders die PISA-Untersuchungen bestimmend geworden. Dort wird beispielsweise die »Lesekompetenz« nicht nur als »Fähigkeit zum Entziffern von schriftlichem Material« verstanden, sondern auch als »aktive Auseinandersetzung mit Texten« (Deutsches PISA-Konsortium 2001, 70). Diese Kompetenz wird anhand von fünf präzise definierten Kompetenzstufen gemessen (89), durchweg im internationalen Vergleich. (Bildungs-)Standards können dann als Vorgabe der jeweils – etwa mit einer bestimmten Klassenstufe oder einem bestimmten Lebensalter – zu erreichenden Kompetenzstufe gefasst werden.

Teils in Anknüpfung an frühere Versuche besonders des katholischen Religionspädagogen U. Hemel (1988), vor allem aber in Aufnahme der PISA-Studien (Elsenbast u. a. 2004) wird auch nach religionspädagogischen Standards gesucht sowie nach einer Identifikation der Kompetenzen, die im Religionsunterricht ausgebildet werden sollen. Die bisherige Diskussion hat allerdings eher zu vielfältigen, sich nur zum Teil überschneidenden Entwürfen geführt. Ein Konsens ist noch nicht in Sicht.

G. Hilger (2001b, 268 f.) nennt: Fragekompetenz, Wahrnehmungskompetenz, Gestaltungs- und Urteilskompetenz, kommunikative Kompetenz, bibelbezogene Kompetenz, korrelative Kompetenz, ethische Kompetenz, theologische Kompetenz und darüber hinaus die Bereitschaft und Fähigkeit, »sich mit Inhalten und Ausdrucksformen anderer Religionen auseinander zu setzen und Achtung sowie Verständnis gegenüber Menschen mit anderen Lebensdeutungen zu entwickeln«. In Baden-Württemberg, wo seit wenigen Jahren für alle Fächer Kompetenzen ausgewiesen werden müssen, gilt religiöse Kompetenz als übergreifendes Ziel, das folgende Kompetenzen umfasse: hermeneutische Kompetenz, ethische Kompetenz, Sachkompetenz, personale Kompetenz, kommunikative Kompetenz, soziale Kompetenz, methodische Kompetenz, ästhetische Kompetenz (Ziener/Scheilke 2004, 230 f.).
Auch Überlegungen zu »Mindeststandards religiöser Bildung« (Schröder 2004) oder zu »Qualitätskriterien ›guten‹ Religionsunterrichts« (Rothgangel 2004) bzw. zu einem »Grundangebot religiöser Bildung für Erwachsene« (Lück/Schweitzer 1999, 78 ff.) bieten eher Anregungen für die weitere Diskussion als bereits eine abschließende Ordnung oder dauerhafte Grundlage.

Religionspädagogisch Sehen, Denken und Handeln lernen

Die katholischen Bischöfe haben »Richtlinien zu Bildungsstandards« für den Religionsunterricht in der Sekundarstufe I erlassen (DBK 2004). Dort werden folgende Kompetenzen aufgezählt: Religiöse Phänomene wahrnehmen, religiöse Sprache verstehen und verwenden, religiöse Zeugnisse verstehen, religiöses Wissen darstellen, in religiösen Fragen begründet urteilen, sich über religiöse Fragen und Überzeugungen verständigen, aus religiöser Motivation handeln (14 f.). Dazu kommen zahlreiche inhaltsbezogene Kompetenzen, die »sechs Gegenstandsbereichen, die das religiöse Grundwissen thematisch gliedern«, zugeordnet sind (16) – was zu einer fast unüberschaubar werdenden Vielzahl von Einzelkompetenzen führt.

Am weitesten reichen bislang die *Erfahrungen in Großbritannien*, wo seit den 1990er Jahren das Office of Standards in Education (OFSTED) als nationale Institution von beachtlicher Größe tätig ist. Auch der Religionsunterricht, für den dies allerdings nicht zwingend vorgesehen war, hat sich der Evaluation durch OFSTED unterstellt (Darstellung bei Rudge 2004). In diesem Zusammenhang wurden auch »Nationale Erwartungen an den Religionsunterricht« formuliert:

Beschrieben werden acht Niveaus sowie ein zusätzliches Niveau für exzeptionelle Leistungen. Bestimmte Niveaus sind bestimmten Klassenstufen zugewiesen. Beispielsweise sollen Kinder bzw. Jugendliche im Alter von 11 Jahren mehrheitlich folgendes Niveau erreicht haben: 1. »Die Schüler/innen beschreiben die zentralen Glaubensüberzeugungen und Lehren der behandelten Religionen, verbinden sie in zutreffender Weise mit anderen Aspekten und stellen einige Vergleiche zwischen den Religionen an. Sie verstehen, was es bedeutet, einer Religion anzugehören. Sie zeigen, wie religiöse Glaubensüberzeugungen, Vorstellungen und Gefühle in unterschiedlicher Form ausgedrückt werden können, indem sie mithilfe von termini technici die Bedeutung einiger Symbole, Geschichten sowie der Sprache angeben«. 2. »Sie stellen Fragen hinsichtlich bedeutsamer Erfahrungen zentraler Personen, rätselhafter Aspekte des Lebens sowie moralischer und religiöser Probleme und schlagen Antworten vor im Ausgang von eigenen und anderen Erfahrungen, indem sie sich auf die Lehre von Religionen beziehen und Verständnis der Gründe dafür zeigen, warum bestimmte Dinge als richtig oder falsch angesehen werden«. – Wie in diesem Beispiel zu sehen, bezieht sich jeweils die erste Kompetenzformulierung auf Wissen und Information (learning about), die zweite auf eher personbezogene oder existenzielle Dimensionen (learning from).

Auch diese inzwischen am stärksten erprobten Standards und Kompetenzbeschreibungen aus Großbritannien machen deutlich, wie schwierig es ist, das (Nicht-)Erreichen bestimmter Kompetenzstufen im Einzelfall zu beurteilen. (Religions-)Pädagogisch liegt das größte Problem allerdings darin, dass aus einer Beurteilung noch keine Konsequenzen für entsprechende Förderungs- oder Lernmöglichkeiten gezogen werden können. Wenn Leistungsbeurteilung in pädagogischer Sicht stets dem Ziel der Leistungssteigerung bzw. des Lernens und damit der Förderung untergeordnet bleiben soll, muss diese Lücke in Zukunft gefüllt werden. Darüber hinaus wird in England sehr deutlich über negative Folgen einer überzogenen Orientierung an Standards im Religionsunterricht geklagt (Grimmitt 2000).

(3) *Evaluation religionspädagogischer Programme und Einrichtungen:* Das Anliegen der Qualitätsentwicklung, in deren Horizont Prüfungen, Leistungskontrolle, Standards und Kompetenzen einzuordnen sind, richtet sich zu Recht auch auf religionspädagogische Programme und Einrichtungen, deren Effizienz und Leistungsfähigkeit überprüft und verbessert werden sollen. Im religionspädagogischen Bereich sind entsprechende Ansätze allerdings noch wenig vorangetrieben worden. Am weitesten fortgeschritten sind Evaluationsversuche im Bereich von Kindertagesstätten, allerdings noch kaum unter ausdrücklicher Berücksichtigung religionspädagogischer Qualitätsmerkmale.

Offen für evangelische Profilmerkmale ist besonders das Handbuch »Qualitätsmanagement für Evangelische Kindertageseinrichtungen«, das gemeinsam von der Bundesvereinigung Evangelischer Tageseinrichtungen für Kinder (BETA) und dem Diakonischen Institut für Qualitätsmanagement und Forschung (DQF) erstellt wurde (BETA/DQF 2002). Dieser Ansatz steht im Kontext der allgemeinen Qualitätsdiskussion im Elementarbereich (vgl. etwa Wehrmann 2004 mit weiteren Hinweisen).

Ein eigenes Problem der Evaluation stellt durchweg auch die Identifikation von Profilen beispielsweise bei pädagogischen Einrichtungen in kirchlicher Trägerschaft dar (Diskussion bei Schreiner 1999a). Zunehmend setzt sich die Einsicht durch, dass die Existenz und Förderung von Einrichtungen in kirchlicher Trägerschaft nur dann zu rechtfertigen ist, wenn sie sich von anderen Institutionen etwa in staatlicher Trägerschaft unterscheiden. Zumindest im evangelischen Bereich lassen sich letztlich aber keine anderen Profilmerkmale verbindlich machen als diejenigen, die auf das Evangelium selbst zurückgehen. Dies entspricht dem Vorgehen der Reformatoren, sofern sie die Identität der evangelischen Kirche an nichts anderem als am Evangelium festmachen (CA VII): »ein heilige christliche Kirche ... ist die Versammlung aller Glaubigen, bei welchen das Evangelium rein gepredigt und die heiligen Sakrament lauts des Evangelii gereicht werden« – das »ist gnug zu wahrer Einigkeit der christlichen Kirchen«.

Weiterführende Literatur

A. *Helmke*, Unterrichtsqualität erfassen, bewerten, verbessern, Seelze ³2004
M. *Rothgangel/D. Fischer* (Hg.), Standards für religiöse Bildung? Zur Reformdiskussion in Schule und Lehrerbildung, Münster 2004
Standards, Kompetenzen und Leistungsmessung. Themenheft: Zeitschrift für Pädagogik und Theologie 3/2004

3. Wege der Religionsdidaktik

Religionsdidaktik als Wissenschaft oder Theorie des auf Religion bezogenen Lehrens und Lernens wird fälschlicherweise immer wieder mit Religionspädagogik insgesamt gleichgesetzt. Nach heutigem Verständnis stellt sie jedoch mit dem Bezug auf Unterricht nur einen Teilbereich der Religionspädagogik (→ 38 ff.) dar. Dies bedeutet allerdings keine Beschränkung der Religionsdidaktik auf den schulischen Religionsunterricht. Lehren und Lernen sind z. B. auch in Konfirmandenunterricht oder Erwachsenenbildung didaktisch zu reflektieren. Darüber hinaus kann die didaktische Fragestellung auf weitere Handlungsfelder wie etwa die Homiletik (Predigt und Didaktik) bezogen werden. Auch die Hochschuldidaktik, einschließlich des Theologiestudiums, gehört in diesen Umkreis (Kirchenamt der EKD 1997, Ahme/Beintker 2005). Schon aufgrund der enormen institutionellen Bedeutung des Schulunterrichts ist aber die auf Schule bezogene (Religions-)Didaktik ohne Zweifel am weitesten ausgearbeitet. Im Folgenden soll der weitere Horizont von Religionsdidaktik durchweg bewusst bleiben, auch wenn der schulische Bereich insgesamt im Zentrum steht.

3.1 Aufgaben der Religionsdidaktik

Entscheidend ist zunächst das Verhältnis von *Didaktik* und *Methodik:* Als Wissenschaft oder Theorie des auf Religion bezogenen Lehrens und Lernens bzw. Unterrichtens geht die Religionsdidaktik über eine bloße Methodik hinaus (→ 125 ff.). Die Methodik ist Teil der Didaktik, für die sich eine Auswahl angemessener Methoden nur im weiterreichenden Zusammenhang des gesamten didaktischen Feldes treffen lässt. Didaktik bietet also nicht einfach Methoden zur Vermittlung vorab, unabhängig von allen didaktischen Überlegungen festliegender Inhalte. Dies impliziert, dass sich die Didaktik die Inhalte des Unterrichts auch nicht einfach beispielsweise von den Wissenschaften vorgeben lässt (Ablehnung einer sog. Abbilddidaktik). Das Verhältnis zwischen (Fach-)Didaktik und (Fach-)Wissenschaft, also etwa zwischen Religionsdidaktik und Theologie, war und ist dabei immer wieder umstritten. Für eine Didaktik, die dem Bildungsanspruch verpflichtet ist (bildungstheoretische Didaktik), steht jedoch fest, dass alle das Lehren und Lernen bzw. den

Unterricht bestimmenden Entscheidungen dem übergeordneten Ziel der Bildung untergeordnet sein müssen.

Besonders deutlich hat dies der in der zweiten Hälfte des 20. Jahrhunderts in Deutschland wohl einflussreichste Didaktiker W. Klafki mit der These vom »Primat der Zielentscheidungen« zum Ausdruck gebracht: »Diese These hat die Erkenntnis vom *Primat der Zielentscheidungen im Verhältnis zu allen anderen* den Unterricht konstituierenden *Faktoren* zum Inhalt … Sowohl die Entscheidungen darüber, *was* jeweils und in welcher Perspektive etwas Gegenstand, Thema des Unterrichts sein soll oder besser: was sich im Prozess des Unterrichts als perspektivisch erörterte Thematik aufbaut, als auch Entscheidungen über Methoden und Medien des Unterrichts, weiterhin die Beurteilung der Bedeutung der jeweiligen soziokulturell vermittelten ›anthropogenen‹ sowie der institutionellen Bedingungen für Unterricht sind nur von den Zielsetzungen des Unterrichts her begründet möglich« (Klafki 1985a, 202). Worin bestehen solche übergeordneten Zielsetzungen? Bei Klafki wird das Bildungsverständnis durch die Begriffe »Selbstbestimmung«, »Solidarität« und »Mitbestimmung« ausgelegt, wobei diese Ziele nur in der wechselseitigen Erschließung von Person und Sache bzw. Inhalten (sog. kategoriale Bildung, Klafki 1963) einzulösen seien.

Die Auswahl von Inhalten und Methoden orientiert sich demnach an übergeordneten Bildungszielen, die ihrerseits didaktisch im Blick auf die Lernenden näher bestimmt werden müssen. Die jeweiligen sog. anthropogenen Voraussetzungen (Sozialisation, Entwicklung usw. →100 ff.) bedingen nicht nur bestimmte Grenzen von Lernmöglichkeiten, sondern auch Lerninteressen und Erfordernisse, die als Lern- und Entwicklungsbedürfnisse umschrieben werden können. In der neueren didaktischen Diskussion ist besonders unter dem Einfluss der empirischen Unterrichtsforschung allerdings auch deutlich geworden, dass sich die Didaktik nicht in bildungstheoretischen Begründungen oder in der person- und gruppenbezogenen Erschließung von Inhalten erschöpfen kann, sondern auch die Prozessstruktur des Lehrens und Lernens analysieren und gestalten muss (Sozialformen, Interaktionsstrukturen, Medien, Methoden usw.). Zur Religionsdidaktik gehört deshalb auch eine (empirische) Erforschung von Religionsunterricht (→126).

Die in den didaktischen Lehrbüchern zum Teil breit dargestellten unterschiedlichen Ansätze der Didaktik in der zweiten Hälfte des 20. Jahrhunderts spielen heute insofern keine hervorgehobene Rolle mehr, als die zur sog. kritisch-konstruktiven Didaktik weiterentwickelten bildungstheoretischen Ansätze (bes. Klafki 1985a) wesentliche Impulse auch anderer Ansätze aufgenommen und zu integrieren versucht haben. Die wichtigsten Anstöße, die über die geisteswissenschaftliche Didaktik hinausführten, kamen aus der empirisch orientierten lerntheoretischen Didaktik (sog. Berliner Modell) sowie aus der an Kommunikationstheorien angelehnten kommunikativen Didaktik, die sich zugleich als kritische, auf Emanzipation gerichtete Didaktik verstand und versteht. Überblicksdarstellungen zur erziehungswissenschaftlichen Didaktik-Diskussion finden sich in den weit verbreiteten Lehrbüchern von H. Blankertz (1969), W. H. Peterßen (1996) und W. Jank/H. Meyer (1994). Einen knappen Überblick bietet H. Gudjons (2002).

Für die Bestimmung der Aufgaben von Religionsdidaktik ist von entscheidendem Gewicht, wie sich diese zu ihren primären *Bezugswissenschaften – Theologie und Pädagogik –* verhält. Die Bezeichnung von Theologie und Pädagogik als *primären* Bezugswissenschaften schließt eine ebenfalls grundlegende Berücksichtigung anderer wissenschaftlicher Disziplinen keineswegs aus – Religionswissenschaft, Psychologie, Soziologie, Kulturforschung usw. sind heute für die Religionspädagogik unverzichtbare Gesprächspartner. Vor allem für den schulischen Religionsunterricht kommt ihnen aber kein mit Theologie und Pädagogik vergleichbarer Rang zu. Zum einen haben diese Wissenschaften im Unterschied zu Theologie und Pädagogik keine Theorien des pädagogischen Handelns hervorgebracht, an denen sich der Unterricht orientieren könnte. Zum anderen verweisen zumindest in Deutschland die rechtlichen Voraussetzungen für den Religionsunterricht (→82 ff.) die Religionsdidaktik in erster Linie auf Theologie und Pädagogik:

Art. 7,1 GG sowie 7,3 Satz 2 (staatliche Schulaufsicht auch über den Religionsunterricht) legen fest, dass auch für den Religionsunterricht die allgemeinen pädagogischen Kriterien von Schule und Unterricht gelten. Art. 7,3 Satz 2 (»in Übereinstimmung mit den Grundsätzen der Religionsgemeinschaften«) bestimmt darüber hinaus, dass der Religionsunterricht auch theologischen und kirchlichen Kriterien gerecht werden muss. Die grundgesetzliche Regelung geht damit davon aus, dass pädagogischen und theologischen Erwartungen gleichermaßen Rechnung getragen werden kann, ohne dass damit alle Spannungen oder sogar Widersprüche ausgeschlossen wären.

Nicht zulässig im Rahmen der grundgesetzlichen Regelung ist allerdings ein Unterricht, der entweder gegen die theologischen oder gegen die pädagogischen Kriterien verstößt. Ein solcher Unterricht wäre außerhalb der staatlichen Schule zulässig, sofern dies von einer Religionsgemeinschaft gewünscht wird (was im Bereich des Christentums schon angesichts der engen geschichtlichen Verbindung mit der Pädagogik in der Regel nicht der Fall ist, zumindest nicht im Bereich der großen Kirchen). Insgesamt gibt die Frage, in welchem Verhältnis Pädagogik und Theologie in der Religionspädagogik zu einander stehen sollen, immer wieder Anlass zu kontroversen Debatten:

Eingang in die Literatur (vgl. Lämmermann 1991, 79 ff.) hat die auf H. Schröer zurückgehende Unterscheidung verschiedener Zuordnungsmöglichkeiten bzw. Modelle gefunden: Das *Autarkiemodell* geht davon aus, dass allein die Theologie für alle maßgeblichen Entscheidungen ausreichend sei und also nicht auf andere

Wissenschaften zurückgegriffen werden müsse. Da ein solches Denken heute kaum mehr auf Zustimmung hoffen kann, wird eher ein *Dominanzmodell* vertreten, bei dem die Pädagogik als untergeordnete Hilfswissenschaft der Theologie eingesetzt werden soll. Das *Konvergenzmodell* (→64) geht davon aus, dass sich theologische und pädagogische Aussagen aufeinander abbilden lassen, wobei sowohl Konvergenzen als auch Divergenzen hervortreten. Zum Teil wird dabei an ein Verhältnis der Komplementarität gedacht (unterschiedliche, sogar widersprüchliche Deutungen desselben Sachverhalts sind möglich und notwendig). Das *Aporiemodell* stellt pädagogische und theologische Aussagen im Sinne bleibender Widersprüche neben einander. Das *Exodus-Modell* schließlich bedeutet eine vollständige Abwanderung der Religionspädagogik in die Pädagogik (zur Diskussion vgl. Ritter/Rothgangel 1998, Schweitzer/Schlag 2004, Rothgangel/Thaidigsmann 2005→271 ff.). Der Umgang mit diesen unterschiedlichen Modellen sollte nicht einfach als Frage der Entscheidung für eine theologische oder pädagogische Position verstanden (diese Auffassung ist zum Teil noch immer in der Literatur verbreitet), sondern auf die neuzeitliche Situation des Christentums als ihren sachlichen Hintergrund bezogen werden. Bezeichnend für diese Situation ist es, dass nicht nur die rechtlichen Bestimmungen in der Schule, sondern auch die Erwartungen von Eltern sowie von Kindern und Jugendlichen auf eine zugleich pädagogisch und theologisch verantwortete Form von religiöser Erziehung und Bildung zielen. Dies gilt nicht nur für den schulischen Religionsunterricht, sondern auch für kirchliche Zusammenhänge: Es ließe sich beispielsweise kaum plausibel machen, warum der Konfirmandenunterricht ausdrücklich *nicht pädagogisch* gestaltet sein soll.

Ähnliche Fragen werden in der didaktischen Diskussion auch mit den beiden Begriffen *Allgemeine Didaktik* und *Fachdidaktik* verbunden. Im Horizont der Erziehungswissenschaft stellt die Allgemeine Didaktik diejenige umfassende Theorie dar, in deren übergreifenden Rahmen sich unterschiedliche Fachdidaktiken (Religion, Englisch, Deutsch, Mathematik usw.) einfügen. Faktisch sind die Verhältnisse aber weit komplizierter, da es zum einen keine allgemein akzeptierte Theorie der Allgemeinen Didaktik gibt und zum anderen durch fachspezifische Inhalte und Zusammenhänge jeweils besondere Ausgestaltungen ins Spiel kommen, die nicht einfach in eine allgemeine Theorie aufgehoben werden können (zur Diskussion: Meyer/Plöger 1994, Plöger 1999).

Zusammenfassend lassen sich die Aufgaben der *Religionsdidaktik* so beschreiben, dass diese eine am übergeordneten Ziel der Bildung ausgerichtete sowie auf die Analyse und Gestaltung von Unterricht bezogene Integration fachlicher Inhalte einerseits und der Voraussetzungen und Möglichkeiten des Lehrens und Lernens andererseits leisten soll. Dies impliziert eine möglichst weitreichende Berücksichtigung sowohl theologischer als auch pädagogischer Kriterien – unter Einbezug weiterer Erkenntnisse u. a. aus den Sozial- und Humanwissenschaften sowie aus der Religionswissenschaft. Seine Kontur gewinnt das religionsdidaktische Programm nicht zuletzt vor dem Hinter-

Wege der Religionsdidaktik

grund seiner geschichtlichen Entwicklung, die auch die möglichen Alternativen hervortreten lässt. Neuere Lehrbücher der Religionsdidaktik werden als weiterführende Literatur genannt:

Weiterführende Literatur

C. Grethlein, Fachdidaktik Religion. Evangelischer Religionsunterricht in Studium und Praxis, Göttingen 2005
G. Lämmermann, Religionsdidaktik. Bildungstheoretische Grundlegung und konstruktiv-kritische Elementarisierung, Stuttgart 2005
G. Hilger u. a., Religionsdidaktik. Ein Leitfaden für Studium, Ausbildung und Beruf, München 2001
U. Baumann u. a., Religionsdidaktik: Praxishandbuch für die Sekundarstufe I und II, Berlin 2005

3.2 Entwicklung der Religionsdidaktik

Im Folgenden soll die Entwicklung der Religionsdidaktik zunächst im Blick auf den übergreifenden Wandel vom katechetischen Unterricht zum Religionsunterricht und dann hinsichtlich grundlegender Tendenzen der Diskussion im 20. Jahrhundert dargestellt werden. Den weiteren Hintergrund bildet die Geschichte der Religionspädagogik (→20 ff.).

3.2.1 Der übergreifende Horizont: Vom katechetischen Unterricht zum Religionsunterricht

Von einem katechetischen Unterricht kann seit den Anfängen der Kirche gesprochen werden (→23 ff.). Seit dem 16. Jahrhundert wird dieser Unterricht als Katechismusunterricht stärker formalisiert – nämlich als Unterweisung in der Gestalt von Frage und Antwort, wobei in der Praxis häufig das reine Auswendiglernen dominiert. Die Katechetik ist auch in der Gegenwart nicht einfach verschwunden – in der katholischen Terminologie wird zwischen Religionspädagogik (Schule) und Katechetik (Gemeinde) unterschieden (problematisierend: Nastainczyk 1998) – ein Sprachgebrauch, der auch in der ostdeutschen Theologie während der DDR-Zeit zu finden war (Henkys/Kehnscherper 1978). Auf evangelischer Seite wird etwa in den USA nach wie vor von catechetics gesprochen (Osmer 2005). Unabhängig davon kam es seit etwa dem 17. Jahrhundert zu einer dreifachen *Öffnung des katechetischen Unterrichts:*

– Das Interesse an *persönlicher Aneignung* des Gelernten sowohl im Verstehen als auch in der Lebensführung (Applikation) führte zur Ausarbeitung u. a. von besonderen Frage- und Gesprächstechniken, durch welche eine solche Aneignung ermöglicht und unterstützt werden sollte. Paradigmatisch kann dafür die Katechetik bzw. Religionsdidaktik des Pietismus (P. J. Spener, A. H. Francke →37) stehen.

– Der verstärkte Einbezug *biblischer Geschichten* führte deutlich über die Unterweisung in Frage und Antwort hinaus. Ansatzweise ist in heutiger Terminologie von einer narrativen Gestaltung oder zumindest von narrativen Elementen zu sprechen. Dabei spielten Auswahlsammlungen (besonders wirksam war die von J. Hübner von 1714, vgl. Reents 1984) bzw. Kinderbibeln eine hervorgehobene Rolle.

– Besonders seit dem 18. Jahrhundert kommen unter dem Einfluss der Aufklärung *eigenständige ethische Themen* über den Dekalog hinaus für den Religionsunterricht hinzu. Dadurch wird der Themenbestand auf Dauer erweitert, so wie sich dies an den seit dem 19. Jahrhundert in systematischer Form verfügbaren Lehrplänen für den Religionsunterricht ablesen lässt (vgl. Dieterich 2004).

Die Entwicklung der Didaktik als pädagogischer Disziplin wird ebenfalls auf die Zeit seit dem 17. Jahrhundert datiert (W. Ratke, J. A. Comenius als erste Vertreter, vgl. Wigger 2004). Die für den katechetischen Unterricht beschriebenen Öffnungsbewegungen vollziehen sich also in erkennbarer Parallelität zu allgemeineren Entwicklungen in Wissenschaft und Gesellschaft. In reflektierter und programmatischer Form wird der Übergang zu einem pädagogisch-didaktisch verantworteten (Religions-)Unterricht besonders ab dem 19. Jahrhundert im Anschluss an J. F. Herbart im sog. Herbartianismus (T. Ziller u. a.) vertreten (vgl. Jacobs 1969). Der (Religions-)Unterricht wird nun aus der Perspektive der (damaligen: assoziationspsychologischen) Lernpsychologie analysiert und entsprechend gestaltet (→46). Die Herbartianische Religionspädagogik stellt in vieler Hinsicht den entscheidenden didaktischen Hintergrund dar, auf den sich die Religionsdidaktik im 20. Jahrhundert jahrzehntelang verwiesen sah (vgl. Pfister 1989).

3.2.2 Tendenzen der Religionsdidaktik im 20. Jahrhundert

Die Konzentration auf das 20. Jahrhundert ist insofern nicht willkürlich, als die bis heute im Bereich der Religionsdidaktik wirksamen Impulse im Wesentlichen in diesem Zeitraum greifbar werden. Allerdings stellt der Herbartianismus des 19. Jahrhunderts ein Erbe dar, auf das sich die Religionsdidaktik besonders zu Beginn des 20. Jahrhunderts fast durchweg bezog, so dass zumindest in dieser Hinsicht auch noch eine frühere religionsdidaktische Richtung präsent bleibt. Darüber hinaus wäre es natürlich möglich, die Kontinuitäten etwa bei Lehrplänen, Katechismen usw. über mehrere Jahrhunderte hinweg zu verfolgen, auch wenn dies hier nicht geschehen soll.

(1) *Übergreifende Orientierungen:* Ein bemerkenswerter, noch immer nicht genügend gewürdigter Befund betrifft die *Parallelität evangelischer und katholischer Entwicklungen* in der Religionsdidaktik des 20. Jahrhunderts (Schweitzer/Simon 1996, Schweitzer/Simojoki 2005). In beiden Konfessionen dominiert zu Beginn des Jahrhunderts eine Ausrichtung der Religionsdidaktik an Psychologie und Pädagogik, die dann ab etwa 1930 bzw. auf katholischer Seite etwas später durch eine stärker theologisch-inhaltliche Akzentuierung abgelöst wird. Seit den 1950er und vor allem seit den 60er Jahren kommt es dann zu einer bis heute anhaltenden Öffnung für Erfahrungen, Fragen, Themen, Probleme, lebensweltliche Zusammenhänge usw. in der Gegenwart. Diese Parallelität verweist vor allen Einzeldarstellungen darauf, dass die Entwicklung von Religionsdidaktik nicht nur eine Frage theologischer oder pädagogischer Optionen ist, sondern in dem weiteren Zusammenhang der Geschichte, der politischen und kulturellen Umbrüche sowie der darauf bezogenen Bildungsreformen verstanden werden muss. Von parallelen Entwicklungen in den Konfessionen zu sprechen bedeutet allerdings nicht, dass die gleichwohl zu beobachtenden Unterschiede zwischen der evangelischen und der katholischen Religionsdidaktik übergangen werden dürften.

Die pädagogisch-psychologisch ausgerichtete Reform des Religionsunterrichts nach der Jahrhundertwende kann mit der damals weit verbreiteten Reformpädagogik in Verbindung gebracht werden, auch wenn die Religionspädagogik sich nur bedingt mit den reformpädagogischen Schlagworten und Programmen kennzeichnen lässt. Ähnlich wie viele Reformbemühungen in dieser Zeit strebten auch die Religionspädagogen nach einer Erneuerung von Unterricht, der den Lernmöglichkeiten und -bedürfnissen von Kindern und Jugendlichen stärker gerecht werden sollte (in der Reformpädagogik wurde vielfach eine »Pädagogik vom Kinde aus« vertreten). Entsprechend sollten das Erleben und die Erfahrungen von Kindern und Jugendlichen konstitutive Berücksichtigung finden. Entscheidende Hilfen dazu wurden von der Psychologie erwartet, teilweise auch von der Religionssoziologie (damals als Religionswissenschaft bezeichnet, vgl. Drehsen 1988). Solche didaktischen Reformen schienen nicht zuletzt aufgrund der als bedrängend erfahrenen gesellschaftlichen Veränderungen (Industrialisierung, Urbanisierung, wachsende Mobilität, kulturelle Modernisierung und Pluralisierung usw.) zwingend erforderlich, worauf auch die damals in Anspruch genommene Bezeichnung »moderne« Religionspädagogik hinweist. Unterschiedlich wurde auf evangelischer und katholischer Seite allerdings die Frage beantwortet, ob solche Reformen auch die Inhalte des Unterrichts betreffen sollten. Stand auf evangelischer Seite weithin fest, dass die Inhalte des Religionsunterrichts sich nunmehr an einer »modernen«, z. B. historisch-kritischen Theologie orientieren sollten, blieb genau dies auf katholischer Seite ausgeschlossen und mussten sich die didaktischen Reformen auf die Methoden beschränken. Allerdings gab es auch auf evangelischer Seite inhaltlich-traditionelle Strömungen (die sog. Positiven im Unterschied zu den Liberalen), deren Einfluss häufig unterschätzt wird (Überblick: Schweitzer/Simojoki 2005).

Auf evangelischer Seite kann als Hauptvertreter der liberalen Richtung R. Kabisch mit seinem Buch »Wie lehren wir Religion? Versuch einer Methodik des evangelischen Religionsunterrichts für alle Schulen auf psychologischer Grundlage« (1910, mehrere Neuauflagen) genannt werden. Der Untertitel zeigt die grundlegende Bedeutung der Psychologie, wobei hier nicht nur an die herbartianische Psychologie zu denken ist (→46), sondern an die Psychologie W. Wundts u. a. Kabisch begründet den Religionsunterricht bewusst im Horizont von Kultur, Staat, Schule und Erziehung, nicht zuletzt mit Hilfe eines allgemeinen Religionsbegriffs (Religion als »Kulturgut«, das »Leben, Kraft, Steigerung des Daseins« bedingt). Der Unterricht soll auf die »Erfahrungsreligion des Kindes« bezogen sein, an die auch die Vermittlung christlicher Inhalte gebunden bleibt. Die Religionsdidaktik fordert die Ermöglichung von Erfahrungen sowie die Aufnahme von Gefühlen und Stimmungen usw. Eng verwandt mit Kabischs Arbeiten sind die ebenfalls weit verbreiteten Veröffentlichungen von F. Niebergall, der den Religionsunterricht vor allem unter dem Aspekt der Werteerziehung (Werteentwicklung hin zu idealen Werten) konzipiert (z. B.: Niebergall 1922). Als Vertreter einer positiven Religionspädagogik hat O. Eberhard wohl die größte Wirksamkeit erzielt, nicht zuletzt durch seine praxisbezogenen Beispielsammlungen (Arbeitsschulmäßiger Unterricht, 1924, Lebendiger Religionsunterricht, 1925).

Auf katholischer Seite wird in dieser Zeit die sog. *Münchener Methode* (A. Weber, H. Stieglitz, J. Göttler; Überblick: Simon 1997) entwickelt. Damit wird eine psychologisch fundierte Unterrichtsgestaltung angestrebt, mit Hilfe der nun in der katholischen Religionsdidaktik erstmals rezipierten Assoziationspsychologie des Herbartianismus. Akzentuiert werden bei dieser Rezeption verstärkt das Anschauungsprinzip sowie der Bezug auf die Willenskraft, der jeden Intellektualismus vermeiden soll. Durch die Verbindung mit dem Münchener Katecheten-Verein bzw. ab 1921 mit dem Deutschen Katechetenverein konnte diese Methodenreform erhebliche Ausstrahlungskraft entfalten.

Auf evangelischer Seite kam es bereits in der späten Weimarer Zeit mit der *Evangelischen Unterweisung* (→51) zu einer Neuorientierung, die ihre katholische Parallele ab etwa Mitte der 30er Jahre im *Kerygmatischen Religionsunterricht* besitzt. Diese beiden Ansätze sind einander hinsichtlich ihrer Konsequenzen für die Unterrichtsgestaltung insofern ähnlich, als beide eine Abkehr von Psychologie, Pädagogik und moderner Kultur bedeuten. In ihrer theologischen Begründung unterscheiden sie sich jedoch deutlich voneinander. In der Evangelischen Unterweisung kommen Einflüsse der Dialektischen

Theologie und des Neuluthertums zusammen. Auf katholischer Seite spielen demgegenüber Impulse einer heilsgeschichtlichen Theologie sowie der Liturgiereform eine wichtige Rolle. In beiden Fällen ist der Einfluss der theologischen Inhalte ausschlaggebend, während die Methoden und die im engeren Sinne didaktischen Fragen nach der pädagogischen Gestaltung des Unterrichts sowie nach den Kindern und Jugendlichen an den Rand geraten. Der Eigencharakter von Religionsunterricht, der ganz aus dessen Inhalten erwachsen soll, wird hervorgehoben, während eine Anpassung an die Schule strikt abgelehnt wird.

Das spätere Bild von der Evangelischen Unterweisung wurde vor allem durch die kleine Programmschrift Helmuth Kittels »Vom Religionsunterricht zur Evangelischen Unterweisung« von 1947 geprägt (Kittel 1949 →51 f.). In einer sachlich, aber auch autobiographisch problematischen Weise (vgl. Rickers 1995) wird hier die »Katastrophe in den Jahren nach 1933« im Blick auf den Religionsunterricht auf dessen Begründung in einem allgemeinen Religionsbegriff, der das christliche Profil verwischt habe, zurückgeführt (Kittel 1949, 7). Daher fordert Kittel eine konfessionell profilierte Evangelische Unterweisung, in deren Zentrum Bibel, Gebet, Gesangbuch und Katechismus stehen sollen. »Alle methodischen Probleme werden wieder ›sekundär‹, d. h. ›folgen‹ aus der Antwort auf die Frage nach dem Gegenstand« (24). Diese Unterweisung soll sich ausdrücklich an das »getaufte Kind« wenden (32). Die enorme Wirkungsgeschichte dieser kleinen Programmschrift ist insofern bedauerlich, als sie die zum Teil weit differenzierteren Ansätze einer Evangelischen Unterweisung seit den 20er Jahren verdeckt hat. Schon 1925 hatte E. Thurneysen in Aufnahme theologischer Impulse seines Freundes K. Barth den Konfirmandenunterricht als »Predigt« und »Verkündigung« neu konzipiert, weil Gott »niemals Objekt«, sondern »immer Subjekt« des »religiösen Erkennens« sei und damit alle Pädagogik und Psychologie übersteige. Didaktisch noch immer beachtenswert, u. a. aufgrund der differenzierten Beobachtungen zur Jugendpsychologie ist das vielfach als Startschuss der Evangelischen Unterweisung bezeichnete Buch »Das Wort Gottes und der Unterricht« von G. Bohne von 1929. Eindrücklich ist Bohnes Verbindung einer »Theologie der Krisis« – gemeint ist die Krise der Kultur und eines Kulturchristentums – und der »Entscheidung«, vor die sich der Mensch und insbesondere der Jugendliche durch Gott gestellt sehe. Im Blick auf den Bibelunterricht sind die Überlegungen M. Rangs (1936, 1939) hermeneutisch weit reflektierter, als dies für Kittels Programmschrift zutrifft – auch wenn Rangs Darstellungen nicht immer frei von nationalsozialistischen Einfärbungen z. B. hinsichtlich des Rassedenkens sind (vgl. Rang 1936, 70 u. ö.). Der Gehalt seiner Schriften geht jedenfalls nicht in dem häufig als einziges überlieferten Diktum »*Religionsunterricht ist Kirche in der Schule*« auf (Rang 1936, 120). Zumindest erwähnt seien noch die in Religionspädagogik und -didaktik am stärksten wirksam gewordene Religionspädagogin Magdalene von Tiling, die ihr Verständnis von Evangelischer Unterweisung als Verkündigung in den Horizont einer christlichen Pädagogik einzeichnet (von Tiling 1932), sowie der für die Arbeit der Bekennenden Kirche bedeutsame

O. Hammelsbeck (1939) mit seinem Verständnis von »kirchlichem Unterricht« im Sinne eines umfassenden Katechumenats. Als Hauptvertreter der kerygmatischen bzw. materialkerygmatischen Religionsdidaktik auf katholischer Seite gilt J. A. Jungmann mit seiner Hauptveröffentlichung »Die Frohbotschaft und unsere Glaubensverkündigung« (1936). Für die spätere Zeit ist vor allem auf F. X. Arnold hinzuweisen (Arnold 1948). Beide vertreten eine »Katechese aus der Mitte der Heilsgeschichte« (Arnold 1956).

Ab den 1950er Jahren und besonders den 60er Jahren verliert die Evangelische Unterweisung immer mehr an Einfluss. Die entsprechenden Entwicklungen sollen im Einzelnen im nächsten Abschnitt dargestellt werden. Als übergreifende Kennzeichnung kann von einer *mehrseitigen Öffnung der Religionsdidaktik* gesprochen werden. Im Blick ist zunächst die Hermeneutik mit der Herausforderung, wie der »moderne Mensch« die Bibel als historisches Dokument verstehen und in ihrem Bekenntnisgehalt auch als verbindlich ansehen kann. Mit der »Problemorientierung« ist eine noch weiterreichende Öffnung verbunden, weil der Religionsunterricht nun nicht mehr als Bibelunterricht ausgelegt, sondern ganz von Problemen und Themen der Gegenwart her konzipiert werden soll. Weitere Öffnungen zielen auf eine bewusstere Wahrnehmung der Kinder und Jugendlichen (Erfahrungsorientierung, Schülerorientierung, Kinder und Jugendliche als Subjekte, Elementarisierung usw.). Ab den 80er Jahren werden ästhetische Aspekte verstärkt berücksichtigt (Symboldidaktik, Bilddidaktik, Theaterpädagogik usw.). Pädagogik und Psychologie sowie die Sozialwissenschaften werden als Bezugswissenschaften wieder aufgewertet und, besonders in den 70er Jahren, zur Grundlage eines sog. ideologiekritischen oder sozialtherapeutischen Religionsunterrichts. Einige dieser Entwicklungen sollen nun genauer betrachtet werden.

(2) Religionsdidaktik in der zweiten Hälfte des 20. Jahrhunderts (sog. »Konzeptionen«): Vielfach wird die Entwicklung von Religionsdidaktik besonders in der zweiten Hälfte des 20. Jahrhunderts als Abfolge religionsdidaktischer Konzeptionen dargestellt. Diese Form der Darstellung wird in neuerer Zeit jedoch problematisiert und als unzureichend abgelehnt (vgl. Mette/Schweitzer 2002). Die Hervorhebung von »Konzeptionen« setzt voraus, dass einzelne einflussreiche religionspädagogische Autoren oder Autorengruppen ein bestimmtes, in sich mehr oder weniger stimmiges und geschlossenes Verständnis von Religionsdidaktik aufweisen. Weiterhin wird angenommen, dass sich die Entwicklung der Religionsdidaktik anhand solcher »Konzeptionen« tatsächlich nachvollziehen lässt. Auch wenn solche »Konzeptionen«, sofern sie als Phasen der geschichtlichen Entwicklung verstanden werden, einen ersten Einblick in die Entwicklung von Religionsdidaktik geben, ist nicht zu übersehen, dass dabei lediglich eine Binnensicht rekonstruiert wird, die weder den

Alltag von Religionsunterricht noch dessen gesellschaftliche, bildungspolitische, kirchen- und theologiegeschichtliche Hintergründe erfasst und die auch den Wandel des Kindes- und Jugendalters übergeht. Vor allem aber sollten die »Konzeptionen« nicht als alternative Angebote ausgelegt werden. Religionsdidaktik ist keine Frage bloß persönlicher Präferenzen oder positioneller Befindlichkeit. Ihre Aufgaben sind inhaltlich zu begründen.

Für beide Konfessionen lassen sich seit den 50er Jahren drei parallele, zeitlich nur leicht voneinander abweichende Phasen beobachten: zunächst ein *auf Verkündigung angelegter Religionsunterricht* im Sinne von Evangelischer Unterweisung und Materialkerygmatik, in den 60er Jahren ein *hermeneutischer Bibelunterricht*, schließlich seit den späten 60er und frühen 70er Jahren ein *am Dialog mit gegenwärtiger Wirklichkeitserfahrung ausgerichteter Unterricht* zunächst im Sinne der Problemorientierung (evangelisch) und der Korrelationsdidaktik (katholisch), später im Sinne der beschriebenen Öffnungen (→ 146) für die lebensweltlichen und kulturellen Zusammenhänge der Gegenwart. Als zentrale »Konzeptionen« seien hier der hermeneutische (Bibel-)Unterricht, der problemorientierte Religionsunterricht sowie die Korrelationsdidaktik kurz erläutert:

Hermeneutischer (Bibel-)Unterricht: In dieser Phase rückt die Bibel im Unterschied zu Katechismus, Gesangbuch, Gebet u. ä. in den Mittelpunkt, und dies unter konsequenter Berücksichtigung der wissenschaftlichen Auslegung der Bibel, wie es der Begriff der Hermeneutik (Lehre vom Verstehen und Auslegen) anzeigt (evangelisch: M. Stallmann, H. Stock u. a., katholisch: G. Stachel u. a.). Den Hintergrund bilden die Ergebnisse der historisch-kritischen Erforschung der Bibel, die einen naiven Zugang unmöglich machen und zugleich neue, stärker historisch und kritisch angelegte Zugangsweisen eröffnen. Darüber hinaus tritt mit dieser Form der Exegese auch der »moderne Mensch« in den Horizont des Religionsunterrichts, eben weil die historisch-kritische Exegese sich Aufklärung und Moderne verdankt. Zu einer stärkeren Hinwendung zu den Verstehens- und Erfahrungsmöglichkeiten von Kindern und Jugendlichen kommt es aber noch nicht. Der Bezug auf den »modernen Menschen« bleibt in aller Regel sehr abstrakt.

Problemorientierter Religionsunterricht und Korrelationsdidaktik: Neben den Gemeinsamkeiten zwischen diesen beiden Ansätzen, die vor allem in der konsequenten Aufnahme gegenwärtiger Erfahrungen und Herausforderungen liegen, sind auch die konfessionellen Unterschiede zu beachten. Die evangelische Variante – der problemorientierte Unterricht – wendet sich gegen eine, nun als unzureichend angesehene Mittelpunktsstellung der Bibel und sucht nach Möglichkeiten, die Bibel ausgehend von heutigen Problemerfahrungen erst in einem zweiten Schritt ins Gespräch zu bringen (H. B. Kaufmann 1966, K. E. Nipkow 1971 u. a.). Auf diese Weise soll der Religionsunterricht auf die Voraussetzungen einer damals weithin als Gegebenheit wahrgenommenen Säkularisierung umgestellt werden, wozu dann auch die Berücksichtigung empirischer Forschungsergebnisse zur (religiösen) Sozialisation zählte. Die – katholische – Korrelationsdidaktik stellt gewissermaßen einen Versuch dar, zwischen den beiden zuvor genannten Konzeptionen zu vermitteln, also biblische Tradition und Erfahrungen oder Herausforderungen der Gegenwart miteinander zu verschränken. Sie geht von einer wechselseitigen Abbildbarkeit zwischen christlichen Traditionen und gegenwärtigen Erfahrungen aus (Baudler 1984 u. a.) – eine Voraussetzung, die später mit großem Nachdruck problematisiert worden ist, weil die heutige Lebenswelt von Kindern und Jugendlichen immer weniger Anknüpfungspunkte für eine solche korrelative Abbildbarkeit zu bieten scheint (fehlende christliche Sozialisation usw., vgl. Hilger/Reilly 1993).

Die Ansätze des Hermeneutischen Religionsunterrichts, der Problemorientierung und der Korrelationsdidaktik, wie sie seit den 60er Jahren ausgebildet wurden, sind heute Geschichte. Sie sind mit wichtigen Impulsen im Blick auf Lehrpläne sowie die generelle Ausrichtung des Religionsunterrichts an Tradition und Situation wirksam geblieben, können aber in der damaligen Form heute nicht mehr unmittelbar überzeugen, auch wenn neuerdings zum Teil versucht wird, die Problemorientierung wieder zu erneuern (Knauth 2003).

Weiterführende Literatur

Religionspädagogik seit 1945. Bilanz und Perspektiven. Jahrbuch der Religionspädagogik 12, Neukirchen-Vluyn 1996
H.-G. Ziebertz/W. Simon (Hg.), Bilanz der Religionspädagogik, Düsseldorf 1995
G. Lämmermann, Religionspädagogik im 20. Jahrhundert, Gütersloh 1994
T. Knauth, Problemorientierter Religionsunterricht. Eine kritische Rekonstruktion, Göttingen 2003

3.3 Schwerpunkte der gegenwärtigen Diskussion: Inhaltsbereiche – didaktische Prinzipien – Unterrichtsplanung

In der gegenwärtigen Diskussion lassen sich Inhaltsbereiche und didaktische Prinzipien nur bedingt voneinander trennen. Wenn beispielsweise von der Bibel im Unterricht die Rede ist, kann ebenso an einen ausgesprochenen Bibelunterricht gedacht werden wie an den Umgang mit biblischen Texten im Zusammenhang anderer Themen. Ähnlich bezeichnet »Symboldidaktik« nicht nur einen Unterricht zum Thema Symbole, sondern verweist auf die Bedeutung der symbolischen Dimension im Religionsunterricht insgesamt. Zugleich ist festzuhalten, dass die Religionsdidaktik derzeit nicht über eine ausgearbeitete Theorie zu den Inhalten des Unterrichts verfügt.

Die im Folgenden beschriebenen Ansätze und Arbeitsweisen enthalten zum Teil weitreichende Implikationen auch für die Unterrichtsplanung. Vor allem der Elementarisierungsansatz kann überhaupt als ein religionsdidaktisches Modell der Unterrichtsplanung und -gestaltung angesprochen werden. Die Frage der Unterrichtsplanung soll jedoch noch eigens aufgenommen werden (→ 175 ff.).

3.3.1 Die Bibel im Unterricht

Für die Religionsdidaktik der Gegenwart steht außer Frage, dass die wissenschaftliche Exegese der Bibel auch für den Religionsunterricht maßgeblich ist. Anders als in der Vergangenheit können und sollen die Erkenntnisse der historisch-kritischen Forschung auch bei der Arbeit mit Kindern und Jugendlichen nicht ausgeschlossen werden. Zugleich verweisen Erfahrungen und Einsichten aus Praxis und Theorie übereinstimmend darauf, dass der in den 1950er und 60er Jahren unternommene Versuch (Stock 1959, Stallmann 1963), den Religionsunterricht ganz als hermeneutischen Bibelunterricht auf der Grundlage historisch-kritischer Exegese zu gestalten – als Erschließung der Bibel für den historisch und kritisch fragenden »modernen Menschen« (→ 147) –, heute keinen gangbaren Weg mehr weist. Seit den 1970er Jahren ist das Interesse an einem »lebendigen«, »kreativen« und methodisch vielfältigen Bibelunterricht bestimmend. Ermöglicht werden sollen lebensbedeutsame Formen der Begegnung mit der Bibel, nicht primär als Dokument aus der Vergangenheit, sondern als einem gegenwärtigen Gegenüber. Insofern sollen Exegese und Didaktik zwar ineinander greifen, aber nicht so, dass die Exegese den Unterricht direkt bestimmt. Der Unterschied zwischen theologisch-wissenschaftlicher Arbeit und personbezogenem Unterricht soll gewahrt bleiben.

Kreative Methoden der Bibelarbeit: H. K. Berg (1993, 182 ff.) fasst die entsprechenden Bemühungen der letzten Jahrzehnte zusammen und beschreibt zehn Methoden für den biblischen Unterricht (→ 131):
– Erzählen
– Spielen
– Inszenieren
– Singen
– Mit Kunst arbeiten
– Verfremden (Texte wieder fremd zu machen, so dass sie in neuer Perspektive aufscheinen und wieder frag-würdig werden)
– Kreatives, spontanes Gestalten (Malen, Arbeiten mit Ton, Verklanglichen, Bewegung, Tanz, Symbolhandlung)
– Kommunizieren (in der Lerngruppe und mit dem Text)

- Mit Texten arbeiten
- Recherchieren (Informationen zur Welt der Bibel und zu biblischen Themen)
- Mit AV-Medien arbeiten (Dias, Filme, usw.).

Die in großer Vielfalt verfügbaren Hilfen zur Gestaltung von Bibelunterricht verdanken sich in der Regel solchen methodischen Impulsen (einen Eindruck von dieser Vielfalt geben die Sammelbände: Langer 1987, Bell u. a. 1999, Lämmermann u. a. 1999, Elsenbast/Lachmann/Schelander 2004; als Entwurf eines Neutestamentlers vgl. auch Theißen 2003).

Besondere Hervorhebung verdient hier das *Bibliodrama* als szenische (»dramatische«) Zugangsweise zu biblischen Texten (Kiehn u. a. 1987 als grundlegende Darstellung, weitere Hinweise bei Dormeyer u. a. 2001). Für schulische Zusammenhänge ist diese Methode allerdings nur in modifizierter bzw. eingeschränkter Form einsetzbar, u. a. aufgrund der erforderlichen Zeit (häufig wird das Bibliodrama in mehrtägigen Seminaren oder Wochenend-Workshops durchgeführt).

Wege der Bibelauslegung: Über die historisch-kritische Exegese hinaus verweisen (theologische) Ansätze der Bibelauslegung, die durch ihren Gegenwartsbezug auch für den Religionsunterricht interessant sind. Teilweise werden dabei Impulse aus anderen Wissenschaften aufgenommen, teilweise handelt es sich um Anstöße aus sog. kontextuellen Theologien (Überblick: Berg 1991).

Große Beachtung hat die für verschiedene Wissenschaften bedeutsame Wiederentdeckung des *Erzählens* gefunden (Sanders/Wegenast 1983), das auch mit der sog. narrativen Theologie verbunden ist. Für die religionsunterrichtliche Praxis ist besonders auf die Darstellungen von D. Steinwede (1974) und W. Neidhart/ H. Eggenberger (1975) hinzuweisen. Stärker kontextuell sind befreiungspädagogisch und -theologisch ausgerichtete Ansätze u. a. aus Lateinamerika (Berg 1991, 273 ff.), in deren Zusammenhang auch feministische Auslegungen gesehen werden können (250 ff.).

Die Bibel als »Buch des Lernens« und des eigenen Entdeckens: Die Bibel nicht als ein Buch des (Be-)Lehrens, sondern des Lernens und selbst Entdeckens vorzustellen ist das Anliegen besonders des evangelischen Bibeldidaktikers I. Baldermann, das auf katholischer Seite von R. Oberthür weitergeführt wurde.

Baldermann fragt nach den »elementaren Strukturen biblischer Rede« und nach den Wegen, »auf denen die Bibel selbst ihre Hörer und Leser zu ihren Lernerfahrungen führt« (Baldermann 1980, 17). Am erfolgreichsten ist die Anwendung dieses Ansatzes auf die Psalmen, in denen die Kinder sich selbst und also ihre eigenen Erfahrungen wiederentdecken sollen (Baldermann 1986, neutestamentliche Weiterführung 1991). Im Zentrum steht das assoziative Auslegen ausgewählter Psalmverse durch die Kinder. In R. Oberthürs Arbeiten (1995, 1998) wird dieser Ansatz eindrücklich illustriert und erweitert, insbesondere auch in

Gestalt eigener Textproduktionen von Kindern (Oberthür 2000). Diese Form der Bibeldidaktik besitzt eine Nähe zur Kindertheologie (→ 159) und gehört zugleich zur Elementarisierungsdiskussion (→ 179 ff.).

Rezeptionsästhetik und sozialwissenschaftliche Hermeneutik: Die in der Sprach- und Literaturwissenschaft entwickelte Rezeptionsästhetik (W. Iser, U. Eco) verweist auch für den Bereich der Bibellektüre auf die aktive und kreative Rolle von Leserinnen und Lesern, durch deren Interpretationen bzw. Verstehens- und Deutungsweisen Texte ihre Bedeutung allererst gewinnen. Ähnliche Auffassungen waren z. T. schon früher etwa in der Psychoanalyse vertreten worden, hier im Sinne einer auf psychologische Prozesse (Identifikation, Übertragung usw.) eingestellten Auslegung. Die kognitive bzw. strukturgenetische Psychologie stellt im Anschluss an J. Piaget die aktive Rolle auch schon von Kindern als Bibelauslegern heraus.

Ein Überblick zu tiefenpsychologischen Formen der Textauslegung findet sich bei H. K. Berg (1991, 139 ff.). Rezeptionsästhetische und strukturgenetische Aspekte besonders zum Bereich der Gleichnisse werden von A. Bucher (1990b) dargestellt (zu Wundergeschichten vgl. Blum 1997, Bee-Schroedter 1998). Weiterführende Impulse finden sich in der aktuellen Diskussion zur Kindertheologie (→ 159).

Bibel und interreligiöser Dialog: Während bei einer vor allem methodisch motivierten Aufnahme von Auslegungsformen aus der jüdischen Tradition (Berg 1991, 386 ff.) die damit verbundenen Fragen hinsichtlich des Verhältnisses zwischen Christentum und Judentum eher implizit bleiben, gewinnen solche Fragen im Horizont des interreligiösen Lernens (→ 169 ff.) zumindest dann zentrale Bedeutung, wenn dabei auch die Bibel einbezogen wird. Ein solcher Einbezug der Bibel ist durchaus sachgemäß und sogar zwingend erforderlich, wenn die biblischen Grundlagen von Christentum und Judentum nicht ausgeblendet werden sollen.

J. Lähnemann (1999) spricht von »religionsübergreifendem Lernen in der Bibel«, von der »entgrenzenden ›Pädagogik des Evangeliums‹ im Neuen Testament« sowie von »interreligiösem Lernen mit der Bibel«. Im Anschluss daran hat H. Aldebert (1998) Formen des Bibliodramas entwickelt und beschrieben, die auf eine persönliche Begegnung zwischen Christen und Muslimen eingestellt sind.

Weiterführende Literatur

I. Baldermann, Einführung in die biblische Didaktik, Darmstadt 1996

K. Wegenast, Bibeldidaktik 1975 – 1985. Ein Überblick. In: Jahrbuch der Religionspädagogik 3, Neukirchen-Vluyn 1987, 127-152

G. Lämmermann u. a. (Hg.), Bibeldidaktik in der Postmoderne. Klaus Wegenast zum 70. Geburtstag, Stuttgart u. a. 1999

3.3.2 Themen- und problemorientierter Religionsunterricht

Der problemorientierte Religionsunterricht wurde in den 1960er Jahren eingeführt, teils um den vorher üblichen Bibelunterricht zu ersetzen, teils als zweiter Typus von Unterricht über gegenwartsbezogene Themen neben dem Bibelunterricht (vgl. Kaufmann 1966, Nipkow 1971 →147). Dieses Nebeneinander ist inzwischen zugunsten integrativer Modelle überwunden worden (bspw. Berg 1993, 150 ff. spricht von »problemorientierter Texterschließung« und »bibelorientierter Problemerschließung«). Statt von einer Alternative zwischen Bibel- und Problemorientierung ist von einem Verhältnis wechselseitiger Ergänzung auszugehen, so »dass die traditionserschließende Unterrichtsform des hermeneutischen Unterrichts, die problemorientierte Form des ethischen Lernens und die symboldidaktische Form den integrativen Kern eines offenen Ensembles didaktischer Strukturen darstellt« (Biehl 2002, 138). Die Forderung, im Religionsunterricht auch Themen oder Problemstellungen aufzunehmen, die sich aus gegenwärtigen Kontroversen ergeben, bleibt also erhalten, soll aber mit biblischen und anderen theologischen Bezügen verbunden werden.

Ebenfalls möglich und sinnvoll ist ein noch weiter reichendes Verständnis themenbezogenen Religionsunterrichts. Denn schon seit langer Zeit spielen neben betont aktuellen Themen auch theologische Themen und also nicht einfach biblische Texte im Unterricht eine wichtige Rolle. Besonders in den Lehrplänen für die Sekundarstufe II treten immer wieder folgende Themen hervor:

– Gott
– Jesus Christus
– Kirche/Pneumatologie/Ökumene
– Bibel
– Anthropologie
– Ethik
– Religionen
– Wahrheit/Fundamentaltheologische Fragen/Apologetik.

Die unmittelbar auf die aktuelle Situation bezogenen Themen sind naturgemäß sehr vielfältig. Sie können etwa zu folgenden Themenfeldern gebündelt werden:

– Politik und Ethik/Frieden/Gerechtigkeit/Demokratie
– Anthropologie
– Lebensführung/Lebensbewältigung/Lebensgeschichte
– Kultur und Ästhetik/Jugendkultur
– Religion

– Leben in der multikulturellen und -religiösen Gesellschaft
– Globales Lernen
– Wirklichkeit/Glaube und Naturwissenschaft.

Auch wenn, wie gesagt, derzeit keine konsensuelle Theorie der Inhalte für den Religionsunterricht zur Verfügung steht, ist doch nicht zu übersehen, dass es sich bei den theologischen Themen nicht zufällig um die bereits in der Tradition der Katechismen als zentral erkannten Fragen des christlichen Glaubens handelt, ergänzt um moderne Entwicklungen, etwa hinsichtlich des Neben- und Miteinanders unterschiedlicher Religionen. Die zweite Reihe von Inhalten kann einerseits im Sinne theologischer Perspektiven auf die Gegenwart verstanden werden, zugleich aber auch – und dies ist für die neuere religionsdidaktische Diskussion entscheidend (pointiert: Failing/Heimbrock 1998) – als Ausdruck eines Bemühens darum, von theologisch gerade noch nicht interpretierten lebensweltlichen Erfahrungen und Zusammenhängen auszugehen.

Eine eigene Frage betrifft *(kirchen-)geschichtliche Inhalte,* die in den beiden o. g. Themenreihen nicht eigens aufgeführt sind.

Zum einen besitzen fast alle der genannten Themen eine geschichtliche Dimension, die im Unterricht je nach Umständen auch ausdrücklich berücksichtigt werden sollte. Zum anderen können (kirchen-)geschichtliche Themen, ohne dass sie das beschriebene Themenspektrum sprengen müssten, auch eigenständig behandelt werden (vgl. Biehl 2002).

Die didaktische Begründung für einen themenorientierten Religionsunterricht liegt insofern auf der Hand, als bereits die Themen aus der Theologie nicht nur punktuell, sondern in zusammenhängender Weise behandelt werden sollten (Unterrichtseinheit zur Bibel, Einheit zu Jesus Christus usw.). Darüber hinaus wurde vor allem in der Diskussion über den problemorientierten Religionsunterricht deutlich, dass eine ausschließliche Traditionsorientierung leicht zu dem Fehlurteil führen kann, im Religionsunterricht gehe es bloß um die Vergangenheit. Insofern ist es berechtigt, wenn heute wieder neu nach dem u. a. sozialethischen Potential eines an Gegenwartsproblemen und Zukunftsherausforderungen ausgerichteten Unterrichts gefragt wird (Knauth 2003).

Der Ausgang von Themen und Problemen der Gegenwart lässt sich auch im Sinne der Korrelationstheologie verstehen (zu deren Wurzeln bei dem niederländischen katholischen Fundamentaltheologen E. Schillebeeckx vgl. Porzelt 1999, als wichtigster Vertreter in der Gegenwart: Tracy 1996): So gesehen geht es um eine Verschränkung von Tradition und Situation im Sinne eines wechselseitigen bzw. wechselseitig-kritischen Dialogs von Offenbarung und

Erfahrung, Überlieferung und Gegenwart usw. Die auf katholischer Seite entwickelte Korrelations*didaktik* (Baudler 1984) gilt inzwischen zwar als gescheitert (Englert 1993), aber dies gilt vor allem für die in Lehrplänen enthaltenen Schemata und nicht gleichermaßen für die didaktisch keineswegs ausgeschöpfte Korrelations*theologie* im allgemeinen Sinne.

Der Hinweis auf den korrelationstheologischen Hintergrund erinnert auch daran, dass der Religionsunterricht bei der Aufnahme aktueller Themen sein *theologisches Profil* keineswegs preisgeben darf. Kritische Anfragen beziehen sich auf Kompetenzüberschreitungen des Religionsunterrichts sowie auf mangelnde Plausibilität der Thematisierung scheinbar beliebiger Themen im Religionsunterricht. Ein theologisches Profil kann jedoch auch bei gegenwartsbezogenen Themen durchgehalten werden und muss für die Kinder und Jugendlichen erkennbar bleiben.

Schließlich hat sich die Erwartung, die Thematisierung aktueller Problemstellungen werde auch den Kindern und Jugendlichen die Aktualität des Religionsunterrichts neu einleuchtend machen, bald als zu einfach herausgestellt (Wegenast 1972 spricht vom »Problem der Probleme«). Demgegenüber ist die Einsicht der Allgemeinen Didaktik festzuhalten, dass alle Inhalte beispielsweise des Lehrplans zu *Themen für die Schülerinnen und Schüler* erst werden müssen, nämlich indem sie sich für diese als wichtig, interessant usw. erschließen (Faust-Siehl 1987). Deshalb muss auch bei einem themen- oder problemorientierten Unterricht jeweils nach dem Erfahrungs- und Lebensweltbezug gefragt werden (→155 ff.).

Eine hervorgehobene Stellung nehmen in der gegenwärtigen Diskussion *ethische Themen* sowie *moralisches oder ethisches Lernen* ein. Diese besondere Aufmerksamkeit entspricht dem sog. gesteigerten Ethikbedarf unserer Zeit. Ferner bringen es die Ersatz- bzw. Wahlpflichtfach-Regelungen für den Religions- und Ethikunterricht (→85) mit sich, dass auch eine inhaltliche Entsprechung zwischen diesen beiden Fächern erwartet wird. Um das Profil des Religionsunterrichts zu verdeutlichen, ist festzuhalten, dass der Religionsunterricht nicht in ethischer Erziehung aufgeht (Biesinger/Hänle 1997), zugleich aber muss der Beitrag des Religionsunterrichts zur ethischen Erziehung verdeutlicht werden, um seine Plausibilität zu stützen (Adam/Schweitzer 1996).

Hinsichtlich des ethischen Lernens sind sowohl besondere Inhalte als auch besondere Lernformen zu beachten:

Über die bereits genannten allgemeinen Themen (Frieden, Gerechtigkeit usw.) hinaus kommt dem Dekalog sowie der Bergpredigt große Bedeutung zu. Ähnliches gilt für Themen im Umkreis von Gewissen, Schuld und Vergebung, Menschenrechte, Umgang mit Menschen mit Behinderungen, Sexualität, Pluralismus und Relativismus sowie die Verfahren der ethischen Entscheidungsfindung (vgl. dazu die Beiträge in Adam/Schweitzer 1996).

Wege der Religionsdidaktik

Auf die Formen des Lernens wurde bereits hingewiesen (→114). Darüber hinaus sind Einzeldarstellungen zum ethischen Lehren und Lernen sowie zu Methoden ethischer Erziehung zu nennen (Schweitzer 1996, Adam 1996).

Vor besondere Herausforderungen, die den üblichen Rahmen von Methodik und Didaktik sprengen, stellt die Aufgabe des *Erinnerns und Gedenkens an die Opfer der Geschichte*, besonders im Nationalsozialismus. Einen Überblick zu den einschlägigen (religions-)pädagogischen Diskussionen, Ansätzen und (Unterrichts-)Modellen gibt das Themenheft der »Zeitschrift für Pädagogik und Theologie« 4/2003 (vgl. auch Lohrbächer u. a. 1999).

Weiterführende Literatur

H.-B. Kaufmann (Hg.), Streit um den problemorientierten Unterricht in Schule und Kirche, Frankfurt/M. u. a. 1973
B. Dressler/F. Rickers (Hg.), Der thematisch-problemorientierte Religionsunterricht. Aufbruch. Bewährung in der Praxis. Impulse, Neukirchen-Vluyn 2003
T. Knauth, Problemorientierter Religionsunterricht. Eine kritische Rekonstruktion, Göttingen 2003

3.3.3 *Subjektorientierung, Entwicklungsbezug, Kindertheologie*

Der biblische Unterricht, aber auch der themen- und problemorientierte Religionsunterricht standen und stehen immer wieder in der Gefahr, Unterrichtsprozesse allein von den Inhalten her konzipieren zu wollen. Lernprozesse können aber nur dann gelingen, wenn auch die Lernmöglichkeiten, -bedürfnisse und Interessen der Schülerinnen und Schüler berücksichtigt werden, wobei die Gewichtung der lernenden Personen im Verhältnis zum Unterrichtsinhalt naturgemäß immer wieder umstritten ist. In der religionsdidaktischen Diskussion ist das Anliegen, den Kindern und Jugendlichen gerecht zu werden, mit unterschiedlichen Ansätzen verfolgt worden. Übergreifend wird von Schülerorientierung gesprochen (Brockmann/Stoodt 1976), unter Bezugnahme auf Theorien der religiösen Sozialisation (→101 ff.) auch von einem sozialisationsbegleitenden bzw. sozialtherapeutischen Religionsunterricht (Stoodt 1971), der auf eine theologisch und pädagogisch kritische »Aufarbeitung« oder »Therapie« der von den Kindern und Jugendlichen mitgebrachten Religion zielte (eine Zielsetzung, die allerdings problematisiert werden muss – Religionsunterricht ist keine Therapie!), oder von einem erfahrungsbezogenen Religionsunterricht (Ritter 1989). In der gegenwärtigen Diskussion spielen jedoch die drei genannten Begriffe – Subjektorientierung, Entwicklungsbezug, Kindertheologie – als weitere Zuspitzungen früherer Ansätze die entscheidende Rolle.

(1) *Subjektorientierung – Kinder und Jugendliche als Subjekte:* Schülerorientierung wird manchmal vordergründig so verstanden, als gehe es allein um die Bewältigung praktischer Unterrichtsprobleme. Vor allem der Unterricht im Jugendalter gilt als ein zunehmend schwieriges Geschäft. Die religiöse Ansprechbarkeit von Jugendlichen wird in der Praxis manchmal als sehr gering eingeschätzt (»Jugend ohne Gott?«, Bergau 1989). Schülerorientierung soll dann dazu beitragen, solche Schwierigkeiten zu bewältigen. Diese Orientierung bleibt jedoch widersprüchlich: Die Wendung zu den Jugendlichen wird nur als *Mittel* begriffen – der *Zweck* liegt nicht bei den Schülerinnen und Schülern, sondern in der Überwindung von Schwierigkeiten einer institutionell vorgegebenen Praxis.

Die Forderung, Kinder und Jugendliche *als Subjekte* wahrzunehmen (Luther 1992a), soll eine solche institutionell bestimmte Funktionalisierung verhindern. Einer »Option für die Jugend« (Mette 1992) folgend, sollen die Jugendlichen selbst Ausgangspunkt religionspädagogischer Theoriebildung sein. Nicht andere sollen über die Kinder und Jugendlichen verfügen und sie so zu Objekten machen, sondern sie selbst sollen – als sich selbst bestimmende Subjekte – ernst genommen werden.

Diesem Anliegen entspricht das Streben nach einem *Perspektivenwechsel* – von den Erwachsenen hin zu den Kindern (Synode der EKD 1995, 49 f.). Eine religionspädagogische und -didaktische Konkretion hierzu stellt die »Hermeneutik der Aneignung« dar, die sich von einer »Hermeneutik der Vermittlung« abgrenzt (Becker/Scheilke 1995).

> Mit dem Hinweis auf Aneignungsvorgänge soll diejenige Form von Glaube oder Religion hervorgehoben werden, die von den Kindern und Jugendlichen her – möglichst unabhängig von allen Vermittlungsinteressen – vorgegeben ist. Religiöse Lernprozesse sollen im Sinne einer solchen Aneignung im Zusammenhang des Lebens und der Lebensbewältigung von Kindern und Jugendlichen gesehen und gestaltet werden. Darin folgt eine entsprechende Religionsdidaktik allerdings nicht einfach einer bestimmten Entscheidung, die auch anders ausfallen könnte. Sie entspricht vielmehr einer geschichtlichen Situation, in der Kinder, Jugendliche und Erwachsene ihre Beziehung zu Religion und Kirche nicht nach Maßgabe institutioneller Erwartungen, sondern aufgrund eigener Bedürfnisse und Interessen bestimmen. So gesehen vollzieht eine Aneignungsdidaktik auf der Ebene der Theorie nach, was in der Realität bereits im Gange ist.

Subjektorientierung soll die vieldeutige Schülerorientierung weiter zuspitzen und kritisch reflektieren (Lämmermann 1994, 208 ff.). Dies schließt einen kritischen Gebrauch des Subjektbegriffs ein. Kinder und Jugendliche folgen nicht einfach ihrem eigenen – freien – Willen, wenn sie ihr Verhältnis zu gesellschaftlichen Institutionen oder religiösen Traditionen bestimmen. Sie sind immer auch Objekte der Beeinflussung durch Kultur und Gesellschaft, durch

Medien und Modetrends. Kinder und Jugendliche als Subjekte wahrnehmen muss deshalb immer auch bedeuten, sie zu Subjekten erst werden zu lassen. Genau darin besteht die Aufgabe von Religionspädagogik angesichts von Kindern und Jugendlichen, deren Subjektsein und Subjektwerden bedroht und belastet ist.

Nach heutigem Verständnis steht Subjektorientierung für eine generelle Ausrichtung oder Perspektive, die in allen didaktischen Zusammenhängen beachtet werden muss. Umgekehrt bedeutet dies, dass nicht gemeint ist, der Religionsunterricht sollte vor allem oder gar ausschließlich die Schülerinnen und Schüler zum Thema machen. Möglich und sinnvoll ist es allerdings, Lebensgeschichte als ein Thema von Religionsunterricht zu begreifen.

(2) *Entwicklungsbezogener Unterricht, Biographieorientierung, Religion in der Lebensgeschichte:* Eine weitere Zuspitzung der allgemeinen Schülerorientierung gewinnt die Religionsdidaktik durch die Rezeption von Entwicklungspsychologie und Biographieforschung (→ 106 ff.). Die Entwicklungspsychologie lässt sich zwar nicht direkt didaktisch ausmünzen, aber sie verhilft der Religionsdidaktik zu einer Präzisierung ihres Verständnisses der für Kinder, Jugendliche und Erwachsene jeweils bedeutsamen Lernaufgaben und -möglichkeiten (Schweitzer u. a. 1997, Überblick Schweitzer 2004). Religiöse Bildungsprozesse sollen zur rechten Zeit ermöglicht werden (»Kairologie«, Englert 1985). Die Entwicklungspsychologie kann dazu beitragen, die religionspädagogische Wahrnehmungsfähigkeit in dieser Hinsicht zu stärken.

Die Vorstellung einer religiösen (Höher-)Entwicklung, die mit Entwicklungstheorien verbunden sein kann, ist jedoch in vieler Hinsicht problematisch. Theologisch und pädagogisch angemessener ist die Forderung, *Religion in der Lebensgeschichte* zu begreifen (Schweitzer 2004, vgl. Sparn 1990, Kuld 1997). Durch den Bezug auf die Lebensgeschichte werden biographisch bedingte Erfahrungen und Sozialisationsvoraussetzungen ebenso aufgenommen wie der nicht zuletzt narrative Zusammenhang, durch den Religion mit der Lebensgeschichte verwoben ist. Im Verhältnis zur Lebensgeschichte besteht die Aufgabe der Religionspädagogik weniger in der Erziehung als in der Begleitung (→ 121).

Die Entfaltung einer entwicklungs- und biographiebezogenen Religionsdidaktik stützt sich auf unterschiedliche Ansätze in Psychologie und Biographieforschung (Überblick: Grom 1981, Esser 1991, Comenius-Institut 1993, Schweitzer 2004). Für die Praxis bleibt die Rezeption nur eines einzelnen sozialwissenschaftlichen Ansatzes unzureichend, da hier stets mehrere Zusammenhänge beachtet werden müssen. Übergreifend können drei Aufgaben einer solchen Didaktik benannt werden:

– *Biographisch-erfahrungsbezogene Einbettung religiöser Lernprozesse:* Lebensbedeutung gewinnen Lernprozesse dann, wenn sie auf die Lebenszusammenhänge der Lernenden eingestellt sind. Sie müssen mit den bereits vor dem Unterricht bestehenden Erfahrungen, Erwartungen usw. verknüpft, auf entsprechendes (Vor-)Wissen eingestellt und auf die im jeweiligen Lebenszusammenhang wahrgenommenen Aufgaben bezogen sein.

Lebensgeschichte oder Biographie verweisen damit auf die Individualität von Lernprozessen. Lebensgeschichtliche Erfahrungen sind naturgemäß höchst vielfältig und können nicht in die Form einer allgemeinen Theorie gebracht werden. Untersuchungen etwa aus der Jugendforschung (Shell-Jugendstudien u. ä. →227 ff.) geben aber immerhin Aufschluss über Tendenzen, zeit- und generationenspezifische Konstellationen, kulturelle Veränderungen usw. Sie sollten daher auch bei der Planung und Gestaltung von Religionsunterricht berücksichtigt werden.

– *Phasenbezogene Unterstützung der psychosozialen Entwicklung:* Vor allem in Anlehnung an die psychosoziale Entwicklungspsychologie E. H. Eriksons (→107), die auch eine Religionspsychologie einschließt, kann Religionsdidaktik in dieser Hinsicht profiliert werden (Fraas 1983, Englert 1985). Die von Erikson beschriebenen Krisen oder Phasen der Entwicklung stellen dann den Ausgangspunkt für die Auswahl von Unterrichtsthemen dar und geben zugleich Aufschluss über jeweils bedeutsame Erfahrungen.

Die didaktische Parallelisierung von Entwicklungsphasen und religiösen Themen (Fraas 1983, 105 ff.) kann als psychologisch vertiefte Form der Korrelation verstanden werden (→147). Eine hervorgehobene Rolle spielt dabei die (religiöse) Identitätsbildung, die unterstützt werden soll. Allerdings kann religiöse Identität nicht einfach als ein Lernziel verstanden werden, dessen Erreichen durch den Religionsunterricht gewährleistet werden sollte (Schweitzer 2005c).

– *Auf Entwicklungsstufen bezogene Gestaltung von Unterricht:* Im Anschluss an die Theorien der religiösen Entwicklung von J. W. Fowler, F. Oser u. a. (→109) bemüht sich die Religionsdidaktik um eine entwicklungsgerechte Gestaltung von Unterricht, die auf die jeweiligen, durch den Entwicklungsstand bestimmten Lernmöglichkeiten und -bedürfnisse abgestimmt ist. Im Rahmen des Elementarisierungsmodells (Nipkow 1982, Schweitzer u. a. 1997, Schweitzer 2003c) sollen die entwicklungsbedingten Zugänge der Schülerinnen und Schüler berücksichtigt werden (zum Elementarisierungsmodell →179 ff.).

Stufentheorien können religionspädagogisch allerdings nur in kritisch-reflektierter Weise rezipiert werden. Sie dürfen nicht so missverstanden werden, als beschrieben sie absolute Grenzen von Lernmöglichkeiten oder zeigten gar vor allem die Unzulänglichkeiten kindlichen Verstehens auf. Ein didaktisch legitimer Gebrauch kann nur darin bestehen, durch solche Theorien auf die Weltbilder oder Weltzugänge von Kindern, Jugendlichen oder Erwachsenen aufmerksam zu werden und die durch diese bedingte Differenz zwischen Lehren und Lernen oder Vermittlung und Aneignung aufzunehmen.

Als zu eng anzusehen ist auch die Vorstellung einer Stimulierung zur (Höher-)Entwicklung, wie sie aus der Moralpsychologie (Kohlberg 1995) bekannt ist. Die pädagogische Begleitung der religiösen Entwicklung kann stimulierende oder herausfordernde Elemente ebenso umfassen wie stabilisierende, stützende oder sogar auf frühere Entwicklungsstände zurückgreifende (sog. regressive) Elemente (zur Diskussion Oser 1988, Nipkow u. a. 1988, Fowler 1988, Schweitzer 1998, 140 ff.).

(3) *Kindertheologie:* Von »Kindertheologie« wird erst seit wenigen Jahren gesprochen. Im Hintergrund steht die etwas früher einsetzende »Kinderphilosophie« (Überblick: Martens 1999, bes. wirksam und programmatisch: Freese 1989). Anliegen der Kinderphilosophie ist es, Kinder als Philosophen zu würdigen. Entsprechend geht es bei der Kindertheologie um Kinder als Theologen, die fähig sind, mit ihren Denkmöglichkeiten eigene Antworten auf Glaubensfragen zu finden. Neben der Kinderphilosophie ist als zweite Quelle der Kindertheologie die Entwicklungspsychologie besonders in der Tradition J. Piagets (→ 106 ff.) zu nennen. Bei A. Bucher (2002) fällt die Kindertheologie fast mit der entwicklungspsychologischen Rekonstruktion religiöser Vorstellungen von Kindern in eins.

Die Kindertheologie besitzt inzwischen im Jahrbuch für Kindertheologie (2002 ff.) ein zentrales Organ. Die Themen der ersten Bände zeigen exemplarisch das inhaltliche Spektrum: »Kinder denken nach über Gott, Leben und Tod«, »Kinder als Exegeten« (dazu liegen inzwischen auch Sonderbände des Jahrbuchs vor), »Kinder erleben Hoch-Zeiten und Fest-Tage«. Zum Teil wird auch ein kindertheologischer Anschluss an Themen der theologischen Tradition gesucht (Büttner/Rupp 2002). Besonders bemerkenswert sind die über die herkömmliche Entwicklungspsychologie hinausführenden Untersuchungen zur »Christologie von Schülerinnen und Schülern« (Büttner 2002a, Büttner/Thierfelder 2001, Ziegler 2006).

Systematisch gesehen und mit Blick auf die Religionsdidaktik ist Kindertheologie unter drei Aspekten zu entfalten:
– *Theologie der Kinder:* Unter diesem Aspekt stehen die Kinder als Produzenten religiöser Vorstellungen und Aussagen im Vordergrund. Darüber hinaus geht es um das kindliche Denken *über* religiöses Denken, also z. B. das Nachdenken über Gottesbilder und -vorstellungen, aus denen die entsprechenden Fragen der Kinder erwachsen (»Wo wohnt Gott?«, »Was macht Gott, wenn er schläft?«, »Kann Gott eigentlich alle Menschen gleichzeitig hören, wenn sie beten?« usw.). Im engeren Sinne kann erst ein solches Nachdenken über religiöses Denken als Kindertheologie bezeichnet werden.
– *Theologie mit Kindern:* Über eine allgemeine Haltung, die das theologische Denken von Kindern ernst nehmen will, hinaus kommt es religionspädagogisch auf ein theologisches Nachdenken und Theologietreiben an, das sich

gemeinsam mit den Kindern vollzieht – als gemeinsames Fragen und Suchen nach Antwortmöglichkeiten auf theologische Fragen und nach Lösungen für theologische Probleme, bis hin beispielsweise zur Theodizeefrage (»Wie kann Gott das zulassen?«).

> Eindrückliche Beispiele einer gelungenen kindertheologischen Praxis als Theologie mit Kindern bietet etwa J. Hull (1997). Durch gezielte Fragen und Rückfragen fordert Hull das Nachdenken des Kindes heraus. So kommen Kinder dazu, über ihre eigenen religiösen Vorstellungen nachzudenken und im Gespräch Antworten zu finden.

Abzulehnen ist jedoch eine rationalistische Engführung von Kindertheologie im Sinne der von der Aufklärungspädagogik entwickelten Sokratik (→40), bei der von den Kindern erwartet wird, dass sie alle religiösen Wahrheiten einfach selbst finden sollten (sog. natürliche Theologie des Rationalismus). Umgekehrt gilt: Religiöse Erziehung und Bildung ohne Anspruch auf Rationalität bliebe hinter Aufklärung und Moderne zurück!

– *Theologie für Kinder:* Dieser Aspekt ist in der Kindertheologie besonders umstritten, weil er im Sinne eines deduktiven Vermittlungsmodelles missverstanden werden könnte (Nürnberger Trichter). Im Unterschied dazu liegt die Legitimität einer Theologie für Kinder in der Einsicht, dass Erwachsene auch im Dialog mit Kindern immer schon bestimmte religiöse oder theologische Auffassungen mitbringen, die in das Gespräch eingehen. Dies sollte nicht verdrängt, sondern didaktisch-kritisch reflektiert werden – unter dem Aspekt, welche Theologie für Kinder angemessen ist. Darüber hinaus kann Theologie als das reflektierte Selbstverständnis von Religion oder Christentum nicht prinzipiell aus dem Umkreis möglicher Themen für das theologische Gespräch mit Kindern ausgeschlossen werden.

Von Kindertheologie wird bislang fast ausschließlich im deutschsprachigen Bereich gesprochen. Dies ist anders bei dem religionsdidaktisch u. a. mit der Kindertheologie verbundenen Versuch, Anschluss an die in der Erziehungswissenschaft diskutierte *konstruktivistische Didaktik* (Siebert 1999, Reich 2002) zu gewinnen. Diese Didaktik stützt sich auf die konstruktivistische Erkenntnistheorie, derzufolge Menschen »autopoietische Systeme« sind, die ihre eigene Wirklichkeit erzeugen: »Die so erzeugte Wirklichkeit ist keine Repräsentation, keine Abbildung der Außenwelt, sondern eine funktionale, viable Konstruktion« (Siebert 1999, 6 i. Org. kursiv). Für Religionspädagogik und Theologie ist der Begriff der Viabilität (= gangbar, praktikabel), der hier den der Wahrheit ersetzen soll, insofern besonders herausfordernd, als sich diese Erkenntnistheorie mit einer Wirklichkeitserkenntnis im Sinne der praktischen Handhabbarkeit begnügt. Gleichwohl sind erste religionspädagogische Rezeptionsversuche zu verzeichnen (Grimmitt 2000, Büttner 2002b, Mendl 2002).

Eine konstruktivistische Religionsdidaktik lässt sich von der Annahme leiten, dass auch alle religiösen Vorstellungen nichts anderes sind als menschliche Konstruktionen. Diese Annahme verbindet sich in einleuchtender Weise besonders mit den Untersuchungen zur kognitiv-strukturellen Entwicklung (Stufentheorien der religiösen Entwicklung bzw. der Glaubensentwicklung → 109). Die Nähe zur Kindertheologie ergibt sich aus der konstruktivistischen Hervorhebung individuell unterschiedlicher Weltzugänge, die nicht einfach zugunsten vorgegebener (»richtiger«) Deutungen von Wirklichkeit abgewertet werden können oder dürfen.

Die konstruktivistische Didaktik kann auch mit der Systemtheorie N. Luhmanns verknüpft werden (als erster religionsdidaktischer Versuch: Büttner/ Dieterich 2004 als Weiterführung: Gronover 2006).

Weiterführende Literatur

F. Schweitzer, Lebensgeschichte und Religion. Religiöse Entwicklung und Erziehung im Kindes- und Jugendalter, Gütersloh [5]2004
Jahrbuch der Kindertheologie, Stuttgart 2002 ff.

3.3.4 Symboldidaktik, Semiotik und Ästhetik

Die Didaktik von Symbol, Zeichen und Bild hat in den letzten zwanzig Jahren besondere Aufmerksamkeit erfahren. Die Bilddidaktik reicht zugleich weit in die Geschichte von Schule und Religionspädagogik zurück.

(1) *Symboldidaktik:* Von einer Symboldidaktik wird seit etwa 1980 im Anschluss an die maßgeblichen Entwürfe von H. Halbfas auf katholischer und P. Biehl auf evangelischer Seite gesprochen. Die im Übrigen in theologischer und didaktischer Hinsicht unterschiedlichen symboldidaktischen Entwürfe stimmen darin überein, dass sie einer verstärkten Wahrnehmung der Bedeutung von Symbolen in religiösen Lernprozessen dienen wollen (einführend: Edelbrock 2002). Mit dem Symbolsinn soll dem Menschen ein »drittes Auge« geöffnet werden (Halbfas 1982), Symbole sollen aufgrund ihres Verweisungscharakters »zu lernen geben« (Biehl 1989a) und als »Brücke des Verstehens« (Oelkers/Wegenast 1991) zwischen Tradition und Gegenwart vermitteln. Angestrebt wird eine Beschäftigung mit Symbolen als eigenständigem Thema sowie eine durchgängige Berücksichtigung von Symbolen im gesamten Religionsunterricht. Erste Bilanzierungsversuche (Zeitschrift für Pädagogik und

Theologie H. 1/1994, Dressler 1995) bestätigen die grundlegende Bedeutung der Symboldidaktik, allerdings nicht anstelle aller anderen Ansätze (so Halbfas 1982), sondern neben und verbunden mit diesen (so Biehl 2002, 138).

H. Halbfas hat seinen symboldidaktischen Ansatz in einem grundlegenden Buch (Halbfas 1982) dargestellt und dann in zahlreichen Schul- und Lehrerhandbüchern für die Praxis ausgearbeitet. Symbole sollen als »Sprache der Religionen« (107) und als »Sprache der Seele« (112) zur Geltung kommen. Ziel ist eine »neue, allerdings fundamentale Alphabetisierung des Symbolsinns« (118). Es gehe um eine »Stiftung des Symbolsinnes« (128), die nicht durch Erklären erreicht werden könne (123). Dem entspricht die für Halbfas typische zentrale Bedeutung des Umgangs mit bestimmten Bildern, die zum Teil in Zusammenarbeit zwischen Halbfas und der Künstlerin R. Agethen speziell für den Religionsunterricht produziert worden sind. Psychologisch steht dieser Ansatz der Archetypenlehre C. G. Jungs nahe, theologisch einer sog. natürlichen Theologie – Halbfas beruft sich auf die scholastische Lehre von der *analogia entis:* »Ihr gemäß hat alles Seiende Verweischarakter« und die »wahre Auslegung« besteht darin, »Worte und Dinge für diesen verborgenen göttlichen Sinn transparent zu machen« (137).

P. Biehl hat seinen symboldidaktischen Ansatz in drei aufeinander aufbauenden Bänden (1989a, 1993, 1999), konsequent auch in Aufnahme kritischer Stimmen, weiterentwickelt und im Blick auf verschiedene Inhaltsbereiche entfaltet (alltägliche Symbole, Sakramente, Festsymbole). Auch er nimmt zahlreiche Bezüge aus Ästhetik, Sprachtheorie, Psychologie, Religionswissenschaft und Didaktik auf, hält aber mit der Unterscheidung zwischen lebensweltlichen, religiösen und christlichen Symbolen (Biehl 1999, 96 f.) an einer theologischen Ausrichtung seiner Religionsdidaktik fest. Entscheidend ist seine anhand der Ich-bin-Worte im Johannesevangelium entfaltete These, dass die allgemeinen (lebensweltlichen und religiösen) Symbole durch christliche Metaphern theologisch präzisiert werden müssten (Biehl 1989a, 63 f., »christologische Brechung«, auch Biehl 1999, 98). Pädagogisch entspricht dem ein kritischer Umgang mit den zum Teil kommerziell motivierten Symbolformen etwa in der Werbung. Im Übrigen enthalten alle genannten Veröffentlichungen Biehls ausführliche Materialteile für den Unterricht.

Die Symboldidaktik hat den religionspädagogischen Sinn für Symbole und für den symbolischen Charakter religiöser Sprache neu geweckt. Besonders in der von Biehl vertretenen Form beeindruckt dieser didaktische Ansatz durch die Integration theologischer, pädagogischer, psychologischer und ästhetischer Aspekte. Symboldidaktische Impulse haben auch in Lehrpläne und Schulbücher hinein gewirkt. Insofern gehört die Symboldidaktik zu Recht zu den in den letzten Jahrzehnten des 20. Jahrhunderts vorherrschenden religionsdidaktischen Ansätzen. Auch die nun darzustellenden semiotischen und ästhetischen Erweiterungen können in bestimmter Hinsicht als Entfaltungen von Symboldidaktik angesehen werden.

(2) *Religionsdidaktik und Semiotik:* Als »Semiotik« wird eine vergleichsweise junge wissenschaftliche Disziplin bezeichnet, die sich mit Kommunikationsprozessen unter dem Aspekt von Zeichen beschäftigt. Im Zentrum stehen der Umgang mit Zeichen, die Bildung oder Produktion sowie das Verständnis von Zeichen.

Die Semiotik geht in vieler Hinsicht auf den amerikanischen pragmatistischen Philosophen C. S. Peirce zurück und wird in der Gegenwart u. a. von U. Eco (1987) vertreten. In die Praktische Theologie hat sie zunächst vor allem im Bereich der Liturgik Eingang gefunden. Sie kann aber als Anstoß für alle Bereiche der Praktischen Theologie gesehen werden (Überblick: Meyer-Blanck 1998b).

In der Religionsdidaktik war die Semiotik zunächst Ausgangspunkt für eine Kritik der Symboldidaktik (Meyer-Blanck 1995, 1998a). Sie verband sich mit dem von A. Bucher (1990a) bereits früher vertretenen Anliegen, die Bedeutung und den Sinngehalt von Symbolen nicht als etwas objektiv Festliegendes zu behandeln, sondern stärker nach der Symbol- und Zeichenbildung im Sinne von Produktions- und Aneignungsprozessen zu fragen. Diese Forderung hat inzwischen mit der Betonung von Kreativität auch in die Symboldidaktik Eingang gefunden (Biehl 1999, 7 ff.).

Weiterreichend wird die Semiotik als Ausgangspunkt für einen neuen Ansatz der Religionsdidaktik verstanden: »Performative Religionspädagogik« (Leonhard/Klie 2003, vgl. die Diskussion in der Zeitschrift: rhs H. 1/2002). Demnach soll der Religionsunterricht »Religion zeigen« (Dressler/Meyer-Blanck 1998) – als fremde und faszinierende Welt, vor allem angesichts einer Situation, in der Kinder und Jugendliche keine vorgängige Vertrautheit mit Religion mehr mitbringen.

B. Dressler (2003) spricht von »Religionsdidaktik nach dem Traditionsabbruch«. In Aufnahme der gestaltpädagogischen Überlegungen C. Bizers (1995) fordert Dressler, dass »Religion als eine Kultur symbolischer Kommunikation« im Unterricht selbst Gestalt gewinnen müsse (152). Angesichts der rückläufigen religiösen Sozialisation in Familie und Kirche könne der Religionsunterricht »nicht mehr reflexiv-*nach*denkend bearbeiten«, was bereits anderenorts vermittelt wurde. Stattdessen müsse er »Religion allererst … *zeigen* … als eine eigenartige Kultur symbolischer Kommunikation …, die in ihren *Vollzügen,* d. h. in ihren narrativen und liturgischen Gestalten, nicht aber, jedenfalls nicht hinreichend, in ihren lehrmäßigen Reflexionsgestalten erkennbar wird« (157). Auf diese Weise sollen »Probeaufenthalte in religiösen Welten« ermöglicht werden (159, in Anwendung auf Wundergeschichten s. Alkier/Dressler 1998).

Die Anstöße zu einer »performativen Religionsdidaktik« sind anregend, überschreiten aber zugleich den Umkreis der Semiotik oder fordern zumindest dazu auf. Beispielsweise lassen sie eine bislang noch nicht genügend reflektierte Nähe zur Theaterpädagogik erkennen, die für die weitere Entwicklung performativer Gestaltungsmöglichkeiten im Unterricht genutzt werden könnte.

(3) *Religionsdidaktik und Ästhetik:* Das Verhältnis von Religionsdidaktik und Ästhetik findet erst in der jüngeren Vergangenheit größere Beachtung. Die Verwendung von Bildern im Unterricht besitzt allerdings eine weit zurückreichende Geschichte. Trotzdem gehört die religionspädagogische Bilddidaktik noch immer zu den eher vernachlässigten Themen.

> Nach wichtigen Anstößen von M. Wichelhaus/A. Stock (1981) hat vor allem G. Lange (2002) eine grundlegende Darstellung vorgelegt, die sowohl praktische Hinweise zum »Bildergebrauch in der theologischen Bildungsarbeit« (26 ff.) enthält als auch themenbezogene Erschließungen von Bildern (als erste praxisbezogene Einführung vgl. auch Schmid 1997, 125 ff.: »Ein Grundmodell des Umgangs mit Bildern im Religionsunterricht«).

Die Diskussion geht aber weit über die herkömmliche Bilddidaktik hinaus und fragt nach Möglichkeiten »ästhetischen Lernens« im Religionsunterricht (Hilger 2001a) sowie nach dem Zusammenhang von »Kunst und Religion« (Jahrbuch der Religionspädagogik 13/1997). Es geht um die Reflexion der ästhetischen Dimension von Religionsdidaktik insgesamt sowie um eine Hinwendung zur Ästhetik als Bezugsdisziplin (soweit in diesem Falle von einer »Disziplin« gesprochen werden kann).

> Von grundlegender Bedeutung ist die Habilitationsschrift von A. Grözinger (1987) über »Praktische Theologie und Ästhetik«. Im Anschluss u. a. daran hat P. Biehl (1989b) eine erste grundlegende Darstellung zu »Religionspädagogik und Ästhetik« vorgelegt. Er will »Religionspädagogik als Ästhetik« verstehen (20), die Ästhetik allerdings nicht »gegen die Ethik« ausspielen (25).
> Am nachdrücklichsten hat J. Kunstmann (2002) Religionspädagogik als Ästhetik zu verstehen versucht. Er zielt auf ein ästhetisches Verständnis sowohl von Religion als auch von Bildung (→ 124).

Die Entwicklungen von Symboldidaktik, Semiotik und Ästhetik stehen im Übrigen nicht isoliert, sondern sind mit weiteren Anstößen aus Phänomenologie und Kulturhermeneutik verbunden (→ 267 ff.).

Ein in den letzten Jahren besonders beachtetes Beispiel, in dem sich Impulse aus Symboldidaktik, Semiotik und Ästhetik verbinden, stellt die *Pädagogik des Kirchenraums* dar. Die begehende Erschließung von Kirchenräumen hat sich u. a. für die Arbeit mit solchen Kindern und Jugendlichen, die keine oder nur wenig vorgängige Erfahrung mit Kirche und Gottesdienst haben, bewährt. Die Literatur (Degen/Hansen 1998, Goecke-Seischab/Harz 2002 u. a. m.) beschreibt vielfältige kreative Methoden: Wahrnehmungsübungen,

Arbeiten mit Licht und Kerzen, Bewegungsformen, Musik, Suchaufgaben usw.

Wichtig ist die Beachtung der jeweiligen Erschließungsintention. Bei R. Degen/ I. Hansen (2002, 72 f.) werden sieben Intentionen unterschieden: »Kirchenbau als geronnene *Gottesdienst-Geschichte*«, als »kulturgeschichtliche *Heimatkunde*«, als »*Spiegelung sozialer Zustände*«, als »Erschließung *christlicher Lehre*« (theologische Interpretation der Raumgestaltung), als »*Zeichensystem von Bedeutungen*«, als »christliche *Kontinuitäts-Vergewisserung*« und als »frei gestaltete *Antizipation von Gegenwart und Verheißung*«.

Weiterführende Literatur

P. Biehl, Festsymbole. Zum Beispiel: Ostern. Kreative Wahrnehmung als Ort der Symboldidaktik, Neukirchen-Vluyn 1999
B. Dressler/M. Meyer-Blanck (Hg.), Religion zeigen. Religionspädagogik und Semiotik, Münster 1998
G. Lange, Bilder zum Glauben. Christliche Kunst sehen und verstehen, München 2002

3.3.5 Jugendkultur, Medien, Popularkultur

Die in diesem Abschnitt aufzunehmenden didaktischen Ansätze sind durch den gemeinsamen Bezug auf den Zusammenhang von Religion und Kultur miteinander verbunden. Auf diesen Zusammenhang zielen sie freilich aus unterschiedlicher Perspektive. Im Hintergrund steht vielfach das für die Praktische Theologie der Gegenwart weithin kennzeichnende Bemühen um eine möglichst offene Wahrnehmung von Religion in Alltag, Lebenswelt, Medien usw. (→267 ff.). Anstöße dazu kommen in der Praxis häufig aus der Erfahrung, dass sich religiöse Interessen und Fragen kaum mehr mit den herkömmlichen theologischen und kirchlichen Ausdrucks- und Sprachformen verbinden.

(1) *Jugendkultur:* Der Begriff der Jugendkultur geht auf die sog. Jugendbewegung im frühen 20. Jahrhundert zurück. Später, vor allem in den 1960er Jahren, wurde dann von einer Protest- oder Gegenkultur gesprochen. Von Anfang an fand auch der religiöse Gehalt von Jugendkultur Beachtung (Hinweise bei Schweitzer 1998, 200 f.). Für die Gegenwart kann allerdings nicht von einer sich geschlossenen Jugendkultur ausgegangen werden. Die Jugendforschung verweist auf die zunehmende Pluralisierung von Jugendkulturen im Sinne rasch wechselnder Moden, Stile, Trends usw. (→248). Dennoch gilt weiterhin die schon für die ersten Formen von Jugendkultur entwickelte These: Zwischen dem kirchlichen Christentum und den Jugendkulturen der Gegenwart besteht eine Distanz, um deren Überwindung sich jede Religions-

didaktik bemühen muss, die an lebensbedeutsamen Lernprozessen interessiert ist. An erster Stelle steht dabei die Aufgabe, Religion in der Jugendkultur *wahrzunehmen*. Diese Aufgabe kann im Blick auf unterschiedliche Bereiche verfolgt werden.

Starke Aufmerksamkeit hat besonders die von Jugendlichen präferierte *Musik* gefunden, die sich bei genauerer Analyse als religiös höchst gehaltvoll erweist:

> Vorliegende Analysen richten sich sowohl auf einzelne Musikstücke als auch auf verschiedene Stilrichtungen: Pop und Religion (Bubmann/Tischer 1992), Rock (Kögler 1994, Schwarze/Treml 1997) usw. Übergreifende Analysen bieten B. Schwarze (1997), M. Schäfers (1999) u. a.

Fernsehen, einschließlich von *Fernsehwerbung* stellt ein weiteres Beispiel für religiös gehaltvolle Jugend- bzw. Popularkultur dar:

> Schon dem Fernsehen als solchem kann eine religiöse Funktion zugesprochen werden (Thomas 1998). TV-Serien bis hin zu »Big Brother« sind auf ihre Religionshaltigkeit hin untersucht worden (Gutmann 2000). Eine Fülle religiöser Bezüge weist auch die Fernsehwerbung auf (Gottwald 2000, Buschmann/Pirner 2003).

Daneben spielen nach wie vor *Kino* und *Kinofilme* für Jugendliche eine wichtige Rolle. Hier wiederholt sich der Befund, dass populäre Filme vielfach religiöse Fragen und Themen ansprechen:

> In der »Mediengesellschaft« werde Sinn vor allem im »großen Gefühlskino« erfahren und gebildet (Gräb 2002, 18). Prototypische Beispiele sind »Titanic« oder »Lola rennt« (202 ff.), aber auch der »König der Löwen« (Gutmann 1998).
> Ein eigenes Thema stellen ausdrücklich religiöse Filme, vor allem *Jesus-Filme*, dar, mit denen auch im Unterricht gearbeitet werden kann (Gottwald 1999, Langenhorst 1998, Thiemann 2002).

Die *unterschiedlichen kulturellen Formen*, die in religionspädagogischen Zusammenhängen berücksichtigt werden, sind inzwischen höchst vielfältig. Sie schließen Jugendzeitschriften ebenso ein (Trimpel 1997) wie Videoclips (Mertin 1999), Comics (Brinkmann 1999), Internet (Mertin 2000) usw.

Weniger deutlich ist allerdings weithin, welche didaktischen Intentionen sich mit der Aufnahme von Religion in der populären Kultur verbinden sollten. Geht es um eine veränderte Form der Kommunikation des Evangeliums unter den Bedingungen der Mediengesellschaft oder um eine möglichst große Offenheit für neuartige Formen der Sinnerfahrung (Gräb 2002, 17)? Wieviel Medienkritik ist didaktisch sinnvoll (Beuscher 1999), wenn der Religionsunterricht nicht einfach zum Spielverderber werden soll? Solche Fragen müssen offenbar noch weiter geklärt werden.

Weiterführende Literatur

P. Biehl/K. Wegenast (Hg.), Religionspädagogik und Kultur. Beiträge zu einer religionspädagogischen Theorie kulturell vermittelter Praxis in Kirche und Gesellschaft, Neukirchen-Vluyn 2000

G. Buschmann/M. L. Pirner, Werbung, Religion, Bildung. Kulturhermeneutische, theologische, medienpädagogische und religionspädagogische Perspektiven, Frankfurt/M. 2003

H.-M. Gutmann, Der Herr der Heerscharen, die Prinzessin der Herzen und der König der Löwen. Religion lehren zwischen Kirche, Schule und populärer Kultur, Gütersloh 1998

I. Kirsner/M. Wermke (Hg.), Religion im Kino. Religionspädagogisches Arbeiten mit Filmen, Göttingen 2000

3.3.6 Ökumenisches und interreligiöses Lernen

Die beiden Begriffe »ökumenisches« und »interreligiöses Lernen« haben verschiedene Wurzeln und wurden ursprünglich sowohl im Blick auf die religionspädagogische Theorie als auch im Blick auf die Praxis mit unterschiedlicher Bedeutung verwendet. *Ökumene* steht in Deutschland zunächst für die Zusammenarbeit zwischen den evangelischen Kirchen und der römisch-katholischen Kirche, bezeichnet aber auch die weltweite Gemeinschaft aller Kirchen und hat zudem in jüngerer Zeit weitere Bedeutungen angenommen, welche die Grenzen zum interreligiösen Lernen fließend werden lassen. »*Interreligiöses Lernen*« bezieht sich hingegen von Anfang an auf das Verhältnis verschiedener Religionen zueinander und geht insofern prinzipiell über die Kirchen hinaus. Da dieses Lernen aber zunehmend nicht auf Religion oder Religionen im engeren Sinne beschränkt ist, sondern im Horizont der Erziehung zu Frieden und Toleranz gesehen wird, werden auch von dieser Seite her die Grenzen fließend.

(1) *Ökumenisches Lernen:* Obwohl der Ansatz ökumenischen Lernens eine längere, auch internationale, mit dem Weltkirchenrat und seinen Vorläuferinstitutionen verbundene Vorgeschichte aufweist (Becker 2004, 208 ff., 287 ff.), ging seine für die Gegenwart in vieler Hinsicht entscheidende Wirkungsgeschichte von einer entsprechenden Arbeitshilfe der EKD (1985) aus. Dort wird folgende Bestimmung getroffen: »›Ökumene‹ zielt ... auf die Zusammenführung, auf die Einheit und das Zusammenleben *aller* getrennten Kirchen und Christen. Darüber hinaus kommt das Zusammenleben aller Menschen auf dieser Erde ins Blickfeld« (11). Damit ist eine doppelte Zielsetzung formuliert – zum einen hinsichtlich der Einheit der Kirchen, zum anderen hinsichtlich des menschlichen Zusammenlebens in globaler Perspektive. Das erste Ziel ist theologisch ausgerichtet, weil eine Einheit von Kirchen nicht

ohne Klärung von Fragen theologischer bzw. kirchlicher Lehre denkbar ist, das zweite Ziel wird vor allem ethisch verstanden. Auch wenn später hervorgehoben wird, dass »ökumenisches Lernen immer auch die Bereitschaft zum Dialog mit den verschiedenen Traditionen, Religionen und Ideologien« einschließe (18), stehen interreligiöse Beziehungen oder Lernprozesse hier nicht im Zentrum. Über das Christentum hinaus geht es jedoch um den weltweiten gemeinsamen Einsatz für »Gerechtigkeit, Frieden und Bewahrung der Schöpfung«, wie es dann später im sog. Konziliaren Prozess heißt (vgl. Schmidt 1993, Mette 2001).

Auf katholischer Seite finden sich ebenfalls Vertreter des ökumenischen Lernens (Schlüter 1995), aber die entsprechende Diskussion ist hier weniger profiliert oder verbindet sogleich ökumenisches und interreligiöses Lernen (Leimgruber 2001). Seit dem II. Vatikanischen Konzil wird neben der Offenheit für nichtchristliche Religionen zwar immer wieder der »ökumenische Geist« betont, aber zu einer offiziellen Anerkennung der evangelischen Kirchen ist es bis heute nicht gekommen (zur religionspädagogischen Einschätzung Schlüter 2000, 31 ff.), ebenso wenig wie zu einer Mitgliedschaft im Weltkirchenrat. Dies erklärt wohl, warum ökumenisches Lernen auf evangelischer Seite stärker hervorgehoben wird, auch wenn die ökumenische Offenheit der katholischen Religionspädagogik keineswegs bestritten werden soll.

Neben der Konzeptentwicklung, die einer weiteren Klärung des ökumenischen Lernens sowie der Verankerung in der Religionspädagogik dienen soll (Johannsen/Noormann 1990, Orth 1991, Koerrenz 1994), war und ist das ökumenische Lernen vor allem praktisch ausgerichtet. Schon die Arbeitshilfe der EKD (1985) enthält zahlreiche Praxisbeispiele vor allem aus der Gemeinde, z. T. aber auch zum schulischen Religionsunterricht, zu Lehrplänen und Schulbüchern (vgl. Goßmann 1987, 1988). Für die Sekundarstufe I liegt inzwischen auch ein eigenes Arbeitsbuch für den Unterricht vor, dessen Kapitel den Umkreis ökumenischen Lernens aufzeigen:

Mission zwischen Ausbeutung und Solidarität – Kleine Geschichte der Ökumene – Weltkirche werden – Gerechtigkeit, Frieden, Bewahrung der Schöpfung – Solidarität mit den Frauen – Die Christen und die anderen Religionen – Afrikanisches Christentum – Basisgemeinden in Lateinamerika – Christen in den USA – Christen unter einem Dach – Östliches Christentum – Taizé u. a. m. (Becker u. a. 1997).

Zu erwähnen sind auch zwei mit dem ökumenischen Lernen verwandte Ansätze auf katholischer Seite: »Eine-Welt-Religionspädagogik« und »Christwerden im Kulturwandel«.

Bei diesen Ansätzen geht es um eine Verknüpfung von Religionspädagogik, interkulturellem Lernen und kontextueller Theologie (Inkulturation des Christentums) im weltweiten Zusammenhang. E. Groß (1998) spricht von der »Eine-

Welt-Mission der Kirchen« und vom »globalen Dialog« (Groß/König 2000), wobei dieser Dialog im Rahmen der katholischen Weltkirche geführt wird. Ökumenisch offener ist der von T. Schreijäck (1999, 2001) vertretene Ansatz »Menschwerden« bzw. »Christwerden im Kulturwandel«.

Als gewichtiger Spezialfall ökumenischen Lernens kann der *konfessionell-kooperative Religionsunterricht* verstanden werden (→93). Die Zusammenarbeit zwischen evangelischem und katholischem Religionsunterricht wird ökumenisch-theologisch begründet (EKD 1994, DBK 1996), und ihre Ziele lassen sich vor dem Horizont der Ökumene bestimmen (Schlüter 2000, Böhm 2001).

Zum konfessionell-kooperativen Religionsunterricht und seiner Didaktik liegen Erfahrungsberichte (Scheidler 1999) sowie Befunde aus der empirischen Forschung vor (Schweitzer/Biesinger 2002). Auch ein Arbeitsbuch ist verfügbar (Heinemann/Friedrichsdorf 1999). Didaktisch empfehlenswert ist der Wechsel zwischen auf Gemeinsamkeiten bezogenen Unterrichtseinheiten (z.B. Taufe, Was Christen gemeinsam verändern können, ökumenische Gottesdienste) und auf Unterschiede bezogenen Unterrichtseinheiten (z.B. Kirchen bei uns, Maria, Erstkommunion/Konfirmation/Firmung). Die stärksten Impulse für eine kooperative Didaktik mit dem Programm »Gemeinsamkeiten stärken – Unterschieden gerecht werden« (Schweitzer/Biesinger 2002) erwachsen aus einem Unterricht, der von zwei Lehrkräften im Team (Team-Teaching) erteilt wird.

(2) *Interreligiöses Lernen:* Auch dieser Begriff ist verhältnismäßig neu. Eine größere Verbreitung entsprechender Diskussionen in der deutschsprachigen Religionspädagogik ist ab etwa 1990 zu beobachten. Dabei spielen mehrere Entwicklungen eine Rolle: Erstens kann interreligiöses Lernen als Weiterführung der in der Geschichte weit zurückreichenden Thematisierung von Weltreligionen im Religionsunterricht (Tworuschka 1983) angesehen werden. Zweitens wird mit dem Ansatz des interreligiösen Lernens auf eine vor allem durch Migration veränderte gesellschaftliche und kulturelle Situation reagiert. In dieser Hinsicht gibt es deutliche Parallelen zu den pädagogischen Ansätzen eines interkulturellen Lernens (Auernheimer 1990), bei dem allerdings häufig alle religiösen Bezüge ausgeblendet bleiben (kritisch dazu Fischer u.a. 1996). Drittens nimmt interreligiöses Lernen im Bereich von Erziehung und Bildung das Anliegen einer theologischen Öffnung für andere Religionen auf, die auf katholischer Seite schon seit dem II. Vatikanischen Konzil vorangetrieben wurde (Überblick bei Leimgruber 1995), während sie auf evangelischer Seite erst seit wenigen Jahren energischer verfolgt wird (vgl. Schweitzer 2005c). Immerhin hat das interreligiöse Lernen inzwischen Eingang in religionspädagogische Lexika gefunden (Rickers 2001) und liegt auch ein umfangreiches Handbuch dazu vor (Schreiner u.a. 2005). Deutlich früher als im deutschsprachigen Bereich haben sich interreligiöse Ansätze vor allem

in Großbritannien (England und Wales →79, 94), aber auch etwa in den *Niederlanden* (Überblick bei Roebben 2000) entwickelt.

Über die Ausrichtung und die Ziele interreligiösen Lernens gibt es in Theologie und Religionspädagogik noch kein Einverständnis. Auf katholischer Seite wird zum Teil das Ziel einer inklusiv verstandenen sog. großen Ökumene der Religionen verfolgt (vgl. Leimgruber 2001). Auf evangelischer Seite kann dies als vorschnelle Vereinheitlichung abgelehnt werden (EKD 2003d). Theologische Unterschiede und Gegensätze sollen nicht nivelliert oder unterlaufen werden (»harter Pluralismus«, Nipkow 1994). Die schon aus historischen Gründen sehr unterschiedlichen Verhältnisse des Christentums zu verschiedenen Religionen (Judentum, Islam usw.) sollen auch religionspädagogisch beachtet werden (Nipkow 1998b), die Religionspädagogik auch in »interreligiöser Perspektive« betont evangelisch und konfessionell bleiben (Lähnemann 1998a). Außer Frage steht jedoch bei alldem, dass interreligiöses Lernen in der Haltung von Respekt und wechselseitiger Anerkennung geschehen muss, falsche Vorstellungen bis hin zu Vorurteilen abgebaut werden müssen und das Bemühen um ein wirkliches Verständnis des anderen maßgeblich zu sein hat. Toleranz erwächst in dieser Sicht gerade nicht aus einer religionstranszendenten Haltung (so Forst 2003), sondern aus der Suche nach den Quellen von Toleranz in den Religionen selber (Schwöbel 2003, mit anderen Akzenten im Anschluss an das von H. Küng entwickelte Programm des »Weltethos«: Lähnemann 1995, als besten Überblick s. Scheilke 2002).

> Im Hintergrund der religionsdidaktischen Diskussion stehen vielfach die Perspektiven einer »Theologie der Religionen« mit der Unterscheidung zwischen *Exklusivismus* (nur die eigene Religion führt zum Heil), *Inklusivismus* (das Heil kann in verschiedenen Religionen erlangt werden, weil sie zumindest Teilwahrheiten enthalten) und *Pluralismus* (Verständigung zwischen den Religionen unter der Voraussetzung von Gleichwertigkeit; als besonders einflussreiche Vertreter sind J. Hick und P. Knitter zu nennen). Für die Religionspädagogik bleiben solche Unterscheidungen, ganz abgesehen von ihrer philosophisch-theologischen Problematik, allerdings zu abstrakt. Zu Recht wird deshalb eine stärker an den Erfahrungen von Kindern und Jugendlichen ausgerichtete, subjektorientierte didaktische Vorgehensweise gefordert (Jackson 1997, Ziebertz/Leimgruber 2001). Vereinfachende Einteilungen nach Exklusivismus, Inklusivismus und Pluralismus stehen der Didaktik eher im Wege.

Auch wenn die Notwendigkeit einer konsequenten Hinwendung zum interreligiösen Lernen (Rickers/Gottwald 1998) inzwischen zumindest als solche nicht mehr umstritten ist, bleibt die Frage nach der Ausgestaltung und den Konsequenzen in der Praxis weithin offen.

– Der *Hamburger »Religionsunterricht für alle in evangelischer Verantwortung«*

(Doedens/Weiße 1997) zielt auf einen grundsätzlich für alle Schülerinnen und Schüler gemeinsam erteilten Religionsunterricht, der eine dialogische Begegnung zwischen Angehörigen verschiedener Religionen ermöglichen soll (→91). Hinsichtlich der Tragfähigkeit dieses Modells werden jedoch zahlreiche Anfragen aufgeworfen (Nipkow 2000, Asbrand 2000). Pädagogisch und theologisch ist gleichermaßen unklar, wie die Ausrichtung »für alle« mit der »evangelischen Verantwortung« so vereinbart werden kann, dass die grundlegende Verpflichtung von Religionsunterricht auf »Identität und Verständigung« (EKD 1994) gewährleistet bleibt.

– In *England und Wales* (→79, 94) wurde die zunächst für interreligiöses Lernen angestrebte »phänomenologische« Darstellung verschiedener Religionen (learning about religion, im Anschluss an N. Smart) inzwischen durch das Lernen »von Religion« (learning from religion, Grimmitt 1987) abgelöst bzw. erweitert, um auch einen existentiell bedeutsamen Unterricht zu ermöglichen (Grimmitt 2000).

– Manche etwa im Umkreis von LER (→92) vertreten die Auffassung, dass nur ein allein vom Staat getragener, *religiös und weltanschaulich neutraler Unterricht* auf der Grundlage nicht der Theologie, sondern der Religionswissenschaft einen Dialog zwischen unterschiedlichen religiösen Positionen ermöglichen könne (Edelstein u. a. 2001, 114). Dem wird allerdings zu Recht entgegengehalten, dass unter der Voraussetzung religiöser und weltanschaulicher Neutralität ein solcher Dialog gerade nicht erreicht werden kann (Nipkow 1998b, weitere Diskussion →92 f.). Wirksamer sei, so wieder andere, ein konfessionell klar identifizierbarer Unterricht, der sich interreligiös öffnet (etwa für den Islam, Lähnemann 1998a).

– Große Beachtung hat der Versuch einer niederländischen Schule gefunden, bei dem ein nach Konfessionen und Religionen getrennter Religionsunterricht durch einen für alle Schülerinnen und Schüler gemeinsam erteilten *Begegnungsunterricht* erweitert wird (Fischer 1996). Dem entsprechen kooperative Formen von Religionsunterricht, die nicht nur evangelischen und katholischen Religionsunterricht einschließen, sondern beispielsweise eine Zusammenarbeit zwischen christlichem und islamischem oder jüdischem Religionsunterricht.

Interreligiöses Lernen ist eine unabweisbare Herausforderung, auch wenn weiterreichende Klärungen noch ausstehen. Ohne entsprechende Erfahrungen aus der Praxis und deren religionspädagogische Auswertung, die von theologischen Analysen begleitet wird, werden sich solche Klärungen nicht erreichen lassen.

Weiterführende Literatur

G. *Orth* (Hg.), Dem bewohnten Erdkreis Schalom. Beiträge zu einer Zwischenbilanz ökumenischen Lernens, Münster 1991

P. *Schreiner/U. Sieg/V. Elsenbast* (Hg.), Handbuch Interreligiöses Lernen, Gütersloh 2005

3.3.7 Gender im Religionsunterricht

Die Aufmerksamkeit auf Fragen einer geschlechtergerechten Religionsdidaktik gilt als neue Entwicklung vor allem in der Zeit der 1990er Jahre. Sie steht in einem deutlichen Zusammenhang mit der Feministischen Theologie und bezieht sich deshalb in erster Linie auf Mädchen und Frauen (Pithan/Kohler-Spiegel 2001). Allerdings gibt es gerade im religionspädagogischen Bereich wichtige historische Vorläuferdiskussionen.

Schon die Reformprogramme der Reformation zeigen, dass die Bildung der Mädchen hier keineswegs vergessen war. In der Adelsschrift von 1520 fordert Luther zwar, der Zeit entsprechend, an erster Stelle Schulen für die »jungen Knaben«. Immerhin heißt es dann aber: »Und wollte Gott, eine jegliche Stadt hätte auch eine Mädchenschule, darinnen täglich die Mägdlein eine Stunde das Evangelium hörten, es wäre deutsch oder lateinisch« (zit. n. Nipkow/Schweitzer 1991, 45). Auf katholischer Seite kann in diesem Zusammenhang auf die besonders seit der frühen Neuzeit an Gewicht und Einfluss gewinnenden Ordensschulen verwiesen werden, die zum Teil auch eine (religiöse) Bildung für Mädchen einschlossen (Paul 1995, 133 ff.). Es war dann aber vor allem der Ausbau des Mädchenschulwesens seit der zweiten Hälfte des 19. Jahrhunderts bzw. der Einbezug der Mädchen in die Schule und damit auch in den schulischen Religionsunterricht seit etwa der Wende zum 20. Jahrhundert, der die religionspädagogische Diskussion zur Mädchenbildung anstieß (Edelbrock 2006). Das dabei weithin vorherrschende Mädchen- und Frauenbild war allerdings häufig stark konservativ geprägt (etwa bei Magdalene von Tiling). Anknüpfungspunkte für den heute anzustrebenden kritischen Umgang mit Geschlechterstereotypen bieten in dieser Zeit Autorinnen wie Carola Barth und Ada Weinel (Nachweise bei Edelbrock 2006).

Der Genderbegriff soll auf die soziale Konstruktion von Geschlechterstereotypen aufmerksam machen (»soziales Geschlecht« im Unterschied zum »natürlichen« bzw. biologischen Geschlecht = englisch »sex«). Religionspädagogisch geht es um die kritische Auseinandersetzung mit Wirkungen der religiösen Erziehung und des Religionsunterrichts, soweit diese zu einseitigen Festlegungen und Einschränkungen führen – in der Literatur wird ausdrücklich von »Unterdrückung« gesprochen (Überblick Kohler-Spiegel 1995, 2002). Die Notwendigkeit, die genderkritische und -sensible Perspektive auch auf Jungen und Männer auszuweiten, ist inzwischen erkannt, hat aber noch kaum zu entsprechenden Ansätzen für die Praxis geführt (als Versuch: Knauth u. a. 2002). Übergreifendes Ziel muss eine religionspädagogische Praxis bzw. ein Religionsunterricht sein, der beiden Geschlechtern gerecht wird und der unangemessenen Bildern von Weiblichkeit ebenso entgegenwirkt wie verzerrten Männlichkeitsvorstellungen.

Untersuchungen zur geschlechtsspezifischen religiösen Entwicklung und Sozialisation stehen erst in Ansätzen zur Verfügung (→ 101 ff.). Immerhin verdeutlichen die verfügbaren Untersuchungen, dass sich mit der geschlechtsspezifischen Sozialisation auch bestimmte Lern- und Entwicklungsbedürfnisse verbinden, die von der Religionsdidaktik wahrgenommen werden sollten. Daraus ergeben sich wichtige Anstöße für die Unterrichtsgestaltung, für Lernformen und Interaktions- bzw. Kommunikationsstile, aber auch für die Inhalte und Medien des Religionsunterrichts.

In Zusammenfassung und Weiterführung früherer Analysen hat Nicola Slee (2004, bes. 163 ff.) vier Ausrichtungen für religiöse Erziehung und Religionsunterricht benannt: konsequenter Bezug auf die Erfahrung von Frauen; beziehungsorientierte und dialogische Lernsettings; Betonung von Phantasie bzw. Imaginationskraft; Stille und Paradoxien (Slee spricht gerne von »Apophasien«, d. h. sich selbst aufhebenden Aussagen, die sie besonders bei Frauen beobachtet).

Eine genderkritische bzw. -sensible Religionsdidaktik konkretisiert sich derzeit vor allem unter folgenden Aspekten:

– *Interaktion und Kommunikation im Unterricht:* Im Anschluss an entsprechende Untersuchungen und Forderungen in der Erziehungswissenschaft gilt auch für den Religionsunterricht, dass die herkömmliche Ungleichbehandlung von Mädchen und Jungen im Unterrichtsprozess problematisiert werden muss. Dazu gehören u. a. Formen der Ermutigung und Anerkennung, der Berücksichtigung möglicher Beiträge (Wer meldet sich?), Zuwendung von Aufmerksamkeit. Solche Forderungen sind nicht spezifisch für den Religionsunterricht, sondern betreffen Schule und Unterricht im Ganzen. Sie stellen jedoch auch eine Voraussetzung einer spezifisch religionsdidaktischen Geschlechtergerechtigkeit dar.

– *Schulbücher für den Religionsunterricht:* Religionsbücher können inhaltlich sowie im Blick auf Gestaltungselemente (Bilder usw.) geschlechtsspezifisch analysiert werden (Pithan 1993). Entsprechen sie dem Kriterium der Geschlechtergerechtigkeit? usw.

Diemut Meyer/Christine Reents/Gritta Ulrich (1990, 37) schlagen dafür folgende Fragestellungen vor:
»Wie werden christliches Leben und Handeln unter dem Aspekt der Darstellung und Beurteilung von Frauen vermittelt?
Inwiefern sind Religionsbücher mitverantwortlich für die Vermittlung eines traditionellen Frauenstereotyps als Vorbild für Kinder?
Inwieweit tragen sie zur Ausbildung geschlechtsspezifischer Verhaltendispositionen bei?«

Für die Neugestaltung von Religionsbüchern, die ihrer Analyse zufolge erforderlich ist, schlagen die Autorinnen folgende Gesichtspunkte vor:
»Das quantitativ und qualitativ ausgewogenen Verhältnis von Frauen und Mädchen gegenüber Männern und Jungen in Texten und Bildern bezüglich der Größe, der Position, der Gefühle, der Tätigkeiten und Situationen …

Die Gleichstellung von Frauen und Mädchen gegenüber Männern und Jungen in der Arbeitswelt, in den Kirchen, in der Ökumene und Diakonie, in der Familie und Freizeit im Sinne einer partnerschaftlichen Verteilung der Verantwortung mit allen Pflichten, Rechten und Privilegien.
Rollenübergreifende Identifikationsangebote für Jungen und Mädchen.
Die Überprüfung aller Bibeltexte am Original hinsichtlich der vergessenen, unbekannt gebliebenen Frauen und so weit möglich ihre namentliche Berücksichtigung.
Die Überprüfung der kirchengeschichtlichen Teile hinsichtlich der vergessenen Frauen – z. B. Frauen im Kirchenkampf – und hinsichtlich der versäumten Selbstkritik der Kirchen.
Die Überprüfung aller Themen hinsichtlich ihrer Relevanz für Frauen und Mädchen sowie die Aufnahme geschlechtsspezifischer Themen« (50 f.).

Diese Anforderungen gelten natürlich nicht nur für Schulbücher, sondern können auf alle im Unterricht eingesetzten Medien, Materialien usw. angewendet werden.

– *Frauenbilder – Männerbilder – Selbstbilder:* Hinter der Analyse von Schulbüchern steht die Beobachtung, dass im Unterricht immer auch bestimmte Frauen- und Männerbilder vermittelt werden. Für die Mädchen werden deshalb »Leitbilder« gefordert, »wie Frauen das Leben gestalten, wie sie ihre Bedürfnisse nach Eigenständigkeit *und* nach Nähe leben« (Kohler-Spiegel 2002, 169). Dazu kommt die kritische Reflexion der in Gesellschaft und Kirche vorherrschenden Erwartungen und Vorstellungen, die auch Eingang in manche Lehrpläne gefunden hat. Aus der feministischen Theologie heraus sind zahlreiche Arbeitsmaterialien entwickelt worden, auf die hier zurückgegriffen werden kann (vgl. Religionspädagogische Beiträge 43/1999).

– *Biographien:* Schon seit langem wird die stärkere Berücksichtigung von Frauenbiographien im Religionsunterricht gefordert (vgl. Edelbrock 2006). Zum Teil kann dafür auch auf die neuere Forschung zur Lebensgeschichte und religiösen Entwicklung von Mädchen und Frauen zurückgegriffen werden (→257).

– *Gottesbilder:* Die Kritik einseitig männlicher Gottesbilder und die Suche nach weiblichen Gottesbildern spielt nicht nur für die feministische Theologie, sondern auch für eine an Geschlechtergerechtigkeit interessierte Religionspädagogik eine wichtige Rolle (Kohler-Spiegel 1995). Wichtig sind dabei auch Neuentdeckungen in der Bibel, die weibliche Bilder für Gott enthalten.

Im Schnittpunkt zwischen empirischen Untersuchungen zum Gottesbild von Mädchen und Frauen sowie der feministischen Theologie entwickelt C. Lehmann (2003) Perspektiven für eine »gender-reflektierende didaktische Beurteilung von Unterrichtsmedien und -entwürfen zur Gottesfrage«, u. a. mit folgenden Gesichtspunkten: geschlechterdifferenzierende Wahrnehmung von Erfahrungen; Verwendung »weiblicher« Metaphern für Gott; Umgang mit Macht; Gott als

»(mit)fühlendes, verwundbares und leidensfähiges Du«; »Einbindung Jesu in die Beziehung zu einer Gruppe von Freunden und Freundinnen«; »weibliche Personen als Handlungs- und Hoffnungsträgerinnen«; inklusive Sprache (305).

Neuere Befunde etwa aus Vergleichsuntersuchungen zur Schulleistung (PISA usw.), die zum Teil einen Leistungsvorteil der Mädchen belegen, sowie veränderte Orientierungen bei Jugendlichen lassen die ursprünglichen Impulse einer ausdrücklich feministischen Religionspädagogik oder -didaktik im Verhältnis zu einer allgemeineren, an Geschlechtergerechtigkeit interessierten Geschlechterforschung tendenziell zurücktreten. Dies ändert jedoch nichts an der bleibenden Bedeutung von Gender als Herausforderung für den Religionsunterricht, die nun allerdings unter Berücksichtigung der genannten Veränderungen aufgenommen werden muss.

Weiterführende Literatur

H. Kohler-Spiegel, Gender im Religionsunterricht – Mädchen/Jungen im Religionsunterricht. In: Jahrbuch der Religionspädagogik 18 (2002), 157-170
S. Becker/I. Nord (Hg.), Religiöse Sozialisation von Mädchen und Frauen, Stuttgart u. a. 1995

3.3.8   Unterrichtsvorbereitung: Didaktische Analyse und Elementarisierung

Bei den Formen der Unterrichtsvorbereitung hat sich die Religionsdidaktik weithin an die erziehungswissenschaftliche Allgemeine Didaktik angeschlossen und deren Modelle lediglich modifiziert. Darin kommt nicht zuletzt der mit dem Programm der Religionspädagogik (→46 ff.) verbundene Wunsch und Anspruch zum Ausdruck, dass auch der Religionsunterricht den allgemeinen Kriterien für »guten Unterricht« gerecht werden soll. Gleichwohl hat auch bei der Unterrichtsvorbereitung die Frage, wie die spezifischen Inhalte und Bedingungen des Religionsunterrichts berücksichtigt werden können, ein eigenes Recht, so wie dies heute im Zusammenhang des Elementarisierungsmodells als einer spezifisch religionsdidaktischen Form der Unterrichtsvorbereitung diskutiert wird. Im Folgenden wird zunächst die Didaktische Analyse als Grundmodell der in der Allgemeinen Didaktik gebräuchlichen Form von Unterrichtsvorbereitung dargestellt, danach das religionsdidaktische Elementarisierungsmodell.

In der Allgemeinen Didaktik werden zahlreiche Lehrbücher und Leitfäden für die Unterrichtsvorbereitung angeboten. Während die ältere allgemeindidaktische Literatur von Kontroversen beispielsweise um eine eher geisteswissenschaftlich-bildungstheoretische oder sozialwissenschaftlich-empirische Ausrichtung geprägt war (Bildungstheoretische Didaktik, sog. Berliner Didaktik usw.), kann seit etwa den 1980er Jahren von einem ausgesprochenen Konsens ausgegangen werden.

Dieser Konsens beruht auf einer Verknüpfung von Traditionen der geisteswissenschaftlichen Bildungstheorie, der sozialwissenschaftlich-empirischen Lerntheorie sowie der psychologischen Lehr-Lern-Forschung (→115). Darüber hinausreichende neue Impulse kommen aus der konstruktivistischen Didaktik (→160), aus System- und Evolutionstheorie (Scheunpflug 2001a) sowie aus der Gehirnforschung (Spitzer 2002). Ob diese Impulse in das Konsensmodell integriert werden können oder zu wirklichen Neubildungen führen, ist derzeit noch offen. Ähnliches gilt für die Versuche, auf die in den internationalen Schulleistungsvergleichsuntersuchungen (PISA usw.) aufgezeigten Defizite mit der Entwicklung von Bildungsstandards zu reagieren (→131 ff.).

(1) *Didaktische Analyse – Kritisch-konstruktive Didaktik:* Beide Bezeichnungen – Didaktische Analyse und Kritisch-konstruktive Didaktik – gehen auf den Erziehungswissenschaftler W. Klafki zurück, der in der zweiten Hälfte des 20. Jahrhunderts einen beherrschenden Einfluss auf die Allgemeine Didaktik ausgeübt hat. In einer ersten, noch ganz an der geisteswissenschaftlichen Tradition der Pädagogik orientierten Form hat Klafki 1958 sein Modell der didaktischen Analyse als »Kern der Unterrichtsvorbereitung« vorgestellt (Klafki 1963, 126 ff.). Die von ihm formulierten fünf Leitfragen für die Unterrichtsvorbereitung sind besonders einprägsam und bis heute nicht überholt (135 ff.):

Leitfragen für die Unterrichtsvorbereitung

I. Welchen größeren bzw. welchen allgemeinen Sinn- oder Sachzusammenhang vertritt und erschließt dieser Inhalt? Welches Urphänomen oder Grundprinzip, welches Gesetz, Kriterium, Problem, welche Methode, Technik oder Haltung lässt sich in der Auseinandersetzung mit ihm »exemplarisch« erfassen?
II. Welche Bedeutung hat der betreffende Inhalt bzw. die an diesem Thema zu gewinnende Erfahrung, Erkenntnis, Fähigkeit oder Fertigkeit bereits im geistigen Leben der Kinder meiner Klasse, welche Bedeutung sollte er – vom pädagogischen Gesichtspunkt aus gesehen – darin haben?
III. Worin liegt die Bedeutung des Themas für die Zukunft der Kinder?
IV. Welches ist die Struktur des (durch die Fragen I, II und III in die spezifisch pädagogische Sicht gerückten) Inhaltes?
V. Welches sind die besonderen Fälle, Phänomene, Situationen, Versuche, Personen, Ereignisse, Formelemente, in oder an denen die Struktur des jeweiligen Inhaltes den Kindern dieser Bildungsstufe, dieser Klasse interessant, fragwürdig, zugänglich, begreiflich, »anschaulich« werden kann?

Besonders deutlich wird an diesem Frageschema ein bis heute immer wieder umstrittenes Grundproblem der Didaktik: In welchem Verhältnis sollen die Erkenntnisse der Wissenschaft (in der Didaktik wird von »Fachwissenschaft« gesprochen) zur didaktischen Erschließung stehen (Verhältnis Fachwissenschaft und Didaktik)? Für den Religionsunterricht gesprochen ist damit vor allem das Verhältnis zwischen Theologie und Religionsdidaktik gemeint: Soll die Theologie oder soll die Religionsdidaktik darüber bestimmen, welche Inhalte für den Unterricht wichtig sind? usw. Eine bildungstheoretische Didaktik geht eindeutig vom sog. Primat der Didaktik aus (als Entsprechung in der Religionsdidaktik: Lämmermann 1991, 2005) und bringt die Fachwissenschaft erst *innerhalb* des didaktischen Feldes zur Geltung (vgl. Frage IV). Unter Berufung auf das besondere Gewicht der »Sache« des Religionsunterrichts ist demgegenüber immer wieder eine unabhängige Vorordnung der fachwissenschaftlichen vor der fachdidaktischen Analyse gefordert worden (z. B. Lachmann 2003c, 232).

Einerseits steht hier eine pädagogisch-didaktische Grundentscheidung auf dem Spiel: Vorrang der *Wissenschaftsorientierung* oder der *Kindorientierung* von Unterricht? Andererseits kann problematisiert werden, ob Pädagogik und Didaktik den Anspruch auf Kindorientierung allein für sich geltend machen können. Auf jeden Fall ist die traditionelle Rede von einem »Primat« (der Begriff verweist geschichtlich auf die mittelalterliche Auseinandersetzung zwischen Papst und Kaiser) für ein dialogisches Verhältnis zwischen Theologie und Pädagogik wenig hilfreich. Alternative Formulierungen etwa im Sinne von Konvergenzen und Divergenzen (→64) dürften sich auch in diesem Falle als weiterführend erweisen.

Unter dem Einfluss der weiteren erziehungs- und sozialwissenschaftlichen Diskussion hat Klafki sein ursprünglich allein geisteswissenschaftlich-bildungstheoretisches Modell der Didaktischen Analyse zur Kritisch-konstruktiven Didaktik fortentwickelt (Klafki 1985a), ohne die bildungstheoretische Grundausrichtung preiszugeben. Integriert werden gleichwohl empirische Erkenntnisse sowie unterrichtsanalytische Perspektiven, so dass sich sein Modell der Unterrichtsvorbereitung von fünf auf sieben bzw. acht Frage- oder Erschließungshinsichten erweitert. Zunächst finden sich hier die aus der Didaktischen Analyse bereits vertrauten fünf Aspekte wieder, die jetzt etwas knapper gefasst werden:

Unterrichtsvorbereitung nach der kritisch-konstruktiven Didaktik

1. Gegenwartsbedeutung
2. Zukunftsbedeutung
3. Exemplarische Bedeutung
4. Thematische Struktur (einschl. Lernziele)
5. Zugänglichkeit bzw. Darstellbarkeit (u. a. Medien).

Als neue Erschließungshinsichten kommen hinzu:
6. Erweisbarkeit und Überprüfbarkeit
7. Lehr-Lern-Prozessstruktur.

In den zuletzt genannten Perspektiven kommt die nun stärker empirisch-unterrichtsanalytische Ausrichtung zum Tragen. Für die Unterrichtsvorbereitung und -gestaltung sind nicht nur die Intentionen wichtig, sondern auch das, was im Unterricht tatsächlich geschieht (»Vollzugsformen des Lernens« usw.) sowie die Resultate von Unterricht, die überprüfbar sein sollen. Deshalb muss bereits bei der Vorbereitung von Unterricht bedacht werden, wie der Unterricht so gestaltet werden kann, dass definierte Ziele in erweisbarer und überprüfbarer Form tatsächlich erreicht werden.

Die eigene Hervorhebung der »Lehr-Lern-Prozessstruktur« soll bewusst machen, dass Unterricht nicht nur eine Frage von Inhalten ist, sondern auch von sozialen Beziehungen und Interaktionen. Die Planung von Unterricht sollte in dieser Hinsicht nicht weniger sorgfältig ausfallen als im Blick auf die Inhalte.

Diesen sieben Aspekten voraus geht bei der Unterrichtsvorbereitung nach der kritisch-konstruktiven Didaktik die

Bedingungsanalyse: »Analyse der konkreten, sozio-kulturell vermittelten Ausgangsbedingungen einer Lerngruppe (Klasse), des/der Lehrenden sowie der unterrichtsrelevanten (kurzfristig änderbaren oder nicht-änderbaren) institutionellen Bedingungen, einschließlich möglicher oder wahrscheinlicher Schwierigkeiten bzw. Störungen« (Klafki 1985a, 215).

In diese Bedingungsanalyse sollen also die empirisch-sozialwissenschaftlichen Erkenntnisse der sozialisations-, entwicklungs-, lern- und gesellschaftstheoretischen Untersuchungen aufgenommen werden.

Unterrichtsvorbereitung bedeutet in diesem Modell, dass die mit einem bestimmten Thema verbundene Lernsituation unter den genannten sieben bzw. acht Aspekten analysiert wird. Dies schließt weiterhin die Formulierung von *Lernzielen* ein und führt zu einer Planung von Unterrichtseinheiten und einzelnen Stunden in Teilschritten, für die jeweils bestimmte Methoden, Medien, Sozialformen, Zeitvorgaben usw. festzulegen sind.

Leicht zu erfassen sind die entsprechenden Aufgaben, wenn die Ergebnisse der Unterrichtsplanung in ein *Planungsschema* übertragen werden, das i. d. R. etwa so aussieht wie auf der nächsten Seite exemplarisch abgebildet.

Lehrpläne oder *Bildungspläne*, wie heute gerne gesagt wird, ersetzen also keineswegs die Unterrichtsvorbereitung, sondern geben lediglich bestimmte Themen oder Ziele vor, die dann von den Unterrichtenden *in eigener pädagogischer Verantwortung* aufgenommen und ausgearbeitet werden müssen (zu Lehrplanfragen im Religionsunterricht vgl. Adam 2003, Dieterich 2004).

Je mehr sich die staatlichen Vorgaben für den Unterricht an Kompetenzen und Standards orientieren (→131 ff.), desto mehr Raum bleibt für die eigene Unterrichtsplanung. Wenn lediglich ein Standard vorgegeben wird, bleibt es den Lehrerinnen und Lehrern überlassen, auf welchem Weg sie entsprechende Lernergebnisse erreichen wollen.

Die Unterrichtsplanung sollte sich nicht auf nur eine Stunde beziehen, sondern auf eine thematische Einheit, die meistens mehrere Unterrichtsstunden umfasst (Unterrichtseinheit). Auf diese Weise kann sich der Unterricht besser auf übergreifende inhaltliche Zusammenhänge einstellen und wird ein planerisches Denken in isolierten Einzelstunden vermieden.

Unterrichtsplanung sollte nie so eng sein, dass sie den Unterrichtsprozess zu determinieren sucht. Manchmal wird daher ausdrücklich empfohlen, bei der Planung auch alternative Unterrichtsverläufe zu berücksichtigen, um so die Beweglichkeit des Unterrichtenden zu stärken.

Schema zur Planung von Unterricht

Zeit	Lernziele	Methoden	Lehrerhandeln	Schülerhandeln	Medien

(2) *Elementarisierung als fachdidaktisches Modell der Unterrichtsvorbereitung:* Wenn über die im Sinne der kritisch-konstruktiven Didaktik fortentwickelte Didaktische Analyse hinaus nach einem fachdidaktischen Modell der Unterrichtsvorbereitung gefragt wird, so geschieht dies vor allem, um die Unterrichtsvorbereitung stärker auf fach- bzw. inhaltsspezifische Erfordernisse zuschneiden zu können. Religionsunterricht ist *Unterricht*, daher soll er den allgemeinen Anforderungen an »guten Unterricht« gerecht werden. Als *Religions*unterricht hat er darüber hinaus ein eigenes Profil. Insofern kann das Elementarisierungsmodell religionspädagogisch als »Kern der Lehrplanung und Unterrichtsvorbereitung« angesprochen werden (Nipkow 1986), nämlich im Sinne einer fachdidaktischen Zuspitzung und religionsdidaktischen Modifikation bzw. Erweiterung allgemeindidaktischer Modelle.

Das Profil des Religionsunterrichts tritt im vorliegenden Zusammenhang in mindestens drei Hinsichten besonders hervor: Erstens bezieht sich der Religionsunterricht nicht nur auf allgemeine Lernvoraussetzungen von Kindern und Jugendlichen, sondern speziell auf ihre *religiöse* Entwicklung und Sozialisation. Zweitens zielt dieser Unterricht auf eine *für die Gegenwart bedeutsame Traditionserschließung*, was ihn deutlich von Fächern unterscheidet, die entweder nur an der Geschichte als Geschichte oder an von jeder

Geschichte unabhängigen Erkenntnissen z. B. der Naturgesetze interessiert sind. Drittens gehört zum Religionsunterricht, anders als bei einer religionswissenschaftlich-religionskundlichen Beschäftigung mit Religion, wesensmäßig eine *existentielle Dimension*, bei der es um die persönliche und mit anderen geteilte Gewissheit – man könnte auch sagen: um die umstrittene Wahrheit des Glaubens – geht. Auf diese besonderen Herausforderungen muss ein fachdidaktisches Modell für den Religionsunterricht eingestellt sein.

Die Diskussion über Elementarisierung, Elementartheologie usw. betrifft allerdings nicht nur die Unterrichtsvorbereitung. Bei der *Elementartheologie* ist überhaupt weniger an eine pädagogische als vielmehr an eine theologische Aufgabe der Konzentration und Vereinfachung im Interesse einer »konsensfähigen Grundorientierung« in Kirche und Christentum gedacht (Stock 1987). I. Baldermann (1980, 1986) versteht Elementarisierung als einen Ansatz der Bibeldidaktik (→ 150). Als Modell der Unterrichtsvorbereitung ist Elementarisierung besonders von K. E. Nipkow (1982, 185 ff.; 1986; 2005a) und F. Schweitzer (Schweitzer u. a. 1997, Schweitzer 2003c) ausgearbeitet (vgl. auch Lämmermann 1991, 172 ff.; 2001; 2005). Mit etwas anderen Akzenten haben auch D. Zilleßen/U. Gerber (1997) ein unterrichtsbezogenes Elementarisierungsverständnis entwickelt (als Hintergrund vgl. Beuscher/Zilleßen 1998), mit »*grundlegend fragen lernen*« als Zentrum (Zilleßen/Gerber 1997, 9).

Für die Unterrichtsvorbereitung werden im Elementarisierungsmodell nach Nipkow/Schweitzer fünf Erschließungsrichtungen identifiziert:

Erschließungsperspektiven für die Unterrichtsvorbereitung als Elementarisierung
- elementare Strukturen
- elementare Erfahrungen
- elementare Zugänge
- elementare Lernformen
- elementare Wahrheiten.

Diese Erschließungsfragen bzw. -perspektiven sollen nun erläutert und mit Hilfe von zwei Beispielen – zum einen aus dem Umkreis des biblischen Unterrichts (Arbeiter im Weinberg, Mt 20), zum anderen des thematischen Unterrichts (therapeutisches Klonen) – illustriert werden.

– Die Frage nach *elementaren Strukturen* lehnt sich besonders deutlich an die Didaktische Analyse (dort Frage IV) an. Gemeint ist die Erschließung von Inhalten besonders mit Hilfe wissenschaftlicher Erkenntnisse (Theologie, z. T. Religionswissenschaft sowie weitere wissenschaftliche Disziplinen je nach Thema). Darüber hinaus geht es um die für allen Unterricht zu beantwortende Frage nach der Auswahl im Sinne von Konzentration, Reduktion, Vereinfachung usw. Ähnlich wie bei der Didaktischen Analyse wird auch bei der Elementarisierung großer Wert darauf gelegt, dass solche Fragen immer bereits im Horizont nicht nur der Wissenschaft, sondern auch der Kinder und Jugendlichen beantwortet werden. Worauf es beim Unterricht zu einem Bibeltext ankommt, lässt sich nicht allein mit Hilfe der Exegese sagen.

Beziehen wir die Frage nach elementaren Strukturen auf unser erstes Beispiel, die *Arbeiter im Weinberg* (Mt 20). Was ist das Zentrum dieser Parabel – die Güte Gottes (Linnemann 1982, 85) oder vielmehr die »Liebe Gottes« (Harnisch 1985, 195)? Befreit sie »den Hörer von seiner Leistungslohnvorstellung, indem sie ihm die Sicht des Herrn argumentierend plausibel macht« (Weder 1984, 226 f.)? Zur Beantwortung solcher Fragen ist exegetische Arbeit erforderlich. Dass auch dabei schon an die Lern- und Verstehensmöglichkeiten der unterrichteten Kinder und Jugendlichen zu denken ist, wird spätestens bei der Wirkungsgeschichte und den seit biblischer Zeit immer wieder anderen Deutungen dieser Parabel sichtbar: Soll die allegorische Deutung der »Stunden des fünffachen Rufes auf die Heilsgeschichte von Adam an« oder »auf die Lebensalter, in denen die verschiedenen Menschen Christen werden« (Jeremias 1984, 22), aufgenommen werden? Soll auch die für Matthäus selbst in diesem Gleichnis wichtige »Umkehrung der Rangordnung am jüngsten Tage« (23 i. Org. kursiv) in den Blick kommen? Treffend formuliert W. Harnisch (1985, 196): »Ob sich die Verweisungsdimension der Erzählung in der genannten Weise umschreiben lässt, entscheidet sich im Kontext der alltäglichen Lebenspraxis, auf die sie bezogen sein will. Anders gesagt: Die Botschaft der Parabel gewinnt ihre Evidenz erst in der Existenzbewegung, die sie auszulösen beansprucht«. – Die Frage nach elementaren Strukturen ist ohne die wissenschaftliche Theologie nicht zu beantworten, aber die für den didaktischen Zusammenhang bedeutsamen Strukturen können nur dann identifiziert werden, wenn die Lebenszusammenhänge und Deutungsweisen, um die es bei den weiteren Erschließungsdimensionen der Elementarisierung geht, bereits bei der Frage nach den Strukturen mitbedacht werden.

Bei unserem zweiten Beispiel, dem *therapeutischen Klonen*, sind für den Religionsunterricht primär die damit verbundenen ethischen und anthropologischen Fragen zentral. Gleichwohl müssen die biologischen und medizinischen Zusammenhänge geklärt werden: Was genau bedeutet es, dass hier zu therapeutischen Zwecken Embryonen »verbraucht« werden sollen? Der EKD-Argumentationshilfe »Im Geist der Liebe mit dem Leben umgehen« (EKD 2002) zufolge liegt die zentrale und damit elementare Frage in der Entscheidung darüber, ab wann der Embryo als sich entwickelnder Mensch angesprochen werden kann. Sobald von einem Menschen gesprochen wird, kann ein »Verbrauchen« des Embryos nicht mehr gerechtfertigt werden. Analog wird in der philosophischen Anthropologie um die Menschenwürde von Embryonen gestritten (vgl. z. B. die Kontroverse bei Nida-Rümelin 2002, 405 ff.). Auch in diesem Falle kann ohne Berücksichtigung der entsprechenden Lerngruppe kaum entschieden werden, welche wissenschaftlichen Klärungen erforderlich bzw. sinnvoll sind.

– Von *elementaren Erfahrungen* ist im Sinne der Erfahrungsorientierung (→155) von Unterricht im Blick auf heutige Erfahrungen besonders von Kindern und Jugendlichen zu sprechen. Zugleich geht es um die früheren Erfahrungen, die hinter einem biblischen Text oder einer religiösen Überlieferung stehen. Angestrebt wird eine dialogische Verknüpfung auf der Erfahrungsebene, wobei es sowohl auf Übereinstimmungen als auch auf Kontraste zwischen vergangenen und gegenwärtigen Erfahrungen ankommen kann.

Bei den *Arbeitern im Weinberg* liegt es nahe, an die auch heute zentrale Erfahrung der Arbeitslosigkeit zu denken. Erfahrungen aus dem Religionsunterricht zeigen, dass Jugendliche sich davon unmittelbar ansprechen lassen. Allerdings genügt es nicht, aktuelle Bezüge lediglich als Aufhänger zu missbrauchen (Schweitzer u.a. 1997, 34ff.). Wenn das Thema Arbeitslosigkeit aufgenommen wird, muss es auch sorgfältig behandelt werden. – Bei den Erfahrungen in biblischer Zeit gehen die exegetischen Hinweise weit auseinander. J. Jeremias (1984, 25) sieht bei den Arbeitslosen auf dem Markt eine »echt orientalische Gleichgültigkeit«. Hingegen hebt eine sozialgeschichtliche Exegese (Schottroff 1979) hervor, dass der eine Denar, der allen ausbezahlt wird, für die damaligen Menschen insofern eine ganz spezifische Bedeutung hatte, als er genau die Summe darstellt, die das Leben oder Überleben für einen Tag sicherte.

Beim Thema *Klonen* kann im Blick auf die Erfahrungen Jugendlicher an die direkte Aufnahme dieses Themas in Filmen oder Jugendliteratur (z.B. Kerner 2004: »Blueprint – Blaupause«) gedacht werden. Darüber hinaus gibt es vielfältige Bezüge zur Identitätsthematik, zu Selbstwert und Anerkennung durch andere und von anderen: Was würde es bedeuten, wenn es mich mehrmals geben würde? Wer verfügt über meine Persönlichkeit oder Identität? Wie weit reichen die Bestimmungsrechte von Eltern? usw.

– *Elementare Zugänge* kommen in den Blick, wenn nach den Verstehens- und Deutungsweisen von Kindern und Jugendlichen gefragt wird. Kinder und Jugendliche haben ihre eigenen Weltzugänge und Weltbilder. Eine Unterrichtsvorbereitung, die sich der entsprechenden entwicklungspsychologischen Literatur bedient (→106ff.), macht sensibel für die Unterschiede zwischen den eigenen Zugängen und den Verstehens- und Deutungsweisen der Kinder oder Jugendlichen. Nur ein Unterricht, der sich auf die Sichtweisen der Kinder und Jugendlichen einlässt, kann für sie bedeutsam werden.

Bei allen *Gleichnissen* erhebt sich die Frage nach dem Gleichnisverständnis und dessen Entwicklung (Bucher 1990b). Besonders für Kinder, aber auch noch für viele Jugendliche stellt sich ein Gleichnis nicht als symbolisch-metaphorische Aussageform dar, sondern als eine Geschichte im Sinne einer wörtlich zu nehmenden Erzählung oder einer Art von Bericht. Bei den *Arbeitern im Weinberg* kommen darüber hinaus weitere Fragen ins Spiel – etwa nach dem Gerechtigkeits- und Gesellschaftsverständnis sowie nach den Lebenszusammenhängen, die für Kinder oder Jugendliche jeweils bedeutsam sind (vgl. Schweitzer u.a. 1997, 33ff., 95ff.). So ist es etwa wenig sinnvoll, Kindern, die vor allem von ihrer familiären Lebenswelt, von Eltern-Kind- oder Geschwister-Beziehungen her denken, systemische gesellschaftliche Strukturen vor Augen führen zu wollen, auch wenn richtig bleibt, dass Lehren und Lernen immer auch auf ein Überschreiten vorgegebener Auffassungen zielen müssen.

Darüber, wie Kinder oder Jugendliche die ethischen Fragen eines *therapeutischen Klonens* verstehen, ist aus wissenschaftlichen Untersuchungen bislang m. W. nichts bekannt. Entwicklungspsychologische Untersuchungen lassen in diesem Falle aber ebenfalls erwarten, dass für Kinder und Jugendliche andere Aspekte wichtig sind als für Erwachsene. Bei der Unterrichtsvorbereitung sollte deshalb darauf geachtet werden, dass die Schülerinnen und Schüler möglichst früh ausgiebig Gelegenheit erhalten, ihre eigenen Verstehens- und Deutungsweisen zum Tragen zu bringen – beispielsweise bei einer Diskussion über den Film bzw. das Buch »Blueprint – Blaupause« (Kerner 2004).

– Unverzichtbar für die Unterrichtsvorbereitung ist die Frage nach *elementaren Lernformen*. Guter Unterricht kann nicht nur im Blick auf die Inhalte elementar sein! Anregungen dazu bietet u. a. die Literatur zu Methoden im Religionsunterricht (→ 125 ff.). Auch im Blick auf die Gestaltung der Lernformen und die Methodenwahl ist hervorzuheben, dass sie nicht unabhängig von den anderen Erschließungsdimensionen geschehen sollte. Beispielsweise können sonst Form und Inhalt des Unterrichts in Widerspruch zu einander geraten.

Bei der Behandlung der *Arbeiter im Weinberg* wird häufig auf Rollenspiele zurückgegriffen. Diese Methode habe sich im Unterricht allgemein bewährt. Bei dieser Parabel kommt es jedoch zumindest dann zu unlösbaren Verstehensproblemen, wenn die Arbeitslosigkeit der Männer auf dem Markt allzusehr als Freizeit ausgestaltet wird (Rollenspiel mit Chips und Cola!), während sich die im Weinberg Tätigen bis zur Erschöpfung abmühen. Wenn ein solcher Zugang gewählt wird, kann die von der sozialgeschichtlichen Exegese favorisierte Deutung (»Leben für alle«) kaum mehr erreicht werden. Vielmehr wird die Willkür eines absolutistischen Eigentümers umso deutlicher vor Augen stehen. So könnte sich etwa empfehlen, schon zu Beginn eine historische Information zum Wert eines Denars einzuführen, um auf diese Weise Missverständnisse zu vermeiden.

Beim *therapeutischen Klonen* können elementare Lernformen vor allem von einem handlungsorientiert ausgerichteten Unterricht erwartet werden. Dazu gehören eigene Recherchen u. a. im Internet oder in der Literatur, Befragungen von Mitschülerinnen und -schülern oder in der Fußgängerzone, Auswertung von Fernseh-Berichten usw. Eine weitere Möglichkeit besteht in der Organisation einer Kontroversdiskussion zu den Vor- und Nachteilen des therapeutischen Klonens, die ebenfalls durch entsprechende Recherchen vorbereitet sein muss.

– Kann man sein Leben wirklich auf den christlichen Glauben bauen? Sind die christlichen Auffassungen von Gerechtigkeit und Liebe tatsächlich tragfähig, oder handelt es sich dabei bestenfalls um Utopien, die von der alltäglichen Wirklichkeit weit entfernt sind? Wenn solche Fragen ins Spiel kommen, geht es nicht bloß um Zugänge oder Erfahrungen, sondern um *elementare Wahrheiten.* Solche Wahrheiten können nicht einfach vermittelt oder gar »ausgeteilt« werden. Sie können Kindern, Jugendlichen oder Erwachsenen nur »aufgehen«, indem sie sich selbst der Wahrheit gewiss werden. Wichtig bei der Unterrichtsvorbereitung ist aber, sich solcher Fragen bewusst zu werden, sie auch für sich selbst zu klären und im Unterricht zumindest Möglichkeiten dafür zu schaffen, dass auch die Dimension der Wahrheit angesprochen werden kann. Davon hängt es ab, ob der Religionsunterricht seiner existentiellen Aufgabe Rechnung trägt.

Die neue Gerechtigkeit, Güte oder Liebe Gottes, die in der Parabel von den *Arbeitern im Weinberg* zum Ausdruck kommt, stellt auch für Kinder und Jugendliche eine enorme Herausforderung dar. Sie widerspricht insbesondere einem Verständnis von Gerechtigkeit als Fairness, wie es für viele Kinder und Jugendliche von höchster Bedeutung ist (vgl. Schweitzer u. a. 1997, 95 ff.). Gleichwohl kann auch ihnen einleuchten, dass »Leben für alle« nur dann zu erreichen ist, wenn das herkömmliche Verständnis von Leistung und Lohn überschritten wird. Die Wahrheitsfrage betrifft unvermeidlich den Glauben und markiert damit eine nicht zu überschreitende Grenze für alles Lehren und Lernen (→31): Der Glaube selbst ist kein Lernziel, für dessen Erreichen der Unterricht verantwortlich wäre. Der Unterricht kann und soll jedoch, zumindest immer wieder, dafür sorgen, dass diese Grenze in den Blick kommt.
Beim Thema des *therapeutischen Klonens* sind die entsprechenden Wahrheitsfragen zunächst weniger leicht zu erkennen. Sie kommen jedoch dann ins Spiel, wenn Abwägungen zwischen dem Recht auf Leben eines Embryos und dem Wunsch nach Heilung bzw. dem möglichen Nutzen eines zu opfernden Embryos für den Lebenserhalt anderer Menschen erörtert werden. Wie weit reicht die Würde des Menschen? Unter welchen Voraussetzungen dürfen Menschen – etwa auch im Krieg oder bei einem Polizeieinsatz – für andere geopfert werden? Ist ein menschliches Selbstopfer legitim? Unter welchen Umständen? usw. Im Hintergrund steht die Gottebenbildlichkeit des Menschen und damit die Frage nach dem Menschenbild, das für unser Leben und Handeln leitend sein soll.

Auch eine Unterrichtsvorbereitung nach dem Modell der Elementarisierung mündet in eine Unterrichtsplanung, die in das als Beispiel wiedergegebene Ablaufschema (→179) übertragen werden kann.

Abschließend sei noch hervorgehoben, dass die fünf Erschließungshinsichten der Elementarisierung nicht in der hier gewählten Reihenfolge aufgenommen werden müssen. Alle fünf Hinsichten verweisen aufeinander und beschreiben zusammengenommen einen Zirkel oder Kreis, der an jeder Stelle betreten werden kann. Wichtig ist jedoch, dass alle fünf Hinsichten gleichermaßen berücksichtigt werden.

Weiterführende Literatur

W. Jank/H. Meyer, Didaktische Modelle, Frankfurt/M. 1994
F. Schweitzer mit weiteren Beiträgen von *K. E. Nipkow u. a.,* Elementarisierung im Religionsunterricht. Erfahrungen, Perspektiven, Beispiele, Neukirchen-Vluyn 2003

4. Religion unterrichten als Beruf:
Rolle – Person – Kompetenz

Lange Zeit haben sich Pädagogik und Religionspädagogik in erster Linie mit der Erziehung und Bildung von Kindern, Jugendlichen und Erwachsenen beschäftigt, während nach den Pädagoginnen und Pädagogen selbst nur selten oder in einseitiger Weise gefragt wurde. Für diese begnügte man sich allzu häufig mit kaum reflektierten oder wissenschaftlich geprüften Idealbildern oder Tugendkatalogen, in denen sich die jeweiligen Vorstellungen vom »guten Lehrer« niederschlugen. Inzwischen ist freilich bekannt, dass zur (Religions-)Pädagogik auch die wissenschaftliche Klärung beruflicher Identitätsbildungsprozesse, von Kompetenzanforderungen, Kompetenzerwerb usw. gehört. Auf der Seite derer, die Religionspädagogik studieren oder sich sonst auf eine Tätigkeit in diesem Bereich vorbereiten, entspricht dem das Bedürfnis nach selbständiger Orientierung und nach einer Klärung der Rolle, die sich mit einer solchen Tätigkeit verbindet. Die Religionspädagogik hat deshalb auch die Aufgabe der Entwicklung von analytischen und konstruktiven Leitbildern für religionspädagogische Berufe.

Wenn dieses Kapitel mit *Religion unterrichten als Beruf* überschrieben ist, wirft dies allerdings sogleich Fragen auf. Es kommt nur in vergleichsweise wenigen Fällen vor, dass eine religionspädagogische Tätigkeit als in dem Sinne eigener oder eigenständiger Beruf wahrgenommen wird, dass das Unterrichten von Religion die überwiegende oder ausschließliche Tätigkeit wäre. In der Schule unterrichten Lehrerinnen oder Lehrer in aller Regel mindestens zwei Fächer. Im Pfarramt stellen Religions- und Konfirmandenunterricht sowie weitere Unterrichts- oder Lehrtätigkeiten nur ein Element unter mehreren dar. Im Bereich der Gemeindepädagogik und der Erwachsenenbildung ist religiöse Bildung ein zwar unverzichtbarer, aber zugleich begrenzter Anteil der gesamten Tätigkeit, weil immer auch andere, nicht auf Religion bezogene Aufgaben wahrgenommen werden müssen. Von Religionsunterricht als eigenem Beruf kann am ehesten im Blick auf kirchliche Religionslehrerinnen und -lehrer gesprochen werden, die manchmal auch als Katechetinnen und Katecheten bezeichnet werden, sowie im Blick auf Pfarrerinnen und Pfarrer im Schuldienst, die ausschließlich das Fach Religion unterrichten. In manchen Ländern gibt es auch einen eigenen Abschluss in Religionspädagogik im Rahmen eines Diplomtheologiestudiums. So stellt die Frage, inwieweit ein religionspädagogischer Beruf*anteil* identitätsbildende Kraft gewinnt – ob beispielsweise Lehrerinnen und Lehrer, die auch Deutsch unterrichten, sich selbst vor allem als Religionslehrkräfte sehen –, eine eigene Forschungsfrage dar, zu der allerdings kaum Befunde vorliegen.

Die Ausführungen in diesem Kapitel beziehen sich vor allem auf den Bereich des schulischen Religionsunterrichts. Darin spiegelt sich die Ausrichtung der wissenschaftlichen Diskussion, die sich nur in Ausnahmefällen etwa auf Professionalisierungsprozesse im Bereich der Gemeindepädagogik (Foitzik/Goßmann 1986, 1989), auf Ehrenamtliche (z. B. in der Jugendarbeit: Kliemann 1983) oder auf die Unterrichtenden beim Konfirmandenunterricht (Böhme-Lischewski/Lübking 1995) bezogen hat. Diese Einschränkung sollte bei der zukünftigen Arbeit überwunden werden: Die weitere Klärung entsprechender Fragen jenseits von Religionsunterricht und Schule stellt ein wichtiges Desiderat dar.

Hinzuweisen ist auf den weiteren Hintergrund der Diskussion von Ausbildungs- und Professionalisierungsfragen in Pädagogik, Theologie und Kirche. Hilfreiche Orientierungen dazu geben E. Terhart (2001: »Lehrerberuf und Lehrerbildung«, in Verbindung von Schulpädagogik und Religionspädagogik Collmar 2004), für die Sozialpädagogik B. Dewe/H.-U. Otto (2001), zu übergreifenden Fragen pädagogischer Professionalität A. Combe/W. Helsper (1996) sowie für die theologische Ausbildung und Fortbildung W. Hassiepen/E. Herms (1993) und M. Ahme/M. Beintker (2005).

Im Folgenden werden mit den drei Aspekten von Rolle, Person und Kompetenz die wichtigsten Etappen in der Diskussion um religionspädagogische Professionalität dargestellt.

4.1 Erwartungen an Lehrerinnen und Lehrer im Religionsunterricht

Als die neuere Religionslehrerforschung ab etwa den 1970er Jahren in Gang kam, stand zunächst der damals auch außerhalb der Religionspädagogik viel beachtete soziologische Rollenbegriff im Vordergrund. Thematisiert wurden vor allem die divergierenden Erwartungen an die Unterrichtenden sowie die daraus resultierenden Rollenkonflikte (z. B. Schach 1980). Diese Erwartungen konstituieren ein Spannungsfeld, in dem sich Lehrerinnen und Lehrer im Religionsunterricht bewegen müssen, ohne dabei in eine Opferrolle im Sinne reiner Anpassung zu verfallen. Ausdrückliche oder unausdrückliche Erwartungen kommen dabei in erster Linie aus folgenden Richtungen:
– *Schülerinnen und Schüler:* Den Erwartungen von Kindern und Jugendlichen begegnen Lehrerinnen und Lehrer tagtäglich im Unterricht. Zu denken ist aber auch an Umfragen bei Kindern und Jugendlichen nach ihren Wünschen und Präferenzen im Blick auf Formen und Inhalte des Unterrichts (Bu-

cher 2000a, für Österreich Bucher 1996, aus der älteren Literatur Feige 1982, Köcher 1989). Solche Befragungen zeigen, dass die Kinder und Jugendlichen vor allem an einem methodisch vielfältigen und inhaltlich interessanten, sowohl auf die Erschließung der christlichen Tradition als auch auf Gegenwartsfragen bezogenen Unterricht interessiert sind. Dies entspricht auch den Befunden zur religiösen Entwicklung und Sozialisation (→ 101 ff.), an die hier über die direkten Befragungen hinaus ebenfalls zu denken ist: Demnach sind viele Kinder und Jugendliche religiös interessiert, vor allem aber im Horizont des eigenen Lebenszusammenhangs und deutlich weniger im Blick auf Kirche oder die christliche Lehrtradition. Wenn der Religionsunterricht diesen Orientierungsbedürfnissen und Erwartungen gerecht werden will, muss er sich um eine entsprechend lebensbezogene, elementarisierende Didaktik bemühen (→ 155 ff., 175 ff.).

– *Lehrpläne und schulischer Kontext:* In den Lehrplänen schlagen sich gleichsam in konzentrierter Form die gesellschaftlichen Erwartungen an den Religionsunterricht nieder (Überblick: Adam 2003, Dieterich 2004). Zusammen mit dem institutionellen Kontext der Schule definieren sie das Fach Religion als Unterricht und bestimmen die Rolle der Unterrichtenden als schulische Lehrerrolle (z. B. im Blick auf die zeitliche und fachliche Organisation von Schule, Leistungsbewertung, Disziplin, Aufsichtsfragen, allgemeine schulrechtliche Bestimmungen usw.).

– *Eltern:* Eine systematische und repräsentative Untersuchung von Elternerwartungen an den Religionsunterricht steht bislang nicht zur Verfügung. Einzelergebnisse (z. B. Schweitzer/Biesinger 2002, 195 ff.) verweisen auf eine überraschend hohe Wertschätzung dieses Unterrichts. Aus der Praxis kommen Hinweise darauf, dass sich die Elternerwartungen heute vor allem auf Werteerziehung beziehen, dass aber zugleich bei unterschiedlich geprägten Gruppen in der Elternschaft mit stark divergierenden religiösen Erwartungen gerechnet werden muss. In Politik, Recht und Öffentlichkeit ist häufig von einer Erziehungspartnerschaft zwischen Schule und Elternhaus die Rede. Dies impliziert ein ausgeprägtes Mitbestimmungs- und Mitspracherecht für Eltern, so dass anders als unter obrigkeitsstaatlichen Verhältnissen den Elternerwartungen auch im Blick auf den Religionsunterricht bewusst Raum gegeben werden muss, ohne dass deshalb andere Erwartungen oder Anforderungen an den Unterricht vernachlässigt werden dürften.

– *Staat und Politik:* Vor allem im 19., aber auch noch im 20. Jahrhundert wünschten sich Staat und Politik einen Religionsunterricht, der zu Staatstreue, Untertanengeist und Pflichtbewusstsein beiträgt. Die Stiehlschen Regulativen aus der Mitte des 19. Jahrhunderts, die sich nicht zufällig auf die Lehrerbildung bezogen, sind gleichsam zum Symbol für solche Erwartungen geworden (Nipkow/Schweitzer 1994a, 98). Auch in der Gegenwart formulieren politische Parteien zum Teil ausdrückliche Erwartungen an den Religionsunterricht, vor allem im Blick auf die Werteerziehung (vgl. z. B. das Themenheft: Politische Parteien zum Religionsunterricht, Der Evangelische Erzieher, H. 3/1988). Angesichts der zunehmend multikulturellen und -religiösen Situation in Deutschland und Europa tritt insbesondere die Erziehung zu Toleranz und Verständigung in den Vordergrund.

– *Kirche:* Die Kirchen haben ihre Erwartungen in offiziellen Dokumenten niedergelegt, sowohl zum Religionsunterricht (EKD 1994, DBK 1996 bzw. Kongregation für den Klerus 1997: »Allgemeines Direktorium für die Katechese«) als auch im Blick auf die Unterrichtenden (evangelisch: EKD 1997a: Empfehlungen der Gemischten Kommission, katholisch: DBK 2005b, 34 ff., Überblick bei Simon 2005). In grundlegender Weise kommen die kirchlichen Erwartungen darin zum Ausdruck, dass auch für schulische Religionslehrerinnen und -lehrer eine kirchliche Zulassung bzw. Befähigung (evangelisch: vocatio, katholisch: missio →83 ff.) erforderlich ist. In der Auslegung der vorausgesetzten Kirchenbindung unterscheiden sich die Konfessionen gemäß ihrem Kirchenverständnis. Auf evangelischer Seite wird weniger die kirchliche Autorität als vielmehr die Bindung an die theologisch-wissenschaftliche Grundlage sowie die Freiheit des Gewissens hervorgehoben (EKD 1971). Auf katholischer Seite führte in der jüngeren Vergangenheit vor allem der von Kirchenvertretern ausgehende Versuch einer materialkerygmatischen Rückwendung zu Aufsehen und kritischer Diskussion (Ratzinger 1983, kritisch dazu Werbick 1989, 43 ff.).

– *Wissenschaft: Religionspädagogik, Theologie, Pädagogik:* Im Falle des Religionsunterrichts werden wissenschaftliche Erwartungen von der Religionspädagogik selbst, aber auch von Theologie und Pädagogik her formuliert, wobei die Gewichtung der unterschiedlichen Ansprüche ein eigenes Thema darstellt (→64, 271 ff.). Immer wieder wurde und wird befürchtet, dass sich Religionspädagogik und Religionsunterricht zu weit von Bekenntnis und Theologie entfernen und ihre christliche Identität verlieren (Diskussion: Ritter/Rothgangel 1998, Rothgangel/Thaidigsmann 2005). In der Gegenwart geht es vor allem um theologisch mitzuverantwortende Qualitätsansprüche, die in Form von Kompetenzen und Standards für den Religionsunterricht ausgedrückt werden (→131 ff.).

Die Divergenz der unterschiedlichen Erwartungen an den Religionsunterricht lässt sich nicht aufheben. Die Religionslehrerrolle kann deshalb von vornherein nicht einfach durch die Übernahme aller Erwartungen bestimmt sein. Vielmehr besteht eine entscheidende Aufgabe darin, sich selbst als Lehrerin oder Lehrer über den anzustrebenden Umgang mit solchen Erwartungen klar zu werden (sog. »Selbstrolle«). Klärungsprozesse dieser Art sollten mit der

Ausbildung beginnen, müssen angesichts sich verändernder Situationen und Zeitlagen aber auch die spätere Praxis begleiten und stellen daher auch ein wichtiges Thema für die Fortbildung dar.

4.2 Person und Beruf, religiöse Orientierung und Biographie

Wie auch sonst in der Lehrerforschung (Terhart 2001) werden seit etwa den 1980er Jahren Aspekte von Person und Beruf, religiöser Orientierung und Biographie, die in den rollentheoretischen Darstellungen wenig Berücksichtigung gefunden hatten, stärker gewichtet. Verbreitet ist die – zugespitzte – Annahme, das wichtigste Curriculum sei die Person des Lehrers oder der Lehrerin, d. h. wirksamer als jeder Lehrplan sei allemal die Lehrerpersönlichkeit – eine Annahme, die allerdings zu einer deutlichen Überlastung führen kann (Kann wirklich alles von Person und Persönlichkeit der Lehrkräfte abhängig sein?). Eine Rückkehr zu den traditionellen Idealbildern vom »guten Lehrer« ist aber nicht beabsichtigt. Vielmehr geht es bei dieser Forschungsrichtung um eine realistische Wahrnehmung der mit der Person oder Persönlichkeit der Unterrichtenden verbundenen Zusammenhänge. So ist beispielsweise die Biographie oder Lebensgeschichte weder für die Person selbst noch für die Ausbildung in dem Sinne verfügbar, dass sie einfach neu gestaltet werden könnte. Wichtig ist gleichwohl ein reflektierter Umgang mit den (eigenen) biographischen Voraussetzungen – sowohl mit dem Ziel, die eigenen Grenzen, Verletzbarkeiten usw. zu kennen, als auch in der Absicht, die mit jeder Lebensgeschichte verbundenen besonderen Chancen und Fähigkeiten zu nutzen.

Neuere Untersuchungen und Darstellungen beziehen eine Vielfalt von Aspekten im Umkreis der beruflichen Identität und der Berufstätigkeit ein.

Historische Analysen zum Berufsbild des Religionslehrers auf katholischer Seite (Meyer 1984) sowie zu den religionspädagogischen Aufgaben und zum Selbstverständnis des Religionslehrers können im Sinne einer theologischen Bildungstheorie aufgenommen werden (Lämmermann 1985). Biographische Untersuchungen geben Einblick in Berufsmotivation und die Herausbildung beruflicher Identitäten (Heimbrock 1982, Biehl 1987). Befindlichkeit, Zielsetzung der eigenen Arbeit sowie religiöse Orientierungen in der Lehrerschaft werden mit Hilfe quantitativer und qualitativer Umfragen untersucht (z. B. Feige 1988, Langer 1989 mit kontroversen Befunden zur Situation in Hamburg, Kürten 1987, Feige u. a. 2000, Feige/ Tzscheetzsch 2005, zu Ostdeutschland Liebold 2004, zu Österreich Bucher 1996, Bucher/Miklas 2005, zur Schweiz Baumann u. a. 2004). – Detaillierte Überblicksdarstellungen bzw. Synopsen stehen ebenfalls zur Verfügung (Biehl 1986, Ziebertz 1995, Lück 2002).

Die Fülle der Einzelbeobachtungen kann hier naturgemäß nicht wiedergegeben werden. Ich beschränke mich auf einige übergreifende Tendenzen:

– *Berufszufriedenheit und Befindlichkeit:* Schon seit längerem verweisen Umfragen auf eine insgesamt positive Befindlichkeit der Religionslehrerschaft (Köcher 1989, 25 ff., Englert/Güth 1999, 49 ff., Feige u. a. 2000, 290 ff. u. a. m.), was allerdings nicht ausschließt, dass auch belastende Faktoren im Alltag eine wichtige Rolle spielen. Immer wieder genannt werden in dieser Hinsicht die sich verändernde Kindheit und religiöse Sozialisation, die sich in fehlenden Vorprägungen, mangelnden religiösen (Vor-)Kenntnissen usw. ausdrückt (Englert/Güth 1999, 67 ff., Lück 2002, 235 ff.). Bemerkenswert ist allerdings, dass die Lehrerinnen und Lehrer fast durchweg berichten, der Religionsunterricht sei in den Schulen und auch bei den Schulleitungen gut angesehen. Besondere Hindernisse werden für diesen Unterricht in der Schule offenbar nach wie vor nicht aufgebaut. Die Berufszufriedenheit hängt aber nicht nur mit den äußeren Umständen zusammen, sondern auch mit inneren Einstellungen, die zumindest weithin ein positives Verhältnis zur eigenen Berufstätigkeit begründen oder ermöglichen.

– *Biographie als Voraussetzung:* Die Bedeutung der eigenen Biographie erschließt sich vor allem in fallbezogenen qualitativen Untersuchungen und autobiographischen Darstellungen (Heimbrock 1982, Biehl 1987, Feige u. a. 2000, 55 ff., Liebold 2002, 209 ff., Dressler u. a. 2004). Dabei treten sowohl geschichtlich bedingte Aspekte wie die Zugehörigkeit zu einer bestimmten Altersgruppe (sog. Kohorte) mit ihren spezifischen Erfahrungen hervor (Aufwachsen nach dem Zweiten Weltkrieg, Bewältigung der deutschen Vereinigung usw.) als auch individuell bedeutsame Erfahrungen und Begegnungen etwa mit den eigenen Religionslehrerinnen und -lehrern in Kindheit und Jugendalter.

– *Gelebte und gelehrte Religion:* Das Verhältnis zwischen der von den Lehrerinnen und Lehrern selbst gelebten Religion und der Form von Religion, die sie im Unterricht zur Darstellung bringen, haben besonders A. Feige u. a. (2000) untersucht. Der Zusammenhang zwischen gelebter und gelehrter Religion konnte auch empirisch wahrscheinlich gemacht werden, wobei allerdings »individuell geleistete Reflexionsprozesse« eine – nach Auffassung der Autoren: »bildungstheoretisch erforderliche – Distanz« erzeugen (201), d. h. die von den Unterrichtenden selbst gelebte Religion wird nicht unvermittelt dem Unterricht zu Grunde gelegt. Dies kann im Sinne von Professionalität gedeutet werden: Religionspädagogische Professionalität erwächst nicht aus der bruchlosen oder unreflektierten Übernahme persönlicher, biographisch bedingter Glaubensüberzeugungen in die Berufspraxis, sondern erst aus deren vor allem in der Ausbildung (Studium) zu vollziehenden Transformation. Für die Aus- und Fortbildung ergibt sich daraus die Notwendigkeit, Religion

Religion unterrichten als Beruf: Rolle – Person – Kompetenz

im biographischen Zusammenhang aufzunehmen und nach dem Verhältnis zwischen diesem Zusammenhang und dem Unterricht zu fragen.

– *Einstellungen zur Kirche:* Während im Blick auf die Religionslehrerschaft immer wieder die Befürchtung geäußert wird, es fehle ihr an der notwendigen Kirchenbindung, und einzelne Untersuchungen (Langer 1989) solche Befürchtungen auch zu bestätigen scheinen, belegen neuere Untersuchungen für katholische Religionslehrerinnen und -lehrer ein hohes Maß an kirchlichem Engagement (Englert/Güth 1999, 34 ff.) und für die evangelische Religionslehrerschaft eine »symbiotische Distanz«, bei der sich Distanz und Nähe mischen (Feige 1988, 41) bzw. diese Form der Distanz keine grundsätzliche Kirchenferne bedeutet, sondern dem Kontext Schule entspricht (Feige u. a. 2000, 466 f.). Für Baden-Württemberg kann sogar formuliert werden: »Das Verhältnis Kirche – Schule wird insgesamt als ein *symbiotisch-konstruktives* verstanden, das in freundlicher Offenheit praktiziert wird: Die Kirche erscheint den weitaus meisten Lehrenden des ›Faches Christliche Religion‹ als eine gesellschaftliche Instanz, die sie bei ihren Bemühungen um die religiöse Bildung junger Menschen unterstützen kann« (Feige/Tzscheetzsch 2005, 15).

– *Zielsetzungen:* Das Spektrum unterschiedlicher Zielsetzungen ist breit und wird offenbar im Horizont praktischer Erfahrungen ausgebildet (vgl. Feige 2000, 448 ff., Feige/Tzscheetzsch 2005, 23 ff.). Eine direkte Beziehung zwischen religionsdidaktischen Theorien oder »Konzeptionen« und den Zielvorstellungen in der Praxis ist nicht ohne weiteres garantiert (Englert/Güth 1999, 169 f.). Hier stellt sich die Frage, ob die Theorie die Praxis nicht erreicht oder ob von spezifischen Defiziten der Aus- und Fortbildung auszugehen ist, die hinter dem Stand der wissenschaftlichen Diskussion zurückbleibt. Auch andere Faktoren bestimmen die Ziele mit: In Ostdeutschland (Sachsen) beobachtet H. Liebold (2002, 90) eine auffällige Zurückhaltung bei den Zielsetzungen, die sie vor dem Hintergrund der besonderen Situation von Schule, Kirche und Religion in Ostdeutschland als »didaktische Unsicherheit« deutet.

Die meisten bislang verfügbaren Untersuchungen zum Religionsunterricht und zur Religionslehrerschaft beruhen auf Befragungen der Lehrerinnen und Lehrer. Dies leuchtet insofern ein, als diese Berufsgruppe über sich selbst Auskunft geben kann und soll. Eine solche Selbstauskunft stellt heute geradezu einen Rechtsanspruch dar. Genauso wichtig sind aber auch die Wahrnehmungen und Erwartungen der Kinder und Jugendlichen. Sie verweisen beispielsweise darauf, dass sich Schülerinnen und Schüler mehr persönliche Zuwendung wünschen, aber auch Lehrerinnen und Lehrer als Vorbilder (Köcher 1989, 50). A. Bucher (2000a, 140 ff., vgl. 1996) hat mehrfach den Schülerwunsch nach aktivem, abwechslungsreichem, lebensrelevantem, handlungsorientiertem usw. Religionsunterricht beschrieben, ein Befund, der besonders für die Sekundarstufe auch von anderen Untersuchungen bestätigt wird (Kliemann/Rupp 2000). Hat einerseits die Religionslehrerschaft als Berufsgruppe einen Anspruch auf Selbstauskunft und entsprechendes Gehör, so wird andererseits eine erfolgreiche Professionalisierung in der Gegenwart nicht mehr unabhängig von den Wahrnehmungen und Erfahrungen der »Klientenschaft« – hier also der Schülerinnen und Schüler – zu beurteilen sein.

Untersuchungen zum Zusammenhang von Person und Beruf, religiöser Orientierung und Biographie machen im Übrigen noch einmal deutlich, warum die Beschäftigung mit Fragen der religiösen Entwicklung, Sozialisation und Lebensgeschichte (→101 ff.) für die religionspädagogische Ausbildung so wichtig ist: Sie trägt nicht nur zu einem besseren Verständnis für die Kinder und Jugendlichen bei, sondern dient auch der Auseinandersetzung mit Religion in der eigenen Lebensgeschichte und damit zum Aufbau religionspädagogischer Professionalität.

4.3 Professionalisierung und Kompetenz

In den letzten Jahren hat sich der Schwerpunkt der Diskussion über die Religionslehrerin und den Religionslehrer unter dem Einfluss internationaler Schulleistungsuntersuchungen (PISA u. a.) hin zu Fragen der für den Religionsunterricht erforderlichen *Kompetenzen* verschoben. Der Kompetenzbegriff wird also einerseits auf die Leistungsfähigkeit der Kinder und Jugendlichen bezogen (→134), andererseits aber auch auf die Lehrtätigkeit sowie auf die Lehreraus- und -fortbildung. Entsprechend wird gefragt, welche Kompetenzen auf welche Weise in Aus- und Fortbildung vermittelt oder entwickelt werden können. Im Hintergrund stehen veränderte Akzentsetzungen in der erziehungswissenschaftlichen und bildungspolitischen Diskussion über Lehrerausbildung und -beruf (vgl. Helmke 2004). Was aber macht die Professionalität von Religionslehrerinnen und -lehrern aus? Wie verhält sich diese Professionalität zu den in der Erziehungswissenschaft heute stark beachteten Professionalisierungsansätzen (Combe/Helsper 1996)? Im Dezember 2004 hat die Ständige Konferenz der Kultusminister der Länder in der Bundesrepublik Deutschland (KMK 2005) einen Beschluss »Standards für die Lehrerbildung« verabschiedet, in dem elf Kompetenzen beschrieben werden:

Interessant für den vorliegenden Zusammenhang sind die dabei genannten Kompetenzbereiche: 1. Unterrichtsplanung/-gestaltung; 2. Zu Lernprozessen motivieren und Lernprozesse unterstützen; 3. Förderung selbstbestimmten Lernens und Arbeitens; 4. Kenntnis der sozialen und kulturellen Lebensbedingungen von Kindern und Jugendlichen sowie Unterstützung der individuellen Entwicklung; 5. Vermittlung von Werten und Normen, Unterstützung selbstbestimmten Urteilens und Handelns; 6. Finden von Lösungsansätzen für Schwierigkeiten und Konflikte in Schule und Unterricht; 7. Diagnostizieren von Lernvoraussetzungen und Lernprozessen, gezielte Förderung und Beratung; 8. Beurteilung von Leistungen; 9. Einsicht in die besonderen Anforderungen des Lehrerberufs; 10. Verständnis des Lehrerberufs als ständige Lernaufgabe; 11. Beteiligung an Planung und Umsetzung schulischer Projekte (Schulentwicklung). Diese elf Kompetenzen sind vier übergreifenden Kompetenzbereichen zugeordnet: Unterrichten (Kompetenz 1 bis 3), Erziehen (Kompetenz 4 bis 6), Beurteilen (Kompetenz 7 und 8), Innovieren (Kompetenz 9 bis 11).

Die Vielfalt und Breite der Kompetenzen, die hier benannt werden, werfen natürlich Rückfragen etwa im Blick auf die Erreichbarkeit entsprechender Ziele in der Ausbildung auf. Sie machen jedoch zu Recht deutlich, dass zum Lehrerberuf heute mehr als eine didaktische Kompetenz gehört. Exemplarisch erkennbar wird dies beim Thema Schulentwicklung, das Lehrerinnen und Lehrer aller Fachrichtungen dazu herausfordert, Aufgaben und Fragen, welche die Schule insgesamt betreffen, nicht etwa der Schulleitung oder -aufsicht zu überlassen, sondern sich selbst an der Bestimmung entsprechender Ziele sowie an deren Realisierung zu beteiligen (dies erfordert eine schultheoretische Kompetenz, vgl. Grunder/ Schweitzer 1999).

Weiterhin verdeutlicht dieser Katalog von Kompetenzen, dass die Religionspädagogik in dieser Hinsicht vor erheblichen Herausforderungen steht. Während die Kompetenzbereiche Unterrichten und Erziehen traditionell stark bearbeitet worden sind, fehlt es an religionspädagogischen Untersuchungen und Modellen für die Kompetenzbereiche Beurteilen und Innovieren.

In der Erziehungswissenschaft werden Kompetenzmodelle derzeit breit und zum Teil kontrovers diskutiert (viel beachtet: Oser/Oelkers 2001, zur Diskussion: Thementeil der Zeitschrift für Pädagogik H. 2/2005). In der Religionspädagogik kommt die entsprechende Diskussion erst allmählich in Gang. Auf evangelischer Seite verdienen die Empfehlungen der Gemischten Kommission »Im Dialog über Glauben und Leben. Zur Reform des Lehramtsstudiums Evangelische Theologie/Religionspädagogik« (EKD 1997a) besondere Beachtung. In diesen Empfehlungen wird das Lehramtsstudium von den Anforderungen im Religionsunterricht sowie von den Anforderungen der Theologie her anhand von Kompetenzen beschrieben (»Anforderungsprofil eines integrativen Lehramtsstudiums«, 50 ff.):

Vom Religionsunterricht her werden gefordert: didaktisch-hermeneutische Kompetenz; Gesprächs- und Kooperationsfähigkeit; personale Glaubwürdigkeit; Methoden- und Medienkompetenz. Von der Theologie her: theologische und religionspädagogische Reflexionsfähigkeit; Fähigkeit zur kundigen Auseinandersetzung mit anderen konfessionellen, religiösen und philosophisch-weltanschaulichen Lebens- und Denkformen; Fähigkeit zur Reflexion der eigenen Religiosität und der Berufsrolle; Sicherheit im Umgang mit wissenschaftlichen Arbeitsweisen (zusätzlich wird auf die für ein Studium der Evangelischen Theologie erforderlichen Sprachkenntnisse verwiesen).

Auf katholischer Seite steht ein entsprechend ausdifferenziertes Dokument derzeit nicht zur Verfügung. In den letzten Jahren wurden jedoch Konsultationsprozesse durchgeführt, die in eine mit der evangelischen Stellungnahme vergleichbare Richtung weisen (Überblick: Simon 2005).

Die religionspädagogisch-wissenschaftliche Diskussion zu den für Religionslehrerinnen und -lehrer anzustrebenden Kompetenzen steht noch in den Anfängen. So wird etwa versucht, im engen Dialog zwischen Schulpädagogik und Religionspädagogik zu einer religionspädagogischen Handlungstheorie zu gelangen, die eine genauere Bestimmung von Kompetenzen erlaubt (Collmar 2004). Eher pragmatisch ist das Vorgehen, die für die allgemeine Lehrerfortbildung bedeutsamen Bereiche religionspädagogisch zu füllen (Doedens/ Fischer 2004; genannt werden: personale Kompetenz, Sachkompetenz, didaktische Kompetenz, methodische Kompetenz, Kompetenzen für Beobachtung, Beurteilung und Beratung, Kompetenz zur Kontextualisierung der religionspädagogischen Arbeit). Zusätzlich werden z. T. theologische Kompetenzen berücksichtigt (Heil/Ziebertz 2005, Ziebertz 2001, 193 ff.; als theologisch-religionspädagogische Kompetenz werden hier beschrieben: theologische Kommunikationsfähigkeit, Theologisieren von der Lebenswelt der Schüler aus, religionsdidaktische Kompetenz). Im Anschluss an die amerikanische Professionalisierungsforschung (D. Schön u. a.) kann »Reflexivität als Schlüsselkompetenz« auch im Blick auf den Religionsunterricht verstanden werden (Heil/Ziebertz 2005).

So einleuchtend der Weg einer religionsdidaktischen Konkretion allgemeiner Aufgaben und Funktionen des beruflichen Handelns von Lehrerinnen und Lehrern sein kann, wird es in Zukunft doch darauf ankommen, die Frage nach Religionslehrerkompetenzen enger mit der nach der Qualität von *Religions*unterricht (→ 131 ff.) zu verknüpfen. Qualitätsmerkmale von Religionsunterricht lassen sich zum einen nur unter konstitutiver Berücksichtigung allgemein- und fachdidaktischer Anforderungen formulieren – die Fachdidaktik ist auch in dieser Hinsicht nicht einfach Konkretion der Allgemeinen Didaktik, sondern Gesprächspartner (zu spezifischen Anforderungen an Religionslehrerinnen und -lehrer vgl. Schreiner 1999b, z. B.: Profil zeigen, Wahrnehmen, Erzählen, Seelsorge). Zum anderen sollte eine engere Verknüpfung zwischen den – bislang allerdings noch wenigen – empirischen Untersuchungen zum Religionsunterricht (→ 126) und der Bestimmung von Kompetenzen angestrebt werden (Ansätze bei Schweitzer u. a. 1997, Englert/Güth 1999, Englert 2003, Heil u. a. 2003). Schließlich verdient angesichts der gegenwärtigen Diskussion zur Schulentwicklung die Notwendigkeit von über das Unterrichten hinausreichenden Kompetenzen, wie sie in mehreren pädagogischen und religionspädagogischen Entwürfen genannt werden, noch einmal eigene Hervorhebung. Solche Kompetenzen verweisen nicht zuletzt auf den Wandel des (Religions-)Lehrerberufs, der sich heute und wohl auch in Zukunft nicht mehr einfach am hergebrachten Bild der Schule als Unterrichtsanstalt ausrichten kann. Zudem macht sich die Legitimationsbedürftigkeit von Religionsunterricht an jeder einzelnen Schule bemerkbar, so dass Religionslehrerinnen und -lehrer die Existenz ihres Faches nicht einfach voraussetzen können, sondern selbst zu dessen aktueller Legitimation und Begründung fähig sein müssen.

Weiterführende Literatur

R. Englert/R. Güth (Hg.), »Kinder zum Nachdenken bringen«. Eine empirische Untersuchung zu Situation und Profil katholischen Religionsunterrichts an Grundschulen. Die Essener Umfrage, Stuttgart u. a. 1999

A. Feige/W. Tzscheetzsch, Christlicher Religionsunterricht im religionsneutralen Staat? Unterrichtliche Zielvorstellungen und religiöses Selbstverständnis von ev. und kath. Religionslehrerinnen und -lehrern in Baden-Württemberg. Eine empirisch-repräsentative Befragung, Ostfildern/Stuttgart 2005

H.-G. Ziebertz u. a., Religionslehrerbildung an der Universität. Profession – Habitus, Münster 2005

5. Handlungsfelder in biographischer Perspektive

Die verschiedenen Handlungsfelder der Religionspädagogik werden häufig in einer institutionell vorgegebenen Anordnung dargestellt (schulische Religionspädagogik/Religionsunterricht, Gemeindepädagogik usw.). Eine solche Darstellung widerspricht insofern dem religionspädagogischen Erkenntnisstand, als Kinder, Jugendliche oder Erwachsene ihr Verhältnis zu religionspädagogischen Angeboten vor allem im Horizont ihrer eigenen Lebensgeschichte und der damit verbundenen Bedürfnisse, Interessen und Fragen bestimmen. Dem soll im Folgenden durch eine ausdrücklich biographische Perspektive entsprochen werden. Dies bedeutet umgekehrt nicht, dass theologische Perspektiven, kirchliche Zusammenhänge oder gesellschaftliche Erwartungen und Funktionen ausgeblendet werden könnten.

Die Darstellung folgt dem Verständnis, dass zur Religionspädagogik Aufgaben der Wahrnehmung und Deutung, aber auch des Handelns gehören. Deshalb werden im Folgenden in wiederkehrenden Abschnitten »Zur Situation«, »Kriterien und Ziele«, »Aktuelle Handlungsperspektiven« jeweils *Grundinformationen* geboten, *Deutungen und Ziele* erörtert und schließlich *Handlungsperspektiven* formuliert. Darüber hinaus beginnt jeder der drei Abschnitte zu Kindheit, Jugend und Erwachsenenalter mit übergreifenden Überlegungen aus religionspädagogischer Perspektive.

5.1 Kindheit

5.1.1 Übergreifende Aspekte

Kindheit ist heute Gegenstand einer eigenen sozial- und erziehungswissenschaftlichen Kindheitsforschung. Leitend für diese Forschung ist die Überzeugung, dass Kindheit nicht einfach eine biologisch-physiologisch bestimmte Erscheinung ist, sondern dass sie durch gesellschaftliche Voraussetzungen und Einflüsse erst zu dem wird, was dann als natürliche Kindheit wahrgenommen wird. Dies ist gemeint, wenn Kindheit als Erfindung oder »Konstrukt« bezeichnet wird (Honig 1999).

Die Kindheitsforschung ist in Handbüchern leicht zugänglich (Deutsches Jugendinstitut 1993, Markefka/Nauck 1993, Behnken/Zinnecker 2001). Dazu kommen empirische Surveys (Zinnecker/Silbereisen 1996). 1998 wurden Kinder erstmals in die bis dahin auf die Jugendlichen beschränkten Berichte der Bundesregierung eingeschlossen (Deutscher Bundestag: 10. Kinder- und Jugendbericht, 1998).

Kindheit als eine geschichtlich wandelbare und gesellschaftlich »konstruierte« Größe wird in dieser Forschung vor allem in folgenden Hinsichten, die hier nur zusammenfassend wiedergegeben werden können, charakterisiert:

– *Demographische Veränderungen: rückläufige Kinderzahl, Kleinfamilie, postfamiliale Familienformen:* Vor allem in Deutschland, aber zum Teil auch in anderen europäischen Ländern ist die Geburtenrate stark rückläufig, so dass die Bevölkerung ohne migrationsbedingten Zuwachs schrumpfen würde. Für die Erfahrung von Kindern ist darüber hinaus die geringe Zahl von Kindern *in* der Familie bedeutsam. Ungefähr ein Drittel der Kinder wächst als Einzelkind auf, fast die Hälfte der Kinder mit nur einem Bruder oder einer Schwester, so dass die früher durchaus häufige Situation von Familien mit drei und mehr Kindern nur noch für eine Minderheit bedeutsam ist. Wachsende Scheidungsraten betreffen statistisch gesehen seltener Familien mit (kleinen) Kindern. Noch immer wachsen etwa 80 % der Kinder mit beiden leiblichen Eltern auf (Überblick: Nave-Herz 2002). Allerdings ist zu bedenken, dass die amtliche Statistik die realen Verhältnisse nur noch unzureichend abdeckt. Vielfach gibt es sog. postfamiliale Familienformen (getrenntes Leben trotz aufrechterhaltener Ehe, Zusammenleben nach der Scheidung usw.), die für das Aufwachsen der Kinder bedeutsam sind (Beck-Gernsheim 1998).

– *Zeitliche Veränderungen: kurze Kindheit, Zeitmanagement:* Von einer Verkürzung von Kindheit wird gesprochen, weil das Jugendalter immer früher einsetzt (→227 ff.). Wann genau die Kindheit endet, ist deshalb schwer zu sagen. Außer Zweifel steht fast nur noch die erste Lebensdekade als Zeit der Kindheit, während früher als Altersgrenze ohne weiteres das 14. oder sogar 16. Lebensjahr genannt werden konnte. Darüber hinaus ist Kindheit von früh auf zeitlich stark verplant – mit einem dicht besetzten Terminkalender (Turnen, Musik, Spielgruppen usw.).

– *Verinselung von Kindheit:* Der Begriff der Verinselung lässt sich bereits auf die genannte zeitliche Strukturierung von Kindheit durch feste Termine anwenden, noch mehr aber in räumlicher Hinsicht. Hier verweist er auf die einzelnen Orte, an denen Kinder ihr Leben verbringen (Elternhaus, Kindertagesstätte, Musikschule, Sporthalle usw.), sowie darauf, dass diese Orte nicht durch Wege miteinander verbunden sind, die ein Kind selbständig zurücklegen könnte.

– *Betreute Kindheit:* Erst seit dem 20. Jahrhundert besuchen alle Kinder in Deutschland die Schule, die immer mehr Zeit für sich in Anspruch nimmt. Dazu kommen verschiedene Einrichtungen im Elementarbereich (Kinderkrippe, Kindergarten, Kindertagesstätte usw.), die ebenfalls zunehmend von allen Kindern besucht werden.

– *Medienkindheit:* Vor allem seit der Einführung des Fernsehens um die Mitte des 20. Jahrhunderts hat der Medienkonsum von Kindern stark zugenommen. Zählt man die Zeit hinzu, in der andere Medien genutzt werden (Radio, Musik-Player, PC, Internet), so ist in den allermeisten Fällen von einer durchschnittlich mehrstündigen Mediennutzung pro Tag auszugehen.

Berühmt geworden ist die These des amerikanischen Medienforschers N. Postman (1983), der von einem »Verschwinden der Kindheit« vor allem aufgrund des Einflusses von Fernsehen und anderen Bildmedien gesprochen hat. Durch diese Medien sei die Informationsgrenze, die durch die Schrift und die Printmedien seit dem Mittelalter zwischen Kindheit und Erwachsenenalter gezogen gewesen sei, wieder aufgehoben worden. Jetzt sei alles allen zu jeder Zeit zugänglich. Vor dem Bildschirm entfalle die Unterscheidung zwischen Kindern und Erwachsenen.

– *Konsumkindheit:* Kinder sind etwa in der Werbung längst als wichtige Konsumentengruppe entdeckt worden. Die gezielte Produktion und strategische Vermarktung bestimmter Objekte (Kleidung, Spielzeug usw.), häufig auch in Verbindung mit Medienproduktionen (Harry Potter, Pokemons usw.), gehören dazu ebenso wie der Versuch, schon Kinder an bestimmte Marken zu binden.

– *Belastete Kindheit:* Zu den erfreulichen Veränderungen gehört eine zunehmende Offenheit und Sensibilität für Kinder mit Behinderungen (in der Religionspädagogik gibt es ein eigenes Handbuch »Integrative Religionspädagogik«, Pithan u. a. 2002). Gleichwohl ist nicht zu übersehen, dass die sich in der Gesellschaft immer stärker durchsetzenden Leistungsnormen solchen Kindern nach wie vor besondere Belastungen auferlegen. Eine weitere Belastung stellt das Phänomen der Kinderarmut dar (»Kinder als Armutsrisiko«), das auch im Kinder- und Jugendbericht erkannt und erörtert wird (Deutscher Bundestag 1998). Demnach sind Kinder überdurchschnittlich von sog. relativer Armut betroffen, d. h. sie sind überdurchschnittlich oft Sozialhilfeempfänger, und die betroffenen Familien bleiben in materieller Hinsicht hinter anderen Bevölkerungsgruppen zurück. Zum Teil mischen sich Armutsrisiken auch mit Belastungen durch Migration, die – wie z. B. die PISA-Studien gezeigt haben (Deutsches PISA-Konsortium 2001) – auch im Blick auf (vergleichsweise geringe) Schulleistungen eine dauerhafte Herausforderung darstellt.

– *Wandel des Erziehungsstils:* Gut dokumentiert und belegt ist der Wandel im Erziehungsstil besonders im Blick auf die von Eltern verfolgten Erziehungsziele. Standen in den ersten Jahren und Jahrzehnten der Bundesrepublik (Daten liegen zu Westdeutschland vor, vgl. Fend 1988) vor allem Gehorsamswerte im Vordergrund, so sind es seit etwa den 1970er und 80er Jahren eher Erziehungsziele wie Selbstverwirklichung, Selbständigkeit usw.

– *Kinderrechte:* Die Bewegung für Kinderrechte, die sich für die Anerkennung von Kindern als eigenständigen Rechtssubjekten einsetzt, durchzieht das gesamte 20. Jahrhundert. Mit der Kinderrechtskonvention der Vereinten Nationen von 1989 hat sie einen in vielen Ländern anerkannten Erfolg erzielt, auch wenn die genannten Belastungen von Kindern und Kindheit anzeigen, dass die Umsetzung solcher Rechte noch immer eine Herausforderung darstellt.

Diese Tendenzen beleuchten schlaglichtartig den Wandel von Kindheit und geben einen ersten Einblick in die Situation von Kindern heute. In allen genannten Hinsichten verbinden sich mit den Veränderungen religionspädagogische Fragen, auf die erst in späteren Abschnitten eingegangen werden soll.

Zu den übergreifenden Aspekten gehören auch *religionspädagogische und theologische Kriterien* für den Umgang mit Kindern und Kindheit. Welche *Ziele und Kriterien* sind in religionspädagogischer Hinsicht leitend? Allgemein formuliert ist es die Ermöglichung und Unterstützung von religiöser Entwicklung und Sozialisation, Erziehung und Bildung. Weitere Präzisierungen im Blick auf die Kindheit ergeben sich aus der theologischen Anthropologie des Kindes. Mit dem Christentum verbindet sich demnach eine besondere Sicht des Kindes, im Sinne der Anerkennung von Eigenwert und Würde des Kindseins, auch im Blick auf den Glauben des Kindes.

Die Anthropologie des Kindes geht über eine bloße Beschreibung hinaus und fordert eine Wertung oder normative Stellungnahme (Langeveld 1956). Sie hält kritisch daran fest, dass sich die Bedeutung des Kindseins nicht von den Erwachsenen her bestimmen lasse, sondern nur vom Kind selbst her. Aus dieser Perspektive ist dann auch der Vorwurf einer »Verleugnung des Kindes in der Evangelischen Pädagogik« erhoben worden (Loch 1968). Nach heutigem Verständnis spricht die biblische Tradition deutlich für eine besondere Hochschätzung des Kindes (vgl. das sog. »Kinderevangelium«, Mk 10, 13-16, das »Kind in der Mitte«, Mk 9, 33-37, dazu Müller 1992, Schweitzer 1992, 405 ff.). Diese Hochschätzung muss auch religionspädagogisch zum Tragen kommen.

In der gegenwärtigen Diskussion wird diese Forderung durch die Anerkennung von Kindern als vollwertiger Teil oder »Partner der christlichen Gemeinde« sowie mit der Aufgabe von Kirche als »Anwalt des Kindes in Gemeinde und Gesellschaft« aufgenommen (vgl. Becker 2004, 43 ff.). In diesen Zusammenhang gehört auch der von der EKD-Synode in Halle angestoßene »Perspektivenwechsel« vom Erwachsenen hin zum Kind (→156).

Weitergeführt werden die Anstöße einer (theologischen) Anthropologie des Kindes und eines entsprechenden Perspektivenwechsels durch den Einsatz

Handlungsfelder in biographischer Perspektive

für Kinderrechte, insbesondere für das Recht des Kindes auf Religion (Schweitzer 2005a). Auch wenn die deutsche Fassung der Kinderrechtserklärung der Vereinten Nationen von 1989 nur von »seelischer Entwicklung« spricht, nennen die englische und französische Fassung in Art. 27 eindeutig die »spirituelle« Entwicklung des Kindes (Dorsch 1994), woraus sich entsprechende Rechte ergeben (Hull 1998, 59). Das Recht des Kindes auf Religion als ein religionspädagogisch bedeutsames Anrecht auf religiöse Begleitung muss über die rechtlichen Bestimmungen hinaus religionspädagogisch begründet werden. In dieser Hinsicht lässt sich dieses Recht durch den Hinweis auf die »großen Fragen« im Aufwachsen der Kinder konkretisieren (Schweitzer 2005a). Dabei geht es insbesondere um die Frage nach Tod und Sterben, die Frage nach der eigenen Identität und deren Anerkennung, die Frage nach dem Grund moralischen Handelns, die Frage nach Gott sowie die Frage nach der Religion der anderen.

Weiterführende Literatur

M.-S. Honig, Entwurf einer Theorie der Kindheit, Frankfurt/M. 1999
J. Behnken/J. Zinnecker (Hg.), Kinder, Kindheit, Lebensgeschichte. Ein Handbuch, Seelze-Velber 2001
Deutsches Kinderhilfswerk e. V. (Hg.), Kinderreport Deutschland 2004, München 2004

5.1.2 *Religiöse Familienerziehung – ein vernachlässigter Bereich*

(1) *Zur Situation:* Vernachlässigt wird die religiöse Familienerziehung bereits von der sozialwissenschaftlichen Familienforschung, die sich nur selten auf diesen Aspekt der Familienerziehung einlässt. Im Vergleich zu anderen Handlungsfeldern hat sich aber auch die Religionspädagogik selbst verhältnismäßig wenig auf die Familie bezogen, was nicht zuletzt dadurch zu erklären ist, dass es für die Familienerziehung keine eigene Ausbildung sowie keine rechtlichen oder institutionellen Vorgaben gibt. Die verfügbaren Untersuchungen weisen jedoch darauf hin, dass die religiöse Familienerziehung noch immer große Bedeutung besitzt, sowohl in positiver als auch in negativer Hinsicht (Überblick: Ebertz 2000, Domsgen 2004, interdisziplinäre Perspektiven: Biesinger u. a. 2005). Für viele überraschend war der dem Kinder-Survey der 1990er Jahre zu entnehmende Hinweis »auf eine, im Vergleich zur vorhergehenden Generation, fast unveränderte Intensität der Weitergabe religiöser Wertvorstellungen« in der Familie (Zinnecker/Silbereisen 1996, 335). In dieser Untersuchung wurde darüber hinaus festgestellt, »dass die kulturelle Tradierung qua Familiensozialisation in diesem Bereich besonders hoch

und direkt ist«, stärker ausgeprägt als beispielsweise im Bereich von Sport (ebd.).

Ebenso deutlich ist den empirischen Untersuchungen zu entnehmen, dass sich die religiöse Familienerziehung kaum an kirchlichen Vorgaben oder Erwartungen orientiert. Es ist vielmehr die eigene (Bedürfnis-)Logik des Familienlebens, an der sie sich ausrichtet, auch in inhaltlicher Hinsicht (Schwab 1995, Ebertz 2000). Insofern kann von einer Individualisierung der religiösen Familienerziehung gesprochen werden, wobei solche Individualisierungsprozesse auch innerhalb der Familien wirksam sind: In religiösen Fragen soll nach Ansicht der meisten Eltern jeder selbst entscheiden können, auch schon die Kinder. In anderer Hinsicht ist eine Pluralisierung der religiösen Familienerziehung festzustellen. Dies gilt zum einen im Blick auf die große Zahl konfessionsverschiedener bzw. -verbindender Elternhäuser (ein Drittel der kirchlich getrauten Ehen ist evangelisch-evangelisch, ein Drittel katholisch-katholisch, ein Drittel evangelisch-katholisch, vgl. Ebertz 2000). Zum anderen ist an die in Westdeutschland zunehmende Zahl christlich-muslimischer Ehen zu denken und in Ostdeutschland an die der christlich-konfessionslosen Ehen. In beiden Fällen hat die religiöse Zusammensetzung des Elternhauses deutliche Folgen für die religiöse Familienerziehung, häufig so, dass Religion als mögliches Streitthema aus der familiären Kommunikation ausgespart bleibt (Froese 2005, Liebold 2005).

Ein spezieller Indikator für die Einstellung von Eltern zu Religion und religiöser Erziehung kann in der *Kindertaufe* gesehen werden:

Die Zustimmung zur Kindertaufe hat in den letzten Jahrzehnten von einem hohen Niveau aus noch einmal zugenommen – bei der letzten EKD-Erhebung über Kirchenmitgliedschaft gaben 95 % der befragten Evangelischen in Westdeutschland an, sie würden ihr Kind taufen lassen (EKD 2003c, 22). 78 % dieser Gruppe verbinden damit auch den Wunsch nach einer christlichen Erziehung (20). Die empirischen Befunde lassen allerdings daran zweifeln, ob dieser Wunsch auch in eben solcher Breite realisiert wird. Dennoch sollte die damit angezeigte Offenheit von Eltern für religiöse Erziehung nicht übersehen werden, zumal es sich dabei um eine langfristig gut belegte Einstellung handelt (vgl. neben den früheren EKD-Kirchenmitgliedschaftsuntersuchungen etwa Schweizerisches Pastoralsoziologisches Institut 1986, 1989).

Am Taufverhalten lässt sich auch die von Eltern gegenüber den Erwartungen von Kirche in Anspruch genommene Autonomie ablesen. Von der katholischen Kirche wird, mit gewissen Einschränkungen, bei Kindern aus evangelisch-katholischen Ehen noch immer erwartet, dass diese Kinder in der katholischen Kirche getauft und katholisch erzogen werden. Die Statistik zeigt, dass Eltern lange Zeit dieser Erwartung zumindest mehrheitlich zu entsprechen bereit waren. Seit etwa Mitte der 1970er Jahre werden Kinder aus solchen Ehen jedoch zunehmend in der evangelischen Kirche getauft (EKD 1993b, 8, vgl. DBK 2005a, 9).

(2) *Kriterien und Ziele:* Die religiöse Kindererziehung gehört in christlicher Sicht unabdingbar zu den Aufgaben von Eltern und Familie. Deshalb wird bei der Taufe an diese Aufgabe erinnert. Zugleich ist damit ein besonderes Recht der Eltern angesprochen, das beispielsweise gegenüber möglichen Übergriffen von Seiten des Staates geschützt werden muss, auch wenn der Staat umgekehrt im Namen des Kindeswohls über die Erziehungstätigkeit der Familie »wacht« (Art. 6, 2 GG: »Pflege und Erziehung der Kinder sind das natürliche Recht der Eltern und die zuvörderst ihnen obliegende Pflicht. Über ihre Betätigung wacht die staatliche Gemeinschaft«). In der Vergangenheit wurde zum Teil auch auf evangelischer Seite davon ausgegangen, dass durch die Taufe ein Rechtsanspruch der Kirche gegenüber der Familie konstituiert werde (von Zezschwitz 1863, 357, 310), eine Auffassung, die heute nicht mehr vertreten wird (auf katholischer Seite liegen die Verhältnisse auf Grund des sakramentalen Verständnisses von Ehe und Familie grundsätzlich anders, vgl. Bernard 2002, zur Praxis Biesinger/Bendel 2000).

Faktisch führen Appelle an Eltern und Familie oder gar Vorwürfe nicht weiter. Die von Eltern und Familien gleichsam als selbstverständlich in Anspruch genommene Autonomie gegenüber kirchlichen Vorschriften und Erwartungen ist ernst zu nehmen. Darüber hinaus sind die mit dem Wandel von Kindheit und Familie verbundenen Grenzen der (religiösen) Erziehungstätigkeit in der Familie zu bedenken. Überzogene Erwartungen sind fehl am Platz. Für sich allein kann die Familie die Verantwortung für die religiöse Erziehung der Kinder kaum ausfüllen.

Weiterführend ist die Unterscheidung zwischen evaluativen und normativen Aussagen zur Familienerziehung: Evaluative Aussagen stellen pädagogisch- oder theologisch-wissenschaftliche Beurteilungen dar, während normative Aussagen für die Erziehungspraxis verpflichtende Geltung beanspruchen. Normative Aussagen werden in der Familie erst dann wirksam, wenn sie der Familie selbst einleuchten und von ihr bejaht werden (Sautermeister/Schweitzer 2005). Besonders einleuchten kann Eltern, dass Kinder auch ihre religiösen Bildungsmöglichkeiten nutzen können und in religiöser Hinsicht mündig werden sollen.

Zusammenfassend ist festzuhalten, dass das Ziel religionspädagogischen Handelns im Blick auf die Familie heute vor allem in der Unterstützung der von Familien selbst bejahten und angestrebten Form von religiöser Erziehung im Horizont von Familienalltag sowie von für die Familie bedeutsamen Übergangssituationen (Geburt, Begleitung der Kinder, Erwachsenwerden usw.) bestehen muss. Angebote an die Familie werden demnach dann erfolgreich und angemessen sein, wenn sie weniger aus der Perspektive von Kirche und Gemeinde als vielmehr im Blick auf das Recht von Kindern auf Religion sowie die Bedürfnisse von Eltern und Familien ausgerichtet sind. Dies bedeutet nicht, dass religionspädagogische Angebote im Blick auf die Familienerziehung nicht auch theologisch verantwortet werden müssten. Eine Stärkung der religiösen Familienerziehung wird jedoch nur gelingen, wenn sich Theologie und Religionspädagogik der Notwendigkeit bewusst sind, in deutlich erkennbarer Weise an die »Familienreligiosität« anzuknüpfen.

(3) *Aktuelle Handlungsperspektiven:* Ein organisiertes religionspädagogisches Angebot für Eltern und Familien gibt es bislang erst in Ausnahmefällen. Überwiegend sind entsprechende Angebote in Programme oder Einrichtungen integriert, die nicht auf Religionspädagogik spezialisiert sind – etwa der Familienbildung, der Erwachsenenbildung und der Seelsorge. Darüber hinaus kommen entsprechende Angebote im Umkreis der Taufe in den Blick, aber auch im Zusammenhang der Diakonie (Erziehungshilfen, Kinderbetreuung usw.). Im Folgenden können nur einige exemplarische Beispiele genannt werden. Dabei ist durchweg die mögliche Vernetzung mit anderen religionspädagogischen Angeboten in der Kindheit zu bedenken, z. B. im Blick auf den Kindergarten.

Religionspädagogik im Umkreis der Taufe: Da Eltern bei der Taufe auch nach ihrer Bereitschaft zu einer christlichen Erziehung gefragt werden, können religionspädagogische Aspekte in jedem Taufgespräch eine Rolle spielen. Gezielte Angebote zu religiösen und religionspädagogischen Themen für Eltern vor und nach der Taufe kommen als Vertiefung und Erweiterung hinzu. Im Einzelnen zu nennen sind neben den herkömmlichen Taufgesprächen etwa Taufseminare, Taufgespräche in Gruppen, spezielle Gottesdienste (Tauferinnerung) sowie die im Folgenden im Blick auf die Familienbildung genannten Angebote.

Familienbildung/Elternbildung: Zum Teil gibt es spezielle Einrichtungen (Familienbildungsstätten), in denen entsprechende Angebote organisiert werden, zum Teil ist einfach an allgemeine Bildungsangebote für Eltern und Familien zu denken. Am weitesten verbreitet sind Elternseminare (Themen: Heute noch religiös erziehen?, Brauchen Kinder Religion?, Tod und Sterben, Wo wohnt der liebe Gott? usw.). Solche Angebote sollen die religionspädagogische Kompetenz von Eltern stärken, wobei darauf zu achten ist, dass religiöse Erziehung nicht als Aufgabe nur für »Profis« erscheint.

Seelsorgerliche Begleitung, (Erziehungs-)Beratung, (Familien-)Therapie: Die seelsorgerliche Begleitung von Eltern und Familien sollte auch für religionspädagogische Fragen offen sein (vgl. als Handbuch: Riess/Fiedler 1993). Religiöse Familienerziehung ist nicht unabhängig von den Beziehungen, Bindungen und psychodynamischen Prozessen in der Familie zu sehen (Klosinski 2005, Morgenthaler 2002). Vor allem die psychoanalytische Tradition hat auf die Probleme einer im Extremfall pathogenen religiösen Erziehung hingewiesen, so dass auch Fragen von Therapie und Beratung zu bedenken sind.

Allerdings stellt Religion nach heutiger psychoanalytischer bzw. psychiatrischer Auffassung keineswegs nur eine Belastung, sondern sowohl eine Chance als auch ein Risiko für die Persönlichkeitsentwicklung dar (Klosinski 1994).

Kinderbibeln und religiöse Kinderbücher: Die Bereitstellung kindgerechter Kinderbibeln, die auch theologisch angemessen sind, sowie die Unterstützung von Eltern u. a. bei der Auswahl und im Umgang damit, stellt eine weitere Aufgabe dar. Erfreulicherweise sind Kinderbibeln in den letzten Jahren vermehrt in der Religionspädagogik thematisiert worden (Adam/Lachmann 1999). Darüber hinaus spielen religiöse Kinderbücher sowie andere Medien (Ton-Kassetten, CDs, Comics, Filme usw.) eine zunehmend wichtige Rolle, die auch zum Thema entsprechender Seminare für Eltern gemacht werden kann.

Öffentlichkeitsarbeit: Angesichts der Tendenz, religiöse Erziehung als reine Privatangelegenheit zu betrachten und sie damit aus der Öffentlichkeit auszuschließen, wird es zu einer wichtigen Aufgabe von Kirche, die Plausibilität religiöser Erziehung auch in der lokalen und regionalen Öffentlichkeit zu stärken. Dazu tragen öffentliche Veranstaltungen sowie die öffentliche Einladung zu entsprechenden Seminaren ebenso bei wie die Beteiligung von Kirche etwa an Beratungen über die Verfügbarkeit von Angeboten der Kinderbetreuung (»runde Tische«).

Weiterführende Literatur

M. *Domsgen,* Familie und Religion. Grundlagen einer religionspädagogischen Theorie der Familie, Leipzig 2004

A. *Biesinger u. a.* (Hg.), Brauchen Kinder Religion? Neue Erkenntnisse – praktische Perspektiven, Weinheim/Basel 2005

F. *Schweitzer,* Das Recht des Kindes auf Religion. Ermutigungen für Eltern und Erzieher, Gütersloh [2]2005

A. *Biesinger/H. Bendel* (Hg.), Gottesbeziehung in der Familie. Familienkatechetische Orientierungen von der Kindertaufe bis ins Jugendalter, Ostfildern 2000

5.1.3 Kindergarten/Kindertagesstätte als Ort religiöser Erziehung und Bildung

(1) *Zur Situation:* Ein Überblick zur religionspädagogischen Praxis in Kindergarten und Kindertagesstätte (im Folgenden spreche ich abgekürzt vom Kindergarten), der sich auf empirische Befunde stützen könnte, ist nicht verfügbar. Dies verweist erneut auf die Vernachlässigung religiöser, aber auch moralischer Erziehung in der entsprechenden sozialwissenschaftlichen und erziehungswissenschaftlichen Forschung.

Als wichtigste aktuelle erziehungswissenschaftliche Darstellungen sind zu nennen: F.-M. Konrad (2004) zur Entwicklung des Kindergartens von den Anfängen bis in die Gegenwart, mit stärker pädagogisch-systematischer Ausrichtung W. Grossmann (1987) bzw. in praktisch-pädagogischer Hinsicht H. Colberg-Schrader/M. Krug (1999). Aus religionspädagogischer Perspektive sind in den letzten Jahren ebenfalls größere Darstellungen veröffentlicht worden: als evangelische grundlegende Darstellung s. G. Schnitzspahn (1999) sowie F. Schmidt (1999), im Blick auf Ausbildungsfragen R. Möller (2000, vgl. auch Möller/Tschirch 2002), aus katholischer Sicht J. Hofmeier (1992) sowie als grundlegende Darstellung N. Mette (1983).

Anlass für ein Interesse an Religionspädagogik im Kindergarten können dabei schon die Verhältnisse bei der Trägerschaft sein. In Westdeutschland waren traditionell etwa 75 % der Einrichtungen in Freier Trägerschaft, davon die meisten in kirchlicher, evangelischer oder katholischer Trägerschaft. Im Jahre 2003 wurden etwa zwei Drittel der Einrichtungen in Westdeutschland von Freien Trägern unterhalten, in Ostdeutschland hingegen nur 16 % (Konrad 2004, 236, zu statistischen Fragen vgl. Schnitzspahn 1999, 156 ff.). Erfahrungsberichten zufolge kann aus einer kirchlichen Trägerschaft aber nicht automatisch auf eine entsprechende Erziehungspraxis geschlossen werden. Die zunehmend multikulturelle und -religiöse Zusammensetzung der Kinder wirft auch in dieser Hinsicht neue Fragen und Probleme auf.

Hinweise auf die religionspädagogische Situation sind am ehesten den i. F. genannten, im Theorie-Praxis-Zusammenhang erarbeiteten Konzeptionen und Arbeitshilfen zu entnehmen. Sie verweisen auf ein zum Teil ausgeprägtes religionspädagogisches Interesse nicht nur bei den Trägern, sondern auch bei den Erzieherinnen (dies bestätigt auch die Befragung von Erzieherinnen: Dippelhofer-Stiem 1997, Dippelhofer-Stiem/Kahle 1995).

Große Beachtung gefunden hat der vom Comenius-Institut seit den 1970er Jahren getragene Versuch, religionspädagogische Perspektiven im Horizont des für die pädagogische Praxis im Kindergarten weithin maßgeblich gewordenen Situationsansatzes zu entwickeln (Kaufmann 1976). Der Situationsansatz stellt für die Religionspädagogik insofern eine Herausforderung dar, als er zunächst ganz von der Situation der Kinder und also nicht von Themen oder Inhalten, die an die Kinder herangetragen werden, ausgehen wollte (Zimmer 1984, als spätere Modifikation s. Zimmer 1998). Auch ein solcher Ansatz erlaubt jedoch wichtige religionspädagogische Vertiefungen (Kaufmann 1976).

Neuere Ansätze für eine Religionspädagogik des Kindergartens stellen stärker die inzwischen auch in der Erziehungswissenschaft (Schäfer 1995) hervorgehobenen Bildungsaufgaben schon im Kindesalter, das Recht des Kindes auf Religion (Schweitzer 2005a) sowie die Herausforderungen durch eine multikulturelle und -religiöse Gesellschaft in den Vordergrund (Scheilke/Schweitzer 1999b). Weitere Fragen betreffen den Zusammenhang von Kindergarten und Gemeindeentwicklung (Schmidt 1999), nicht zuletzt hinsichtlich des Problems, dass die Zusammenarbeit zwischen Kindergärten in kirchlicher Trägerschaft und (Gottesdienst-)Gemeinde weithin nicht in befriedigender Weise zu verlaufen scheint.

Angesichts knapper werdender Finanzmittel, aber auch aufgrund der Notwendigkeit, kirchliche Trägerschaften inhaltlich auszugestalten, spielt derzeit die Frage nach dem Profil von Einrichtungen eine große Rolle (Schreiner 1999a, zum Kindergarten Harz 1999). Die Konzeptions- und Leitbildformulierung, die auch im Bereich des Kindergartens eine wichtige Aufgabe darstellt, legt die bewusstere Ausprägung von Profilen ebenfalls nahe, nicht zuletzt in Verbindung mit Qualitäts- und Evaluationsprozessen, bei denen die religiöse Erziehung und Bildung nicht übergangen werden darf (→136). Dabei ist darauf zu achten, dass religiöse Erziehung und Bildung nicht auf leicht zu erfassende quantitative Merkmale verengt werden (Wie viele biblische Geschichten werden erzählt? usw.), dass kirchlich getragene Einrichtungen ihre Qualität aber auch nicht bloß in einem allgemeinen pädagogischen Sinne entwickeln können. Kirchliche Einrichtungen müssen beides miteinander verbinden, kirchliches Profil und eine pädagogische Qualität, die den anerkannten Qualitätskriterien gerecht wird (vgl. EKD 2004b).

(2) *Kriterien und Ziele:* Das Kinder- und Jugendhilfegesetz bestimmt die Aufgabe des Kindergartens als Betreuung, Erziehung und Bildung. Das übergreifende religionspädagogische Ziel besteht darin zu gewährleisten, dass im Rahmen dieses Auftrags auch die Aufgabe religiöser Erziehung und Bildung wahrgenommen wird. Dies entspricht nicht einfach einem Trägerinteresse, sondern dem Recht des Kindes auf Religion (Schweitzer 2005a). Deshalb beschränken sich religionspädagogische Aufgaben keineswegs auf Einrichtungen in kirchlicher Trägerschaft, sondern gehören zum Erziehungs- und Bildungsauftrag aller Einrichtungen, ausdrücklich auch der Einrichtungen in kommunaler Trägerschaft. Wenn Kinder ein Recht auf religiöse Begleitung haben, gelten religionspädagogische Ansprüche nicht nur für den kirchlichen Bereich.

Nach heutigem Verständnis von Erziehung und Bildung, aber auch angesichts der multireligiösen Zusammensetzung von Kindergruppen sowie des Anteils konfessionsloser Kinder kann religiöse Erziehung und Bildung nicht bedeuten, dass Kinder lediglich in eine bestimmte Glaubensweise eingeführt werden. Von religiöser Bildung im engeren Sinne kann erst dann gesprochen werden, wenn die Kinder zu eigener Entscheidungsfähigkeit geführt und wenn auch Alternativen aufgezeigt werden (Benner 2004). Aufgaben ökumenischen und interreligiösen Lernens (→167 ff.) können und müssen, in altersgemäßer Form, schon in der Kindheit aufgenommen werden. Dies schließt nicht aus, dass religiöse Erziehung und Bildung im Kindergarten ein deutlich erkennbares evangelisches oder katholisches, in Zukunft vielleicht auch islamisches

Profil aufweisen, ohne dass die Kinder vereinnahmt werden dürften. Vielmehr muss die religiöse Erziehung im Kindergarten die Wünsche und Prägungen im Elternhaus sowie die Lern-, Entwicklungs- und Orientierungsbedürfnisse des Kindes genau beachten und kann jedenfalls nur familienergänzend wirken, wobei der familienergänzenden Funktion umso mehr Bedeutung zukommt, als in Familien heute eine ausdrücklich religiöse Erziehung nicht geboten wird oder geboten werden kann.

Eigens hervorzuheben ist die mit der religiösen Erziehung und Bildung verbundene Aufgabe der Werteerziehung. Beispielsweise kann der Kindergarten ein zentraler Ort für Lernprozesse im Horizont von Gerechtigkeit sein – durch in Beziehungen erfahrene Gerechtigkeit, Erzählungen von Gerechtigkeit, durch Spiele, Feste und Rituale (Scheilke/Schweitzer 2000).

Sowohl für die moralische Erziehung als auch für religiöse Erziehung und Bildung gilt, dass sie kindgerecht sein müssen. Dem geforderten Perspektivenwechsel zufolge können nicht einseitig die Erwartungen von Erwachsenen, von Kirche und Gesellschaft im Vordergrund stehen, sondern müssen Erziehung und Bildung vom Kind her konzipiert werden.

Weitere Kriterien neben der Kindorientierung sind Familienorientierung sowie die Öffnung hin zum Gemeinwesen, einschließlich der Kirchengemeinde. Die Wahrnehmung familienergänzender (religiöser u. a.) Erziehungsaufgaben setzt verstärkte Kooperation mit den Eltern voraus sowie eine genauere Abstimmung auf die Bedürfnisse von Familien. Die Öffnung hin zum Gemeinwesen entspricht einer allgemeinen pädagogischen Einsicht (sog. community education) und bietet für den Kindergarten zusätzlich zahlreiche Möglichkeiten der Erweiterung von Aktivitäten in der Partnerschaft mit anderen Einrichtungen und Personen.

Die verstärkte Wahrnehmung der genannten Aufgaben führt auch zu einer deutlicheren Profilbildung, besonders wenn diese auf die Gesamteinrichtung bezogen werden (sog. dimensionaler Ansatz der religiösen Erziehung und Bildung, Scheilke/Schweitzer 1999b). Die bei der Gestaltung einer Einrichtung zu berücksichtigenden Dimensionen (Umgang mit Räumen und Zeiten, Beziehungen usw.) sind auch in religionspädagogischer Hinsicht gehaltvoll und können für die religiöse Erziehung und Bildung fruchtbar gemacht werden.

(3) *Aktuelle Handlungsperspektiven:* Grundaufgaben, die in diesem Bereich auch in Zukunft kontinuierlich wahrgenommen werden müssen, ergeben sich direkt aus den genannten Kriterien und Zielen. Darüber hinaus sind folgende Handlungsperspektiven von besonderer Bedeutung:

Religionspädagogische Öffentlichkeitsarbeit: Angesichts der gesellschaftlichen Pluralisierungs- und Individualisierungstendenzen auch in religiöser Hinsicht (→53 ff.) sowie des Zweifels daran, ob religiöse Erziehung in dieser

Situation im Kindergarten noch möglich sei, sind Bemühungen um die Begründung und Darstellung der Plausibilität religionspädagogischer Arbeit in der Öffentlichkeit besonders wichtig. Dabei müssen auch die nicht-kirchlichen bzw. -konfessionellen Träger im Blick sein, da sich religionspädagogische Aufgaben in allen Einrichtungen stellen.

Religion in Bildungsplänen für den Elementarbereich: In den letzten Jahren wurden in allen Bundesländern Bildungspläne für den Elementarbereich erstellt. Im Anschluss an die Schulleistungsvergleichsuntersuchungen (PISA u. a.) stehen dabei sprachliche Fähigkeiten sowie das mathematisch-naturwissenschaftliche Denken im Vordergrund. Deshalb ist besonders darauf zu achten, dass religionspädagogische Aufgaben in diesen Bildungsplänen nicht übergangen werden. Dies setzt freilich voraus, dass der religionspädagogische Bildungsanspruch – in Unterscheidung zum herkömmlichen Verständnis religiöser Erziehung – in Theorie und Praxis noch schärfer gefasst und in entsprechenden Angeboten umgesetzt wird.

Interreligiöses Lernen: Schon die Zusammensetzung der Kindergruppen bringt es mit sich, dass Kinder mit sehr unterschiedlichen konfessionellen und religiösen Voraussetzungen und Zugehörigkeiten im Alltag beisammen sind. Besonders das interreligiöse Lernen stellt eine Herausforderung dar, für die es im Blick auf den Elementarbereich noch kaum bewährte Lösungen gibt. Deshalb kommt es darauf an, in diesem Bereich Erfahrungen zu sammeln und in weiteren Schritten von Auswertung und Analyse solcher Erfahrungen zu tragfähigen Modellen zu gelangen.

Entwicklung religionspädagogisch exemplarischer modellhafter Einrichtungen: Wie auch sonst in der Pädagogik können von modellhaften Einrichtungen wichtige Impulse für Theorie und Praxis ausgehen. Im Bereich des Kindergartens ist dies im Vergleich etwa zur Schule noch zu wenig der Fall. Umso bedeutsamer war z. B. der Versuch, eine exemplarische Konzeption für ein evangelisches Kinderhaus zu entwickeln, die leider bislang nicht realisiert werden konnte (Hagenah/Wegner 1995). In solchen Modellen sollte deutlich werden, wie sich erziehungswissenschaftliche Qualitätsansprüche und religionspädagogische Zielsetzungen zum Wohl des Kindes miteinander verbinden lassen.

Kindergarten und Gemeinde: Hier ist an zwei miteinander zusammenhängende Handlungsperspektiven zu denken: Zum einen muss die Vernetzung zwischen kirchlich getragenen Einrichtungen und der Kirchengemeinde als Träger verstärkt werden, wenn ein kirchliches Engagement in diesem Bereich auch angesichts knapper werdender finanzieller Ressourcen plausibel bleiben soll. Diese Vernetzung setzt ein Zusammenwirken aller Beteiligten voraus und kann nicht als Bringschuld nur des Kindergartens verstanden werden. Zum anderen kann die Einbindung des Kindergartens in die (Kirchen-)Gemeinde im Sinne der community education und der von dieser geforderten Öffnung von Einrichtungen hin zum Gemeinwesen nur gelingen, wenn Kindergärten auch zu Orten der Begegnung für Eltern und andere Erwachsene werden. Dazu müssen sie räumlich und kommunikativ erweitert und als attraktive Orte im Gemeinwesen ausgestaltet werden. Dazu gehören auch die als nächstes zu nennenden Angebote:

Elternbildung – Elternarbeit: Eine Stärkung der (religions-)pädagogischen Kompetenz von Eltern sowie die Wahrnehmung familienergänzender Aufgaben setzt voraus, dass die Elternarbeit intensiviert wird. Dazu gehören Bildungsangebote im (religions-)pädagogischen Bereich ebenso wie Erziehungsberatung im weitesten Sinne.

Qualitätssteigerung in Ausbildung und Fortbildung: Die sich verändernden und erweiternden Aufgaben von Kindergärten machen wünschenswert, was sich auch durch den Vergleich mit anderen Ländern nahelegt: Die Ausbildung von Erzieherinnen sollte über das bislang übliche Fachschulniveau hinaus angehoben werden. Besonders die religionspädagogische Ausbildung ist bisher nur unzureichend institutionalisiert. Sehr zu begrüßen sind etwa Versuche, auch im religionspädagogischen Bereich Langzeitfortbildungen anzubieten. Für die Religionspädagogik liegen neuere Entwürfe für die Gestaltung der Aus- und Fortbildung vor (Zühlke/Elsenbast 2004, Möller/Tschirch 2002), die zum Teil auch mit Initiativen in der Ausbildungspraxis verbunden sind.

Weiterführende Literatur

C. T. Scheilke/F. Schweitzer (Hg.), Kinder brauchen Hoffnung – Religion im Alltag des Kindergartens, Gütersloh/Lahr 1999

R. Möller/R. Tschirch, Arbeitsbuch Religionspädagogik für ErzieherInnen, Stuttgart 2002

5.1.4 Kindergottesdienst – zwischen Tradition, Krise und Neuaufbruch

(1) *Zur Situation:* Schon seit mehreren Jahrzehnten, aber vermehrt in den letzten Jahren wird eine Krise des Kindergottesdienstes diagnostiziert (Überblick: Grethlein 1994, 109 ff., Walter 1999). Rückläufige Teilnehmerzahlen stellen das größte Problem dar. Eine scheinbar feste Tradition wird in Zweifel gezogen. Manche fragen sogar, ob der Kindergottesdienst überhaupt noch Zukunft habe. Andere weisen darauf hin, dass der Kindergottesdienst noch immer für viele eine wichtige Erfahrung und eine erste Begegnungsmöglichkeit mit Gottesdienst darstellt.

Tatsächlich könnte es sein, dass die Einrichtung eines speziellen Gottesdienstes für Kinder vor allem in einer bestimmten Epoche der Geschichte von Kindheit sinnvoll und möglich war. In Deutschland gibt es einen Kinder-gottesdienst erst seit dem 19. Jahrhundert.

Als auch international neue Erscheinung und Initiative wird der Kindergottes-dienst auf Anfänge im England des späten 18. Jahrhunderts zurückgeführt (aus-führliche Darstellung: Berg 1987). Seine stärkste Verbreitung und dauerhafteste Institutionalisierung war und ist jedoch in den USA zu finden (Lynn/Wright 1980), wobei dies u. a. mit dem Fehlen eines Religionsunterrichts in der dortigen staatlichen Schule zu erklären ist. Von den USA aus entwickelte sich die Sonn-tagsschule – so die dort übliche Bezeichnung (Sunday School) – als internationale ökumenische Bewegung (Hörnig 1991). Nach ersten Anfängen in der ersten Hälf-te des 19. Jahrhunderts (besonders bekannt wurde die Hamburger Sonntags-schule u. a. mit Beteiligung von J. H. Wichern) fasste die Sonntagsschulbewegung in Deutschland vor allem in der zweiten Hälfte dieses Jahrhunderts Fuß und ge-wann als Laienbewegung große Verbreitung. Im 20. Jahrhundert setzte sich die Bezeichnung »Kindergottesdienst« durch, zugleich kam es auch zu einer deutli-chen Verkirchlichung.

In der wechselhaften Geschichte von Sonntagsschule und Kindergottesdienst mi-schen sich sozial- und elementarpädagogische, katechetisch-religionspädagogi-sche und liturgische Zielsetzungen. Zum Teil führte dies zur einseitigen Hervor-hebung nur einer Aufgabenbestimmung, was heute allerdings kaum mehr überzeugen kann. Seit der Durchsetzung der allgemeinen Schulpflicht (in Deutschland besuchen seit etwa der Wende zum 20. Jahrhundert alle Kinder re-gelmäßig die Schule) und dem damit ebenfalls allgemein gewordenen Besuch von Religionsunterricht treten die sozial- und elementarpädagogischen Aufgaben ebenso zurück wie ein Teil der katechetischen Funktionen.

Die gegenwärtig geringen Teilnehmerzahlen sind nicht einfach mit einem rückläufigen Interesse bei Kindern gleichzusetzen. Demographische Verände-rungen (»Pillenknick« in den 1960er Jahren, starker Rückgang der Geburten-zahlen in Ostdeutschland nach der Wende bzw. der deutschen Vereinigung im Jahre 1990, geringe Geburtenraten auch in Westdeutschland) spielen ebenso eine Rolle wie eine veränderte Gestaltung des Sonntags in Familien (Wochen-endausflüge, Sonntag als private Familienzeit usw.).

Alle Beobachtungen zu einer Krise des Kindergottesdienstes sollten im Üb-rigen nicht vergessen lassen, dass im Bereich der EKD pro Jahr mehr als 9000 Kindergottesdienste stattfinden, an denen mehr als 160000 Kinder teilneh-men (EKD 2005, 15) – eine Teilnehmerzahl, die es von selbst verbietet, den Kindergottesdienst einfach abschreiben zu wollen (weitere Schätzungen zu Teilnehmerzahlen: Walter 1999, 13). Darüber hinaus ist an die ebenfalls er-hebliche Zahl ehrenamtlicher Mitarbeiterinnen und Mitarbeiter, häufig im Jugendalter, zu denken. Nach wie vor ist die Resonanz bei den Kindern, die den Kindergottesdienst besuchen, sehr positiv.

Die Kirchenmitgliedschaftsforschung konnte auch zeigen, dass ein deutlicher Zusammenhang zwischen dem Kindergottesdienstbesuch in der Kindheit und dem Gottesdienstbesuch im Erwachsenenalter besteht (leider nur in den älteren Untersuchungen dokumentiert, vgl. Hanselmann u.a. 1984, 174ff.). Auch Eltern stehen diesen Befunden zufolge dem Kindergottesdienst aufgeschlossen gegenüber, sind allerdings nur selten bereit, ihre Kinder zum Gottesdienst zu schicken, solange diese nicht selbst entsprechende Wünsche äußern (192). Da Kinder, die den Kindergottesdienst nicht kennen, nur selten entsprechende Wünsche äußern werden, verweist dieser Befund auf eine wichtige Herausforderung für die Eltern- und Öffentlichkeitsarbeit.

(2) *Kriterien und Ziele:* Im Unterschied zu früheren Zeiten, in denen diakonische, sozialpädagogische, elementarpädagogische usw. Aufgaben wahrzunehmen waren, ist heute für den Kindergottesdienst die Verbindung von liturgischen und katechetischen bzw. religionspädagogischen Aspekten als Profil entscheidend. Beides sollte nicht gegeneinander ausgespielt werden. Ohne die Dimension des gottesdienstlichen Feierns verliert der Kindergottesdienst sein spezifisches Profil gegenüber anderen Angeboten – ohne Wahrnehmung der religionspädagogischen Herausforderungen und Einsichten geht er an den Kindern vorbei. Liturgische und religionspädagogische Bezüge sollten sich wechselseitig interpretieren.

Das Verhältnis zwischen Liturgik und Religionspädagogik ist für den Kindergottesdienst jedoch nicht ohne bleibende Spannungen. Soll der Kindergottesdienst als Hinführung zum Gottesdienst überhaupt eher vorbereitenden Charakter besitzen, oder soll er das gottesdienstliche Feiern in der Gegenwart des Kindes ins Zentrum stellen? Eine Alternative kann darin schwerlich gesehen werden, aber die Spannung macht sich doch immer wieder bemerkbar. Hinter dieser Spannung steht das auch sonst für die heutige Religionspädagogik bedeutsame doppelte Motiv, einerseits das Kind als vollwertiges Gegenüber anzuerkennen (Kinder sind Subjekte!), andererseits die Notwendigkeit, Kindern Neues zu erschließen und ihnen bestimmte Entwicklungen allererst zu ermöglichen (die Subjektwerdung von Kindern unterstützen!).

In anderer Gestalt begegnet diese Spannung in der Frage, ob ein eigener Gottesdienst für Kinder bedeutet, dass Kinder im Gottesdienst der Gemeinde nicht willkommen sind, oder ob es darum geht, ihnen ein kindgerechtes Angebot zu machen. Um den Eindruck eines grundsätzlichen Ausgeschlossenseins zu vermeiden, ist es wichtig, immer wieder auch gemeinsame Gottesdienste für alle Altersgruppen in der Gemeinde durchzuführen. Ebenso deutlich sollte sein, dass der Kindergottesdienst »*Gottesdienst der Kinder*« ist (Adam 1987, 293), der im Wert nicht hinter dem sog. Hauptgottesdienst der Erwachsenen zurücksteht.

Die Fragen, Spannungen und Herausforderungen im Umkreis von Kind und Gottesdienst spiegeln sich in gleichsam verdichteter Form beim *Abendmahl mit Kindern* (Diskussion: Ottmar 1998, Blohm 1998, Dokumentation: Comenius-Institut 1983). Lange Zeit war die Zulassung zum Abendmahl in der evangelischen Tradition an die Konfirmation gebunden. In den letzten Jahrzehnten wurde diese Begrenzung schrittweise aufgehoben, zunächst für Schulkinder (Zulassung zum Abendmahl ab dem Grundschulalter), später zugunsten einer allgemeinen Zulassung, die kein bestimmtes Lebensalter mehr voraussetzt, sondern lediglich eine dem Alter entsprechende Vorbereitung (so als erste die Württembergische Landeskirche im Jahre 2000). Damit wird eine mittelalterliche Entwicklung rückgängig gemacht, die mit der Einführung von altersbezogenen Zulassungsgrenzen ab etwa dem 13. Jahrhundert der Tendenz wehren sollte, die Eucharistie als eine Art magischen Schutz schon mit Säuglingen zu praktizieren. Die Festlegung eines bestimmten, klar definierten Alters geschah auch in der katholischen Kirche erst zu Beginn des 20. Jahrhunderts (Festlegung der Erstkommunion auf das Alter von etwa 8 oder 9 Jahren). Mit der Anerkennung von Kindern als vollwertigen Menschen auch in der Kirche ist ein grundsätzlicher Ausschluss der Kinder vom Abendmahl aus theologischer Sicht nicht zu vereinbaren (Welker 1999, 152 ff.).

Im Anschluss an die religionspädagogische und -didaktische Entwicklung (→ 152 ff.) wurden im Kindergottesdienst seit etwa 1970 neben dem herkömmlichen Erzählen biblischer Geschichten auch thematische Einheiten sowie symboldidaktische Themen aufgenommen. In seiner didaktisch-pädagogischen Dimension sollte der Kindergottesdienst nicht hinter der allgemeinen Entwicklung zurückbleiben. Deshalb sind solche Reformen zu begrüßen. Zugleich ist zu bedenken, dass etwa die Arbeit mit Symbolen auch den Befunden der Entwicklungspsychologie gerecht werden muss und Kinder im Vorschulalter Symbole zwar erleben, aber noch kaum darüber reflektieren können (→ 106 ff.). Das Kriterium einer kind- und entwicklungsgerechten Didaktik gilt auch für den Kindergottesdienst.

Heute sollte der Kindergottesdienst nicht mehr das einzige Angebot für Kinder in der Gemeinde sein, sondern ein Element in einem Spektrum von Angeboten (→ 214 ff.). Daraus ergibt sich in praktischer Hinsicht die Aufgabe der Vernetzung zwischen den verschiedenen Angeboten sowie der Ausgestaltung eines für Kinder und Eltern erkennbaren attraktiven Gesamtangebots.

(3) *Aktuelle Handlungsperspektiven:* Einige Handlungsperspektiven wurden bereits genannt. Vier Aspekte seien noch einmal eigens hervorgehoben:
– Der Kindergottesdienst ist heute kein Selbstläufer mehr, sondern bedarf gesteigerter Aufmerksamkeit und Unterstützung. Eine besondere Chance liegt in der in Kirche und Gesellschaft veränderten Wahrnehmung von Kindern und Kindheit, die auch den Kindergottesdienst – als Gottesdienst der Kinder – neu attraktiv werden lassen kann.
– Neue Versuche mit veränderten Zeiten und Formen (z. B. Kindergottes-

dienst am Freitagnachmittag, Verbindung mit einem gemeinsamen Essen) können den veränderten Bedürfnissen und Möglichkeiten von Kindern und Eltern entgegenkommen. Ein grundsätzliches Abgehen vom Sonntagvormittag kann aber auch dazu führen, das gottesdienstliche Profil unkenntlich werden zu lassen.

– Eine bleibende Aufgabe stellt die religionspädagogische und -didaktische Gestaltung von Kindergottesdienst dar. Die Aufnahme neuer religionspädagogischer Impulse (Themen, Symbole, entwicklungspsychologische Bezüge usw.) ist sachgemäß, sollte aber nicht zu einer katechetisch-didaktischen Einseitigkeit im Verhältnis zur liturgischen Dimension des Feierns von Gottesdienst führen.

– Im Sinne der Vernetzung muss der Kindergottesdienst seinen Platz im Rahmen eines Gesamtangebots für Kinder in der Gemeinde finden. Dies erfordert zugleich Kooperation und Profilierung (z. B. gemeinsame Angebote und Veranstaltungen, Beteiligung anderer Gruppen am Kindergottesdienst – bei bleibender Eigenständigkeit).

Weiterführende Literatur

G. *Adam*, Kindergottesdienst. In: ders./R. Lachmann (Hg.), Gemeindepädagogisches Kompendium, Göttingen 1987, 279-313
U. *Walter*, Kinder erleben Kirche. Werkbuch Kindergottesdienst, Gütersloh 1999

5.1.5 Weitere religionspädagogische Angebote für Kinder in der Gemeinde

(1) *Zur Situation:* Die Anlage dieses Abschnitts wirft besondere Probleme auf. Zunächst gehören bereits der Kindergottesdienst, in gewisser Hinsicht aber auch die Kindertagesstätte zu den Angeboten für Kinder in der Gemeinde, auch wenn sie insgesamt nicht einfach als religionspädagogische Angebote anzusprechen sind, sondern jeweils weitere Aspekte umfassen (Liturgie, Betreuung, Erziehung und Bildung usw.). Darüber hinaus gibt es eine Reihe neuerer Entwicklungen, die teils in der Nachbarschaft zum Kindergottesdienst stehen, teils aber auch zu anderen Angeboten. Auch sie sollen hier aufgenommen werden. Durch die zusammenfassende Darstellung soll deutlich werden, dass aus der Sicht von Kindern nach dem Zusammenhang solcher Angebote und nach dem dadurch entstehenden Gesamtangebot zu fragen ist.

Ohne dass sich dies für sämtliche Gemeinden behaupten ließe, finden neue Versuche häufig mehr oder weniger großen Zuspruch. Für Kinder etwa im ersten und zweiten Lebensjahr werden *Krabbelgottesdienste* (vgl. Scheller/ Dohna 2002, Feldges 2002) eingerichtet, als eine erste Form von gottesdienstlicher Feier (Begegnung mit dem Kirchenraum, Musik, ästhetische Elemente usw.). Solche Gottesdienste richten sich in aller Regel zugleich an die Begleitpersonen, da die Kinder hier nicht einfach abgegeben werden. Ebenfalls als Erweiterung der herkömmlichen Kindergottesdienstarbeit, aber zunehmend auch als eigenständiges religionspädagogisches Angebot sind *Kinderbibelwochen oder -tage* zu nennen, in denen während einer (Ferien-)Woche oder am Wochenende ein- oder mehrtägige Angebote um eine biblische Geschichte oder ein entsprechendes Thema herum gemacht werden. Offenbar sind solche Angebote für manche Kinder oder Eltern attraktiver als der regelmäßige Besuch von Kindergottesdienst, zumal ein Angebot für Kinder in Ferienzeiten auch eine Unterstützung besonders berufstätiger Eltern darstellt und ihren Betreuungswünschen entgegenkommt (diese sollten als vielfach begründet anerkannt und also nicht abwertend gesehen werden). *Mutter-Kind- bzw. Vater-Kind-Gruppen* beziehen sich ebenfalls auf die ersten Lebensjahre und haben häufig Raum in kirchlichen Gemeindehäusern gefunden. Ob und in welchem Maße sie sich auch mit (religions-)pädagogischen Angeboten verbinden, ist stark vom Einzelfall abhängig und wird als Chance wohl noch nicht genügend wahrgenommen. Zu nennen sind in diesem Zusammenhang auch Angebote am Wochenende, die besonders auf die Situation berufstätiger Eltern eingestellt sind. Sehr erfolgreich ist zumindest teilweise die *musikalische Arbeit mit Kindern* (Kinderchor, Instrumentalgruppen usw.). Über die insgesamt religionspädagogisch bedeutsame Pflege von (religiöser) Musik hinaus können mit dieser Arbeit informelle oder auch formalisierte religionspädagogische Elemente verbunden sein und kann es, etwa bei Aufführungen, zur Verzahnung mit dem (Kinder-)Gottesdienst kommen.

Die Reihe der bisher genannten Angebote ist nicht vollständig. Zu nennen wären auch Kinderkino, Gemeindefeste, Familienfreizeiten, Hausaufgabenhilfe u.a.m. Besondere Bedeutung besitzen jedoch, teilweise regional begrenzt, drei gleichsam fest institutionalisierte Angebote, auf die deshalb eigens eingegangen werden soll:

– *Kinder- und Jugendarbeit:* Wenn hier von Kinder- und Jugendarbeit gesprochen wird, so kommt darin zum Ausdruck, dass solche Angebote sich zunächst auf die Jugendlichen richteten (→244 ff.). Heute sind in diesem Bereich (etwa beim CVJM sowie anderen Verbänden oder örtlichen Einrichtungen) die Grenzen zwischen Kindern und Jugendlichen als Zielgruppen fließend geworden und gibt es vielerorts eigene Kindergruppen (Jungschar usw.). Soweit sie von Jugendlichen geleitet werden, bieten sie eine besondere Chance sowohl für eine Begegnung zwischen Kindern und Jugendlichen, wie sie in Familien angesichts der geringen Kinderzahl selten geworden ist, als auch der (Selbst-)Bildung für Jugendliche.

Auf katholischer Seite ist hier auf die Arbeit mit Ministranten und – offiziell seit 1992, auch mit Ministrantinnen hinzuweisen, die aus dem Institut des Messdieners hervorgegangen ist. Seit etwa den 1970er Jahren wird diese im Sinne der Kinder- und Jugendarbeit weiterentwickelt und enthält insofern auch (religions-)pädagogische Elemente (mit weiteren Hinweisen Büsch 2001).

Obwohl schon seit einiger Zeit beobachtet wird (Bäumler u. a. 1994), dass sich der Schwerpunkt der Kinder- und Jugendarbeit hin zu den Kindern verschiebt, fehlt es bislang noch an einer systematischen Situationsbeschreibung von Kinder- im Unterschied zur Jugendarbeit.

– *Christenlehre:* Die Christenlehre als ein Angebot für Kinder (und Jugendliche vor der Konfirmation) ist in erster Linie mit der Geschichte und Gegenwart der Kirchen in Ostdeutschland verbunden. Vorläufer gab es vor allem in der Zeit des Nationalsozialismus, als angesichts der zunehmenden ideologischen Überformung der Schule eigene christliche Unterweisungsangebote in der Gemeinde eingerichtet wurden (Albertz/Forck 1938, Hammelsbeck 1939). Diese Vorgeschichte erinnert zugleich an den schulischen Religionsunterricht als Grund dafür, dass Angebote für Kinder in der Gemeinde in Ländern wie Deutschland, in denen das unterrichtliche Angebot gut ausgebaut war bzw. ist, lange Zeit nicht erforderlich schienen. Als ein schulischer Religionsunterricht in der DDR dann zunehmend unmöglich wurde, sahen sich die Kirchen genötigt, ein religionspädagogisches bzw., wie es im Rückgriff auf das altkirchliche Katechumenat (→23) hieß: katechetisches Angebot in der Gemeinde aufzubauen, allerdings keineswegs bloß als kompensatorisches Unternehmen, sondern als Wahrnehmung einer eigenständigen kirchlichen Aufgabe (als Dokumentation 1949 – 1990: Reiher 1992).

Die Geschichte der Christenlehre in der DDR ist inzwischen mehrfach (allerdings vor allem von westlichen Autoren) beschrieben worden (Lehtiö 1983, Aldebert 1990, Comenius-Institut 1998b), und auch für den zahlenmäßig weit weniger bedeutsamen katholischen Glaubensunterricht in der DDR gibt es erste Darstellungen (Friemel 1998). Der Ertrag der in dieser Zeit entstandenen theoretisch-religionspädagogischen Arbeit hingegen ist noch kaum in angemessener Weise bzw. erst in Ansätzen rekonstruiert und gewürdigt worden – zu den Anfängen nach 1945 vgl. R. Hoenen (2003), für die spätere Zeit wäre vor allem an die Arbeiten von J. Henkys (etwa Henkys/Kehnscherper 1978) zu denken, die noch keine eigene Darstellung gefunden haben, aber auch an R. Degen (vgl. den kommentierten Sammelband Degen 2000).
Nach der deutschen Vereinigung von 1990 und der (Wieder-)Einrichtung von schulischem Religionsunterricht in Ostdeutschland war eine konzeptionelle Weiterentwicklung im Sinne eines auf Dauer eigenständigen Angebots für Kinder in der Gemeinde erforderlich (Degen/Doyé 1995, Schwerin/Wilke 1998). Die damit verbundenen Herausforderungen für die Praxis sind noch keineswegs bewältigt (Steinhäuser 2002, 37 spricht auf der Grundlage seiner Umfrage von »Alarmsignalen und neuen Chancen der Arbeit mit Kindern«).

Handlungsfelder in biographischer Perspektive

– *Konfirmandenunterricht im Kindesalter (KU 3/4):* Seit etwa 1975 gab und gibt es zunehmend Versuche, den herkömmlicherweise ganz im Jugendalter angesiedelten Konfirmandenunterricht in zwei Phasen auf Kindheit und Jugendalter aufzuteilen. Weithin bekannt geworden ist der in Hoya/Niedersachsen entwickelte Versuch (»Hoyaer Modell«), bei dem das erste Konfirmandenjahr ins vierte Schuljahr vorverlegt wurde. Neben der zeitlichen Neustrukturierung des in der Hannoverschen Landeskirche zweijährigen Unterrichts ist die Beteiligung von Eltern kennzeichnend für dieses Modell (zusammenfassende Darstellung: Voges 2000, s. auch Meyer-Blanck/Kuhl 1994, Zwischenbilanz: Meyer-Blanck 1993). Das Modell hat in der Hannoverschen Landeskirche eine zwar begrenzte, aber doch deutliche Verbreitung gefunden hat (Voges 2000, 386 nennt ca. 70 bis 80 Gemeinden). In anderen Landeskirchen werden ähnliche Modelle an verschiedenen Orten erprobt. Die Württembergische Landeskirche etablierte im Jahr 2000 den KU 3 als zweites Regelmodell neben dem KU 7/8 (Hinderer 2000), das inzwischen in mehr als hundert Gemeinden realisiert wird.

Für die Bemühungen in Niedersachsen waren Defizite im Bereich des Grundschulreligionsunterrichts ausschlaggebend. Weil dieser Unterricht häufig ausfiel oder gar nicht erteilt wurde, sollte im Bereich der Gemeinde ein Ausgleich geschaffen werden. In Württemberg mischte sich die Absicht, den Konfirmandenunterricht stärker an den Kindern und Jugendlichen zu orientieren, mit Hoffnungen auf neue Impulse für den Gemeindeaufbau durch eine Aktivierung von Eltern u. a. In beiden Fällen wird die Erwartung formuliert, dass Kinder für die Inhalte des Unterrichts offener seien als die Jugendlichen. Praxisberichten zufolge (s. die gen. Veröffentlichungen) sind die Erfahrungen überwiegend positiv. Eine im engeren Sinne empirische Auswertung steht allerdings noch aus (für Württemberg geplant). Offene Fragen betreffen vor allem folgende Aspekte:

Welche Folgen hat es für den Konfirmandenunterricht im Jugendalter, wenn er durch die Vorverlagerung größerer oder kleinerer Anteile ins Kindesalter zeitlich stark begrenzt wird? Diese Frage stellt sich insbesondere dort, wo der Konfirmandenunterricht ohnehin weniger als ein Jahr dauert.
Gelingt es einem Konfirmandenunterricht in der dritten oder vierten Klasse, ein den Kindern angemessenes, für sie in ihrer Gegenwart sinnvolles Angebot zu machen, oder gerät der Unterricht zu einer bloßen Vorbereitung auf die dann noch weit weg liegende Konfirmation?
Was bedeutet es für die Konfirmation, wenn die Zulassung zum Abendmahl an den Konfirmandenunterricht im Kindesalter gebunden wird (was allerdings den Abendmahlsordnungen nicht ohne weiteres entspricht)?
Welche Fragen lassen sich im Kindesalter wirklich bereits so klären, dass sie im Jugendalter – bei veränderten Entwicklungsvoraussetzungen – nicht wieder neu klärungsbedürftig sind?

Solche Fragen sind nicht als grundsätzlicher Einwand gegen KU 3/4 gemeint, verweisen aber auf einen Klärungs- und Entwicklungsbedarf. Dies gilt auch im Blick auf die manchmal erhoffte Zusammenarbeit mit der ebenfalls in der Kindheit (Klasse 3) angesiedelten Vorbereitung auf die Erstkommunion in der römisch-katholischen Kirche. Die Elternbeteiligung an der Kommunionsvorbereitung wurde schon früh als Impuls für den KU 3/4 genannt (vgl. Beiträge in Reller/Grohmann 1985, Bode/Kaufmann 1985).

Die Elternbeteiligung an der Vorbereitung auf die Erstkommunion hat verschiedene Wurzeln. In Deutschland steht zum Teil der Priestermangel im Hintergrund. Aus Lateinamerika kommt das Modell der Familienkatechese, das vor allem von A. Biesinger für deutsche Verhältnisse rezipiert wurde (zu Peru: Carrara 1999, zur deutschen Rezeption: Sayer/Biesinger 1988). Neben grundlegenden Darstellungen zur »Erstkommunion als Chance für Eltern und Kinder« (so Biesinger 1996) wurden umfangreiche Praxismaterialien entwickelt (Reihe: »Gott mit neuen Augen sehen – Wege zur Erstkommunion«). Deutlicher als bei den evangelischen Versuchen steht dabei das Anliegen im Vordergrund, die religiöse Familienerziehung zu stärken.

(2) *Kriterien und Ziele:* Da in diesem Abschnitt verschiedene religionspädagogische Angebote dargestellt werden, ist vor allem auf die als übergreifende Ziele und Kriterien genannten Perspektiven der theologischen Anthropologie des Kindes, des »Perspektivenwechsels« sowie des Rechts des Kindes auf Religion zu verweisen. Alle Angebote für Kinder in der Gemeinde sind demnach darauf hin zu prüfen, ob sie den damit angezeigten Ansprüchen gerecht werden und was sie dazu beitragen, Kindern religiöse Entwicklungs- und Bildungsmöglichkeiten zu erschließen. Dabei ist eine systemische Orientierung, die auch den Zusammenhang von Angeboten in der Kirchengemeinde mit Angeboten etwa in der Schule reflektiert, hilfreich und weiterführend, weil nur auf diese Weise geklärt werden kann, welche Aufgaben vordringlich sind.

Neuralgische Punkte werden in der Diskussion vor allem im Blick auf eine mögliche, aus religionspädagogischer Sicht aber unbedingt zu vermeidende Funktionalisierung der Arbeit mit Kindern gesehen. Religionspädagogische Angebote für Kinder in der Gemeinde sollen als eigenständige Aufgabe wahrgenommen werden. Sie dürfen z. B. nicht als Mittel zum Zweck des Gemeindeaufbaus eingesetzt werden (Diskussion: Nipkow 1990, 96 ff.). Kinder haben eigene Fragen und Orientierungsbedürfnisse. Weder darf die Empfänglichkeit von Kindern ausgenutzt werden, um ihnen Inhalte zu vermitteln, die Jugendliche oder Erwachsene nicht mehr akzeptieren würden, noch sollte die Auswahl von Inhalten einseitig daran bemessen werden, dass für das Jugend- und Erwachsenenalter bestimmte Grundlagen wünschenswert erscheinen. Gewiss: Hier müssen keine Gegensätze aufbrechen, aber die eigene Würde und der eigene Wert von Kindheit müssen durchweg gewahrt bleiben.

Handlungsfelder in biographischer Perspektive

(3) *Aktuelle Handlungsperspektiven:* In allen Handlungsfeldern, die in diesem Abschnitt aufgenommen werden, stellen sich jeweils spezifische Entwicklungs- und Optimierungsaufgaben, die hier im Einzelnen nicht entfaltet werden sollen. Statt dessen kann exemplarisch die Aufgabe hervorgehoben werden, die Angebote miteinander zu vernetzen und nach der Gewährleistung eines religionspädagogischen (Gesamt-)Angebots in der Gemeinde zu fragen. Entscheidend ist dabei nicht, dass alle denkbaren Angebote in jeder Gemeinde realisiert werden – anzustreben ist hingegen, dass Kinder in jeder Gemeinde ein ausreichendes religionspädagogisches Angebot vorfinden. Zum Teil wird dies auch unter Schlagwörtern wie »kinderfreundliche Gemeinde« diskutiert. Eine besonders schöne Formel hat die Evangelische Kirche im Rheinland gefunden: Gemeinde als »Oase für Kinder« (Ev. Kirche im Rheinland 1994). Darin beschreibt u. a. in anregender Weise H. Schröer »Möglichkeiten eines kinderfreundlichen Gemeindeaufbaus«:

»1. Eltern-Kinder-Treff, nicht nur Krabbel- und Kindergruppen.
2. Familien- und Kindergottesdienst in guter Zuordnung zueinander; eine Alternative ist hier falsch.
3. Neue Formen der Kinderpredigt (was gerade eine Modifikation der üblichen Predigt bedeutet).
4. Kinderfreundliche Begegnung mit der Bibel.
5. Kindernachrichten im Gemeindeblatt.
6. Vertretung der Kinder im Presbyterium, Gemeinderat usw.
7. Kindergartenarbeit als Gemeindearbeit bis hin zu Familienbildungsstätten auf regionaler Grundlage.
8. Seelsorgerliche Einrichtung für Kinder (z. B. ein Kindertelephon).
9. Thematische Arbeit über Kinderprobleme (z. B. bei Adoption, … Gewalt, Mediengesellschaft, Zeiteinteilung, Gelderziehung, Geburtstags- und Konfirmationsfeiern, Straßenkinder usw.).
10. Gemeindefeste, Ausflüge und Freizeiten (z. B. Mitgestaltung und Mitrede, wo es hingehen soll).
11. Schulaufgabenhilfe.
12. Projekte zur Begegnung und Gemeinschaft mit behinderten und kranken Kindern, mit Kindern der Dritten Welt und Ausländerkindern« (Schröer 1994, 75).

Weiterführende Literatur

Synode der EKD, Aufwachsen in schwieriger Zeit – Kinder in Gemeinde und Gesellschaft, Gütersloh 1995
Comenius-Institut (Hg.), Handbuch Evangelische Arbeit mit Kindern, Gütersloh (i. Vorb.)
F. Schweitzer, Brauchen Kinder Kirche – welche Kirche braucht das Kind? (in: ders., Das Recht des Kindes auf Religion, Gütersloh ²2005, 118 ff.)

5.1.6 Religion in der Grundschule – ein zunehmend wichtiges Angebot

(1) *Zur Situation:* Der Grundschulreligionsunterricht ist besonders beliebt und wird auch von den Unterrichtenden sehr positiv eingeschätzt (Bucher 2000a, 34 ff., Englert/Güth 1999, rückblickende Beurteilungen bei Kliemann/ Rupp 2000). Offenbar kommen die in der Grundschule weithin übliche kreative Unterrichtsgestaltung sowie biblische Geschichten als Unterrichtsinhalt den Interessen der Kinder stark entgegen. Gleichwohl sieht sich der Grundschulreligionsunterricht mit einer Reihe von Herausforderungen konfrontiert:

– Vielfach beobachtet und häufig beklagt werden Veränderungen bei der Schülerschaft, die den Unterricht schwieriger machen. Dazu zählen allgemeine Aspekte beispielsweise einer schlechteren Disziplin, vor allem aber die von der Lehrerinnen und Lehrern als nachlassend wahrgenommene religiöse Sozialisation in der Familie (Lück 2002, 235 ff., Englert/Güth 1999, 67 ff.). Der Grundschulreligionsunterricht ist in vielen Fällen zum ersten Ort der Begegnung mit biblischen Geschichten geworden (Befunde bei Hanisch/Bucher 2002).

– Für die insgesamt veränderte Schülerschaft, die vielerorts einen deutlichen Anteil von Kindern mit nicht-christlicher Religionszugehörigkeit sowie Konfessionslose einschließt, scheint das herkömmliche Angebot mit evangelischen und katholischen Lerngruppen immer weniger zu passen. Darauf reagieren etwa in Hamburg Formen von Religionsunterricht im Klassenverband (→91) sowie der konfessionell-kooperative Unterricht mit zeitweise gemeinsamen und getrennten Gruppen (→93). Ökumenisches und interreligiöses Lernen (→167 ff.) spielen heute auch schon für die Grundschule eine wichtige Rolle.

– Für die Grundschule führen aktuelle Prozesse der Schulentwicklung zu besonders weitreichenden Veränderungen, die auch an die herkömmliche Fächerstruktur oder überhaupt an die Existenz von Fachunterricht rühren. Integrative Formen des Lernens und Arbeitens sind hier schon jetzt deutlich weiter fortgeschritten als in vielen anderen Schulformen und -arten. Neuere Arbeiten zur Grundschulreligionspädagogik beziehen sich nicht zufällig auf die damit verbundenen Fragen (Freudenberger-Lötz 2003 zur neuen Schuleingangsstufe, Jessen 2003 zur Schülermitbeteiligung). In einer eigenen Stellungnahme hat die EKD (EKD 2001) Möglichkeiten für religiöses Lernen in der Grundschule dargestellt (Fachunterricht, rhythmisierter Schultag, Schulleben, außerschulische Lernorte). Der Religionsunterricht soll sich für integrative und kooperative Formen des Lernens öffnen, kann aber auf ein als Fachunterricht organisiertes Angebot nicht verzichten, soweit seine konfessionelle Bindung sowie die durch speziell ausgebildete Lehrkräfte gewährleistete Qualität nicht ebenfalls preisgegeben werden sollen.

Festzuhalten bleibt, dass der Religionsunterricht in der Grundschule für viele Kinder wichtige Möglichkeiten einer religiösen Begleitung und Bildung erschließt, und dies in einer Situation, in der die religiöse Sozialisation und Erziehung in der Familie zwar nicht einfach ausfällt (→201 ff.), aber doch kaum ausdrückliche Verbindungen zur christlichen Überlieferung, zu Kirche, Gottesdienst und Gemeinde entstehen lässt. Der Schulreligionsunterricht kann und soll zwar nicht einfach Defizite im außerschulischen Bereich kompensieren, aber die genannten Veränderungen stellen umgekehrt den Sinn von Religionsunterricht in der Grundschule keineswegs in Frage. Der Sinn dieses Unterrichts erwächst nicht daraus, dass die Kinder außerhalb der Schule besonders religiös erzogen würden. Eher gilt das Gegenteil: Je weniger religiöse Bildungsmöglichkeiten den Kindern vor und außerhalb der Schule eröffnet werden, desto wichtiger wird der schulische Religionsunterricht. Ähnlich ist im Blick auf die zunehmend pluralen Verhältnisse zu urteilen: Solche Verhältnisse lassen den Religionsunterricht schwieriger werden, aber die Unterstützung der Kinder dabei, sich in der Pluralität zu orientieren, gewinnt zugleich deutlich an Bedeutung.

Religion in der Grundschule, so ist eigens hervorzuheben, erschöpft sich nicht im Religionsunterricht. In zwar unterschiedlicher Häufigkeit, aber doch fast überall gibt es über den Unterricht hinaus z. B. *Schul- und Schülergottesdienste* sowie andere gottesdienstliche Feiern bei Einschulung, Schuljahresbeginn und -ende, Weihnachten u. a. m. Solche Gottesdienste können in ihrer Bedeutung für die Schule als Institution gewürdigt werden, weil dadurch deutlich wird, dass Schule auch eine öffentlich wahrzunehmende religiöse Dimension einschließt. Darüber hinaus sind Gottesdienste für solche Kinder besonders wichtig, die außerhalb der Schule kaum einmal mit einem Gottesdienst in Berührung kommen.

(2) *Kriterien und Ziele:* In der Diskussion zu Religion in der Grundschule herrscht heute weithin Einverständnis darüber, dass religionspädagogische Angebote ebenso kindgemäß wie sachgerecht, ebenso pädagogisch angemessen wie theologisch verantwortbar sein müssen (Überblick: Schweitzer/Faust-Siehl 2000, Forschungsüberblick: Englert/Schweitzer 2003). Das im emphatischen Sinne pädagogische Selbstverständnis der Grundschule (Faust-Siehl u. a. 1996) schließt auch den Religionsunterricht ein.

Es ist daher hervorzuheben, dass inzwischen auch kirchliche Stellungnahmen nicht etwa von kirchlichen Ansprüchen ausgehen, sondern ausdrücklich vom Recht des Kindes auf Religion her argumentieren (z. B. EKD 2001, 7). Der Religionsunterricht muss grundschulpädagogischen Anforderungen gerecht werden (Faust-Siehl/Schweitzer 2000, 40 ff.): Themen müssen aus pädagogischen Zielsetzungen heraus begründet werden, Handlungs- und Situationsorientierung sowie selbständiges Lernen und Methodenvielfalt stellen übergreifende didaktische Prinzipien der Grundschulpädagogik dar. Zur Weiterentwicklung von Schule, zur Ausgestaltung von Schulkultur und Schulleben beizutragen gehört ebenfalls zu den Aufgaben im Umkreis des Religionsunterrichts. Auch wenn nicht speziell für die Grundschule Ausgebildete (Pfarrerinnen und Pfarrer usw.) den Unterricht erteilen, bleiben diese Prinzipien in Geltung.

Unter religions- bzw. fachdidaktischem Aspekt ist die Bedeutung von entwicklungspsychologischen Befunden zur religiösen Entwicklung, von Kindertheologie sowie von Elementarisierung für den Bereich der Grundschule besonders hervorzuheben (→106 ff., 155 ff., 175 ff.). Die entsprechenden religionsdidaktischen Ansätze konvergieren in dem Bemühen, Kinder als Subjekte zu achten und ihren Verstehens- und Deutungsweisen ausdrücklich Raum zu geben. Gerade in der Grundschule ist leicht zu erkennen, dass dies u. a. einen kreativen Unterricht voraussetzt, der »mit allen Sinnen« geschieht.

Das Kompendium »Religion in der Grundschule« (Schweitzer/Faust-Siehl 2000) hebt eine Reihe besonders für die Grundschule geeigneter Ansätze und Vorgehensweisen hervor: Erzählen von biblischen Geschichten, Arbeiten mit Psalmen, Stille-Übungen, Freiarbeit, gestalterische Arbeitsformen, Lieder und musikalische Gestaltungen u. a. m. Die dort beschriebenen Praxisbeispiele und Anregungen belegen die erfreulich vielfältige Gestalt religionsdidaktischer Arbeit in der Grundschule.

Kontroverse Diskussionen gab es in den letzten Jahren um Symboldidaktik in der Grundschule (Wie verstehen Kinder Symbole?, vgl. Bucher 2000b) sowie um Gleichnisse in der Grundschule (Wie verstehen Kinder Gleichnisse?, Simon 2000, im Blick auf Klasse 5/6, aber auch grundschuldidaktisch bedeutsam Schweitzer u. a. 1997). Offene Fragen, u. a. im Zusammenhang der Einführung von islamischem Religionsunterricht (→90), wirft die Aufgabe interreligiösen Lernens (→169 ff.) auf. Auch in dieser Hinsicht muss die sachlich – pädagogisch ebenso wie theologisch – überzeugende Begründung dieser Aufgabe zur Übereinstimmung mit ihrer kindgemäßen Ausgestaltung gebracht werden (Vorschläge bei Lähnemann 1998a).

(3) *Aktuelle Handlungsperspektiven:* Trotz der genannten positiven Resonanz des Grundschulreligionsunterrichts besteht auch in diesem Bereich Bedarf für weitere religionspädagogische Bemühungen:

Weiterentwicklung einer eigenen Religionsdidaktik für die Grundschule: Während in den letzten Jahren viel über unterschiedliche Organisationsformen diskutiert wurde (Religionsunterricht für alle, Religionsunterricht im Klassenverband, kooperativer Unterricht usw. →89 ff.), blieben die didaktischen Fragen eher im Hintergrund. Eine vordringliche Aufgabe liegt darin, die Chance eines Religionsunterrichts für Kinder ohne ausdrücklich religiöse Sozialisation bewusst wahrzunehmen, d. h. sich weniger am Aspekt verlorengegangener Tradierungsprozesse zu orientieren als den Unterricht bewusst auf eine veränderte Situation abzustimmen. Darüber hinaus ist noch nicht genügend geklärt, wie didaktisch mit den Herausforderungen der Pluralität umzugehen ist. Eine dialogische (ökumenische und interreligiöse) Grundschulreligionsdidaktik stellt eine zentrale Herausforderung dar. Die bislang vorliegenden Ansätze (Lähnemann 1998a, Sieg 1997, Asbrand 2000) stellen auch im eigenen Selbstverständnis nur erste Schritte dar. Auf weiter zurückreichende Erfahrungen kann hier die Religionsdidaktik in England verweisen (etwa mit dem viel beachteten Modell »Die Gabe an das Kind«, Hull 2000, 141 ff. →94).

Mädchen und Jungen im Religionsunterricht: Die Aufmerksamkeit auf geschlechtsspezifische Aspekte der religiösen Entwicklung und Sozialisation (→172 ff.) hat ebenfalls erst in Ansätzen zu religionsdidaktischen Konkretionen geführt. Verbesserungen im Sinne der Geschlechtergerechtigkeit etwa bei der Auswahl von Abbildungen in Schulbüchern und bei den Lehrplänen stellen erste Schritte dar, die im Sinne einer geschlechtsspezifisch-subjektorientierten Religionsdidaktik weitergeführt werden müssen.

Kooperation auch mit dem islamischen Religionsunterricht: Die Einführung eines islamischen Religionsunterrichts (→90), die derzeit im Rahmen von Schulversuchen im Gange ist, sollte auch von Seiten der christlichen Religionspädagogik unterstützt werden, im Namen der Gleichberechtigung wie auch der Achtung für andere Religionen. Damit es nicht zu einem bloßen Nebeneinander von christlichem und islamischem Religionsunterricht kommt (»Versäulung«, wie dies in den Niederlanden genannt wird), sollte von Anfang an nach Kooperationsmöglichkeiten (→93) und Begegnungsformen gesucht werden.

Schulentwicklungsgerechte Modelle von Religionsunterricht: Auch wenn der Religionsunterricht in Zukunft nicht auf die Gestalt als Fachunterricht verzichten kann, bleiben die durch die Reform der Grundschule eingeleiteten Veränderungen bedeutsam. Gefragt sind Kooperationsfähigkeit und Flexibilität als Voraussetzung dafür, den Religionsunterricht nicht als Hemmschuh, sondern als Bereicherung für eine profilierte Schulentwicklung wirksam werden zu lassen.

Weiterführende Literatur

F. Schweitzer/G. Faust-Siehl (Hg.), Religion in der Grundschule. Religiöse und moralische Erziehung, Frankfurt/M. ⁴2000

5.1.7 Religion in Kinder-Medien – ein religionspädagogisch noch wenig erforschtes Feld

(1) *Zur Situation:* Bekannt ist der stark angewachsene Mediengebrauch und -konsum schon in der Kindheit. Auch wenn sich die Situation nicht ganz so dramatisch darstellt wie in den Beschreibungen von »Medienkindheit« (→199), ist die Mediennutzung durch Kinder ein nicht länger zu übersehender Sozialisationsfaktor.

Der Zehnte Kinder- und Jugendbericht (Deutscher Bundestag 1998, 70 ff.) hat entsprechende Ergebnisse zusammengestellt. Demnach »haben mehr als drei Viertel der Heranwachsenden einen eigenen Walkman oder Kassettenrecorder, zwei Drittel ein eigenes Radio, etwa ein Drittel eine Stereoanlage oder einen CD-Player, 16 % ein eigenes Fernsehgerät und 11 % einen Computer« (Angaben für Kinder im Alter von 6 bis 13 Jahren). Fast zwei Drittel der Kinder im Alter von 3 bis 13 Jahren sehen mindestens einmal täglich fern, wobei knapp 20 % zu den Vielsehern zählen und 8 % täglich mehr als 5 Stunden vor dem Bildschirm verbringen. Zunehmend kommen weitere Medien im Bereich von Computer und Internet noch hinzu.

Medienerziehung ist zu einer eigenen Aufgabe geworden (Moser 1999). In religionspädagogischer Hinsicht kann jedoch noch kaum auf einschlägige Forschungsergebnisse verwiesen werden. Fragen betreffen hier die Präsenz religiöser Inhalte beispielsweise in Kindersendungen (»Muss Kinderfernsehen gottlos sein?« Biesinger 2003, vgl. Bucher 1992). Darüber hinaus ist nach *Wirkungen* medialer Darstellungen auf die religiöse Entwicklung und Sozialisation sowie nach den Rezeptionsweisen von Kindern zu fragen. Sind z. B. Kinder, die häufig stark mythologische Darstellungen (Star Wars, Harry Potter-Filme usw.) ansehen, für religiöse Fragen offener als andere? Ersetzen die Gut-Böse-Darstellungen in den Medien die klassischen biblischen Gestalten (Skeletor statt Kain)? Darüber ist noch wenig bekannt.

Ein gewisser Boom ist bei der *Produktion neuer religionspädagogischer Medien* festzustellen: Kinderbibeln und Kinder(bilder)bücher, Cassetten, CDs, Filme, Spiele, Rätsel, Comics usw. Einzelne religionspädagogische Analysen verweisen auf die mögliche Bedeutung medialer Transformationen biblischer Geschichten (Arche Noah als Playmobil, Koerrenz 2005). Ein Gesamtüberblick ist derzeit nicht verfügbar.

Neben den Kinderbibeln (→205) hat aus naheliegenden Gründen vor allem die Bedeutung von Musik und Liedern für die religiöse Erziehung von Kindern eigene Beachtung gefunden (Harz 1982). Auch die stärker auf das Jugendalter bezogenen Untersuchungen zur populären Kultur sind z. T. im Blick auf Kinder-Medien einschlägig (→165 f.).

(2) *Kriterien und Ziele:* Allgemeine medienpädagogische Ziele sollen an dieser Stelle nicht erneut dargestellt werden (dazu Moser 1999). In religionspädagogischer Hinsicht sind derzeit besonders drei Kriterien bzw. Ziele hervorzuheben:

– *Angemessene Darstellung von Religion in den Medien:* Voraussetzung sind hier weitere Analysen zu der Art und Weise, wie Religion in Kinder-Medien, die nicht in speziell religionspädagogischer Absicht hergestellt werden, aufgenommen bzw. nicht aufgenommen wird. Wünschenswert ist eine im Blick auf Quantität und Qualität zureichende Berücksichtigung religiöser Themen z. B. in populären Kindersendungen.

– *Entwicklung religionspädagogischer Medien:* Die auf dem Markt bereitgestellten Medien für die Arbeit mit Kindern müssen analytisch und konstruktiv untersucht werden. Bislang stehen über Einzelanalysen z. B. zu Bibel-Verfilmungen (etwa Grethlein 1998, 379 ff.) hinaus keine religionspädagogischen Qualitätskriterien zur Verfügung. Wünschenswert wäre eine Kooperation zwischen Religionspädagogik und Medien-Produktion.

– *Religiöse Medienkompetenz:* Obwohl die Ausbildung einer solchen Kompetenz in manchen Hinsichten kognitive Fähigkeiten voraussetzt, die eher mit dem Jugendalter verbunden sind, sollten erste Formen der kritischen Reflexion medialer Darstellungen sowie des reflektierten Gebrauchs von Medien bereits in der Kindheit angebahnt werden. Möglichkeiten dazu bieten etwa Gespräche darüber, was gut oder schlecht gefällt, was »komisch« ist oder »ungerecht«. Solche Einschätzungen können auch von Kindern getroffen werden.

(3) *Aktuelle Handlungsperspektiven:* Die Medienreligionspädagogik in der Kindheit ist noch stark ausbaubedürftig, so dass auch an dieser Stelle auf die entsprechenden Ausführungen zum Jugendalter hingewiesen werden soll (→247 ff.). Speziell im Blick auf Kinder und Eltern seien zwei Handlungsperspektiven hervorgehoben:

– *Elternberatung – Bildungsangebote für Eltern:* Inhalt solcher Angebote kann die Präsentation möglicher Beurteilungskriterien religiöser Darstellungen in Kinder-Medien sein. Entsprechende Vorschläge gibt es vor allem für die Beurteilung von Kinderbibeln und Kinderbüchern (Schlenker 2000).

– *Integration medienpädagogischer Elemente in die religionspädagogische Arbeit:* Vor allem im Kindergarten sowie im Grundschulreligionsunterricht sollten in Zukunft im Sinne der Anbahnung einer religiösen Medienkompetenz entsprechende Elemente stärkere Beachtung finden.

Weiterführende Literatur

C. *Grethlein*, Religionspädagogik, Berlin/New York 1998, 347 ff.: »(Elektronische) Medien«

5.1.8 Seelsorge – auch mit Kindern?

Seelsorge mit Kindern kann bislang kaum als eigenes Handlungsfeld der Religionspädagogik bezeichnet werden. Ein wenigstens knapper Hinweis ist aufgrund der wachsenden Bedeutung entsprechender Aufgaben dennoch unerlässlich.

Die vielfach als klassisch angesehene Form der Einzelseelsorge ist mit Kindern nicht anzustreben. Dazu sind Kinder noch zu wenig selbständig bzw. zu stark in die Beziehung zu ihren Eltern eingebunden. Seelsorgerliche Aufgaben werden aber auch in der Kindheit im Rahmen anderer religionspädagogischer Angebote wahrgenommen, z. B. durch eine entsprechende Gestaltung von Unterricht (Büttner 1991). Spezielle Angebote können sich am ehesten an allgemeinere Arbeitsformen (Hausaufgabenhilfe, Kindertelephon usw.) anlehnen bzw. in deren Kontext angesiedelt werden.

Besondere Anlässe können Trennungs- und Verlusterfahrungen (Scheidung, Todesfälle usw.), Krankheit und Krankenhausaufenthalte (Bobzin 1993), der (seltene) Suizid bzw. Suizidversuch im Kindesalter, (sexueller) Missbrauch, Belastungen im schulischen Bereich usw. sein (Überblick: Riess/ Fiedler 1993, zu Kind und Tod: Plieth 2001).

Weiterführende Literatur

B. *Städtler-Mach*, Kinderseelsorge. Seelsorge mit Kindern und ihre pastoralpsychologische Bedeutung, Göttingen 2004

5.1.9 Öffentlichkeit, Politik und Gesellschaft – alte und neue Herausforderungen

Spätestens seit der Einrichtung von Waisenhäusern, Armenschulen und anderen pädagogisch-diakonischen Einrichtungen für Kinder im kirchlichen Bereich – man denke beispielsweise an die von A. H. Francke (→37) im späten 17. Jahrhundert in Halle gegründeten Anstalten – wies die katechetische bzw. religionspädagogische Arbeit eine enge Verbindung mit gesellschaftspolitischen Aspekten auf. Erst im 20. Jahrhundert war angesichts eines gut funktionierenden Sozialstaats eine Spezialisierung auf religionspädagogische Aufgaben möglich. Demgegenüber ist in der Gegenwart eine Erneuerung des (religions-)pädagogischen Engagements in Öffentlichkeit, Politik und Gesellschaft erforderlich.

Die Aufgaben eines solchen Engagements liegen zum einen im Einsatz für religiöse Erziehung und Bildung auch in kommunal oder staatlich getragenen pädagogischen Einrichtungen (Kindertagesstätte, Schule usw.), in Wahrnehmung des Rechts des Kindes auf Religion (Schweitzer 2005a). Angesichts eines sich ökonomisch und technologisch verengenden Bildungsdenkens (kritisch dazu EKD 2003a) kommt einem solchen Einsatz gesteigerte Bedeutung zu.

Im Zuge des Wandels des Sozialstaats werden zum anderen Aufgaben der kirchlichen Beteiligung an lokalen und (über-)regionalen Beratungen, Gremien, Bündnissen, Initiativen usw. im Umkreis von Kinderbetreuung, Bildungsangeboten für Kinder, Freizeitangeboten usw. immer wichtiger. Hier kann deutlich werden, dass religiöse Erziehung und Bildung nicht einfach Privatangelegenheit ist und dass Religionspädagogik gesellschaftspolitische Implikationen in sich schließt.

Weiterführende Literatur

Comenius-Institut (Hg.), Handbuch evangelische Arbeit mit Kindern, Gütersloh (i. Vorb.)

5.2 Jugendalter

5.2.1 *Übergreifende Aspekte*

Auch das Jugendalter ist Gegenstand einer eigenen sozial- und erziehungswissenschaftlichen Jugendforschung. Die körperlichen Veränderungs- und Reifungsprozesse, die mit dem Begriff der *Pubertät* bezeichnet werden, stellen dabei nur einen begrenzten Aspekt dar. Wichtiger ist das Verständnis von *Adoleszenz* als Bezeichnung für die psychische und soziale Verarbeitung solcher Veränderungen sowie allgemein für die zeitlich und sachlich schwer eingrenzbare Phase zwischen der Kindheit und dem Erwachsenenalter. Eine Adoleszenz in diesem Sinne hat es in der heutigen Gestalt nicht zu allen Zeiten gegeben. In früheren Gesellschaften vollzog sich der Übergang ins Erwachsenenalter zum Teil sehr rasch, so dass hier kaum eine eigene Lebensphase hätte angenommen werden können. Die emphatisch-positive Hervorhebung des Jugendalters etwa als »zweite Geburt« des Menschen (J.-J. Rousseau →39) findet sich erst ab dem 18. Jahrhundert.

Für die Jugendforschung in Deutschland haben in den letzten 50 Jahren die periodisch durchgeführten Shell-Jugendstudien eine Art Leitfunktion gewonnen (zuletzt Deutsche Shell 2002), wobei gerade diese Studien in religiöser Hinsicht höchst unzureichend bleiben (Thonak 2003). Ebenfalls eigens hervorzuheben sind die Kinder- und Jugendberichte, die in regelmäßigen Abständen im Auftrag der Bundesregierung erstellt werden (zuletzt XII. Kinder- und Jugendbericht, BMFSFJ 2005). Als Handbücher sind u. a. zu nennen: Hurrelmann 2004, Krüger/Grunert 2002.

Einige für die Religionspädagogik besonders wichtige Aspekte aus der Jugendforschung sollen hier in zusammenfassender Form benannt werden (vgl. auch Schweitzer 1998):

– *Immer weiter reichende zeitliche Ausdehnung des Jugendalters:* Nach unten, zur Kindheit, verschiebt sich der Beginn des Jugendalters immer deutlicher hin zum ersten Lebensjahrzehnt. Medizinische Studien belegen, dass die Pubertät sich im Laufe des 20. Jahrhunderts mehrere Jahre nach vorn verlagert hat. Auch in ihrem Verhalten nehmen etwa 10- bis 12jährige viele Möglichkeiten für sich in Anspruch, die früher deutlich älteren Jugendlichen vorbehalten waren (z. B. selbständige Entscheidungen bei Kleidung, Freizeitgestaltung usw.). Nach oben, zum Erwachsenenalter, fällt die Abgrenzung des Jugendalters noch schwerer. Unklar ist schon, ob auf das Jugend- überhaupt noch das Erwachsenenalter folgt oder vielmehr eine Postadoleszenz als neue Lebensphase, die zwischen Jugend- und Erwachsenenalter eintritt. Der Übergang zu den herkömmlicherweise mit dem Erwachsenenalter verbundenen Lebensformen (eigene Wohnung, eigenes Einkommen, Eheschließung usw.) vollzieht sich häufig in einem über Jahre andauernden Prozess, in dem sich der Status des Jugendlichen und der des Erwachsenen miteinander vermischen.

– *Jugendzeit als Schulzeit:* Einen Motor besitzt die immer weitere zeitliche Ausdehnung des Jugendalters in der ebenfalls fortschreitenden Ausdehnung der Schulzeit. Durch ein immer späteres Ende der Schulpflicht, das etwa vor 40 oder 50 Jahren noch im Alter von 14 Jahren erreicht war, sowie durch die schulische Gestalt vieler Ausbildungen endet die Schulzeit in vielen Fällen kaum vor dem 18. Lebensjahr. Zugleich dehnt sich die Schule auch in horizontaler Hinsicht immer weiter aus und nimmt einen großen Teil des Tages für sich in Anspruch, wobei auch an Hausaufgaben und Fahrzeiten zu denken ist. Auch in diesem Sinne ist Jugendzeit zur Schulzeit geworden.

– *Wertewandel – Jugend ohne Werte?* Die manchmal vertretene Auffassung, in der zweiten Hälfte des 20. Jahrhunderts sei es in der westlichen Welt besonders bei jungen Menschen zu einem umfassenden Wertewandel im Sinne der Hinwendung zu sog. postmaterialistischen Werten gekommen, wird so heute nicht mehr vertreten. Auch die in Presse und Alltagszusammenhängen manchmal berichtete Beobachtung eines allgemeinen Werteverlustes ist empirisch nicht haltbar. Neuere Untersuchungen sprechen eher für eine Subjektivierung von Werten als Ausdruck der Individualisierung, zum Teil aber auch für eine (Wieder-)Zunahme materialistischer Werte sowie für einen pragmatischen Umgang mit Werten (vgl. z. B. Deutsche Shell 2002).

– *Jugend in gesellschaftlichen Umbrüchen* – *keine unbelastete Jugendzeit (mehr):* Die längere zeitliche Ausdehnung des Jugendalters ist nicht so zu verstehen, dass es sich dabei um eine sorgenfreie Jugendzeit handelt. Vielmehr kennen die Jugendlichen die Ungewissheiten der gesellschaftlichen Zukunft. Auch wenn sie ihre persönlichen Zukunftsaussichten mehrheitlich positiv wahrnehmen, sehen viele – besonders in Ostdeutschland – die gesellschaftliche Zukunft eher düster. Darüber hinaus machen Schulleistungsvergleiche (PISA u. a.) nachdrücklich darauf aufmerksam, dass ein Teil der Jugendlichen, vor allem Jugendliche ohne Schulabschluss, in Deutschland wohl nie eine bezahlte Arbeit finden kann (über die Wahrnehmungen und Stimmungen der Jugendlichen berichten ebenfalls regelmäßig die Shell-Jugendstudien, vgl. Deutsche Shell 2000, 2002).

– *Wenig Interesse an Kirche:* Vor allem ältere Jugendliche und junge Erwachsene gehören zu den kirchenfernsten Gruppen in der Gesellschaft. Die Teilnahme an kirchlichen Angeboten aller Art, besonders am Gottesdienst, ist sehr gering. Kirche wird von dieser Altersgruppe weithin als überholt, langweilig, verknöchert usw. eingeschätzt.

– *Bleibendes Interesse an Religion:* Viele Jugendliche, die nie an einem Gottesdienst teilnehmen oder sonst den Kontakt zu kirchlichen Angeboten suchen, schätzen sich selbst als religiös offen und interessiert ein. Einzelbefragungen von Jugendlichen unterstreichen dies: Kirchlichkeit und Religiosität treten im Jugendalter deutlich auseinander. Von einem allgemeinen Religionsverlust im Sinne der Säkularisierungsthese ist nicht auszugehen (→ 66 f.).

– *Subjektivierung des Glaubens:* Besonders Untersuchungen zum Gottesglauben im Jugendalter machen deutlich, wie weit dieser Glaube nach wie vor auch bei kirchenfernen Jugendlichen verbreitet ist. Der eigene Glaube wird dabei selbstbewusst vom Glauben der Kirche abgegrenzt. Entscheidend sind die persönlichen oder subjektiven Überzeugungen, nicht die Erwartungen von Theologie oder Kirche (Literaturhinweise bei Schweitzer 1998, 37 ff.).

– *Bleibende Unterschiede zwischen Ost- und Westdeutschland:* Auch viele Jahre nach der deutschen Vereinigung ist eine Angleichung der religiösen Verhältnisse in den beiden Teilen Deutschlands nicht in Sicht. Dies gilt nicht nur für die Kirchenmitgliedschaft (Westdeutschland: ca. 80 %, Ostdeutschland: ca. 20 bis 25 %), sondern auch für die Selbsteinschätzungen von Jugendlichen (und Erwachsenen). Die religiösen Interessen reichen in Ostdeutschland zwar über die Grenzen der Kirchenmitgliedschaft hinaus, aber die Unterschiede zwischen Ost und West bleiben markant (vgl. Pollack/Pickel 2000, Domsgen 2005)

Welche religionspädagogischen *Ziele und Kriterien* sind im Blick auf das Jugendalter zu nennen? Welche Perspektiven sind für das Jugendalter über die allgemeinen Bezüge auf religiöse Erziehung und Bildung hinaus von besonderer Bedeutung? Im Unterschied zur pädagogischen und theologischen Anthropologie des Kindes bzw. der Kindheit (→ 200) hat die Anthropologie des Jugendalters vergleichsweise wenig Aufmerksamkeit erfahren. Vor allem der katholische Religionspädagoge G. Biemer (1985) hat einen entsprechenden Entwurf vorgelegt, der auf fünf Kategorien beruht: Sinn, Freiheit, Liebe, Hoffnung, Umgang mit Scheitern.

Jede Kategorie wird im Blick auf das Jugendalter konkretisiert. Die Frage des *Sinns* wird als »Geheimnisverwiesenheit«, als Verwiesenheit des Menschen auf Gott verstanden. Das Jugendalter sei diejenige »Lebensphase, in der dem Menschen *erstmals* und überhaupt aufgehen kann, was sein Leben bedeutet« (78). Mit der *Freiheit* werde hingegen der Aspekt der Freisetzung betont, was besonders im Jugendalter bedeutsam sei. Hier gehe es um eine »*Initialsituation der Selbstgestaltung des Lebens in Freiheit*« (83), die in christlicher Sicht stets »verantwortete Freiheit« sei (82). Den Aspekt der *Liebe* ordnet Biemer den Gruppen- und Paarbeziehungen zu, die im Jugendalter neu eingegangen werden (88). Der Akzent liegt hier darauf, dass die »*mitmenschliche Begegnung als Ort der Begegnung mit Gott erfahren*« werden soll (90). Dem Aspekt der *Hoffnung* entspricht der Hinweis auf den »Heilsweg«: Zukunft soll besonders im Jugendalter nicht nur als Verlängerung von Vergangenheit angesehen werden, sondern als das Zukunft eröffnende Werk Gottes (93). In allen vier Hinsichten soll dabei aber nicht nur der mögliche Erfolg, sondern auch die Herausforderung eines Scheiterns im Blick bleiben.

In Anknüpfung an diesen und andere Entwürfe kann die (religions-)pädagogische Anthropologie des Jugendalters unter den Aspekt des Eigenrechts des Jugendalters gestellt werden (Schweitzer 1998, 133 ff.). Das Jugendalter ist demnach als Lebensphase von eigener Würde und eigenem Wert anzusehen. Dies schließt insbesondere das Recht auf Sinnsuche und eigenen Glauben ein (in Aufnahme der Forderung nach Anerkennung von Jugendlichen als Subjekten), weiterhin das Recht auf Gegenwart und Zukunft (Verbot, das Jugendalter zu verzwecken, etwa als reine Vorbereitungszeit) sowie das Recht auf Geborgenheit und Freiheit in Bezug auf das Generationenverhältnis, im Blick auf persönliche Mündigkeit sowie hinsichtlich der sozialen Beziehungen.

Angesichts des Wandels des Sozialstaats, des globalen Wettbewerbs usw. wird das Eigenrecht des Jugendalters neu herausgefordert und unterliegt diese Lebensphase spezifischen Belastungen. Insbesondere Jugendlichen ohne Schulabschluss bieten sich kaum als sinnvoll zu erfahrende Zukunfts- und Lebensperspektiven. Davon kann auch eine Religionspädagogik des Jugendalters nicht absehen. Die Frage nach »Perspektiven für Jugendliche mit schlechteren Startchancen« (EKD 2003b) ist nicht nur eine sozialpädagogisch-diakonische, sondern auch eine religionspädagogische Herausforderung.

Für die Religionspädagogik des Jugendalters lassen sich *vier übergreifende Handlungsperspektiven* umreißen (Schweitzer 1998, 153 ff.):

Handlungsfelder in biographischer Perspektive

– Religion der Jugend wahrnehmen und anerkennen, herausfordern und begleiten

Die Religiosität der Jugendlichen reicht weiter als ihre Kirchlichkeit und muss deshalb eigens wahrgenommen werden. Vereinfachende Deutungen wie Religionsverlust oder Säkularisierung versperren den Blick und sind nicht als Wahrnehmungshilfe geeignet. Die Religion der Jugendlichen muss in ihrer biographischen Sinnhaftigkeit verstanden, gewürdigt und anerkannt werden. Im Sinne religiöser Bildung müssen jedoch auch Anstöße und Herausforderungen angeboten werden sowie eine Begleitung der weiteren Entwicklung.

– Orientierung in der Pluralität ermöglichen

Angesichts der kulturellen und religiösen Vielfalt und Vielgestaltigkeit kommt Orientierungsaufgaben wachsende Bedeutung zu. Sie konkretisieren sich als Übergang von der Pluralität zu einem reflektierten, prinzipienorientierten Pluralismus, als Pluralitäts- und Urteilsfähigkeit.

– Die Lebensphase Jugend unterstützen und begleiten

Religionspädagogik soll dazu beitragen, dass Jugend als in sich selbst sinnvolle Lebensphase gelebt werden kann. Dies setzt auch eine positive religionspädagogische Wahrnehmung des Jugendalters in seiner Bedeutung für reife (kritische) Religiosität voraus.

– Gemeinsames Lernen der Generationen fördern

Dazu gehören der partnerschaftliche Umgang zwischen den Generationen sowie die Anerkennung von Jugendlichen als Subjekten in Kirche und Gesellschaft. Lernen kann dann keinen einseitig von der älteren auf die jüngere Generation gerichteten Vorgang mehr meinen. Bezeichnend für Generationen übergreifendes Lernen ist die gemeinsame Suche nach Lösungsmöglichkeiten etwa für Zukunftsprobleme.

Weiterführende Literatur

K. Hurrelmann, Lebensphase Jugend. Eine Einführung in die sozialwissenschaftliche Jugendforschung, Weinheim [7]2004

F. Schweitzer, Die Suche nach eigenem Glauben. Einführung in die Religionspädagogik des Jugendalters, Gütersloh [2]1998

H.-G. Ziebertz u. a., Religiöse Signaturen heute. Ein religionspädagogischer Beitrag zur empirischen Jugendforschung, Freiburg/Gütersloh 2003

5.2.2 Religion in der Schule im Jugendalter – Bildung und Lebensbegleitung

(1) *Zur Situation:* Im Vergleich zur Grundschule stellt sich die Situation in der Sekundarstufe vielgestaltiger dar. Zu unterscheiden ist zunächst zwischen der

Sekundarstufe I (Klasse 5–10) und der Sekundarstufe II (Klasse 11–13 bzw. Klasse 11 und 12 bei verkürzter Schulzeit bis zum Abitur). Da sich die didaktischen Arbeitsweisen in den beiden Abschnitten der Sekundarschule unterscheiden, können unterschiedliche Ausformungen einer stufenbezogenen Religionsdidaktik entwickelt werden.

Sekundarstufe I: Bestimmend für den Religionsunterricht in der Sekundarstufe I sind in lebensgeschichtlicher Perspektive die für dieses Lebensalter kennzeichnenden Merkmale von Lebenserfahrung und religiöser Entwicklung (→ 101 ff.). Zu denken ist insbesondere an den Übergang von der Kindheit ins Jugendalter und damit auch von kindlichen Weltzugängen und Glaubensweisen zu einer zunehmend reflektierten, von den Erwachsenen unabhängigeren und stärker an der Gruppe der Gleichaltrigen orientierten Haltung. Die damit verbundenen Fragen, Interessen, Zugänge usw. unterscheiden sich allerdings individuell sowie je nach Lebenssituation und -lage. Manchmal wird die Auffassung vertreten, die Schularten – Förderschule, Hauptschule, Realschule, Gesamtschule, Gymnasium – bildeten solche Unterschiede ab, aber jede dieser Schularten ist im Blick auf ihre Schülerschaft inzwischen so plural, dass in keinem Fall von homogenen Lernvoraussetzungen ausgegangen werden kann.

Auf der Ebene der religionsdidaktischen Theorie hat die Unterscheidung zwischen diesen Schularten wenig Beachtung gefunden – vor allem seit die im 19. und frühen 20. Jahrhundert bedeutsame Unterscheidung zwischen Volksschule einerseits und Höherer Schule andererseits an Gewicht verloren hat. Eigene Theorieentwürfe z. B. für den Religionsunterricht in der Hauptschule (Schmidt 1984, 181 ff.) sind die Ausnahme geblieben. Die schulartspezifische Konkretion bleibt daher Lehrplänen, Schulbüchern, Unterrichtsmaterialien usw. vorbehalten und spielt dafür eine nicht unerhebliche Rolle.

Eigene Beachtung verlangt der Religionsunterricht in *Förder-* bzw., in älterer Terminologie: *Sonderschulen.* Dazu liegt ein eigenes Handbuch Integrative Religionspädagogik vor (Pithan u. a. 2002). Für den Religionsunterricht stehen heute auch in diesem Bereich Konzepte von Erfahrungs- und Subjektorientierung, Lebenswelt- und Biographiebezug im Zentrum (Überblick: Müller-Friese/Leimgruber 2002, wichtige neuere Monographien: Röhrig 1999, Müller-Friese 2001, eindrücklicher Erfahrungsbericht: Hermann 1999). Dabei werden religionsdidaktische zunehmend mit integrationspädagogischen Perspektiven verbunden.

Sekundarstufe II: Besonders seit den weitreichenden Reformen der Gymnasialen Oberstufe in den 1960er und 70er Jahren (Einführung des Kurssystems usw.) hat die Religionsdidaktik der Sekundarstufe II eine eigene Gestalt gewonnen (vgl. Schmidt 1984, 205 ff.). Auch in diesem Falle sind es jedoch eher

Handlungsfelder in biographischer Perspektive

die Lehrpläne, Schulbücher, Unterrichtsmodelle usw., in denen eine solche Didaktik ihre Konkretion gefunden hat, weniger hingegen eigene didaktische Entwürfe.

Neben dem gymnasialen Religionsunterricht steht auf dieser Schulstufe der *Berufsschulreligionsunterricht* (BRU) mit eigenen Herausforderungen, Aufgaben und Entwicklungsmöglichkeiten. Angesichts u. a. der vielfältigen Formen einer Kombination schulischer und betrieblicher Ausbildungselemente und -gänge umfasst der BRU zunehmend sehr unterschiedliche Situationen (als Überblick s. das Handbuch: Gesellschaft für Religionspädagogik 2005).

Zum BRU gehört ebenso der Religionsunterricht an Vollzeitschulen (Wirtschaftliche Gymnasien, schulische Ausbildungsgänge usw.) wie der Religionsunterricht im Rahmen des Dualen Systems (Kombination von schulischer und betrieblicher Ausbildung). Darüber hinaus spielen andere Formen wie etwa das Berufsvorbereitungsjahr (BVJ) eine wichtige Rolle. Ein subjekt- und erfahrungsbezogener Religionsunterricht steht vor der doppelten Herausforderung, sich einerseits auf die spezifische Lebenssituation der Schülerinnen und Schüler als Jugendlichen (und manchmal auch jungen Erwachsenen) einzulassen und andererseits eine berufsbezogene religiöse Bildung zu ermöglichen.

Religion in der Schule außerhalb des Unterrichts: Auch in der Sekundarstufe kann Religion keineswegs auf den Religionsunterricht beschränkt werden. Neben dem Fachunterricht spielen Gottesdienste, Feste und Feiern eine wichtige Rolle. Dazu kommen die in der Sekundarstufe verstärkt wahrzunehmenden Möglichkeiten von Projekten, Arbeitsgemeinschaften, Exkursionen, Kooperation mit der kirchlichen Jugendarbeit (→244 f.) usw. Besondere Aufmerksamkeit haben in den letzten Jahren Projekte im Umkreis der Diakonie gefunden – »sozialverpflichtetes Lernen und Handeln« (»Compassion«, Kuld/Gönnheimer 2000) und »diakonisches Lernen« (Adam 2002, Hanisch/Schmidt 2004). Am wirksamsten scheint dabei eine Kombination unterrichtlicher bzw. theoretischer und außerunterrichtlicher bzw. mit praktischen Erfahrungen verbundener Elemente zu sein.

Herausforderungen: Im Vergleich der Schulstufen von der Grundschule bis zur Sekundarstufe II erweist sich heute der Religionsunterricht in der Sekundarstufe I als neuralgischer Bereich. Auch wenn das Fach insgesamt von den Schülerinnen und Schülern als solches nicht in Frage gestellt wird, bleibt seine Beliebtheit in dieser Schulstufe deutlich hinter den Werten für andere Schulstufen zurück (Bucher 2000a). In der rückblickenden Beurteilung durch Schulabsolventen (Kliemann/Rupp 2000) zeigen sich viele besonders vom Religionsunterricht in dieser Schulstufe enttäuscht und formulieren kritische Anfragen.

(2) *Kriterien und Ziele:* Für die Bestimmung von Kriterien und Zielen im Blick auf Religionsunterricht und Religion in der Schule ist das besondere Profil dieses Handlungsfeldes zu bedenken. Zum einen verbinden sich mit der Schule Bildungsmöglichkeiten und -erwartungen im Sinne eines konzentrierten und kontinuierlichen Unterrichts. Zum anderen erstreckt sich der Religionsunterricht, soweit nicht durch Ausfälle unterbrochen, vom Ende der Kindheit bis ins späte Jugendalter und eröffnet damit besondere Chancen einer längerfristigen Begleitung. Beides lässt sich in einer doppelten Zielbestimmung zusammenfassen: Religiöse Bildung und biographische Begleitung.

Religiöse Bildung im Jugendalter: In den letzten Jahrzehnten ist wiederholt herausgearbeitet worden, dass der Religionsunterricht im Jugendalter lebens- und erfahrungsbezogen gestaltet werden muss. Dafür stehen so gut wie alle religionsdidaktischen Modelle seit der Einführung des problemorientierten bzw. korrelationsdidaktischen Unterrichts (→ 137 ff.). Die religionsdidaktische Diskussion hat allerdings auch gezeigt, dass ein Lebens- und Erfahrungsbezug kaum durch fixe Lehrplanvorgaben realisiert werden kann, sondern nur durch eine subjektorientierten Didaktik, die damit rechnet, dass Jugendliche selbst solche Bezüge herstellen und dafür Raum brauchen.

In der herkömmlichen Korrelationsdidaktik bzw. im problemorientierten Religionsunterricht war dieser *Subjektbezug* nicht ohne weiteres gewährleistet, sondern es wurde von (etwa lehrplanmäßig) vorgegebenen Problemen und Korrelationen ausgegangen (Kritik: Wegenast 1972, Hilger/Reilly 1993). Demgegenüber gilt für die heutigen Formen von Religionsdidaktik weithin – von der entwicklungspsychologisch orientierten Elementarisierung bis hin zur Theologie mit Kindern und Jugendlichen (→ 137 ff.), dass sie die aktive und kreative Beteiligung der Schülerinnen und Schüler an der Themenkonstitution (Faust-Siehl 1987) als unverzichtbar ansehen.

Inhaltlich ist religiöse Bildung im Jugendalter übergreifend als *Bildung in der Pluralität* zu bestimmen. Ziele sind ein reflektierter Pluralismus und eine Pluralitätsfähigkeit, die sich auf die verschiedenen Formen der gesellschaftlichen, kulturellen, christlichen, religiösen und weltanschaulichen Pluralität bezieht (→ 54 f.).

Vom *Religionsunterricht in der Pluralität* spricht ausdrücklich die Denkschrift der EKD von 1994. Religionsunterricht im Pluralismus ist das Thema grundlegender evangelischer Ansätze (Nipkow 1998b, Wunderlich 1997) bzw. konfessionsübergreifender Darstellungen (Schweitzer u. a. 2002). Die Terminologie ist dabei fließend. Sinnvoll ist es, zwischen *Pluralität* als gesellschaftlicher Gegebenheit und einem geordneten (demokratischen, prinzipienorientierten usw.) *Pluralismus* als Ziel zu unterscheiden (→ 56). Ein solcher Unterricht muss insbesondere die Aufgaben interkulturellen, ökumenischen und interreligiösen Lernens (→ 167 ff.)

beachten und die Ausbildung von Urteilsfähigkeit in allen genannten Hinsichten unterstützen.

Biographische Begleitung: Erfahrungs- und Lebensbezug können auch als Voraussetzung dafür angesehen werden, dass der Religionsunterricht der Aufgabe einer biographischen Begleitung im Jugendalter gerecht werden kann. Was mit *Biographiebegleitung* gemeint ist, versteht sich allerdings nicht von selbst.

Zunächst kann schon von der Formulierung her an den von D. Stoodt (1971) entwickelten »sozialisationsbegleitenden« Religionsunterricht gedacht werden. Stoodt denkt dabei jedoch an einen »sozialtherapeutischen« Unterricht, bei dem die in »der Kindheit übernommenen Wert- und Überzeugungsmuster« religionspädagogisch-kritisch überprüft und korrigiert werden sollen – mit dem Ziel der Hinführung zu einer befreienden Religion. Dieser Ansatz geht mit seinem Therapie-Anspruch nicht nur an den Möglichkeiten des Religionsunterrichts vorbei, sondern verfehlt auch den positiven Zusammenhang von Lebensgeschichte und Religion (Schweitzer 2004). Dieser Zusammenhang verschwindet hier hinter dem Anspruch pädagogischer Korrektur. Das Eigenrecht der Religion von Jugendlichen gerät außer Blick. Die Subjekt*werdung* Jugendlicher wird zwar als wichtiges Ziel angesehen, ihr Subjekt*sein* jedoch ganz in die Zukunft nach der Therapie verlegt. Ein offeneres Verständnis biographiebegleitenden Religionsunterrichts findet sich bei K. E. Nipkow (1975) als »lebensbegleitende erfahrungsnahe Identitätshilfe«. Die Aufgabe des Begleitens, die nicht auf den Unterricht beschränkt ist, dient der »Hilfe auf dem persönlichen Lebensweg« (Nipkow 1982, 46).

Die Aufgabe einer solchen Lebensbegleitung verweist den Religionsunterricht erstens auf die lebensgeschichtlichen und lebensweltlichen Zusammenhänge vor und außerhalb der Schule, auf die sich der Unterricht beziehen muss, zweitens auf die Schule selbst als einen gewichtigen Teil jugendlicher Biographien sowie drittens auf die Anforderung, den Unterricht thematisch auf Lebensgeschichte und religiöse Entwicklung einzustellen (Abschied vom Kinderglauben, Identitätsbildung usw.).

Biographiebegleitung kann sich nicht im herkömmlichen (Religions-)Unterricht erschöpfen. Diese religionspädagogische Aufgabe unterstreicht deshalb die Notwendigkeit, Religion, religiöse Bildung und Entwicklung nicht nur im Religionsunterricht aufzunehmen, sondern auch in anderen Bereichen und Hinsichten. Dies entspricht dem geforderten Lebens- und Erfahrungsbezug religiöser Bildung und stimmt mit den neuen Herausforderungen und Möglichkeiten einer Ganztagsbildung überein (EKD 2004a). Schul- oder Schüler-Gottesdienste behalten auch in der Sekundarstufe ebenso ihre Bedeutung wie weitere Angebote im Schulleben, auf die bereits hingewiesen wurde und die zum Teil am besten in Kooperation mit außerschulischen Handlungspartnern realisiert werden können.

(3) *Aktuelle Handlungsperspektiven:* In Weiterführung und Vertiefung des Gesagten seien fünf Perspektiven hervorgehoben:

– *Weiterentwicklung der Religionsdidaktik für die Sekundarstufe I:* Soweit die Diagnose zutrifft, dass hier derzeit eine Schwachstelle im religionsdidaktischen Angebot liegt, stellt die Verbesserung didaktischer Modelle für die Sekundarstufe I eine der wichtigsten religionsdidaktischen Herausforderungen dar. Dabei wird u. a. zu prüfen sein, ob der Religionsunterricht in Klasse 5 und 6 sich stärker an den Grundschulreligionsunterricht anlehnen sollte, als dies derzeit etwa im Gymnasium der Fall ist.

– *Sicherung des Religionsunterrichts in der Sekundarstufe II (Gymnasium und BRU):* Durch die Integration des Religionsunterrichts in das Kurssystem der reformierten gymnasialen Oberstufe in den 1970er Jahren ist es gelungen, ein erfolgreiches religionsunterrichtliches Angebot zu gewährleisten. Die derzeit sich vollziehenden Neu- und Umstrukturierungen (Rückbau des Kurssystems, Verkürzung der gymnasialen Schulzeit usw.) könnten dies in Frage stellen. Ständigem Druck sieht sich vor allem der BRU ausgesetzt, besonders sofern er als Ursache für eine als überzogen angesehene Dauer schulischer Ausbildungsanteile im Dualen System wahrgenommen wird. In beiden Fällen kommt es darauf an, die Bedeutung einer religiösen Bildung und Lebensbegleitung über die Sekundarstufe I hinaus zu begründen und öffentlich plausibel zu machen.

– *Dialogischer und kooperativer Religionsunterricht:* Die möglichen Formen eines stärker dialogischen und kooperativen Religionsunterrichts sind vor allem in organisatorischer Hinsicht breit diskutiert, in didaktischer Hinsicht aber nicht gleichermaßen entwickelt worden. Auch die Ausbildung einer dialogischen und für kooperativen Religionsunterricht geeigneten Didaktik stellt deshalb eine wichtige Zukunftsaufgabe dar (→ 167 ff.).

– *Religionsunterricht und Schulentwicklung:* Auch die Sekundarschule unterliegt einem Wandel, bei dem nach Möglichkeiten der Profilierung von Einzelschulen im Sinne von Schulentwicklung gesucht wird. In diesen Umkreis gehören nicht nur vom Religionsunterricht ausgehende Projekte, sondern auch fächerverbindender Unterricht sowie weiterreichend die Frage nach einem Schulethos (Grunder/Schweitzer 2006). Dies unterstreicht noch einmal die Notwendigkeit, über den Religions*unterricht* hinaus zu denken und die Entwicklung von schultheoretischen Kompetenzen bei der Religionslehrerbildung zu berücksichtigen (→ 193).

– *Religion und Ganztagsbildung:* Welche Möglichkeiten und Herausforderungen der Ausbau von Ganztagsschulen und Ganztagsangeboten in religionspädagogischer Hinsicht mit sich bringt, lässt sich derzeit noch nicht abschließend beurteilen. Deutlich ist jedoch die Aufgabe, entsprechende Entwicklungen zu fördern, zu begleiten und kritisch auszuwerten.

Weiterführende Literatur

K. *Wegenast*, Religionsdidaktik Sekundarstufe I. Voraussetzungen, Formen, Begründungen, Materialien, Stuttgart u. a. 1993
F. *Schweitzer*, Die Suche nach eigenem Glauben. Einführung in die Religionspädagogik des Jugendalters, Gütersloh ²1998, 164 ff.

5.2.3 Schulen in kirchlicher Trägerschaft – ein Angebot von wachsender Bedeutung

Schulen in kirchlicher Trägerschaft können natürlich als Spezialfall der im letzten Abschnitt behandelten Frage nach Religion in der Schule verstanden werden, und tatsächlich enthalten religionspädagogische Darstellungen nur selten eigene Ausführungen zu kirchlichen Schulen. Dies steht allerdings in Spannung zu der zunehmenden Nachfrage nach solchen Schulen, die offenbar nicht mehr einfach als Randerscheinung eingeschätzt werden können.

Einblick in die vielfältigen Formen von Schulen in kirchlicher Trägerschaft geben die entsprechenden Handbücher (evangelisch: Scheilke/Schreiner 1999, katholisch: Ilgner 1992 ff.). Dazu kommt die historisch ausgerichtete Darstellung von M. Schreiner (1996). Weitere Diskussionen und Gründungsinitiativen sind ebenfalls gut dokumentiert (Bohne 1998, Bohne/Stoltenberg 2001, katholisch: Wittenbruch/Kurth 1999, als Reihe: Schule in evangelischer Trägerschaft 2002 ff./ Waxmann-Verlag z. B. Nipkow/Schweitzer 2002). Die Zuordnung von Schulen in kirchlicher Trägerschaft zum Jugendalter ist nur schwerpunktmäßig zu verstehen – es gibt auch Grundschulen in kirchlicher Trägerschaft, allerdings in verhältnismäßig geringerer Zahl.
Seit kurzem steht auch eine empirische Untersuchung zur Leistungsfähigkeit von Schulen in evangelischer Trägerschaft zur Verfügung, die wichtige Einblicke in die Realität solcher Schulen erlaubt (Standfest u. a. 2005). Den Ergebnissen dieser Untersuchung zufolge bleiben solche Schulen in ihren Lernergebnissen keineswegs hinter den Schulen in staatlicher Trägerschaft zurück, sondern können zumindest in einzelnen Bereichen auf bessere Ergebnisse verweisen. Unabhängig von den auf Unterricht bezogenen Lernleistungen kann von solchen Schulen ein Beitrag zur Werteerziehung und ethischen Bildung erwartet werden.

Kirchliche Schulen machen zunächst bewusst, dass religiöse Erziehung und Bildung nicht einfach isoliert betrachtet werden sollten, sondern im Zusammenhang von Erziehung und Bildung insgesamt. In solchen Schulen wird über den Religionsunterricht hinaus zunächst im Schulleben, dann aber auch in der institutionellen Struktur und Gestaltung nach Möglichkeiten gesucht, den Zusammenhang von Evangelium und Schule (Koerrenz 2003) sichtbar und erfahrbar zu machen. In den Blick kommen dabei Schulprogramme und -profile, das Zusammenleben in der Schule etwa in sozialer Hinsicht, das Ethos von Schule (Grunder/Schweitzer 2006) u. a. m.

Auf weiterreichende Fragen hinsichtlich der Schulträgerschaft und deren Begründung in einer freiheitlichen Demokratie (sog. Trägerpluralismus, Subsidiarität) kann im Rahmen einer auf religionspädagogische Fragen konzentrierten Darstellung nur hingewiesen werden (vgl. Nipkow 1990, 496 ff., Herms 1999, Nipkow/ Schweitzer 2002). Festzuhalten ist in dieser Hinsicht, dass Schulen in kirchlicher Trägerschaft als Ausdruck einer zivilgesellschaftlich und demokratisch begründeten kirchlichen Bildungsmitverantwortung (→75) anzusehen sind (so auch Huber 1998).

Besondere Fragen betreffen den *Religionsunterricht an kirchlichen Schulen*, der in der Regel als Pflichtfach – lediglich mit der Zuordnung zu evangelisch und katholisch – angeboten wird. Auf evangelischer Seite wird gefragt, ob der Religionsunterricht in kirchlichen Schulen nicht auch einen Beitrag zur Weiterentwicklung des konfessionell-kooperativen Religionsunterrichts bzw. zur Kooperation zwischen Religions- und Ethikunterricht (EKD 1994) leisten müsste (Scheilke 1999), was die Einrichtung von Ethikunterricht auch an solchen Schulen voraussetzen würde. Auch die Herausforderungen interreligiösen Lernens, einschließlich einer Kooperation zwischen christlichem und islamischem Religionsunterricht, können in solchen Schulen nicht einfach übergangen werden (Nipkow 2006). Auf katholischer Seite wurde beim sog. Marchtaler Plan überhaupt auf einen eigenen Religionsunterricht verzichtet, zugunsten einer fächerverbindenden Integration religiöser Inhalte und Bezüge in den Gesamtunterricht dieser Schulen (Bischöfliches Schulamt 1987). Weckt dies zum Teil die Befürchtung, dass dieser Weg eine Rückkehr zu einer religiösen Bevormundung oder Kontrolle etwa im naturwissenschaftlichen Unterricht führen könnte, so liegt die Notwendigkeit einer stärker fächerverbindenden Integration religiöser und ethischer Fragestellungen doch auf der Hand. Sie wird auch in evangelischen Unterrichts- und Schulmodellen angestrebt (Bohne 1992). Davon können wichtige Impulse auch für staatliche Schulen ausgehen, so wie dies für das besonders an evangelischen Schulen entwickelte Konzept des Diakonischen Lernens gilt.

Weiterführende Literatur

C. T. Scheilke/M. Schreiner (Hg.), Handbuch Evangelische Schulen, Gütersloh 1999
R. Ilgner (Hg.), Handbuch Katholische Schule. Bd. 1 ff., Köln 1992 ff.
K. E. Nipkow/F. Schweitzer (Hg.), Zukunftsfähige Schule – in kirchlicher Trägerschaft? Die Tübinger Barbara-Schadeberg-Vorlesungen (Schule in evangelischer Trägerschaft 1), Münster u. a. 2002
EKD (Hg.), Schule in evangelischer Trägerschaft (Arbeitstitel), 2006 (i. Vorb.)

5.2.4 Konfirmandenunterricht und Konfirmandenarbeit – Tradition auf neuen Wegen

(1) *Zur Situation:* Zumindest in quantitativer Hinsicht stellt der Konfirmandenunterricht das wichtigste religionspädagogische Angebot im Bereich von Kirche und Gemeinde dar. Nach wie vor nehmen so gut wie alle getauften evangelischen Jugendlichen in den westlichen Bundesländern an der Konfirmation teil (nach Auskunft der Statistikabteilung der EKD sind es rechnerisch mehr als 100 %), und auch im Osten ist die Beteiligung daran sehr hoch, allerdings bei einem von vornherein deutlich geringeren Anteil der evangelischen Jugendlichen an der Gesamtbevölkerung. Der Konfirmation geht eine längere Vorbereitungszeit voraus, was die Konfirmation sowohl von der katholischen Firmung als auch von der Jugendweihe unterscheidet. Im Vergleich zum schulischen Religionsunterricht ist gleichwohl von einer kurzen Dauer der Konfirmandenzeit zu sprechen: Häufig erstreckt sie sich auf weniger als ein Jahr, und auch in Landeskirchen, in denen an einem Vorkonfirmandenunterricht festgehalten wird, sind es maximal zwei Jahre. Aufgaben einer langfristigen Begleitung können hier nicht ohne weiteres übernommen werden.

Die beiden Begriffe – *Konfirmandenunterricht* und *Konfirmandenarbeit* – verweisen auf weitreichende Veränderungen, auf eine Umstellung von einem schulmäßigen Unterricht zu Formen, die an die Jugendarbeit angelehnt sind. Dazu gehören Freizeiten, Praktika, Projekte usw., die den Bedürfnissen der Jugendlichen – auch angesichts einer veränderten Schule – mehr entgegenkommen als ein traditioneller Unterricht.

Aus den Untersuchungen zur Kirchenmitgliedschaft (Hanselmann u.a. 1984, 99 ff., 174 ff., EKD 1993a, 43 ff., EKD 2003c, 20 ff.) sowie aus spezielleren Befragungen (Feige 1982, Böhme-Lischewski/Lübking 1995 u.a.) ergibt sich etwa folgendes Bild:
- Die Erfahrungen mit Konfirmandenunterricht sind in den letzten Jahrzehnten deutlich besser geworden.
- Positive Erinnerungen beziehen sich insbesondere auf die Person des Pfarrers oder der Pfarrerin.
- Die insgesamt positive Erinnerung wird neben der Begegnung mit den Unterrichtenden auf die Gruppenerfahrung, auf vergleichsweise neue Formen wie Freizeiten sowie einen partnerschaftlichen Umgang zurückgeführt.
- Auch ein Informationsgewinn im Blick auf Bibel und Kirche wird bejaht, »viel Auswendiglernen« wird immer wieder kritisiert.

In Ostdeutschland ergeben sich ähnlich positive Einschätzungen (EKD 1993a, 48 f., EKD 2003c, 35), mit einer gewissen Verschiebung weg von der Beziehungs- und hin zur Inhaltsdimension.

Hinter der Umstellung der herkömmlichen Formen steht besonders das Verständnis von »Konfirmandenunterricht in der Volkskirche« (Neidhart 1964), das weniger von der Kirche und der kirchlichen Lehre als vielmehr von den Jugendlichen und ihren Familien ausgeht. Seither wird die Konfirmation häufig als »Initiationsritus« am Übergang von der Kindheit zum Erwachsenenalter aufgefasst und wird von der Aufgabe einer rituellen Begleitung im Lebenszyklus gesprochen (Lange 1975, Cornehl 1975, Matthes 1975). Allerdings wird die Eindeutigkeit der rituellen und lebenszyklischen Zuordnung der Konfirmation durch den Wandel des Jugendalters (→227 ff.) in Frage gestellt: Die Konfirmation markiert anders als in der Vergangenheit nicht mehr das Ende der Kindheit, aber auch nicht mehr den Beginn des Jugendalters (Luther 1992a, Schweitzer 1998, 188 ff.). Die Konfirmation fällt in der heutigen Situation vielmehr mitten in das Jugendalter hinein. Der herkömmliche Zeitpunkt der Konfirmation markiert im Lebenslauf keine herausgehobene Statuspassage mehr. Das Jugendalter beginnt schon vor dem Konfirmandenalter und kann auch nach der Konfirmation noch viele Jahre dauern.

> Die seit dem 19. Jahrhundert anhaltende Diskussion über eine Verlagerung des Zeitpunkts der Konfirmation bzw. von Teilen des Konfirmandenunterrichts in ein späteres oder – neuerdings – ein früheres Alter können in diesem Zusammenhang gesehen werden (s. etwa Doerne 1936, zum Konfirmandenunterricht im Kindesalter →217). Entwicklungspsychologisch gesehen bedeutet die Verlagerung z. B. um ein Jahr aber nicht viel und lässt eine Konfirmation etwa im Alter von 15 statt von 14 Jahren keine großen Veränderungen erwarten.

Als Hinweis darauf, dass trotz des Wandels des Jugendalters ein bleibender Bedarf an ritueller Begleitung besteht, kann in der *Jugendweihe* gesehen werden. Auch nach der deutschen Vereinigung nimmt ein erheblicher Anteil Jugendlicher besonders in Ostdeutschland daran teil.

Die Geschichte der Jugendweihe (Hallberg 1977, Bloth 1988) reicht zurück bis in die Zeit der Aufklärung des 18. Jahrhunderts. Sie stellt eine freireligiöse Variante der Konfirmation dar. Für die jüngere Geschichte ist die Entwicklung in der DDR-Zeit maßgeblich. Hier ist die Jugendweihe im Rahmen der Religionspolitik der SED zu sehen (Urban/Weinzen 1984, Richter 1987, Gandow 1994), nämlich im Zusammenhang des Versuchs, das Christentum gemäß der sozialistischen Ideologie aus der Gesellschaft zu verdrängen (bes. seit Mitte der 1950er Jahre, vgl. Neubert 1994). Die von den Kirchen zunächst geforderte Alternativentscheidung – entweder Konfirmation oder Jugendweihe – war für die Jugendlichen und ihre Eltern nicht durchzuhalten, so dass es zunehmend zu einem Nebeneinander bzw. einer Beteiligung sowohl an der Konfirmation als auch an der Jugendweihe kam. Zum Fortbestand der Jugendweihe nach 1989 vgl. A. Döhnert (2000).

In Ostdeutschland hat das Nebeneinander von Konfirmation und Jugendweihe z. T. zu Vorschlägen für eine veränderte Konfirmationspraxis geführt. E. Neubert (1994, 78) plädiert dafür, die »Zugangsschwellen zur Teilnahme an der Konfirmation zu senken und den Öffentlichkeitscharakter der Konfirmation auszubauen« – etwa im Sinne einer »Jugendsegnung« oder eines »evangelischen Jugendfestes«. R. Degen (1994) hingegen befürchtet hier eine »neue Konfirmation ›zu ermäßigten Preisen‹«, die sich nicht mehr mit dem herkömmlichen Gemeindebezug vereinbaren lässt.

Unabhängig von solchen Grundsatzfragen steht die Notwendigkeit einer gezielten *(Neu-)Gestaltung* im Sinne der *Konfirmandenarbeit* außer Zweifel. Standards haben hier die entsprechenden Handbücher gesetzt (zuletzt: Comenius-Institut 1998a) sowie die Arbeit des Vereins KU-Praxis (als Veröffentlichungsreihe: KU-Praxis, 1973 ff.).

Hinzuweisen ist darüber hinaus auf Unterrichtswerke und Handreichungen, die den herkömmlichen Katechismus ersetzen sollen (Überblick: Comenius-Institut 1998a, 563). Solche Materialien machen deutlich, dass es nicht nur um neue Organisationsformen oder Methoden geht, sondern um eine veränderte Didaktik der Arbeit mit Jugendlichen (Dressler u. a. 2001).

Wie weit die in der Religions- und Gemeindepädagogik geforderten Veränderungen in der Praxis bereits realisiert sind, ist eine offene Frage. Empirische Befunde sind nur für einzelne Regionen verfügbar und häufig auf Selbstaussagen der Unterrichtenden beschränkt. Immerhin machen solche Befunde deutlich, dass sich der Konfirmandenunterricht nach wie vor stark an den Schulunterricht anlehnt (Schulstunde, Unterrichtsgespräch als vorherrschende Methode usw., Böhme-Lischewski/Lübking 1995, 64 ff.). Insofern sind wichtige Reformaufgaben noch nicht wirklich eingelöst.

(2) Kriterien und Ziele: Das herkömmliche Ziel des Konfirmandenunterrichts bestand seit der Reformation in der christlichen Unterweisung für »Kinder und Einfältige«, wie M. Luther gerne formulierte (→ 29). Allen sollte eine solche Unterweisung zugänglich gemacht werden. Dem diente auch der *Katechismus,* dessen Kenntnis die Grenze zwischen Christen und Nicht-Christen markierte.

Ziel war »ein Unterricht für die Kinder und Einfältigen: darum sie auch von altersher auf griechisch heißet Katechismus, das ist eine Kinderlehre, so ein jeglicher Christ zur Not wissen soll; also, dass wer solchs nicht weiß, nicht könne unter die Christen gezählet und zu keinem Sakrament zugelassen werden« (Luther, Vorrede zur Deutschen Messe 1526, zit. n. Nipkow/Schweitzer 1991, 75).

Damit ist auch der Zusammenhang zwischen Konfirmation und Zulassung zum Abendmahl (→ 213) angesprochen, der zwar nicht bei Luther selbst, wohl aber in der evangelischen Tradition eine große Rolle spielte. Vor allem im Pietismus des 17. und 18. Jahrhunderts wurde darüber hinaus der Entscheidungscharakter der Konfirmation und des Konfirmationsversprechens hervorgehoben (zur Geschichte der Konfirmation s. Caspari 1890, Frör 1959, aus amerikanischer Perspektive Osmer 1996). Unterstrichen wurde der Prüfungs-, Zulassungs- und Entscheidungscharakter der Konfirmation dadurch, dass der Konfirmandenunterricht gleichsam als Spitze und Vollendung des schulischen Religionsunterrichts angelegt war und sich an die Konfirmation unmittelbar der Übergang ins Arbeitsleben anschloss.

Wenn die traditionellen Ziele des Konfirmandenunterrichts unter heutigen Voraussetzungen nicht unverändert fortgeschrieben werden können, spielt dafür der Wandel sowohl des schulischen Religionsunterrichts als auch des Jugendalters eine wesentliche Rolle. Nach heutigem Verständnis soll der Religionsunterricht auch in der Sicht der Kirche (EKD 1994, 26 ff.) als ein eigenständiges Bildungsangebot und als Teil der allgemeinen Bildung seinen Sinn keineswegs aus einer Hinführung zu Kirche oder Gemeinde gewinnen. Ein einfaches Aufeinanderaufbauen von Religions- und Konfirmandenunterricht kann daher kaum mehr einleuchten. Zudem fällt die Konfirmation heute mitten in das Jugendalter hinein und markiert keinen hervorgehobenen Übergang im Lebenszyklus mehr. Die Zulassung von Kindern zum Abendmahl (→213) weist in dieselbe Richtung. Aus diesen Veränderungen ergibt sich, dass die Chance des Konfirmandenunterrichts heute weit stärker in einer Begleitung Jugendlicher besteht als in der rituellen Ausgestaltung eines punktuellen Übergangs. Diese Einschätzung kann auch als weitere Begründung für die Umstellung von Konfirmandenunterricht auf Konfirmandenarbeit angesehen werden.

Weiterhin ist der Konfirmandenunterricht bzw. die Konfirmandenarbeit für viele Jugendliche zur ersten intensiveren Begegnung mit dem kirchlichen Christentum und einer (Kirchen-)Ge-meinde geworden. Wo dies der Fall ist, bezieht sich die erste Frage der Jugendlichen naturgemäß darauf, was Kirche und Gemeinde denn für sie bedeuten könnten. Eine positive Wahrnehmung von Kirche und Gemeinde hängt dabei vor allem von zwei Voraussetzungen ab:

– Jugendliche werden Kirche und Gemeinde dann attraktiv finden, wenn sich diese als Ort für Jugendliche präsentieren können. Welchen Raum und welche Räume eröffnet die Gemeinde den Jugendlichen? Wieviel Selbstbestimmung wird ihnen zugestanden? Welche Interessen begegnen ihnen hier? Zu Recht wird im Anschluss an die Sozialpädagogik die sozialräumliche, d.h. für die im Jugendalter besonders ausgeprägte Verbindung zwischen sozialen Beziehungen und bestimmten Räumen oder Orten sensible Gestaltung der Konfirmandenarbeit in ihrer Bedeutung anerkannt (Schwab 1998). Auch dies gehört zur Umstellung von Konfirmandenunterricht auf Konfirmandenarbeit.

– Jugendliche fragen nach der Glaubwürdigkeit von Kirche. Warum widerspreche die Kirche in ihrem Handeln so oft den eigenen Lehren? Wie ernst ist es den Gottesdienstbesuchern mit dem Glauben? (vgl. Nipkow 1987, 76 ff.) Dabei spielen auch entwicklungspsychologische Gründe eine Rolle. Im Jugendalter werden gesellschaftliche Institutionen und Konventionen kritisch hinterfragt – im Zuge der Ablösung vom Kinderglauben auch von solchen Jugendlichen, die Kirche und Gemeinde in der Kindheit positiv erfahren haben. Für viele Jugendliche scheint nicht klar, ob ein selbstautorisierter Glaube in der Kirche Raum findet, d. h. ob ihnen ein Glaube zugestanden wird, den sie aus eigener Überzeugung vertreten können. Für viele steht der eigene Glaube unvermittelt neben dem kirchlichen Glauben, den sie als ebenso festliegend wie fremd ansehen. Diese letzte Beobachtung unterstreicht noch einmal, dass die erfahrungsbezogene Dimension der Konfirmandenarbeit (Gruppenerfahrung, Beziehung zum Pfarrer/zur Pfarrerin, erlebnispädagogische Elemente usw.) nicht gegen die inhaltsbezogene Dimension ausgespielt werden darf: Für das Verhältnis zur Kirche sind sowohl Begegnungen und soziale Beziehungen wichtig als auch kognitive Herausforderungen, Fragen und Einschätzungen.

(3) *Aktuelle Handlungsperspektiven:* Nach dem Gesagten sind folgende Aufgaben vordringlich:

– *Weitergehende konsequente Realisierung der Umstellung von Konfirmandenunterricht auf Konfirmandenarbeit:* Viele Gründe sprechen für diese Umstellung, die allerdings – auch dies ist deutlich geworden – keineswegs eine Vernachlässigung der kognitiv-inhaltlichen Fragen bedeuten darf. Die empirischen Hinweisen zufolge noch immer verbreitete schulische Form von Konfirmandenunterricht kann jedoch nicht mehr als Zukunftsmodell angesehen werden.

– *Vernetzung mit der Jugendarbeit:* Schon angesichts der relativ kurzen Dauer der Konfirmandenzeit und ihres frühen Endes lange vor dem Erwachsenenalter ist es wünschenswert, dass sich die Konfirmandenarbeit nach der Konfirmation – in veränderter Form – fortsetzen kann. Je stärker die Umstellung auf Konfirmandenarbeit betrieben wird, desto organischer werden auch Verbindungen mit der Jugendarbeit (→ 244 ff.).

– *Vernetzung mit religionspädagogischen Angeboten für Kinder in der Gemeinde:* Wenn der schulische Religionsunterricht auf Grund der Neubestimmung seiner Funktion im Rahmen allgemeiner Bildung nicht mehr als direkte Voraussetzung für den Konfirmandenunterricht gelten kann, dann müssen entsprechende Voraussetzungen durch andere Angebote in der Gemeinde geschaffen und diese mit der Konfirmandenarbeit verzahnt werden (→ 214 ff.).

– *Konfirmandenunterricht und Ganztagsschule:* Wie der Konfirmandenunterricht auf den weiteren Ausbau von Ganztagsschulen und -angeboten reagieren soll, ist derzeit noch offen. Manches spricht für eine klare räumliche und zeitliche Unterscheidung zwischen Schule und Konfirmandenarbeit, manches aber auch für eine stärkere Verzahnung, wie sie derzeit in der Praxis zum Teil erprobt wird. Auf jeden Fall muss dabei das veränderte Zeitbudget von Jugendlichen beachtet werden.

– *Verknüpfung von Konfirmandenunterricht und sozialpädagogischer Hilfe zur Lebensbewältigung:* Wenn der Befund etwa von Schulleistungsvergleichsuntersuchungen (PISA u. a.) zutrifft, dass bis zu einem Fünftel der Jugendlichen heute schon davon ausgehen kann, in Deutschland niemals eine bezahlte Arbeit zu erlangen und sich auch keine entsprechende Existenz aufbauen zu können, wird die Einschätzung des Konfirmandenunterrichts durch solche Jugendliche verständlicherweise auch davon abhängig sein, welche Zukunftsperspektiven dieser Unterricht ihnen nicht nur für einen – in ihren Augen – isolierten Glauben, sondern für den Zusammenhang von Glauben und Leben bringt. Auf diese Frage ist der Konfirmandenunterricht, so wie er sich vor allem im 20. Jahrhundert unter der Voraussetzung sozialstaatlicher Absicherung des Lebens entwickelt hat, ziemlich wenig vorbereitet. Die noch im 19. Jahrhundert in diakonisch-sozialpädagogischen Projekten bestimmende Verknüpfung von Glauben und Leben (J. W. Wichern u. a.), bei der die kirchliche Pädagogik den Jugendlichen auch Lebensperspektiven in praktischer Hinsicht erschließen sollte, könnte unter diesen Voraussetzungen neu zum Anstoß für die Suche nach Möglichkeiten dafür werden, Konfirmandenarbeit als Hilfe zur Lebensbewältigung auszugestalten.

Weiterführende Literatur

Comenius-Institut (Hg.), Handbuch für die Arbeit mit Konfirmandinnen und Konfirmanden, Gütersloh 1998

B. Dressler u. a. (Hg.), Konfirmandenunterricht. Didaktik und Inszenierung, Hannover 2001

G. Adam, Der Unterricht der Kirche. Studien zur Konfirmandenarbeit, Göttingen 1980

5.2.5 Jugendarbeit – Herausforderungen im Wandel des Jugendalters

(1) *Zur Situation:* Einerseits stellt die kirchliche Jugendarbeit einen festen Bestandteil im religionspädagogischen Angebot für Jugendliche dar, auch wenn von vornherein festzuhalten bleibt, dass Jugendarbeit mehr umfasst als religiöse Erziehung oder Bildung. Andererseits ist in den letzten Jahren und Jahrzehnten vermehrt von einer »Krise der Jugendarbeit« die Rede und wird in Zweifel gezogen, dass dieses Handlungsfeld noch Zukunft besitze. Aus nahe liegenden Gründen ist die Jugendarbeit besonders eng mit dem Wandel des Jugendalters verbunden und machen sich entsprechende Veränderungen in

diesem Handlungsfeld deshalb rasch bemerkbar. Einige Hinweise zu Entstehung und Entwicklung der kirchlichen Jugendarbeit können dies verdeutlichen:

In Einklang mit Befunden zur allgemeinen Geschichte des Jugendalters, denen zufolge die uns heute vertraute Gestalt dieser Lebensphase erst mit der Moderne entstanden ist, reicht auch die kirchliche Jugendarbeit kaum weiter zurück als bis zum 19. Jahrhundert (Deresch 1984, Lechner 1992, Schwab 1992). Beim Entstehen der Jugendarbeit wirken diakonische Impulse (Innere Mission), missionarische Intentionen (Erweckungsbewegung des 19. Jahrhunderts) sowie soziale Veränderungen (Industrialisierung) zusammen. Zunächst herrschen freie Vereinigungen und Vereine vor, später kommt es zur stärker kirchlichen Einbindung, die sich dann im 20. Jahrhundert in der Zeit des Nationalsozialismus – in Abwehr von Eingliederungsversuchen in die Hitler-Jugend – allgemein durchsetzt. Die Konzeptionsdiskussionen und -debatten in der zweiten Hälfte des 20. Jahrhunderts (Bäumler 1977, Hanusch/Lämmermann 1987 u. a.) erklären sich z. T. aus der bleibenden Spannung zwischen einer auf Eigenständigkeit bedachten Jugendarbeit auf der einen und den Erwartungen von Kirche auf der anderen Seite. Auch die sog. Polarisierungsdebatte (»Politik oder Mission?«) ist im Rückblick in diesem Zusammenhang zu sehen (vgl. Affolderbach 1982). Eine der wenigen empirischen Untersuchungen zu diesem Bereich (Bäumler u. a. 1994) verweist ebenfalls auf diese Spannung.

In Ostdeutschland standen besonders in der DDR-Zeit andere Fragen im Vordergrund als im Westen, so dass Geschichte und Profil der Jugendarbeit dort eigens betrachtet werden müssen (Dorgerloh 1999). Neben dem bleibenden Gegenüber zur staatssozialistischen Jugendarbeit (Junge Pioniere usw.) gaben die besonderen kirchlichen Verhältnisse auch der Jugendarbeit in der Jungen Gemeinde ihr spezielles Gepräge.

Wenn heute von einer »Krise der Jugendarbeit« gesprochen wird, sind häufig weniger Konzeptionsfragen und inhaltliche Auseinandersetzungen im Blick als vielmehr die mangelnde Beteiligung Jugendlicher. Kleine Zahlen in der Jugendarbeit dürfen aber nicht unabhängig vom allgemeinen demographischen Wandel gesehen werden, der mit der für Deutschland kennzeichnenden stark rückläufigen Geburtenquote vor allem seit den 1980er und 1990er Jahren auch den Anteil Jugendlicher an der Bevölkerung deutlich geringer werden ließ. Genaue Zeitvergleiche sind im Bereich der Jugendarbeit auf Grund fehlender statistischer Angaben schwierig (Überblick: Schweitzer 1998, 196 ff.). Der prozentuale Anteil der Jugendlichen, die sich an der kirchlichen Jugendarbeit beteiligen, liegt in Westdeutschland offenbar zumindest seit den 1960er Jahren relativ konstant zwischen 10 und 15 %, wobei auch gelegentliche Kontakte mitgezählt sind. Auch die Befragungsergebnisse aus der gegenwärtigen Jugendforschung bewegen sich in diesem Rahmen (vgl. Gensicke 2002, 203). Mit Ausnahme vor allem der Sportvereine, die zum Teil mehr als die Hälfte der Jugendlichen erreichen, entspricht dies der Beteiligung an anderen Vereinen bzw. liegt die Beteiligung an der kirchlichen Jugendarbeit beispielsweise deutlich höher als bei politischen Jugendorganisationen. So gesehen bestätigt sich die Krisendiagnose nicht. Die aus der Praxis berichteten Schwierigkeiten verweisen eher auf Probleme mit herkömmlichen Formen der Jugendarbeit, die etwa mit der Erwartung fester Mitgliedschaften nicht mehr ohne weiteres den Neigungen heutiger Jugendlicher entsprechen.

Deutlich zugenommen hat das Interesse an einer *schulnahen Jugendarbeit*. Dies entspricht der immer weiteren Ausdehnung von Schulzeit und wird durch die Einführung von Ganztagsschulen derzeit noch einmal weiter verstärkt (EKD 2004a, aej 2004, als Dokumentationen entsprechender Aktivitäten: Weingardt 1995, Ev. Schülerinnen- und Schülerarbeit 1995). Beide, Jugendarbeit und Schule, können von einer engeren Zusammenarbeit profitieren, wobei allerdings das Eigenprofil beider Bereiche gewahrt werden muss.

(2) *Kriterien und Ziele:* Auch die kirchliche Jugendarbeit hat teil an den übergreifenden religionspädagogischen Aufgaben einer Unterstützung religiöser Identitätsbildungsprozesse sowie der Orientierung in der Pluralität (→234). Die besonderen Chancen von Jugendarbeit liegen jedoch bei Selbstorganisation und Selbstbestimmung, bei jugendgemäßen Arbeits- und Erlebnisformen sowie bei einer religionspädagogischen Arbeit in der Gruppe der Gleichaltrigen und mit Bezug auf Jugendkultur (→247ff.). Aufgrund ihrer vergleichsweise geringen institutionellen Einbindung kann sich die Jugendarbeit stärker auf die Lebenswelt der Jugendlichen einstellen – nicht zuletzt auch mit punktuellen Angeboten wie Freizeiten, speziellen (Jugend-)Gottesdiensten oder kulturellen Veranstaltungen. Dies setzt allerdings voraus, dass Kirche sich auf eine subjektorientierte Jugendarbeit einlässt und Jugendliche als Subjekte anerkennt. In Generationen übergreifender Perspektive bedeutet dies, dass die Möglichkeit einer Erneuerung von Kirche durch die Anstöße Jugendlicher gegeben sein muss.

(3) *Aktuelle Handlungsperspektiven:* Wie deutlich geworden ist, wird die Jugendarbeit immer wieder durch den Wandel des Jugendalters herausgefordert. Dies soll exemplarisch mit drei Handlungsperspektiven verbunden werden:
– *Mit dem Jugendalter Schritt halten:* Übergreifend besteht die Aufgabe darin, immer wieder zu fragen, ob die Gestalt und die Angebote der Jugendarbeit noch zum Jugendalter der Gegenwart passen. Für eine Erneuerung der Jugendarbeit sorgen zunächst die Jugendlichen selbst, die Jugendarbeit machen, aber auch die Organisations- und Angebotsstrukturen müssen den Bedürfnissen und Interessen Jugendlicher entgegenkommen, sich also darauf

Handlungsfelder in biographischer Perspektive

einstellen, dass Cliquen, Szenen u. ä. die früher stärker üblichen formellen Gruppen weithin abgelöst haben. Neue Altersgruppen (Frühadoleszenz, Postadoleszenz, vgl. Schweitzer 2003b) verlangen ebenso besondere Beachtung wie etwa veränderte Mobilitätsbedingungen (jüngere Jugendliche sind noch weniger mobil und an Angeboten in ihrer Nahwelt interessiert usw.).

– *Ausbau der Kooperation zwischen Jugendarbeit und Schule:* Voraussichtlich wird in Zukunft noch stärker gelten, dass sich das Leben im Jugendalter vor allem im Umkreis der Schule vollzieht. Gleichzeitig wird damit das außerschulisch verfügbare Zeitbudget immer schmaler und wächst die Gefahr einer immer weiter reichenden Verschulung. Die Kooperation mit der Schule eröffnet daher für die Jugendarbeit neue Möglichkeiten, die im Interesse der Jugendlichen und zugunsten einer Erschließung von in der Schule sonst nicht verfügbarer Lern- und Erfahrungsmöglichkeiten wahrgenommen werden sollten.

– *Vernetzung mit der Konfirmandenarbeit:* Die Umstellung von Konfirmandenunterricht auf Konfirmandenarbeit bedingt eine wachsende Nähe zur Jugendarbeit. Z. T. kommt es auch zu personellen Verzahnungen, wenn etwa Jugendmitarbeiterinnen und -mitarbeiter an Konfirmandenfreizeiten beteiligt sind. Eine weitere Vernetzung auch im Blick auf die Zeit vor und nach dem Konfirmandenunterricht wäre für beide Seiten wünschenswert.

Weiterführende Literatur

F. Schweitzer, Die Suche nach eigenem Glauben. Einführung in die Religionspädagogik des Jugendalters, Gütersloh [2]1998 (»Jugendkultur als religionspädagogische Herausforderung – Aufgaben und Möglichkeiten der Jugendarbeit«, 196 ff.)
Laufende Veröffentlichungen der *Arbeitsgemeinschaft der Evangelischen Jugend in der Bundesrepublik Deutschland e. V. (aej)*

5.2.6 Religionspädagogik und (Jugend-)Kultur – Religion in medialen Transformationen

(1) *Zur Situation:* Kultur bezeichnet kein herkömmliches, institutionell abgrenzbares Handlungsfeld der Religionspädagogik. Zugleich tritt immer deutlicher vor Augen, dass für Jugendliche (und Erwachsene) weit mehr ihre alltagskulturellen oder lebensweltlichen Zusammenhänge bestimmend sind als die traditionellen Angebote. Auch dies kann als Folge der manchmal mit dem Begriff der Postmoderne beschriebenen Pluralisierungs- und Individualisierungsprozesse verstanden werden (Schweitzer 2003b). Wer Jugendliche erreichen und religiöse Bildungsangebote für Jugendliche entwickeln will,

muss deshalb nach Religion in kulturellen Zusammenhängen fragen (Überblick: Biehl/Wegenast 2000).

Von *Jugendkultur* kann dabei nur mit Vorbehalt gesprochen werden. Zum einen gibt es eine speziell von Jugendlichen präferierte Kultur heute bestenfalls im Plural (Krüger 1993, 159 ff., Baacke 1993). Zum anderen verbindet sich mit dem Begriff der Jugendkultur die Annahme einer Gegen- oder Subkultur, wie sie nur zu ganz bestimmten Zeiten etwa mit der Jugendbewegung zu Beginn des 20. Jahrhunderts, der »counter culture« der 60er Jahre oder in der »Alternativszene« der 70er und 80er Jahre gegeben war (Zinnecker 1987, Ziehe 1991 zum Wandel der Jugendkultur vor allem in der zweiten Hälfte des 20. Jahrhunderts). Inzwischen wird eher von einer Vielfalt z. T. rasch wechselnder Jugendszenen, -stile und Strömungen ausgegangen (»Patchwork«, Ferchhoff/Neubauer 1989, 1997, Schröder/Leonhardt 1998; Großegger/Heinzlmaier 1997 legen ein »Trendpaket« vor mit der Bezeichnung »Jugendkultur als flächiges Klebekunstwerk«). Auf jeden Fall hat sich Religionspädagogik heute auf eine Pluralität von (Jugend-)Kulturen einzustellen.

Von bleibender Bedeutung ist die Problemwahrnehmung, dass zwischen dem kirchlichen Christentum und den von Jugendlichen präferierten Kultur- und Lebensformen eine Distanz besteht, die religiöse Lern- und Bildungsprozesse erschweren kann. Dies gilt trotz der sich in den letzten Jahren durchsetzenden Einsicht, dass (Jugend-)Kulturen selbst in hohem Maße religiös gehaltvoll sind. Das religionspädagogische Interesse einer verstärkten Wahrnehmung von Religion in der Jugendkultur hat sich dabei zunächst auf populäre Musik konzentriert, inzwischen aber auch weitere Formen des religiösen Ausdrucks etwa in Filmen, Videoclips, Comics, Jugendzeitschriften usw. aufgenommen (Literaturhinweise → 166). (Jugend-)Kulturen lassen sich religiös und theologisch lesen (Beaudoin 1998) und werden dadurch anschlussfähig für religiöse Lehr- und Lernprozesse. Dies setzt allerdings eine entsprechende religionspädagogische Wahrnehmungsfähigkeit voraus sowie eine Klärung der Frage, wie pädagogisch und didaktisch mit entsprechenden Wahrnehmungen so umgegangen werden kann, dass dies für die Jugendlichen attraktiv ist.

(2) *Kriterien und Ziele:* Wie religionspädagogisch mit den kulturellen und medialen Transformationen von Religion umzugehen sei, versteht sich keineswegs von selbst. Für Jugendliche ist es jedenfalls nicht einleuchtend oder interessant, wenn ihnen beispielsweise der Religionsunterricht als eine Art Verdoppelung populärer Kultur begegnet, zumal die schulische Präsentation immer hinter dem Erleben beispielsweise eines Konzerts zurückbleibt (so etwa Gutmann 2000). Vier übergreifende Aufgaben sind jedoch unabweisbar (Schweitzer 2000, 175 ff.):
– *Jugendkulturelle Öffnung von Kirche, Gemeinde und Jugendarbeit:* Einer

immer weiter reichenden Distanzierung zwischen dem kirchlichen Christentum und (jugend-)kulturellen Ausdrucksformen ist kritisch zu begegnen, was vielfach nur durch einen von den Jugendlichen selbst vollzogenen Öffnungsprozess erreicht werden kann. Dazu brauchen sie vor allem Räume in Kirche und Gemeinde, die sie selber nutzen, gestalten und sich aneignen können (etwa im Zusammenhang der Jugendarbeit).

– *Die kulturelle Lebenswelt von Jugendlichen kennen lernen:* Wer »Jugendliche als Subjekte« wahrnehmen will, muss dies auch auf ihre kulturellen Ausdrucks- und Darstellungsformen, ihre Lebensstile und -weisen beziehen können. Diese Aufgabe ist besonders dringlich, weil Religionspädagogik diese Zusammenhänge bis vor wenigen Jahren kaum aufgenommen hat.

– *Religiöse Bezüge im Alltag wahrnehmen und wiedererkennen:* Diese Forderung richtet sich zunächst gegen vorschnelle Etikettierungen von »Jugend ohne Gott«, »Traditionsabbrüchen« usw. Da sich die (kulturellen) Ausdrucksformen jugendlicher Religiosität kaum mit Hilfe der herkömmlichen theologischen Begriffe und Kategorien erfassen und beschreiben lassen, entsteht hier die eigene Aufgabe der *Wahrnehmung* (als Grundaufgabe von Religionspädagogik heute zunehmend beachtet, Schweitzer 1998, 163, zum Teil zugespitzt in der Forderung nach Religionspädagogik und Praktischer Theologie als »Wahrnehmungswissenschaft« →267 ff.). Zumindest in manchen Fällen sind die Jugendlichen – auf ihre Art und Weise – längst bei den Themen, zu denen sie die Unterrichtenden erst mühsam hinführen wollen.

Von einem »Wiedererkennen« ist im Blick auf die Jugendlichen selber zu sprechen, deren Religionsverständnis häufig sehr verengt ist. Bei Religion denken sie nur an Kirche und Gottesdienst, die ihnen fern und fremd erscheinen, nicht aber an ihren eigenen Lebenszusammenhang. Das Wiedererkennen religiöser Bezüge im Alltag kann für die Jugendlichen eine neue Plausibilität religiöser Lernprozesse bedingen.

– *Didaktische Perspektiven: Korrelation – Elementarisierung – Symboldidaktik:* Die Aufnahme (jugend-)kultureller Bezüge kann sich sinnvoll mit neueren Entwicklungen der Religionsdidaktik verbinden. Exemplarisch hervorgehoben seien die Ansätze von Korrelation, Elementarisierung und Symboldidaktik (→155 ff.), die allesamt auf eine dialogische Verbindung zwischen Tradition und Situation, Überlieferung und Erfahrung oder Kultur bzw., wie jetzt zu formulieren wäre, (Jugend-)Kulturen zielen.

(3) *Aktuelle Handlungsperspektiven:* Da auf religionsdidaktische Fragen bereits an anderer Stelle eingegangen wurde, beschränke ich mich hier auf zwei vordringliche Perspektiven:

– *Ausbildung religiöser Wahrnehmungsfähigkeit:* Angesichts der (jugend-)

kulturellen und medialen Transformationen von Religion gehört religiöse Wahrnehmungsfähigkeit zu den Grundqualifikationen, die in der religionspädagogischen Ausbildung erworben werden sollten. Zugespitzt: Die kulturellen und lebensweltlichen Bezüge Jugendlicher (aber auch Erwachsener) müssen mit ebenso großer Sorgfalt gelesen und ausgelegt werden, wie dies bislang nur für die Quellen der religiösen und christlichen Überlieferung gilt.

– *(Jugend-)Kultur in der Gemeinde Raum geben:* Die Frage, ob und ggf. wo in einer Gemeinde Raum und Räume für Jugendliche zur Verfügung stehen, in denen sie zu eigenen Gestaltungsversuchen frei sind, sollte zu den Prüfkriterien für die Gemeindeentwicklung gehören.

Weiterführende Literatur

P. Biehl/K. Wegenast (Hg.), Religionspädagogik und Kultur. Beiträge zu einer religionspädagogischen Theorie kulturell vermittelter Praxis in Kirche und Gesellschaft, Neukirchen-Vluyn 2000

5.2.7 Seelsorge mit Jugendlichen – Aufgabe auch für die Religionspädagogik

In religions- und gemeindepädagogischen Darstellungen wird die Seelsorge mit Jugendlichen in aller Regel nicht berücksichtigt. In manchen Lehrbüchern der Seelsorge erscheint sie immerhin als eine der auf ein bestimmtes Lebensalters bezogenen Formen von Seelsorge (Ziemer 2000, 254 ff.). Seltener sind eigene Handbücher (Jentsch 1973, Riess/Fiedler 1993). Gegenwärtige Entwicklungen in der Gesellschaft und die Veränderungen des Jugendalters lassen Seelsorge mit Jugendlichen dringlicher werden.

Ein Grund für die relative Vernachlässigung dieser Form von Seelsorge liegt sicher darin, dass Seelsorge mit Jugendlichen in aller Regel nicht als geplantes Gespräch zu zweit denkbar ist, wie es vielfach als Grundform der Seelsorge angesehen wird. Häufig geschieht sie eher beiläufig, am Rande von Veranstaltungen und im Zusammenhang von Gruppen oder auch durch Religionsunterricht (Büttner 1991). Auch dann ist es freilich erforderlich, in diesem Rahmen bewusst seelsorgerliche Aufgaben wahrzunehmen.

Ein wichtiger Kontext für die Seelsorge mit Jugendlichen stellen Schule und Ausbildung dar. Hier wird ein zunehmender Bedarf beobachtet (Welter 1993, Keil/ Thalheimer 1995, grundlegend aus katholischer Sicht: Schneider 1976). Hier gibt es auch Ansätze zu einer eigenen Institutionalisierung z. B. in Form von Schülerkontaktarbeit (Frey 1995). Weitere Anstöße ergeben sich aus der Kooperation von Schule und Jugendarbeit (→246 f.) sowie im Kontext von Schulsozialarbeit (Raab u. a. 1987).

Die gesellschaftlichen und kulturellen Tendenzen der Individualisierung sowie die damit verbundenen (Orientierungs-)Probleme im Blick auf die Lebensplanung unterstreichen die Notwendigkeit einer Seelsorge als »Zuwendung zum einzelnen Menschen« (Rössler 1986, 180) auch im Jugendalter. Pädagogik und Seelsorge können zwar nicht einfach miteinander gleichgesetzt werden (Stollberg 1987), aber die Übergänge sind fließend, besonders wenn Seelsorge auch Fragen der Identitätsbildung, der Sinnfindung und des »Glauben Lernens« einschließt (Ziemer 2000, 195 ff.).

Als besondere Themen für die Seelsorge im Jugendalter nennt J. Ziemer (2000, 257 ff.): »Selbstwerdung und Ablösung von den Eltern«, »Erfahrungen mit Freundschaft und Liebe«, »Selbstproblematik«, »Arbeit und Beruf«, »Glauben und Christsein«. Eigene Erwähnung verdienen darüber hinaus Fragen im Umkreis von Tod und Sterben, nicht zuletzt auch von Suizid in seiner besonderen Verbindung mit dem Jugendalter (Doll u. a. 1993, Klosinski 1999).

Bei der Seelsorge wiederholt sich die bereits mehrfach angesprochene Einsicht: Religionspädagogik kann nicht als von allen übrigen Dimensionen und Bereichen des Lebens abgelöste religiöse Erziehung und Bildung verstanden werden. Ihre Bedeutung gewinnt sie vielfach erst in der Verzahnung mit den oft krisenhaften Erfahrungen des Lebens.

Weiterführende Literatur

R. Riess/K. Fiedler (Hg.), Die verletzlichen Jahre. Ein Handbuch zur Beratung und Seelsorge an Kindern und Jugendlichen, Gütersloh 1993

5.2.8 Postadoleszenz – Jugendalter ohne Ende?

In den letzten Jahrzehnten wird in den Sozialwissenschaften auf die immer weitere Ausdehnung des Übergangs zwischen Adoleszenz und Erwachsenenalter hingewiesen. Als Bezeichnung für diesen Übergang, der sich ungefähr auf die dritte Lebensdekade erstreckt, wurde der Begriff der Postadoleszenz eingeführt. Dieser Begriff verweist auf einen besonderen Status: nicht mehr zu den Jugendlichen zu gehören, aber auch noch nicht in das »eigentliche« Erwachsenenalter eingetreten zu sein. Die Religionspädagogik hat sich noch kaum auf die damit verbundenen Herausforderungen eingelassen (vgl. Schweitzer 2003b, 91 ff., stärker unter dem Aspekt des jungen Erwachsenenalters Copray 1987/1988). Genau in diesem Alter wird das Verhältnis zu Kirche und Religion jedoch neu bestimmt und fallen vielfach bleibende Entscheidungen z. B. hinsichtlich eines Kirchenaustritts (Feige 1990b, Pickel

1995, zur internationalen Diskussion Bar-Lev/Shaffir 1997). Sachlich ist es kaum zu rechtfertigen, diese Lebensphase weiterhin religionspädagogisch auszublenden.

Weithin offen ist allerdings die Frage, welche besonderen Angebote für Menschen in der Postadoleszenz attraktiv und hilfreich sein können. Auch in diesem Falle liegt die Herausforderung in einer lebens- und erfahrungsbezogenen Form von religiöser Bildung (Hinweise und praktische Impulse aus dem amerikanischen Raum: Atkinson 1995). Dabei ist auch auf unterschiedliche Lebenskontexte einzugehen, nicht zuletzt an der Hochschule (EKD 1991).

Die ebenfalls nur spärlich vorhandenen Untersuchungen zur religiösen Entwicklung (→106 ff.) in dieser Lebensphase (Parks 1986) machen darauf aufmerksam, dass auch in der dritten Lebensdekade vielfach mit Wendepunkten in der religiösen Biographie zu rechnen ist, u. a. im Zusammenhang eines voll entwickelten kritischen Denkens über Glaube und Kirche und den für dieses Lebensalter bezeichnenden experimentellen Lebensstilen, die der Kirche noch immer besonders fremd scheinen. Freie Initiativen, Gruppen und Organisationen etwa im Umkreis von Themen wie Ökologie, Frieden und globale Gerechtigkeit bieten mehr religionspädagogische Anknüpfungspunkte als die Arbeit in der herkömmlichen Gemeinde. Darüber hinaus richten sich zentrale Lebensfragen in diesem Alter auf die Lebensplanung und -gestaltung (z. B. Verlassen der Herkunftsfamilie, endgültige Wahl einer beruflichen Laufbahn, Intimität, Beziehungen, Eheschließung oder sogar Scheidung). Die damit verbundene Überprüfung und Neuordnung von Orientierungen, die man in früherer Zeit für sein Leben und für den eigenen Glauben gefunden hatte, sollte nicht ohne religionspädagogische Begleitung bleiben.

Weiterführende Literatur

F. Schweitzer, Postmoderner Lebenszyklus und Religion. Eine Herausforderung für Kirche und Theologie, Gütersloh 2003 (»Religiöse Bindung und Entfremdung in der Postadoleszenz: Zum Einfluss einer vernachlässigten Lebenszeit«, 91 ff.)

5.3 Erwachsenenalter

Wenn dieser Abschnitt zum Erwachsenenalter vergleichsweise kürzer ausfällt als die zum Kindes- und Jugendalter, so soll darin keineswegs eine Geringschätzung zum Ausdruck kommen. Vielmehr gilt umgekehrt: Die Vernachlässigung von (religiöser) Bildung im Erwachsenenalter ist zu überwinden zugunsten einer systematischen Wahrnehmung dieses Bereichs als eines genuinen Bestandteils von Religionspädagogik und kirchlicher Bildungsarbeit. Deshalb muss die herkömmliche religionspädagogische Perspektive, die sich auf Kinder und Jugendliche beschränkt, ebenso ausgeweitet werden wie die einer Gemeindepädagogik, die nicht für eine häufig jenseits der traditionellen parochialen Strukturen angesiedelte Bildungsarbeit mit Erwachsenen offen ist.

5.3.1 Übergreifende Perspektiven

Vor der zusammenfassenden Charakterisierung des Erwachsenenalters in der Gegenwart zunächst einige Hinweise zum Handlungsfeld der *(kirchlichen) Erwachsenenbildung.*

Prinzipiell besteht hinsichtlich der grundlegenden Bedeutung von Erwachsenenbildung in allgemein erziehungswissenschaftlicher ebenso wie in christlich-bildungstheoretischer Perspektive kein Zweifel. In der Geschichte des Christentums wird gerne an das Erwachsenenkatechumenat der Alten Kirchen sowie an die damit verbundene Bildungsarbeit als Ursprung christlicher Erwachsenenbildung erinnert (→23 ff.).

Kirchliche Erwachsenenbildung kann nicht einfach auf spezielle Einrichtungen und Angebote beschränkt sein, sondern stellt eine allgemeine Dimension kirchlichen Handelns dar, die auch in Predigt, Seelsorge, Gemeindearbeit usw. eine wichtige Rolle spielt. Insofern ist Bildung ein Thema der gesamten Praktischen Theologie (Schweitzer 2002b) und wurde die Praktische Theologie gelegentlich ganz auf pädagogische Grundlagen gestellt (Niebergall 1918/19). Nicht zu übersehen ist freilich auch, dass ein Bildungsanspruch im engeren Sinne hier nicht immer eingelöst wird, weil andere Aufgaben im Vordergrund stehen.

Der Schwerpunkt der Geschichte der Erwachsenenbildung wird im 19. und besonders im 20. Jahrhundert gesehen (z. B. Olbrich 2001). Dabei spielen sowohl kirchliche und religiöse als auch kirchenkritische und politische Motive und Bewegungen eine wichtige Rolle:

Zu nennen sind u. a. Sonntags- und Gewerbeschulen, Handwerker- und Arbeiterbildungsvereine (z. T. mit konfessioneller Ausrichtung), die Arbeiterbewegung (mit sozialistischer und sozialdemokratischer Ausrichtung), gewerkschaftliche Bildungsarbeit, bürgerliche Initiativen zur Volksbildung, die Volkshochschulbewegung usw.

Vor allem in der zweiten Hälfte des 20. Jahrhunderts kommt es in der Bundesrepublik zum Ausbau der Erwachsenenbildung in kirchlicher Trägerschaft (Scheilke 1996, Blasberg-Kuhnke 1995). Erwachsenenbildung wird nun auch vonseiten des Staates verstärkt als unerlässlicher Bestandteil demokratischer Bildung angesehen. Darüber hinaus wird »lebenslanges Lernen« aufgrund des raschen Wandels von Anforderungen in Gesellschaft, Ökonomie und Technik zu einer zentralen bildungspolitischen Formel in Deutschland und Europa (Dohmen 1996).

Eine Aufwertung von Erwachsenenbildung kann auch mit demographischen Veränderungen begründet werden. Der Anteil von Erwachsenen besonders im höheren Lebensalter an der Gesamtbevölkerung hat in Deutschland und anderen westlichen Ländern stark zugenommen und wird in den nächsten Jahrzehnten voraussichtlich noch weiter zunehmen.

Die wissenschaftliche Erforschung des Erwachsenenalters etwa in Psychologie und Soziologie ist erst in der zweiten Hälfte des 20. Jahrhunderts verstärkt in Gang gekommen. Dennoch liegen bereits Gesamtdarstellungen und Handbücher sowohl zum Erwachsenenalter allgemein als auch zur Bildungsarbeit mit Erwachsenen vor (allgemein: Levinson 1979, 1996, als Handbuch zur Erwachsenenbildung: Tippelt 1999, zur Erwachsenenbildung in evangelischer und katholischer Trägerschaft: Seiverth 2002, Englert/Leimgruber 2005, mit Bibliographie zur kirchlichen Erwachsenenbildung 291 ff.).

Eine Beschreibung des Erwachsenenalters müsste im Grunde den gesamten gesellschaftlichen und kulturellen Wandel einschließen und so ein Gesamtbild unserer Gegenwart bieten. So können hier nur einige Schlaglichter auf den *Wandel des Erwachsenenalters* geworfen werden:

– *Auflösung der Normalbiographie – Flexibilisierung von Lebensläufen:* Die Erwartung, dass sich an das Jugendalter eine lange, bis zum hohen Alter währende kontinuierliche Zeit der Erwerbstätigkeit anschließe, trifft immer weniger zu. Wirtschaftliche und andere Notwendigkeiten zwingen zu mehrfachen Um- und Neuorientierungen. Für einen Teil der Bevölkerung ist Arbeitslosigkeit keineswegs nur eine vorübergehende Erscheinung, sondern ein Dauerzustand.

– *Biographie als Projekt:* Zu der Flexibilisierung von Lebensläufen tritt im Horizont der Individualisierung das Bewusstsein, das Leben selbst in die Hand nehmen und also in konstitutiver Hinsicht gestalten zu können. Darum liegt auch die Verantwortung für Erfolg und Misserfolg beim Einzelnen.

– *Veränderte Leitbilder:* Die Vorstellung vom Erwachsenen als eines autonomen Menschen, der im Vollbesitz seiner geistigen und körperlichen Kräfte, mündig sowie in wirtschaftlicher Hinsicht unabhängig sei, erweist sich zunehmend als Ideologie (Schweitzer 2003b, 114 ff.). Solche Erwartungen waren und sind nur von einem Teil der Menschen zu erfüllen und bleiben darüber hinaus grundsätzlich einseitig. Gesucht werden daher veränderte Leitbilder, die stärker die Verbundenheit sowie das wechselseitige Aufeinanderangewiesensein hervorheben. Für entsprechende Leitbilder spielen die Medien eine große Rolle, inhaltlich aber auch formal, bis hin zu der (überspitzten) These, das Fernsehen habe die Unterschiede zwischen Kindern und Erwachsenen zum Verschwinden gebracht (Postman 1983).

– *Wandel der Familie und der Lebensformen:* Veränderungen der Familie (Beschränkung auf die Kleinfamilie, geringe Kinderzahl, ansteigende Scheidungsraten usw. →201 ff.) bedeuten auch eine Infragestellung des »Normalmodells« von Erwachsensein als Leben in einer Familie. Haushalte mit Kindern sind in Deutschland nicht mehr in der Mehrheit. Ein Leben ohne Kinder, als kinderloses (Ehe-)Paar oder als Single ist statistisch gesehen häufiger anzutreffen (auch wenn dabei nicht übersehen werden darf, dass als »Haushalte ohne Kinder« auch solche zählen, bei denen die erwachsen gewordenen Kinder ausgezogen sind).

– *Neugestaltung der Biographie von Frauen:* Hier kommen besonders deutlich objektive und subjektive Veränderungen zusammen. Objektiv hat sich die weibliche Biographie z. B. durch eine kürzer gewordene Phase der Mutterschaft verändert (wenn das letzte bzw. häufig: einzige Kind unabhängig wird, sind die Mütter noch vergleichsweise jung), aber auch durch die Zugänglichkeit der Arbeitswelt für Frauen. Subjektiv entspricht dem die Ablehnung einer Reduktion des weiblichen Erwachsenseins auf die Mutter- und Hausfrauenrolle.

– *Ausdifferenzierung des höheren Alters:* Besonders weitreichende und nachhaltige Verschiebungen haben sich im Umkreis von Pensionierung und Ruhestand ergeben. Die inzwischen allgemein verfügbar gewordene Altersversorgung sowie der gestiegene Standard medizinischer Betreuung haben nach dem Austritt aus dem Erwerbsleben und vor dem Beginn altersbedingter Hinfälligkeit ein neues Lebensalter entstehen lassen (sog. Drittes Alter, Laslett 1995), das sich mit eigenen Bedürfnissen und Möglichkeiten verbindet, nicht zuletzt im Blick auf Bildung.

Als *übergreifendes Kriterium und Ziel* für die Bildungsarbeit mit Erwachsenen kann über die religiöse Bildung und Begleitung hinaus die Unterstützung eines wahrhaft humanen Lebens angesichts der Herausforderungen von Gegenwart und Zukunft gesehen werden. Erwachsenenbildung wird sich deshalb in christlicher Sicht auf die »Maße des Menschlichen« (EKD 2003a) beziehen müssen, in Aufnahme der theologischen Anthropologie (Pannenberg 1983), die allerdings im Sinne einer auf unsere Gegenwart bezogenen »Theologie des Lebenszyklus« (Schweitzer 2003b, 177 ff.) fortentwickelt werden muss. Dazu gehört die kritische Auseinandersetzung mit Leitbildern für das Erwachsensein ebenso wie eine christlich-ethische Perspektive sowohl für das persönliche als auch für das gesellschaftliche Leben.

Weiterführende Literatur

F. Schweitzer, Postmoderner Lebenszyklus und Religion. Eine Herausforderung für Kirche und Theologie, Gütersloh 2003 (zum modernen und postmodernen Erwachsenenalter 114 ff., zur Frage eines »Dritten Alters« 137 ff.)

5.3.2 Religiöse Bildung Erwachsener – Perspektiven für eine zweite reflektierte Naivität

(1) *Zur Situation:* Der Beschreibung des Handlungsfeldes im Sinne der Angebote für religiöse Bildung im Erwachsenenalter sollen noch einige Hinweise zu Religion in dieser Lebensphase vorangestellt werden (vgl. →106 ff.), damit der Horizont deutlich werden kann, in dem sich diese Bildungsangebote heute bewegen.

Religion im Erwachsenenalter: Übergreifend ist festzuhalten, dass sich die religiöse Landschaft in der westlichen Welt in zunehmend vielfältiger Gestalt darstellt (für Deutschland: Daiber 1995, Klöcker/Tworuschka 1994, zur Schweiz: Dubach/Campiche 1993, Europa: Davie 2000, USA: Roof 1999, Eck 2001). Zugleich zeigen die Kirchenmitgliedschaftsverhältnisse besonders in Westdeutschland eine nachhaltige Stabilität, die auch durch kontinuierliche Austritte auf niedrigem Niveau nicht grundsätzlich in Frage gestellt wird (so der Befund der Kirchenmitgliedschaftsuntersuchungen, zuletzt: EKD 2003c). Etwa zwei Drittel der deutschen Bevölkerung gehören einer der beiden großen Kirchen an, wobei die Zahlen zwischen Westdeutschland (ca. 80 %) und manchen Regionen in Ostdeutschland (20 %) stark variieren. Auch die Unterschiede zwischen städtischen und ländlichen Situationen sind markant. Im Beteiligungsverhalten kommt hingegen ein Muster zum Ausdruck, das als Distanz oder distanzierte Mitgliedschaft beschrieben werden kann. Besonders evangelische Gottesdienste werden selten von mehr als 5 bis 10 % der Mitglieder besucht, und auch der katholische Gottesdienstbesuch liegt heute nur noch wenig höher. Eine pauschale Abwertung distanzierter Kirchenmitgliedschaft wird auch von den Kirchen nicht mehr gepflegt. Die Kirchen- und Religionssoziologie versteht die kirchliche Beteiligung längst nicht mehr als den einzig entscheidenden Maßstab für religiöses Interesse (Diskussion: Feige 1990a, Luckmann 1991).

Größte Zustimmung findet inzwischen die Deutung im Sinne einer religiösen Pluralisierung und Individualisierung (→53 ff.). Eine viel beachtete Studie über Religion in der Schweiz trägt den sprechenden Titel »Jede(r) ein Sonderfall« (Dubach/Campiche 1993). Religiöse Individualisierung gilt als die entscheidende Signatur der religiösen Gegenwartssituation (Berger 1980,

Luckmann 1985 zur »Patchwork-Religiosität«). Dazu gehören auch synkretistische Tendenzen – weniger als Religionsvermischung, sondern als selektives, an persönlichen Interessen orientiertes Verhalten zu Religion und Tradition (Berger 1980, Drehsen/Sparn 1996). Erwartungen einer »Religionslosigkeit« oder einer Säkularisierung, die zu einem radikalen Religionsverlust führe, werden kaum mehr vertreten. Globalisierung verstärkt auch den Kontakt zwischen den Religionen sowie allgemein die religiöse Pluralität (Beyer 2001). Eine »Rückkehr der Religionen« (Riesebrodt 2000) oder eine »Wiederkehr der Götter« (Graf 2004) gelten vielen als wahrscheinlich. Manche sprechen ausdrücklich von einer »Entsäkularisierung« der Welt (Berger 1999).

Bleibendes Interesse richtet sich auf eine religiöse Lebensbegleitung (dazu etwa die Kirchenmitgliedschaftsstudien der EKD, zuletzt EKD 2003c). Gemeint ist der Wunsch, insbesondere krisenhafte Übergänge im Leben (Todesfälle, Geburten, Heirat usw.) rituell auszugestalten bzw. durch entsprechende kirchliche Angebote ausgestalten zu lassen.

Auch die Religions- und Entwicklungspsychologie (→ 106 ff.) geht heute von einer religiösen Entwicklung nicht nur im Kindes- und Jugendalter, sondern auch im Erwachsenenalter aus.

Neuere psychoanalytische Modelle nehmen bei der religiösen Entwicklung den gesamten Lebenszyklus in den Blick (grundlegend: Erikson 1975, als Weiterführung Rizzuto 1979). Eigene Entwicklungsaufgaben im Blick auf Religion im Erwachsenenalter beschreiben die stärker kognitiv ausgerichteten Stufentheorien (Fowler 1991, Oser/Gmünder 1984, zusammenfassende Darstellung im Blick auf Erwachsenenalter und Erwachsenenbildung: Böhnke u. a. 1992). Im Zentrum steht dabei die Entwicklung komplementärer Denkformen (Reich 1992), die es erlauben, z. B. Glaube und Naturwissenschaft, Geschöpflichkeit und menschliche Autonomie, Überlieferung und kritisches Denken miteinander zu verbinden.

Als weitere Quelle ist die religiöse Biographieforschung zu nennen (Sparn 1990, Wohlrab-Sahr 1995), die den bleibenden Zusammenhang von Religion und Biographie herausgearbeitet. Spezielles Interesse hat die biographische Erfahrung von Frauen gefunden (Becker/Nord 1995, Hess 1997, Slee 2004):

Im Blick auf die religiöse Bildung Erwachsener sind folgende Aspekte besonders bedeutsam:
Die biographische Erfahrung von Frauen beeinflusst das Verhältnis zu Religion und Kirche, was inzwischen auch in der Kirchenmitgliedschaftsforschung erkannt wird (Lukatis 1990). Religiöse Bildungsbedürfnisse und -möglichkeiten sind eng mit der biographisch bedingten Situation von Frauen verbunden, auf die sich die religiöse Erwachsenenbildung u. a. kritisch beziehen muss (im Interesse von Mündigkeit und Subjektwerdung). Aufgrund ihrer besonderen lebensgeschichtlichen Erfahrungen nehmen Frauen religiöse Inhalte in besonderer Weise wahr.

Erst in den letzten Jahren ist die Bedeutung von *Religion im höheren Lebens-*
alter wieder entdeckt worden (Blasberg-Kuhnke 1985 mit erwachsenenbildnerischen Perspektiven, Lyon 1985, als Handbücher: Kimble u. a. 1995, Koenig 1994 im Blick auf Religion und Gesundheit, Moser 2000 zur
seelsorgerlichen Begleitung). Altern und Altsein wird nun auch als Thema
der Theologie verstanden (Auer 1995). Das Dritte Alter (Laslett 1995), das
sich zwischen den Austritt aus dem Erwerbsleben und das hohe Alter schiebt,
ist in seiner theologischen und erwachsenenbildnerischen Bedeutung noch
kaum entdeckt (Schweitzer 2003b, 137 ff.).

Religiöse Bildungsangebote für Erwachsene: Ein inhaltlich ausgerichteter Gesamtüberblick dazu, welche religiösen Bildungsangebote für Erwachsene heute realisiert werden, ist nicht verfügbar. Strukturell kann zwischen Angeboten
in einzelnen Gemeinden, in der evangelischen und katholischen Erwachsenenbildung (teils in kirchlicher Trägerschaft, teils in Bildungswerken organisiert, Überblick evangelisch: Scheilke 1996, katholisch: Blasberg-Kuhnke
1995) sowie im Rahmen etwa der Volkshochschule als eines nicht-konfessionellen Trägers (Breloer 1973, Lück/Schweitzer 1999, 136 ff.) unterschieden
werden. Darin kommt zum Ausdruck, dass religiöse Bildung Erwachsener
sowohl ein besonderes Anliegen und eine besondere Verantwortung von Kirche ist als auch eine allgemeine Bildungsaufgabe, die ebenso in nicht-kirchlichen Einrichtungen wahrgenommen werden muss (Lück/Schweitzer 1999,
81 ff.). Daher sind auch Familienbildungsstätten, trotz ihrer insgesamt breite-
ren bzw. speziellen Ausrichtung, als Orte religiöser Erwachsenenbildung in
diesem Zusammenhang zu nennen.

Besondere Bedeutung für die kirchliche Erwachsenenbildung haben in der zweiten Hälfte des 20. Jahrhunderts die *evangelischen und katholischen Akademien*
gewonnen (Boventer 1983, Scheilke 1998). Die Arbeit der Akademien ist breit
angelegt und bezieht sich auf eine Vielfalt gesellschaftlicher Themen, schließt
aber auch religiöse Bildungsangebote ein.
Speziellere, z. T. an Zielgruppen orientierte oder auf bestimmte Themen, Probleme und Herausforderungen bezogene Bildungsangebote finden sich darüber
hinaus in speziellen Bildungszentren z. B. im Bereich der Frauenbildung, Vereinigungen, Verbände oder Einzeleinrichtungen (Heimvolkshochschulen usw.).
Weiterhin haben (soziale) Bewegungen u. a. im Umkreis des Konziliaren Prozesses (Frieden, Gerechtigkeit, Bewahrung der Schöpfung →168) im Sinne einer
autonomen Bildungsarbeit eine wichtige Rolle gespielt. In all diesen Zusammenhängen werden auch Aufgaben der religiösen Bildung Erwachsener wahrgenommen.

(2) *Kriterien und Ziele:* Auch im Bereich der Erwachsenenbildung werden
sehr unterschiedliche Konzeptionen vertreten. Die breite Diskussion kann

hier nicht nachgezeichnet werden (Überblick: Blasberg-Kuhnke 1995, Scheilke 1996, Seiverth 2002, Englert/Leimgruber 2005).

Die Konzeptionsdiskussion spiegelt sich auch in den Stellungnahmen der Kirchen und Verbände (EKD 1982, 1997b, DEAE/Deutsche Evangelische Arbeitsgemeinschaft für Erwachsenenbildung 1978, 1983, 2002, Katholische Bundesarbeitsgemeinschaft für Erwachsenenbildung 2001). Dabei wird sowohl die Gesamtausrichtung von Erwachsenenbildung in evangelischer oder katholischer Trägerschaft erörtert als auch die Aufgabe einer religiösen oder theologischen Bildung Erwachsener.

Für die Frage nach *religiöser Bildung Erwachsener* sind folgende Fragestellungen aus dieser Diskussion besonders bedeutsam (vgl. Lück/Schweitzer 1999, 26 ff.):

– *Religiöse Bildung Erwachsener und kirchliche Erwachsenenbildung:* Soll religiöse Bildung als ein Bereich kirchlicher Bildungsarbeit verstanden und gestaltet werden, oder geht es um ein über die Kirche hinausreichendes Bildungsangebot, das den Bezug zu Kirche zwar einschließt, sich aber an allgemeinen Bildungszielen orientiert (Diskussion: EKD 1982, 1997b, Englert 1992)? Gehört die religiöse Bildung Erwachsener zur Gemeindepädagogik oder soll sie auch in nicht-kirchlichen Einrichtungen wahrgenommen werden?

– *Theologische und religiöse Erwachsenenbildung:* Besonders in der katholischen Tradition wird in aller Regel von *theologischer* Erwachsenenbildung gesprochen, wobei neuere Entwürfe für ein offenes, also nicht fachtheologisches Verständnis plädieren (Hungs 1991, Uphoff 1991, Böhnke u.a. 1992, aus evangelischer Sicht Weymann 1983). Sollte dann aber nicht offener von *religiöser* Bildung gesprochen werden (Englert 1992, Lück/Schweitzer 1999)? Auf jeden Fall würde dadurch die thematische Offenheit unterstrichen.

– *Religiöse Erwachsenenbildung und Lebensgeschichte:* Ein lebensgeschichtlicher Ansatz für die Erwachsenenbildung hat in den letzten Jahrzehnten große Zustimmung gefunden (Lott 1984, Grözinger/Luther 1987, Schweitzer 2004). Im Hintergrund stehen sowohl die Psychologie der Lebensspanne (Baltes 1979) als auch die Lebenslaufforschung (Levinson 1979, 1996) und die auf Religion bezogene Entwicklungspsychologie (u.a. Stufentheorien, Glaubensentwicklung → 106 ff.).

– *Religiöse und spirituelle Bildung:* In der Gegenwart werden spirituelle Angebote von vielen als attraktiv wahrgenommen. Manchmal mischen sich hier kommerzielle und religiöse Motive (Wellness- und Spiritualitätssehnsucht, Nüchtern 2005, Rösener 2005, vgl. auch Barz/May 2001), aber zugleich geht es um sehr ernst zu nehmende Motive, die in der Erwachsenenbildungsdiskussion auch bereits früher eine Rolle gespielt haben (Petsch 1993 als Plädoyer für spirituelle Bildung). Religiöse Bildung Erwachsener ausschließlich als spirituelle Bildung zu verstehen bleibt jedoch insofern problematisch, als damit alle sozialen und kirchlichen Bezüge von Religion ausgeblendet bleiben.

Als *besonders bedeutsame Einzeldarstellungen* sind darüber hinaus eigens zu nennen: K. E. Nipkow (1990, 572 ff.: »Evangelische Erwachsenenbildung als Lebensbegleitung auf der Suche nach Verständigung«), R. Englert (1992: »individualgeschichtliche«, »christentumsgeschichtliche« und »gesellschaftsgeschichtliche« Perspektiven – »Bearbeitung grundlegender Lebens- und Sinnfragen im Horizont religiöser Traditionen« als Ziel), G. Orth (1990: theologische Erwachsenenbildung zwischen »Parteilichkeit und Verständigung«, besonders auch in Aufnahme von E. Lange), M. Blasberg-Kuhnke (1992: Bezug auf globale Lernzusammenhänge, s. dazu auch Schreijäck 2001). Besonders wichtige Veröffentlichungen aus dem englischsprachigen Bereich stammen von G. Moran (1979) und J. Hull (1985; s. auch das Handbuch Gillen/Taylor 1995).

Als übergreifendes Ziel kann die Bereitstellung eines Grundangebots religiöser Bildung für Erwachsene beschrieben werden, wobei Religion sowohl im kirchlichen als auch im individuellen und gesellschaftlichen Zusammenhang zu thematisieren ist und theologische ebenso wie lebensweltliche und bildungstheoretische Erschließungsperspektiven zum Tragen kommen sollten (so Lück/Schweitzer 1999, 78 ff.). Zumindest aus evangelischer Sicht hat ein solches Grundangebot der Ausbildung religiöser Mündigkeit bzw. christlicher Urteilsfähigkeit zu dienen (Anfragen an ein solches Verständnis bei Englert/Leimgruber 2005).

(3) *Aktuelle Handlungsperspektiven:* Bereits hingewiesen wurde auf die Herausforderungen, die sich aus der Herausbildung einer neuen Lebensphase zwischen Jugend- und Erwachsenenalter ergeben (Postadoleszenz, Junges Erwachsenenalter → 251). Darüber hinaus erscheinen folgende Aspekte vordringlich:
– *Religiöse Bildung angesichts der Auflösung von Normalbiographien:* Unter dieser Überschrift können verschiedene tiefgreifende Veränderungen von Lebensläufen und Biographien zusammengefasst werden, die jeweils eine besondere religiöse Begleitung im Rahmen der Erwachsenenbildung nahelegen: das Brüchigwerden von Erwerbsbiographien angesichts dauerhafter Arbeitslosigkeit, die Herausbildung eines Dritten Alters nach dem Ausscheiden aus dem Erwerbsleben, Neugestaltung weiblicher Lebensläufe usw.
– *Familienbildung und Stärkung von Elternkompetenz:* Angebote zur Stärkung von Elternkompetenz werden auch in religiöser Hinsicht immer wichtiger, nicht zuletzt angesichts der religiösen Pluralisierung und Individualisierung bis hinein in die Familien selbst (→201 ff.).
– *Interkulturelles und interreligiöses Lernen, Orientierung in der Pluralität:* Die in dieser Hinsicht beschriebenen Aufgaben (→167 ff.) gelten auch für die

Erwachsenenbildung. Orientierungsaufgaben angesichts gesellschaftlicher, kultureller und religiöser Pluralität stellen einen bleibenden Bestandteil lebenslangen Lernens dar.

– *Religiöse Bildungsangebote für Konfessionslose:* Nicht nur, aber besonders in Ostdeutschland ist der Anteil der Konfessionslosen so groß, dass besondere Angebote für diese Zielgruppe unerlässlich sind (Studien- und Begegnungsstätte Berlin 1994, 1995, Neubert 1996). Ziele könnten Information und Aufklärung über das Christentum und andere Religionen sein, besonders in Kultur und Geschichte Deutschlands und Europas.

– *Spirituelle Bildung:* Angesichts eines wachsenden Marktes »freier« spiritueller Angebote besteht die Aufgabe der Erwachsenenbildung sowohl in der Unterstützung kritischer Urteilsfähigkeit hinsichtlich solcher Angebote als auch in der Aufnahme der sich damit verbindenden Wünsche und Sehnsüchte im Horizont verantwortlicher und reflektierter Religiosität.

Weiterführende Literatur

W. Lück/F. Schweitzer, Religiöse Bildung Erwachsener. Grundlagen und Impulse für die Praxis, Stuttgart u. a. 1999

R. Englert/S. Leimgruber (Hg.), Erwachsenenbildung stellt sich religiöser Pluralität, Freiburg/Gütersloh 2005

6. Wissenschaftliches Arbeiten in der Religionspädagogik: Aufgaben und Methoden

Ziel dieses Kapitels ist die Einführung in religionspädagogisch-wissenschaftliches Arbeiten. Im Unterschied zu den Methoden für die religionspädagogische Praxis (→ 125 ff.) soll es jetzt um wissenschaftliche Methoden gehen. Dabei ist sowohl an das Studium der Religionspädagogik zu denken (z. B. Hausarbeiten, Referate, Klausuren) als auch an die religionspädagogische Forschung, die auch von nicht selbst in der Forschung Tätigen kritisch nachvollzogen und beurteilt werden können muss.

Wissenschaftliches Arbeiten in der Religionspädagogik kann nicht einfach durch den Erwerb von Methodenkenntnis erlernt werden. Kennzeichnend für die Religionspädagogik ist die Offenheit für unterschiedliche Methoden, über deren Bedeutung nur von übergeordneten Aufgaben her entschieden werden kann. Daher werden im Folgenden zunächst, im Anschluss an die vorangehenden Kapitel, die Aufgaben von Religionspädagogik als Wissenschaft zusammenfassend dargestellt. Die Vertrautheit mit diesen Aufgaben bildet die Grundlage für die Darstellung von Methoden des religionspädagogisch-wissenschaftlichen Arbeitens.

6.1 Wissenschaftliche Aufgaben von Religionspädagogik: Grundlegung – Modelle – interdisziplinäre Bezüge

Die Frage nach den wissenschaftlichen Aufgaben von Religionspädagogik hat gleichsam eine Innen- und eine Außenseite. Innerhalb der Religionspädagogik ist zu klären, welchen Aufgaben diese Disziplin gerecht werden soll und wie sie aufgebaut oder gestaltet sein muss, um dies zu gewährleisten. Zugleich steht die Religionspädagogik nicht einfach für sich allein, so dass auch ihre Stellung in der Wissenschaft bzw. ihre Zuordnung zu anderen Wissenschaften bestimmt werden muss. Solche Bestimmungen gehören in der herkömmlichen Begrifflichkeit zur »Enzyklopädie« als der Darstellung von Wissenschaft bzw., in neuerer Zeit, zur »Wissenschaftstheorie« als Wissenschaft von der Wissenschaft (Wissenschaftsforschung, Modelle von Wissenschaft usw.). Im Folgenden wird zunächst die Grundlegung von Religionspädagogik als Wissenschaft im historischen Prozess beschrieben, während die sich anschließenden Abschnitte auf konkurrierende Modelle in der gegenwärtigen Diskussion sowie auf die interdisziplinäre Einordnung bezogen sind.

6.1.1 Zur Grundlegung von Religionspädagogik als Wissenschaft

Die Grundlegung von Religionspädagogik als Wissenschaft – man spricht auch von ihrer Konstitution – lässt sich am leichtesten anhand ihrer Herausbildung in der Geschichte nachvollziehen. Dabei müssen die in Kapitel 1.2 breiter dargestellten geschichtlichen Zusammenhänge noch einmal in zugespitzter Form aufgenommen werden.

Ab welchem Zeitpunkt man von Religionspädagogik als Wissenschaft sprechen kann, ist umstritten. Am geläufigsten ist ein Verständnis, das einerseits von der Begriffsgeschichte ausgeht (nach G. Bockwoldt 1977 ist der Begriff Religionspädagogik gegen Ende des 19. Jahrhunderts erstmals zu finden) und andererseits auf die diversen reformpädagogischen, kultur- und liberal-theologischen Strömungen zu Beginn des 20. Jahrhunderts hinweist (→46 ff.). Demgegenüber kann allerdings auch die systematische Grundlegung bereits bei F. Schleiermacher (→40 ff.) als Ausgangspunkt der modernen Religionspädagogik angesehen werden. Auf jeden Fall können die Entwicklungen vor dem 20. Jahrhundert nicht übergangen werden, wenn ein umfassendes Verständnis von Religionspädagogik als Wissenschaft gewonnen werden soll.

Ihre Wurzel besitzt die Religionspädagogik in der Katechetik, wie sie sich seit der biblischen Zeit in der Alten Kirche, im Mittelalter sowie in der frühen Neuzeit entwickelt hat (→23 ff.). Schritte zu einer wissenschaftlichen Katechetik können dort wahrgenommen werden, wo es zu einer über die bloße Anleitung für die Praxis hinausgehenden theoretischen Durchdringung katechetischer Aufgaben und Methoden kommt. Als erste evangelische Katechetik gilt in diesem Sinne De catechesi von A. Hyperius 1570, eigens zu erwähnen ist auch das entsprechende Kapitel der Großen Didaktik des J. A. Comenius von 1657 (Comenius 1982, 157 ff.: »Die Methode zur Frömmigkeit hinzuführen«). Einen Höhepunkt erreicht diese Entwicklung im Pietismus, etwa mit dem weit verbreiteten Lehrbuch von J. J. Rambach »Wohl-unterrichteter Catechet« (1722), das die Anstöße von P. J. Spener und A. H. Francke systematisiert.

Eine deutliche Zäsur ist im Horizont der Aufklärung des 18. Jahrhunderts in zwei Hinsichten zu beobachten: Im Unterschied zur wissenschaftlichen Katechetik werden nun Darstellungen entworfen, für die religiöse Erziehung und Bildung nicht mehr im Dienst von Kirche und kirchlicher Unterweisung stehen, sondern ganz in der Perspektive der Bildung des Menschen ausgelegt und gestaltet werden sollen (im Anschluss an J.-J. Rousseau vor allem bei den Philanthropen, J. B. Basedow, C. G. Salzmann u. a.). Dabei bezieht man sich auch nicht mehr einfach auf die (kirchliche) Theologie, sondern auf die Philosophie (1795 legt etwa J. F. C. Gräffe ein »Lehrbuch der allgemeinen Katechetik nach Kantischen Grundsätzen« vor) – von einer eigenständigen Erziehungswissenschaft kann damals noch nicht gesprochen werden. In diesen Entwicklungen spiegeln sich die in der Moderne veränderten gesellschaftlichen, kulturellen und religiösen Verhältnisse, die u. a. ein Auseinandertreten christlicher, kirchlicher und staatlich-gesellschaftlicher Erwartungen an die religiöse Erziehung und Bildung bedingen. Zugleich markieren sie für den Bereich der Pädagogik die Ansprüche einer aufgeklärten Vernunft, für die eine unkritische, nicht anhand der Wahrheitsansprüche der Vernunft überprüfte Weitergabe von Traditionen nicht mehr erstrebenswert war.

Vor diesem Hintergrund ist die Begründung von Religionspädagogik durch Schleiermacher zu würdigen (→40 ff.). Ohne auf eine theologische und kirchliche Verankerung von religiöser Erziehung und Bildung zu verzichten, bietet er eine zumindest der Intention nach allgemein nachvollziehbare Grundlegung sowie eine Einordnung in die Wissenschaft.

Zusammenfassend kann auf vier wesentliche Bestimmungen verwiesen werden (weitere Bezüge vgl. →41 ff.): 1. bietet Schleiermacher eine anthropologische Begründung der Möglichkeit und Notwendigkeit religiöser Erziehung und Bildung (Religion als menschliche »Anlage«, 3. Rede, Schleiermacher 1967, 100 ff.); 2. entwickelt er mehrperspektivische Darstellungen von Katechetik bzw. Religionspädagogik, indem er sie (praktisch-)theologisch, aber auch pädagogisch thematisiert (Vorlesungen über Praktische Theologie, Schleiermacher 1850, Vorlesungen über Pädagogik, Schleiermacher 1849); 3. bestimmt er den Ort der Katechetik innerhalb der Theologie (Kurze Darstellung, §291), was zugleich die Einordnung dieser Disziplin in das Gesamt von Wissenschaft impliziert. Dabei erweist sich der Begriff der »Katechetik« allerdings als »zu beschränkt« (ebd.), um die Erziehungs- und Bildungsaufgaben in sich zu fassen. 4. überschreitet Schleiermacher die Grenzen der herkömmlichen Katechetik auch in praktisch-didaktischer Hinsicht durch die Einführung u. a. eines konsequent dialogischen Verfahrens (Schleiermacher 1850, 363 ff.).

Das damit umrissene Programm einer modernen Religionspädagogik in kritisch-konstruktiver Aufnahme der Herausforderungen von Aufklärung und Moderne wurde in der Folgezeit mehrfach erneuert, besonders zu Beginn und dann wieder in der zweiten Hälfte des 20. Jahrhunderts (→46 ff.). Es ist bis heute das vor allem im deutschsprachigen Bereich vorherrschende Modell geblieben, allerdings dauerhaft begleitet von zwei Alternativen: einerseits der Erneuerung kirchlicher Katechetik und andererseits einer religionswissenschaftlich begründeten Religionskunde.

Eine *Erneuerung der kirchlichen Katechetik* wurde mehrfach und vor dem Hintergrund sehr unterschiedlicher Zeitumstände angestrebt: Im Zusammenhang einer Rückbesinnung auf die zentrale Bedeutung von Kirche und Kirchlichkeit stehen die katechetischen Entwürfe des 19. Jahrhunderts (Palmer 1844, von Zezschwitz 1863). Im Umkreis der Bekennenden Kirche während des Nationalsozialismus nahm diese Katechetik z. T. Züge eines Gegenprogramms zur staatspädagogischen

Überformung an (Hammelsbeck 1939, anders etwa H. Kittel →52). Ähnlich war eine sich programmatisch für die Kultur der Gegenwart öffnende Religionspädagogik unter den kirchenfeindlichen Voraussetzungen des DDR-Sozialismus undenkbar und bot die Katechetik wichtige Impulse für die christliche Unterweisung in der Gemeinde (Henkys/Kehnscherper 1978). Die jüngsten katechetischen Erneuerungsversuche verstehen sich als Antwort auf aktuelle Tradierungsprobleme des Christentums (Schoberth 1998, vgl. auch Bizer 1988). In allen Fällen steht die Katechetik im Unterschied zur konkurrierenden Religionspädagogik für eine Betonung von Kirche und kirchlichem Glauben. In anderer Weise wurde und wird auf katholischer Seite an der Katechetik festgehalten – nämlich mit der dauerhaften Unterscheidung zwischen Katechese in der Gemeinde und Religionspädagogik in der Schule (Gemeinsame Synode 1974). Zudem trägt der wiederholte Ruf nach christlicher Eindeutigkeit statt, wie es dann heißt: religionspädagogischer Profillosigkeit deutlich konservative Züge (mit unterschiedlichen Akzenten: Ratzinger 1983, Ruster 2000). Auch im internationalen Bereich wird am Begriff der Katechetik festgehalten (etwa Osmer 2005), wobei allerdings die Abgrenzung gegenüber der Religionspädagogik nicht das entscheidende Motiv darstellt.

Die von jeder Bindung an Kirche oder Theologie absehende, allein *religionswissenschaftlich begründete Religionskunde* ist in der deutschsprachigen Tradition vergleichsweise selten vertreten. Geläufiger ist die seit der Aufklärung immer wieder auftretende Forderung nach einem rein pädagogisch verantworteten Religionsunterricht, der allerdings häufig im Namen eines zwar kirchlich nicht gebundenen, aber gleichwohl engagierten Christentums erteilt werden sollte. Stärker in die Richtung einer religionswissenschaftlichen Grundlegung gehen die Entwürfe des frühen 20. Jahrhunderts (aus Schweden, aber international rezipiert vor dem Hintergrund des Monismus das im Original im Jahre 1900 erschienene Buch »Das Jahrhundert des Kindes«, Key 1978, die von der Denkschrift der Bremischen Lehrerschaft ausgelöste Diskussion, Gansberg 1906, das Schulfach Lebenskunde in der Weimarer Zeit, Groschopp/Schelander 2001). Seine deutlichste Ausprägung besitzt dieser Ansatz in der gegenwärtigen Auseinandersetzung um den konfessionellen Religionsunterricht und dessen Alternativen (Religionskunde im Ethikunterricht, LER usw., zur systematischen Erörterung →81 ff.).

Religionspädagogik als Wissenschaft schließt als Erbe ihrer Geschichte eine bleibende Spannung zwischen unterschiedlichen Auslegungs- und Ausgestaltungsmöglichkeiten ein, die sich zwar wissenschaftlich klären und erörtern, letztlich aber mit wissenschaftlichen Mitteln nicht auflösen lässt. Vielmehr kommen in dieser Spannung positionelle Unterschiede zum Tragen, die u. a. auf religiöse Überzeugungen zurückgehen. Zugleich stellen sich aber viele der Herausforderungen, die für die Grundlegung der Religionspädagogik als Wissenschaft bestimmend wurden, ganz allgemein und also nicht nur in Abhängigkeit von einer bestimmten theologischen oder kirchlichen Position. Vor allem muss sich heute jede Form der religiösen Erziehung und Bildung in den von Moderne bzw. Postmoderne (→53 ff.) bestimmten Zusammenhängen bewegen.

Für wissenschaftliches Arbeiten in der Religionspädagogik ergibt sich daraus die grundlegende Anforderung einer für die Gegenwart offenen sowie unter erziehungswissenschaftlichen Kriterien verantwortbaren Auslegung und Gestaltung bzw. Weiterentwicklung der traditionellen katechetischen Aufgaben. Dies ist in weiteren Schritten näher zu bestimmen.

6.1.2 Konkurrierende Modelle: Theorie der Praxis – Kulturhermeneutik – Wahrnehmungswissenschaft

In welcher Gestalt kann die Religionspädagogik ihre wissenschaftlichen Aufgaben erfüllen? Diese Frage wird derzeit nicht einheitlich beantwortet. Die konkurrierenden Vorschläge zur Ausgestaltung von Religionspädagogik als Wissenschaft lassen sich zu den drei in der Überschrift genannten Modellen verdichten, wobei jedes dieser Modelle eine Reihe von Varianten aufweist: Religionspädagogik als Theorie der Praxis, als Kulturhermeneutik und als Wahrnehmungswissenschaft. Ehe diese Modelle weiter erläutert werden, soll zunächst knapp eine Vorstellung oder Erwartung aufgenommen werden, gegen die sich alle drei Modelle profilieren.

Einverständnis besteht in der Religionspädagogik der Gegenwart in der *Ablehnung eines deduktiven Modells* nach dem in früherer Zeit verbreiteten Muster »Von der Exegese zur Katechese«. In diesem Falle sollte Religionspädagogik sich auf die Anwendung oder Vermittlung der durch die anderen theologischen Disziplinen – angefangen bei der Exegese bis hin zu Systematischer Theologie und Religionswissenschaft – erarbeiteten Wissensbestände mit Hilfe eines geschickten methodischen Arrangements beschränken, wobei auch die Ziele außerhalb der Religionspädagogik festgelegt werden.

> Manchmal wird sogar F. Schleiermacher für ein solches Verständnis von Religionspädagogik bzw. Praktischer Theologie in Anspruch genommen, wobei auf seine Kurze Darstellung verwiesen wird: »Die praktische Theologie will nicht die Aufgaben richtig fassen lehren; sondern indem sie dieses voraussetzt, hat sie es nur zu tun mit der richtigen Verfahrungsweise ...« (§ 260). Gegen die These, Schleiermacher ziele auf eine Religionspädagogik als Anwendungswissenschaft, lässt sich jedoch einwenden, dass er selbst die Praktische Theologie keineswegs in diesem Sinne ausgestaltet hat und dass die genannte Verhältnisbestimmung mit Bezug auf das von ihm vertretene Verständnis von Theologie als Gesamtprozess, in dem alle Teile ineinander greifen, gelesen werden muss.

Aus heutiger Sicht ist ein deduktives Modell von Religionspädagogik aus mindestens drei Gründen abzulehnen: Erstens scheitert eine solche Religionspädagogik an der Praxis, weil sie sich nicht auf die Erfahrungs- und Lebens-

welt heutiger Kinder, Jugendlicher und Erwachsener einlässt und diese deshalb nicht erreicht. Zweitens stellt eine solche Ableitung eine logische Un-
möglichkeit dar, weil sich die Praxis nicht einfach in vollständiger Form aus
einer übergeordneten Theorie heraus bestimmen lässt – für die Praxis sind
immer zusätzliche Entscheidungen erforderlich (vgl. Blankertz 1969, 21); z. B.
lässt sich die Frage, ob der Unterricht um 7.45 oder 7.50 Uhr beginnen soll,
theologisch nicht entscheiden. Drittens verstößt eine deduktive Vorstellung
gegen die für die moderne Religionspädagogik konstitutive Anerkennung
von Kindern, Jugendlichen und Erwachsenen als Subjekten, über deren Interessen, Erwartungen, Verstehens- und Deutungs- oder Aneignungsweisen
nicht einfach verfügt werden kann. Dies lässt sich auch positiv ausdrücken:
Aus der Ablehnung rein deduktiver Vorgehensweisen geht hervor, dass alle
heute in der Religionspädagogik akzeptierten Modelle von einem nicht-de-
duktiven Verhältnis von Theorie und Praxis einerseits und von der allerdings
noch näher zu bestimmenden Anerkennung von Kindern, Jugendlichen und
Erwachsenen als Subjekten andererseits ausgehen bzw. ausgehen müssen.

(1) *Theorie der Praxis:* Das bis heute am weitesten verbreitete Modell von Religionspädagogik als »Theorie der Praxis« findet sich bereits am Anfang der
modernen Religionspädagogik (Schleiermacher 1850, 12). Es steht etwa hinter folgender zeitgenössischer Umschreibung:

> »Die Religionspädagogik ist methodisch geklärte *Theorie dieser religiösen Erzie-
> hungspraxis*, die die im Vollzug religionspädagogischen Handelns implizite Theo-
> rie unter wissenschaftstheoretisch geklärten Kriterien expliziert und weiterent-
> wickelt. Sie reflektiert auf die Praxis mit dem Ziel, sie zu analysieren, zu
> beschreiben und zu begründen sowie angesichts von Fehlentwicklungen zu ver-
> ändern und neu zu konstruieren« (Biehl 2001, 1735).

Angestrebt wird ein kreisförmiger Praxis-Theorie-Praxis-Zusammenhang,
der den Eigenwert von Praxis ebenso wahrt wie Raum schaffen soll für eine
auf diese Praxis bezogene religionspädagogische Theorie, welche als Theorie
die Praxis zwar nicht einfach hervorbringen, aber doch verbessern kann. Ein
solches Theorie-Praxis-Verständnis ist in der Erziehungswissenschaft des 19.
und 20. Jahrhunderts weithin wirksam geworden (sog. Geisteswissenschaftliche Pädagogik, hermeneutisch-pragmatische Tradition, vgl. Thiersch 1978).
Methodisch waren dabei lange Zeit allein hermeneutische Verfahren (»Praxis-
hermeneutik«) bestimmend. Heute besteht sowohl in der Erziehungswissenschaft als auch in der Religionspädagogik Einverständnis darüber, dass weitere Methoden erforderlich sind: Die Analyse von Praxiszusammenhängen
muss empirische Erkenntnisse berücksichtigen, muss die bestehende Praxis
kritisch befragen usw. Empirie und Ideologiekritik ergänzen die Hermeneutik
(Klafki 1976).

Manchmal wird auch von einem *handlungstheoretischen Modell* gesprochen, wobei unterschiedliche Auffassungen zu beachten sind:

Während die verschiedenen Auffassungen von Religionspädagogik als Handlungstheorie oder Handlungswissenschaft über die Notwendigkeit einer gründlichen Aufklärung und Berücksichtigung gegenwärtiger Handlungsvoraussetzungen und -kontexte einig sind, legen sie den Handlungsbegriff selbst doch unterschiedlich aus. Auf der einen Seite steht an erster Stelle das Interesse an effektivem, zugleich auch theologisch verantwortetem Handeln (Daiber 1977), auf der anderen Seite ist es die Leitvorstellung eines »kommunikativen Handelns« als einer »freiheitstiftenden und -begründenden kommunikativen Praxis« (im Anschluss H. Peukert vor allem der katholische Religionspädagoge N. Mette 1994).

(2) *Kulturhermeneutik:* Religionspädagogik als Kulturhermeneutik kann in einem engeren und in einem weiteren Sinne verstanden werden. Im engeren Sinne steht der Begriff Kulturhermeneutik für ein bestimmtes praktisch-theologisches bzw. religionspädagogisches Programm, im weiteren Sinne verweist er auf den Zusammenhang von Kultur und Religion sowie dessen Wahrnehmung in der Religionspädagogik.

Kultur als Herausforderung für die Religionspädagogik wird vor allem im Horizont des sog. Kulturprotestantismus des 19. und frühen 20. Jahrhunderts erörtert (Preul 2000, weiterer Hintergrund: Müller 1992). So konzipiert etwa R. Kabisch (1910) seine Religionspädagogik von Anfang an im Blick auf die »Kultur der Gegenwart«. Sind hier zunächst die Herausforderungen einer modernen, nämlich an der aufgeklärten wissenschaftlichen Vernunft ausgerichteten Kultur im Blick, so verweist der Kulturbegriff später und vor allem in der Gegenwart darauf, dass Religion heute nicht an erster Stelle in ihrer kirchlichen Gestalt gelebt wird, sondern zunehmend in allgemeinen, nicht an Kirche gebundenen kulturellen Gestalten Ausdruck findet. So richtet sich der Blick auf Religion in Lebensgeschichte und Lebenswelt, in Jugendkultur, Popkultur, Medien usw. (→ 165 ff.). Das religionspädagogische Interesse an Kultur folgt dabei dem Wandel von Christentum und Religion in der Moderne (Drehsen 1988). Religionspädagogische Kulturhermeneutik entspricht der Aufgabe, nicht nur die Texte der Überlieferung, sondern auch die Kultur der Gegenwart auszulegen.

Eigene Beachtung gefunden hat der Zusammenhang von Religion bzw. Religionspädagogik und *Ästhetik* (grundlegend: Biehl 1989b):

Die Fokussierung auf Ästhetik folgt einem engeren Verständnis des Kulturbegriffs (Kultur als wertende Bezeichnung, eng verwandt mit »Bildung«, Oelkers 2000). Sie ist aber in der Regel nicht in einem ausschließenden Sinne gemeint, sondern bezieht auch etwa die Ästhetik Jugendlicher mit ein. Die Symboldidaktik (→ 161 ff.) kann ebenso in diesem Zusammenhang gesehen werden wie deren semiotisch-performative Weiterführung (→ 163) oder auch der Versuch, religiöse und ästhetische Bildung miteinander zu verbinden (Kunstmann 2002).

In programmatischer, damit aber auch zugespitzter und eingeschränkter Form vertritt W. Gräb (2002) ein Verständnis von Praktischer Theologie als Kulturhermeneutik:

Für Gräb reagiert eine solche Praktische Theologie auf den Wandel von Christentum und Religion in der Moderne, insbesondere darauf, dass mit der »neuzeitlichen Kulturentwicklung« die »Kirchen enorm an gesellschaftlichem Einfluss eingebüßt« haben (31). Religion sei jedoch nicht einfach verschwunden, sondern habe in der Kultur gleichsam einen neuen Ort gefunden, wobei Gräb besonders die Bedeutung der (Massen-)Medien hervorhebt. So kommt er zu der Definition: »Religionstheologische Kulturhermeneutik als theologische Interpretation der religiösen Sinndimension der (massen-)medial konstruierten Gegenwartskultur«. Und: »Die *religionstheologische Kulturhermeneutik* kann nun bestimmt werden als die *Hermeneutik* der Kultur und ihrer *Medien* im Blick auf ihren die *Unbedingtheitsdimension* ansprechenden *Sinngehalt*. Ihre Aufgabe findet sie in kulturellen Medien, die ihre Materialisierung und somit Wahrnehmbarkeit heute vor allem in den *elektronischen Massenmedien* haben« (68).

Ohne Zweifel stellt eine religiöse Kulturhermeneutik in der Gegenwart eine unerlässliche Aufgabe der Religionspädagogik dar. Dies kann allerdings weder bedeuten, dass sich Religionspädagogik nicht mehr auf Religion in den herkömmlichen Handlungsfeldern etwa von Kirche und Schule bezieht, noch kann es eine Alternative zu Religionspädagogik als Theorie der Praxis begründen. Eine Religionspädagogik, die sich in der Analyse und Darstellung von religiösen Kulturgehalten erschöpft und die sich nicht mehr mit Praxisvollzügen auseinandersetzt, würde ihre Aufgabe verfehlen und müsste einen nachhaltigen Relevanzverlust akzeptieren (zu Recht verbindet auch Gräb seine Kulturhermeneutik mit einer »Theologie für die Praxis«, 243 ff.). Kulturhermeneutik vertieft und erweitert Religionspädagogik als Theorie der Praxis angesichts der für unsere Gegenwart bezeichnenden Herausforderungen durch den Wandel von Gesellschaft, Kultur und Religion.

(3) *Wahrnehmungswissenschaft:* Die Forderung nach Religionspädagogik als Wahrnehmungswissenschaft erwächst aus der Kritik an einem Verständnis von Religionspädagogik als Handlungstheorie, das sich einseitig bloß vom Ziel einer effektiveren Praxis leiten lässt. Eine solche Handlungstheorie verfehle den Anspruch einer theologisch vertieften Wirklichkeitswahrnehmung wie auch die lebensweltlichen Zusammenhänge von Kindern, Jugendlichen und Erwachsenen. Ein Übergang »von der Handlungstheorie zur Wahrnehmungswissenschaft« wird daher erwogen (Heimbrock 1998b).

Offen ist dabei, ob es um eine Erweiterung von Religionspädagogik durch die Hervorhebung von Wahrnehmung als eigenständiger Aufgabe geht oder um eine grundlegende Neugestaltung (Heimbrock 1998b, 34), so dass die Religionspädagogik im Anschluss an die Phänomenologie überhaupt bzw. insgesamt als »Wahrnehmungslehre« (Biehl 1998, 45) konzipiert werden soll. Sofern die Religionspädagogik ihren Praxisbezug nicht preisgeben will, wäre ein Verständnis von Religionspädagogik *allein* als Wahrnehmungswissenschaft problematisch. Realistischer erscheint eine Integration der Wahrnehmungsaufgabe in den Horizont von Religionspädagogik als Theorie der Praxis (Biehl 2001, 1735). Auch über die Religionspädagogik hinaus ist die Notwendigkeit einer Erweiterung des handlungstheoretischen Praxisbegriffs in der Praktischen Theologie inzwischen anerkannt (Haslinger 1999).

Die grundlegende Bedeutung der Aufgabe von Wahrnehmung als eigenständiger religionspädagogischer Aufgabe ergibt sich ähnlich wie bei der Kulturhermeneutik aus dem Wandel von Religion und Kultur in der Moderne. Je weiter die religiöse Individualisierung und Pluralisierung fortschreiten (→53 ff.), desto weniger lassen sich die gelebten Formen von Religion mit den traditionellen Begriffen der Theologie erfassen. Exemplarisch deutlich wird dies bei Jugendlichen, deren religiöse Fragen, Bedürfnisse, Sehnsüchte usw. vielfach so weit von der kirchlichen Überlieferung entfernt sind, dass häufig – und vorschnell – von »Jugend ohne Gott« usw. gesprochen wird (kritisch dazu Schweitzer 1998). Plakative Beschreibungen dieser Art verweisen eher auf Wahrnehmungsdefizite in Religionspädagogik und Theologie als auf eine tatsächliche Religionslosigkeit Jugendlicher.

Für wissenschaftliches Arbeiten in der Religionspädagogik ist zusammenfassend von einer Verschränkung der drei Modelle – Theorie der Praxis, Kulturhermeneutik, Wahrnehmungswissenschaft – auszugehen. Wahrnehmungswissenschaftliche und kulturhermeneutische Erkenntnisse bieten einen Horizont, in dem sich die Analyse und Gestaltung religionspädagogischer Handlungsvollzüge bewegen müssen.

6.1.3 Stellung in der Wissenschaft – interdisziplinäre Bezüge

Für die wissenschaftliche Religionspädagogik ist eine interdisziplinäre Ausrichtung kennzeichnend. Die Religionspädagogik ist sowohl auf die anderen theologischen Disziplinen bezogen als auch auf nicht-theologische Wissenschaften. Deshalb wird die Religionspädagogik manchmal als »Verbundwissenschaft« angesprochen. Für wissenschaftliches Arbeiten in der Religionspädagogik ist es daher wichtig, sich eine Orientierung im Blick auf die Stellung der Religionspädagogik in der Wissenschaft zu verschaffen.

Vor allem im 19. und 20. Jahrhundert hat sich die Wissenschaft durch die Herausbildung immer weiterer wissenschaftlicher Disziplinen und Unterdisziplinen stark ausdifferenziert. In dieser Zeit entwickelt sich auch die Pädagogik zu einer eigenständigen wissenschaftlichen Disziplin, und beide, Erziehungswissenschaft und Theologie, werden zunehmend durch die Herausbildung von Unterdisziplinen bestimmt, die jeweils eine gewisse Selbständigkeit gewinnen (vom Alten Testament bis zur Religionswissenschaft in der Theologie, Allgemeine Pädagogik, Schul-, Sozial-, Sonderpädagogik usw. in der Erziehungswissenschaft). Für die Religionspädagogik ergibt sich daraus die Notwendigkeit, ihren Ort innerhalb der Wissenschaft ausdrücklich zu bestimmen. Ging es dabei zunächst vor allem um eine Zuordnung zu Theologie und Pädagogik, so kommen besonders im 20. Jahrhundert weitere Wissenschaften mit ins Spiel, an erster Stelle (Religions-)Psychologie und -Soziologie sowie Religionswissenschaft. So muss nun auch die Frage behandelt werden, zu welcher wissenschaftlichen Disziplin die Religionspädagogik gehören soll und wie z. B. theologische und psychologische Sichtweisen aufeinander bezogen und miteinander verbunden werden sollen.

(1) *Religionspädagogik – Theologie – Pädagogik:* Bei der Frage der Zuordnung zu Theologie oder Pädagogik geht es keineswegs bloß um formale oder rein akademische Probleme. Umstritten war und ist vielmehr, welche Zielsetzungen und normativen Vorannahmen für die Religionspädagogik in Theorie und Praxis ausschlaggebend sein sollen. Die Auseinandersetzungen bezogen sich etwa auf die Erbsündenlehre, die mit der für die Pädagogik konstitutiven Annahme von Bildsamkeit des Kindes nicht zu vereinbaren schien (vor allem darauf zielte die polemische Frage »Kirchenlehre oder Pädagogik?« bei A. Diesterweg 1852), aber auch auf die Spannung zwischen einer auf persönliche Entfaltung ausgerichteten religiösen Bildung einerseits und einer Erziehung zur Kirchlichkeit andererseits.

Systematisch betrachtet können religiöse Erziehung und Bildung sowohl unter theologischen als auch unter erziehungswissenschaftlichen Aspekten thematisiert und erforscht werden. Für beide Disziplinen gilt, dass sie diesen thematischen Bereich nicht aussparen können, wenn sie ihren Gegenstand vollständig bearbeiten wollen. Bei F. Schleiermacher werden religiöse Erziehung und Bildung deshalb sowohl in der Theologie (als Katechetik) als auch in der Pädagogik behandelt (Schleiermacher 1849, 1850). Zu Spannungen muss diese doppelte Zuordnung besonders dann führen, wenn dabei zugleich die *Einheit der jeweiligen Wissenschaft* betont wird.

Die Forderung nach Einheit begegnet zunächst in der (Praktischen) Theologie (Rössler 1986, 53 ff., Otto 1986, 11). In der Religionspädagogik hat sie zu kontroversen Diskussionen geführt (Gräb 1987, Heimbrock 1989), wobei besonders die Befürchtung einer kirchlichen oder theologischen Verengung von Religionspädagogik bedeutsam war. Der Anspruch auf Einheit wird zugleich in der Erziehungswissenschaft formuliert – etwa bei D. Benner (1987, 9) mit der Frage nach dem »pädagogischen Grundgedanken«, der »für alle Handlungsfelder pädagogischer Praxis« Geltung beanspruchen kann.

So gesehen gehört die Religionspädagogik zwei verschiedenen Wissenschaften an, die jeweils für sich eine Einheit oder einen geschlossenen Theoriezusammenhang darstellen wollen. Soweit sich die Religionspädagogik nicht von der Theologie verabschieden kann, wenn sie ihren Bezug auf Religion nicht ins Diffus-Allgemeine auflösen will, sich aber auch gegenüber der Erziehungswissenschaft nicht zu isolieren vermag, wenn sie pädagogisch ausweisbaren Ansprüchen Genüge tun will, braucht die Religionspädagogik eine doppelte Verankerung sowohl in der Theologie als auch in der Erziehungswissenschaft. Der gelegentlich zu hörende Vorschlag, Religionspädagogik »zwischen« Theologie und Erziehungswissenschaft zu sehen, übergeht das Problem, dass es einen solchen Zwischenbereich in institutionalisierter Form (Religionspädagogik als selbständige wissenschaftliche Disziplin) nie gegeben hat. Der doppelten Zuordnung von Religionspädagogik zu Theologie und Erziehungswissenschaft wird am ehesten eine inklusive Einheitsvorstellung gerecht (Schweitzer 1991b), bei der es nicht darum geht, andere Zugehörigkeiten auszuschließen. Die Einheit der (Praktischen) Theologie erlaubt so gesehen auch die gleichzeitige Zugehörigkeit der Religionspädagogik zur Erziehungswissenschaft, die sich ebenfalls als Einheit versteht.

Ein inklusives Einheitsverständnis mit doppelter Verankerung von Religionspädagogik in Theologie und Erziehungswissenschaft entspricht den vor allem in Ländern wie Deutschland, Österreich und der Schweiz anzutreffenden Verhältnissen etwa einer Kooperation zwischen Staat und Religionsgemeinschaften beim Religionsunterricht in der Schule (→81 ff.). In anderen Ländern wie England und Wales gehört die auf die Schule bezogene Religionspädagogik ganz in den Bereich der Erziehungswissenschaft. In den USA hingegen gibt es keinen Religionsunterricht in der staatlichen Schule und bezieht sich die Religionspädagogik auf den Bereich der Kirche. Sie nimmt erziehungswissenschaftliche Aspekte auf, gehört aber deutlich in den Zusammenhang von Theologie und Kirche (vgl. Osmer 2005). Allerdings gibt es auch in den Vereinigten Staaten zahlreiche Schulen in katholischer Trägerschaft mit einem Religionsunterricht, dessen religionspädagogische Theorie sowohl an englische als auch an kontinental-europäische Modelle anklingt (Moran 1989).

In paralleler Weise wird die Zugehörigkeit von Religionspädagogik zu Theologie und Erziehungswissenschaft unter dem Aspekt des *Primats* erörtert. An welchen normativen Voraussetzungen soll sich die Religionspädagogik letztlich orientieren, insbesondere in Fällen des Konflikts? Behauptungen eines Primats der Theologie steht die Berufung auf den Primat von Didaktik oder Pädagogik gegenüber (→139, 177). Primatsansprüche – sei es nach der einen oder nach der anderen Seite – sind aber wenig geeignet, einen Dialog zwischen verschiedenen Wissenschaften zu ermöglichen. Dem Versuch einer dialogischen Vermittlung (»Konvergenzmodell«, Nipkow 1975, 211 ff.) kommt deshalb bleibende Bedeutung zu, auch wenn durchaus mit nicht auflösbaren Widersprüchen (»Divergenzen«) zwischen Theologie und Erziehungswissenschaft zu rechnen ist. Die Theorie kann solche Widersprüche zwar klären, aber nicht einfach auflösen.

Insgesamt waren in den letzten Jahren und Jahrzehnten erziehungswissenschaftliche Äußerungen zu religionspädagogischen Fragen bzw. zu religiöser Erziehung und Bildung eher selten (Überblick: Schweitzer 2003a). Eine wichtige Ausnahme stellen vor allem die Beiträge von D. Benner (2002, 2004) dar (weitere Beispiele: Oelkers u. a. 2003, Wulf u. a. 2004, Groß 2004). Bei Benner finden sich Ansätze zu einem komplementären Verständnis erziehungswissenschaftlicher und theologischer Sichtweisen (→63 f.).

(2) *Stellung der Religionspädagogik in Theologie und Erziehungswissenschaft:* Der Konzeption des vorliegenden Lehrbuchs sowie dem im letzten Abschnitt Gesagten zufolge gehört die Religionspädagogik ebenso zur Theologie wie zur Erziehungswissenschaft. Beide Wissenschaften sind wiederum in sich selbst stark ausdifferenziert und werden in der Form von Subdisziplinen betrieben, so dass in beiden Fällen gefragt werden muss, wie die Religionspädagogik in das jeweilige Gesamtgefüge der Disziplin einzuordnen ist.

Kontrovers diskutiert wird immer wieder das Verhältnis von Religionspädagogik zur Theologie (Ritter/Rothgangel 1998). Religionspädagogik hat aber nicht einfach ein Verhältnis zur Theologie, sondern sie gehört in dem Sinne zur Theologie, dass sie selbst Theologie treibt und für die gesamte Theologie unerlässliche Aufgaben wahrnimmt. Als Kern dieser Aufgaben konnte die theologische Frage nach dem Generationenverhältnis identifiziert werden, sofern dieses Verhältnis als Bildungsprozess ausgelegt wird (→ 20 ff.). Der konstitutive Bezug auf das Generationenverhältnis und das Bildungsverständnis begründet die Religionspädagogik und beantwortet die Frage nach ihrer Bedeutung für die Gesamtaufgabe der Theologie: Religionspädagogik *muss* es geben, weil immer wieder neue Menschen oder Generationen in das Leben eintreten. Eine Religionspädagogik ergibt sich aber erst, wenn bzw. weil und sofern die Generationen übergreifende Tradierungsleistung im Christentum nicht auf dem Wege bloß der Eingewöhnung, der Prägung oder gar der – religionspädagogisch oder theologisch ebenso wie pädagogisch auszuschließen – Indoktrination geschieht, sondern mit dem Anspruch, dass sich der christliche Glaube oder jedenfalls die Tradition, auf die sich dieser Glaube bezieht, durch Bildungsprozesse zugänglich machen lässt.

Unterschiedlich beantwortet wird die Frage, ob sich die Religionspädagogik innerhalb der Theologie gleichermaßen auf alle anderen Disziplinen beziehen oder ob etwa die Systematische Theologie als »primäre Bezugswissenschaft der Religionspädagogik« gelten soll (so Lachmann 1998, 38). Die Suche nach einer einzelnen theologischen Leitdisziplin für die Religionspädagogik geht jedoch daran vorbei, dass sich die Religionspädagogik in ihrer Arbeit auf sämtliche theologische Disziplinen – von der Exegese bis hin zur Religionswissenschaft – beziehen muss (vgl. den Überblick bei Mette/Rickers 2001, 1750 ff.). Dies gilt selbstverständlich im Blick auf die Inhalte etwa des Religionsunterrichts, die in der Perspektive aller theologischen Disziplinen reflektiert werden müssen, gilt aber auch im Blick auf die prinzipielle Unterscheidung zwischen der theologischen Gesamtaufgabe einerseits und den jeweils nur auf einzelne Aspekte bezogenen Unterdisziplinen andererseits (Schweitzer 2005d). Häufig übergangen wird der Bezug der Religionspädagogik auf die Praktische Theologie, was allerdings nur dann einleuchten kann, wenn Praktische Theologie mit einer Pastoraltheologie und mit der Bearbeitung entsprechender Handlungsfelder (Predigt- und Seelsorgelehre usw.) gleichgesetzt wird. Soweit Praktische Theologie sich darüber hinaus die Analyse der (religiösen) Kultur der Gegenwart zur Aufgabe macht, wird sie zu einem wichtigen Partner für die Religionspädagogik, so wie umgekehrt die Religionspädagogik als Partner der Praktischen Theologie anzusehen ist. Dem entspricht die an theologischen Fakultäten anzutreffende Einordnung von Religionspädagogik als Teildisziplin der Praktischen Theologie.

Weit weniger diskutiert wird die Stellung der Religionspädagogik in der Erziehungswissenschaft, obwohl auch hier ähnliche Fragen zu stellen wären wie in der Theologie. Zunächst ist im Blick auf die Erziehungswissenschaft zu wiederholen: Religionspädagogik ist Teil von Erziehungswissenschaft und nimmt unerlässliche Aufgaben wahr, indem sie intergenerationale Tradierungsvorgänge von Religion als Bildungsprozesse thematisiert. Damit ist bereits gesagt, dass Religionspädagogik keineswegs auf eine Didaktik des Religionsunterrichts und damit auf die Schulpädagogik begrenzt werden kann. Als Dimension von Erziehung und Bildung gehört sie vielmehr zu allen Subdisziplinen der Erziehungswissenschaft (dargestellt etwa bei Lenzen 1994, 38 f.) – zur Vorschulpädagogik beispielsweise ebenso wie zur Allgemeinen Pädagogik oder zur Sozialpädagogik, zur Historischen Pädagogik ebenso wie zur Berufs-/Wirtschaftspädagogik usw. (vgl. Schweitzer 2003a).

(3) *Religionswissenschaft, Human-, Sozial- und weitere Wissenschaften:* Spätestens seit dem 18. Jahrhundert werden in der Religionspädagogik neben Theologie und Pädagogik die Ergebnisse weiterer Wissenschaften einbezogen und bei der eigenen Theoriebildung berücksichtigt. Zunächst galt dies für spezielle Bereiche der Philosophie (Anthropologie, Erfahrungsseelenkunde usw.), die sich später, vor allem im 20. Jahrhundert, als (Religions-)Psychologie und (Religions-)Soziologie zu eigenen Wissenschaften entwickelten. Prinzipiell

kann es keine vorab festliegende Grenze dafür geben, aus welcher wissenschaftlichen Perspektive die Prozesse von religiöser Erziehung und Bildung, Entwicklung und Sozialisation untersucht werden. Beispielsweise werden heute in der Allgemeinen Didaktik auch biologische Sichtweisen rezipiert (zur Didaktik: Scheunpflug 2001a, als allgemeiner Überblick: Scheunpflug 2001b), die auch religionspädagogische Relevanz aufweisen (Nipkow 2002, 2003, 2005b). Ähnliches gilt für die Gehirnforschung mit ihren Befunden zum Lernen (Spitzer 2002, religionspädagogisch: Kunstmann 2002).

Die Notwendigkeit, in der Religionspädagogik besonders im Blick auf die Voraussetzungen religiöser Erziehung und Bildung die Forschungsergebnisse aus den *Human- und Sozialwissenschaften* zu berücksichtigen, versteht sich seit der sog. »empirischen Wendung« in der Religionspädagogik (im Anschluss an entsprechende Entwicklungen in der Erziehungswissenschaft Wegenast 1968) von selbst. Umstritten ist jedoch, wie das Verhältnis zu den Human- und Sozialwissenschaften genauer bestimmt sein soll. Sind sie Hilfswissenschaften der Religionspädagogik oder eigenständige Partner im interdisziplinären Dialog (Mette/Steinkamp 1983)? Wie lassen sich religionspädagogische und humanwissenschaftliche Sichtweisen miteinander vermitteln (Schröer 1977 → 139 f.)? Welche wissenschaftstheoretischen Fragen müssen beantwortet werden (Nipkow u. a. 1991)?

Auch wenn aus heutiger Sicht prinzipiell dialogische Verhältnisbestimmungen angestrebt werden, sind damit nicht alle Fragen erledigt. Als unzureichend kann jedenfalls die Auffassung gelten, die Human- und Sozialwissenschaften lieferten lediglich empirische Daten, während Religionspädagogik und Theologie über die Normen verfügten, mit deren Hilfe sich Konsequenzen erst ableiten lassen. Auch die Human- und Sozialwissenschaften schließen eine bestimmte Normativität ein und setzen ein Verständnis von Mensch und Wirklichkeit voraus, das religionspädagogisch kritisch reflektiert werden muss (Browning 1987). Besonders leicht zu erkennen ist dies bei den Stufentheorien der religiösen Entwicklung, die ausdrücklich ein normatives Entwicklungsziel als höchste Stufe ausweisen (→ 109 ff.).

Ein weiteres Problem betrifft die Auswahl human- und sozialwissenschaftlicher Disziplinen, die als religionspädagogische Bezugswissenschaften gelten sollen. Lange Zeit stand einseitig die Psychoanalyse im Vordergrund. Erst seit den 1980er Jahren werden auch entwicklungspsychologische Erkenntnisse stärker berücksichtigt. Soziologische Befunde stehen in der religionspädagogischen Aufmerksamkeit noch immer hinter der Psychologie zurück. Ebenfalls zu wenig im Blick sind etwa die Kinder- und Jugendpsychiatrie sowie die Kriminologie (Biesinger u. a. 2005).

Beim Thema nicht-christliche Religionen kommt der *Religionswissenschaft* eine wachsende Bedeutung als Bezugswissenschaft für die Religionspädagogik zu (Lähnemann 1998a, Nipkow 1998b mit zahlreichen Literaturhinweisen →167 ff.). Soweit die Religionswissenschaft Disziplinen wie Religionspsychologie und -soziologie in sich schließt (Stolz 1988, Hock 2002), gilt das im letzten Abschnitt Gesagte auch im Blick auf die Religionswissenschaft. Eigene Fragen erwachsen hingegen aus der Forderung, den Religionsunterricht auf Religionskunde umzustellen und die Religionswissenschaft als primäre Bezugsdisziplin für einen Unterricht über Religion zu verstehen (→81 ff.)

Herkömmlicherweise war die Religionswissenschaft nicht mit pädagogischen Aufgaben im engeren Sinne etwa eines Schulfaches verbunden, auch wenn der Anspruch einer allgemeinen Aufklärung über Religion und Religionen natürlich einen Bildungsanspruch in sich schließt. Seit etwa den 1970er Jahren wurde darüber hinaus zunächst in Schweden sowie in England und Wales eine religionswissenschaftliche Grundlegung für den Religionsunterricht angestrebt, später dann auch in Deutschland.

Kennzeichnend für eine religionswissenschaftliche Grundlegung war und ist das Interesse an einer möglichst objektiven Darstellung von Religionen aus wissenschaftlicher Distanz, wie es als Lernen *über* Religion verstanden werden kann. Pädagogische Ansprüche wie die Klärung existentieller Fragen oder die Unterstützung der Persönlichkeitsentwicklung sollten ganz hinter diesen Objektivitätsanspruch zurücktreten (in Deutschland etwa Körber 1988 mit dem Versuch einer »Didaktik der Religionswissenschaft«). In der Praxis hat sich ein solcher, in England und Wales besonders an der Religionsphänomenologie (N. Smart) orientierter Ansatz allerdings nicht bewährt. Im Anschluss vor allem an M. Grimmitt (1987) wurde als weiteres grundlegendes Ziel das Lernen *von* Religion und damit eine pädagogisch-existentielle Bildungsaufgabe hinzugefügt (→171).

Eine veränderte Diskussionsgrundlage ergab sich in den letzten Jahren weniger aus der Religionswissenschaft selbst als vielmehr aus bildungspolitischen Entwicklungen und Entscheidungen hinsichtlich der Umstellung von Religionsunterricht auf Religionskunde (LER/Lebensgestaltung-Ethik-Religionskunde in Brandenburg, »Religion und Kultur« in Zürich usw.). In der Diskussion um die konkurrierenden Fächer wurde für die Religionswissenschaft ein der Theologie bzw. Religionspädagogik überlegener Bildungsanspruch formuliert (Edelstein u. a. 2001, zur Diskussion in der Schweiz: Kunz 2005).

Bezeichnend ist folgende Auffassung: »Allein die vorübergehend von sich selbst abstrahierende, Glaubensaussagen auf eine vergleichbare Begrifflichkeit bringende, Darstellung der je eigenen und der fremden Religion ermöglicht einen verstehenden Dialog und ein werteklärendes Gespräch zwischen unterschiedlichen religiösen Positionen. Eine nicht auf diese Weise vermittelte Gegenüberstellung von Bekenntnissen vermag dies nicht zu leisten und wird nur zu Missverständnis,

Unverständnis und Frustration führen« (Edelstein u. a. 2001, 114). Dialog und Verständigung wird hier von einer allen Religionen übergeordneten neutralen Perspektive erwartet, Toleranz von einer möglichst religionsfreien Toleranzbegründung (Forst 2003). Religionspädagogisch ist dagegen einzuwenden, dass es eine solche neutrale übergeordnete Perspektive für die Religionen nicht geben kann (Nipkow 1998b) und dass von allen religiösen Motiven abstrahierende Toleranzbegründungen kaum Wirksamkeit entfalten können, weshalb umgekehrt gerade nach den »religiösen Wurzeln der Toleranz« (Schwöbel 2003) gesucht werden muss.

Die Diskussion über Religionswissenschaft und Religionsunterricht bzw. Religionskunde (Grözinger u. a. 1999) hat in der Religionswissenschaft z. T. auch nach dem Urteil von Religionswissenschaftlern dazu geführt, »dass sie in ihrem Bemühen, sich von der Theologie abzusetzen, bisweilen weit über das Ziel hinausschießt« (Hock 2002, 166). Vor allem in der pädagogischen Praxis lassen sich die »reinen« Theoriemodelle von Religionswissenschaft kaum sinnvoll durchhalten. Ein Unterricht, der pädagogische Ansprüche hinter die angestrebte wissenschaftliche Distanz zurückstellt, wird weder dem Bildungsanspruch von Schule gerecht noch den Erwartungen von Kindern und Jugendlichen.

Auch die *Religionsphilosophie* wird manchmal als Teil der Religionswissenschaft behandelt. Trotz der wirkungsgeschichtlich noch immer präsenten Blütezeiten der Religionsphilosophie im 19. und frühen 20. Jahrhundert steht sie heute allerdings kaum mehr im Zentrum der philosophischen oder religionswissenschaftlichen Aufmerksamkeit (unterrichtsbezogener Überblick: Thomas/Martens 2004). Wichtiger als die *Religions*philosophie ist für die Religionspädagogik derzeit die Philosophie im Allgemeinen, insbesondere in der Gestalt einer philosophieunterrichtlichen Didaktik. »Philosophieren als elementare Kulturtechnik« (Martens 2003) kann als grundlegende Perspektive für den Ethik- und Philosophieunterricht verstanden werden, aber philosophische Arbeits- und Unterrichtsmethoden – Wahrnehmen, Verstehen, Argumente und Begriffe klären, Auseinandersetzungen führen usw. (Martens 2003, 96 ff.) – sind natürlich genauso wichtig für den Religionsunterricht. Insofern kann die philosophische Methodik auch zur Bezugsdisziplin für die Religionspädagogik werden, ähnlich wie die Kindertheologie deutlich von der Kinderphilosophie und vom »Philosophieren mit Kindern« gelernt hat (→ 159 ff.).

Weiterführende Literatur

F. Schweitzer/T. Schlag (Hg.), Religionspädagogik im 21. Jahrhundert, Freiburg/Gütersloh 2004

Wissenschaftliches Arbeiten in der Religionspädagogik

M. Rothgangel/E. Thaidigsmann (Hg.), Religionspädagogik als Mitte der Theologie? Theologische Disziplinen im Diskurs, Stuttgart 2005

H.-G. Heimbrock (Hg.), Religionspädagogik und Phänomenologie. Von der empirischen Wendung zur Lebenswelt, Weinheim 1998

E. Groß (Hg.), Erziehungswissenschaft, Religion und Religionspädagogik, Münster 2004

6.2 Methoden des religionspädagogisch-wissenschaftlichen Arbeitens

Anders als etwa in der biblischen Exegese gibt es in der Religionspädagogik keinen Methodenkanon. Dies bedeutet allerdings nicht, dass sich die wissenschaftliche Arbeit in der Religionspädagogik in beliebiger Weise vollziehen würde. Zumindest die bei der religionspädagogischen Bearbeitung einer Frage- oder Themenstellung wahrzunehmenden Aufgaben und Arbeitsschritte lassen sich genauer kennzeichnen, so dass sich daraus eine Orientierung sowohl für das Studium (Referate, Hausarbeiten, Klausuren usw.) als auch für die methodologische Selbstverständigung in der Religionspädagogik als Wissenschaft gewinnen lässt. Insofern bieten die im vorangehenden Abschnitt dargestellten Zusammenhänge zu Grundlegungsfragen, Modellen und (inter-)disziplinärer Einbindung von Religionspädagogik den Ausgangspunkt für Methodenfragen.

Auch im Blick auf Methodenfragen stützt sich die Religionspädagogik vor allem auf die Diskussion in der (Praktischen) Theologie sowie auf erziehungswissenschaftliche Darstellungen.

In der *Praktischen Theologie* gibt es ebenfalls keinen festliegenden Methodenkanon. Vor allem seit den 1970er Jahren ist jedoch eine z. T. intensive Erörterung von methodologischen Fragen zu konstatieren (Klostermann/Zerfaß 1974, Bäumler u. a. 1976, Nipkow u. a. 1991, van der Ven/Ziebertz 1993, Haslinger 1999). Während damals zunächst zu klären war, wie weit sich die Praktische Theologie überhaupt für human- und sozialwissenschaftliche Forschungsmethoden öffnen soll und welche Methoden sich besonders für die Praktische Theologie eignen, gilt eine solche Öffnung inzwischen als selbstverständlich. Weiterhin wird davon ausgegangen, dass sich unterschiedliche Methoden in komplementärer Weise ergänzen (Ziebertz 1993), weshalb eine konkurrierende Profilierung einzelner Methoden in der Praktischen Theologie nicht sinnvoll sein kann. Beispielsweise ist die in der älteren Literatur gelegentlich anzutreffende Auffassung, quantitative Methoden eigneten sich prinzipiell nicht für den Bereich der Theologie, längst überholt. Entscheidend ist statt dessen das Bemühen um eine differenzierende Einschätzung der jeweiligen Forschungsmethoden im Blick auf bestimmte Fragestellungen.

Für die *Erziehungswissenschaft* war in der zweiten Hälfte des 20. Jahrhunderts ebenfalls die Öffnung für sozialwissenschaftlich-empirische Methoden kennzeichnend, wobei frühere Ansätze einer empirischen Pädagogik zu Beginn des 20. Jahrhunderts nicht vergessen werden sollten (Thiersch u. a. 1978). Zentrale, auch auf die Religionspädagogik ausstrahlende Bedeutung gewann die von W. Klafki geforderte Verknüpfung von Hermeneutik, Empirie und Ideologiekritik (Klafki 1976, bes. 13 ff., unter Ideologiekritik werden die gesellschaftskritischen Analysen besonders der Frankfurter Schule in der Soziologie, d. h. von T. W. Adorno, M. Horkheimer, J. Habermas u. a. verstanden). Kennzeichnend für die erziehungswissenschaftliche Methodendiskussion ist die Verzahnung von Theorien und Methoden (Mollenhauer 1972, Mollenhauer/Rittelmeyer 1977, Krüger 1997). Darin kommt zum Ausdruck, dass Methoden nicht isoliert betrachtet werden können. Weiterhin wurde in den letzten Jahren auch in der Erziehungswissenschaft die überschaubare Einteilung nach hermeneutischen, empirischen und ideologiekritischen Methoden zunehmend durch eine offene Methodenvielfalt abgelöst.

Religionspädagogische Darstellungen zu Methodenfragen stützen sich deutlich auf diese Diskussionen (Englert 1986, 1995, Biehl 2001, Schweitzer 2002d), etwa indem sie die genannte Trias von Hermeneutik – Empirie – Ideologiekritik im Blick auf die Religionspädagogik erörtern. Obwohl es durchaus sinnvoll bleibt, bestimmte Methoden zu akzentuieren (etwa empirische Methoden, Ziebertz 2004b, oder die Phänomenologie, Heimbrock 1998a), ist insgesamt für die Religionspädagogik doch ähnlich wie für die Praktische Theologie und die Erziehungswissenschaft von einer prinzipiellen Offenheit für alle Methoden auszugehen, die einen religionspädagogisch bedeutsamen Erkenntnisgewinn versprechen. Die Methodenwahl muss sich an der religionspädagogischen Aufgabenstellung orientieren.

6.2.1 Die religionspädagogische Grundaufgabe als Ausgangspunkt der Methodenwahl

Die religionspädagogische Grundaufgabe kann im weitesten Sinne als kritisch-konstruktive Forschung über intergenerationelle Tradierungsprozesse von Religion in der Gestalt von Bildung beschrieben werden (→ 20 ff.). Religionspädagogik als Wissenschaft muss daher die sich heute realisierenden Formen der Tradierung erforschen, sie analysieren und bewerten, und sie muss im Anschluss daran, soweit erforderlich, Vorschläge und Perspektiven für die Verbesserung entwickeln. Der Bezug auf den Bildungsbegriff soll dabei gewährleisten, dass nicht einseitig von der Überlieferung oder von Institutionen wie der Kirche her gedacht, sondern dass ebenso die lebensweltlichen Zusammenhänge, Bedürfnisse und Möglichkeiten heutiger Kinder, Jugendlicher und Erwachsener sowie Gegenwarts- und Zukunftsherausforderungen eines Lebens in Frieden und Gerechtigkeit berücksichtigt werden.

Aus dieser Bestimmung ergibt sich u. a., dass in der Religionspädagogik sowohl Methoden erforderlich sind, die sich auf die Überlieferung beziehen, als auch solche Methoden, die etwa im Sinne der Kulturhermeneutik (→ 267 ff.) Religion in gegenwärtigen Lebenszusammenhängen zu identifizieren erlauben. Darüber hinaus müssen Formen der religionspädagogischen Praxis untersucht werden (Erziehungs-, Bildungs-, Lern-, Entwicklungsprozesse usw.), wofür möglicherweise weitere Methoden in Betracht zu ziehen sind.

6.2.2 Teilaufgaben: Traditionserschließung – Situationserschließung – Analyse religionspädagogischer Handlungsmodelle

Als Teilaufgaben werden vielfach (vor allem im katholischen Bereich) die drei Schritte »Sehen – Urteilen – Handeln« genannt. Diese Schritte sind unverzichtbar, bleiben aber in religionspädagogischer Hinsicht noch zu unspezifisch. Deshalb soll im Folgenden von den drei Teilaufgaben: Traditionserschließung, Situationserschließung, Analyse religionspädagogischer Handlungsmodelle ausgegangen werden.

(1) *Traditionserschließung:* Eine theologisch reflektierte christliche Religionspädagogik geht von einem christlichen Verständnis von Mensch und Wirklichkeit aus und will der nachfolgenden Generation die christliche Tradition erschließen. Traditionserschließung im Sinne der Religionspädagogik umfasst daher ebenso normative Perspektiven wie thematisch-inhaltliche Bezüge auf die christliche Überlieferung, d. h. das biblische Zeugnis und dessen Auslegung in der Geschichte des Christentums. Die dafür erforderlichen Methoden teilt die Religionspädagogik mit den exegetischen, historischen und systematischen Disziplinen der Theologie: historische Hermeneutik, systematisch-argumentative Methoden usw. Ihre Erschließungsaufgabe kann die Religionspädagogik jedoch nur erfüllen, wenn die christliche Tradition immer auch im Blick auf die heutige Situation bestimmter Menschen erschlossen wird, so dass die erste Teilaufgabe bereits aufs Engste mit der Situationserschließung verbunden ist. Traditionserschließung und Situationserschließung verweisen wechselseitig aufeinander.

Für die Religionspädagogik ist der Zusammenhang von Tradition und Situation, von Überlieferung und Gegenwart oder Zukunft unerlässlich. Wie weit sie sich dabei auf die anderen theologischen Disziplinen stützen kann und in welchem Maße sie besonders im Blick auf die Gegenwart zusätzliche Fragen zum Tragen bringen muss, hängt natürlich von der jeweiligen Gestalt der anderen theologischen Disziplinen ab. Je mehr sich z. B. die Exegese als eine rein historische Disziplin versteht, desto weniger direkte Anschlüsse für die Religionspädagogik weist sie auf. Die Konzentration auf intergenerationelle Tradierungsprozesse stellt zugleich ein spezifisches Interesse dar, das von der Religionspädagogik wahrgenommen wird und deshalb nicht einfach von anderen theologischen Disziplinen eingefordert werden kann.

(2) *Situationserschließung in der Gegenwart:* Der Begriff der Situation muss hier im weitesten Sinne verstanden werden. Es geht nicht etwa bloß um äußerliche Umstände. Gemeint ist vielmehr eine sorgfältige Rekonstruktion von gesellschaftlichen und individuellen Lebenslagen und Lebensumständen, von Biographien, von damit verbundenen Bedürfnissen, Interessen, Überzeugungen, Fragen, Problemen usw. Bei dieser Aufgabe muss und kann sich die Religionspädagogik auf eine ganze Reihe von Bezugsdisziplinen stützen: etwa (Religions-)Soziologie, (Religions-)Psychologie, Kulturwissenschaft, Religionswissenschaft, Geschichtswissenschaft. Dazu kommen interdisziplinär betriebene Forschungsschwerpunkte wie z. B. Kindheitsforschung, Jugendforschung, Biographieforschung. Im Vordergrund stehen dabei empirische Forschungsmethoden, die durch kritische Analysen (»Ideologiekritik«) ergänzt und erweitert werden. Beispielsweise kann sich die Situationserschließung nicht damit begnügen festzustellen, dass Jugendliche in ihrem Konsumverhalten durch Werbung bestimmt sind – sie muss auch aufzeigen, durch welche Mechanismen sich dies vermittelt, welche (Ent-)Täuschungen dadurch produziert werden und welche Aufklärungsmöglichkeiten ggf. bestehen. Zugespitzt lässt sich die These formulieren: Theologie und Religionspädagogik müssen lernen, die gegenwärtige Lebenswirklichkeit mit ebenso großer Sorgfalt zu interpretieren, wie sie dies in der Vergangenheit im Bereich der Exegese getan haben und auch in Zukunft tun müssen. Gefordert ist eine Art Biliteralität als die Fähigkeit, die Dokumente der christlichen Tradition ebenso lesen und verstehen zu können wie die Ausdrucksformen der eigenen Gegenwart. Dabei geht es für die Religionspädagogik jedoch nicht um eine völlig absichtslose Interpretation gegenwärtiger lebensweltlicher Zusammenhänge, sondern um eine Interpretation im Horizont christlicher Tradition und Traditionserschließung. Ziel ist die Ermöglichung einer dialogischen Verknüpfung von Tradition und Situation im Sinne etwa einer korrelativen Theologie (im Anschluss an Paul Tillich u. a. s. dazu Tracy 1996, wobei zwischen einer korrelativen Grundgestalt von Theologie einerseits und der dahinter z. T. zurückbleibenden Korrelationsdidaktik [→148] andererseits unterschieden werden muss). Allerdings muss mit den phänomenologischen Anstößen in der Religionspädagogik (→270) bewusst bleiben, dass eine vorschnell bloß an Vermittlung interessierte Aufnahme gegenwärtiger Situationen an den unerlässlichen Wahrnehmungsaufgaben vorbeigeht. Weder eine

zielvergessene noch eine auf Vermittlungsinteressen reduzierte Situationserschließung ist der Religionspädagogik angemessen.

(3) *Analyse religionspädagogischer Handlungsmodelle:* Religionspädagogik ist
und bleibt zumindest in dem Sinne Handlungswissenschaft, dass sie Praxis
anleiten und verbessern soll. Insofern stellen die Evaluation und Konstruktion von Handlungsmodellen eine unerlässliche dritte Teilaufgabe dar. An erster Stelle steht die Evaluation (→ 131 ff.), weil sich religionspädagogisches
Handeln in der Praxis immer schon vorfindet. Deshalb muss bestehende Praxis zunächst wahrgenommen und analysiert sowie bewertet werden. Im Anschluss an solche Analysen können dann auch neue bzw. modifizierte Handlungsperspektiven entworfen werden. Evaluation und Konstruktion greifen
beständig ineinander. Wichtigste Bezugswissenschaft stellt in dieser Hinsicht,
dem grundlegenden Bildungsanspruch der Religionspädagogik folgend, die
Erziehungswissenschaft dar, ohne dass andere Kriterien etwa der Theologie
unberücksichtigt bleiben könnten. Hinsichtlich der Forschungsmethoden ist
wiederum an erster Stelle an empirische Zugangsweisen zu denken, mit deren
Hilfe sich Praxis erfassen und erkennen lässt. Evaluation und Konstruktion
setzen zugleich normative und kritische Perspektiven voraus, so dass auch
hier hermeneutische, systematische und kritische Methoden zum Zuge kommen müssen.
    Religionspädagogische Handlungsmodelle schließen im vorliegenden Ver-
ständnis nicht nur didaktische Vorgehensweisen ein, sondern auch Institutionen wie beispielsweise den Konfirmandenunterricht, den Religionsunterricht
oder die religiöse Erziehung im Elementarbereich. Solche Institutionen lassen
sich in ihrer heutigen Gestalt nicht unter Absehung ihrer geschichtlichen Entstehung und Entwicklung beurteilen. Historisch-genetische Analysen tragen
deshalb wesentlich zur Beurteilung religionspädagogischer Handlungsmodelle bei.

(4) Die mit den drei Teilaufgaben der religionspädagogischen Forschung bzw.
des religionspädagogisch-wissenschaftlichen Arbeitens verbundenen Fragestellungen zeigen, dass die aus der Erziehungswissenschaft (Klafki 1976)
übernommene Einteilung: Hermeneutik – Empirie – Ideologiekritik (bei
Biehl 2001 erweitert um die phänomenologische Methode) in der Religionspädagogik zwar nach wie vor einen gewissen Anhalt besitzt – als hermeneutische Traditionserschließung, empirische und kritische Situationserschließung
und Analyse von Handlungsmodellen, andererseits aber sowohl mit komplexen Verbindungen dieser Methoden als auch mit weiteren Methoden zu rechnen ist. Dies entspricht auch der heutigen Methodendiskussion außerhalb der
Religionspädagogik. So bedient sich die biblische Exegese nicht nur der Her-

meneutik, sondern zieht auch sozialwissenschaftliche Theorien heran, stützt sich auf archäologische Befunde usw. Ähnlich bezieht die Erziehungswissenschaft die ursprünglich rein historisch gemeinte Hermeneutik auch auf die Gegenwart usw.

Zu den einzelnen Methoden sind vor allem in den Sozialwissenschaften sowie in der Erziehungswissenschaft ausführliche Darstellungen verfügbar: Einführung in Theorien und Methoden der Erziehungswissenschaft (Krüger 1997), Qualitative Forschung (Flick u. a. 2000), Qualitative Religionsforschung (Knoblauch 2003), Biographie und Religion (Wohlrab-Sahr 1995). Aus der Religionspädagogik sind besonders zu nennen: »Religion in der Lebensgeschichte. Interpretative Zugänge am Beispiel der Margret E.« (Comenius-Institut 1993), »Religionsunterricht aus Schülerperspektive« (Knauth u. a. 2000), »Religionsunterricht erforschen« (Fischer u. a. 2003). Aus der Praktischen Theologie: Handbuch Praktische Theologie (Haslinger 1999).

Eigens zu erwähnen sind schließlich noch *vergleichende Methoden*, die in der Religionspädagogik ähnlich wie in anderen Disziplinen allmählich an Bedeutung gewinnen (Schweitzer 2005b). Der Vergleich kann sich dabei auf verschiedene Länder, verschiedene Konfessionen und verschiedene Religionen richten. Besonders im Blick auf die Analyse religionspädagogischer Handlungsmodelle (dritte Teilaufgabe) ist die vergleichende Betrachtungsweise fruchtbar.

Darstellungen von Religionspädagogik in *anderen Ländern* (USA: Kwiran 1987, USA – Deutschland: Osmer/Schweitzer 2003b, England: Haußmann 1993, Meyer 1999, Polen: Rogowski 1995, Israel: Schröder 2000 u. a. m.) oder zum *deutschdeutschen Vergleich* (Aldebert 1990, Comenius-Institut 1998b) belegen die Fruchtbarkeit international-vergleichender Zugangsweisen. *Konfessionell-vergleichende* Untersuchungen beziehen sich vor allem auf die jeweiligen theologischen Grundlagen (Miller 1995), während es an entsprechenden empirischen Untersuchungen noch fehlt. Ähnlich gibt es auch zur religiösen Erziehung in *verschiedenen Religionen* kaum mehr als erste Ansätze (Tulasiewicz/To 1993, Rickers/Gottwald 1998, Wuthnow 1999, Froese 2005).

Auch zur vergleichenden Forschung gibt es erziehungswissenschaftliche Darstellungen (Schriewer 1994, Konrad 2005) sowie eine Methodendiskussion, die verschiedene wissenschaftliche Disziplinen einbezieht (Kaelble/Schriewer 2003).

6.2.3 Wissenschaftliche Arbeitsweisen in der Religionspädagogik im Überblick

Die im Folgenden dargestellten Arbeitsweisen besitzen übergreifenden Charakter und sind nicht auf eine einzelne Methode beschränkt sind. Bei jeder

Wissenschaftliches Arbeiten in der Religionspädagogik

Arbeitsweise können vielmehr mehrere Methoden zum Einsatz kommen. Insofern könnte auch von Arbeitsrichtungen gesprochen werden. Sieben Arbeitsweisen können unterschieden werden:

(1) *Hermeneutische Arbeitsweisen:* Hermeneutische Verfahren der Textauslegung beziehen sich in der Religionspädagogik auf die Erschließung der biblischen und christlichen Überlieferung. Darüber hinaus geht es um die Auslegung religionspädagogisch-historischer Quellen (beispielsweise von Theorien der religiösen Erziehung, aber auch anderer Dokumente wie Unterrichtsmaterialien, Schulbücher, Schulordnungen, Tagebücher). In Bezug auf die Gegenwart kommen hermeneutische Verfahren bei der Interpretation unterschiedlicher religiöser Ausdrucksformen oder Sinnorientierungen zum Zuge (hier berühren sie sich mit empirischen und phänomenologischen Arbeitsweisen).

(2) *Historisch-genetische Arbeitsweisen:* Im Zentrum steht hier die Frage nach Herkunft und Entstehung sowohl bestimmter religionspädagogischer Auffassungen als auch religionspädagogischer Programme und Institutionen, die sich aufgrund ihrer geschichtlichen Herausbildung verstehen und ggf. problematisieren lassen. Beispielsweise lässt sich der Konfirmandenunterricht in seiner heutigen Gestalt (→ 239 ff.) ohne Berücksichtigung der für diese Gestalt maßgeblich gewordenen Veränderungen im 18. Jahrhundert nicht verstehen.

(3) *Systematische und analytisch-kritische Arbeitsweisen:* Schon die Auseinandersetzung mit Theorien der religiösen Erziehung und Bildung in der Geschichte der Religionspädagogik setzt über das historische Verstehen hinaus eine systematische und analytisch-kritische Durchdringung voraus, sofern es dabei um die Frage nach der möglichen Geltung solcher Theorien geht. Soweit frühere Religionspädagogen oder -pädagoginnen als »Klassiker« gelesen werden sollen, steht die Prüfung von Geltungsansprüchen ganz im Vordergrund. Da der religionspädagogischen Tradition nicht automatisch Autorität zugesprochen werden kann, müssen sämtliche Theorien immer wieder neu systematisch rekonstruiert und analytisch-kritisch geprüft werden. Die sog. ideologiekritische Arbeitsweise (→ 279 f.), die dabei in erster Linie nach gesellschaftlichen Interessenzusammenhängen fragt, stellt einen Spezialfall solcher Arbeitsweisen dar. Hingegen ist jede Form der Theoriebildung in der Religionspädagogik auf systematische Vorgehensweisen angewiesen, die deshalb auch zu den grundlegenden (Forschungs-)Methoden gezählt werden müssen.

(4) *Empirische und phänomenologische Arbeitsweisen:* Diese Arbeitsweisen dienen der Erfassung und Erschließung von gelebter Religion in der Gegen-

wart. Prominente Beispiele sind Untersuchungen zu religiösen Einstellungen und Orientierungen von Jugendlichen, aber auch phänomenologische Analysen zu Religion in der Gegenwartskultur, beispielsweise in der populären Musik (→165 ff.). Bei diesen Arbeitsweisen berührt sich die Religionspädagogik besonders eng mit Religionspsychologie und -soziologie sowie allgemeiner Kulturforschung.

(5) *Vergleichende Arbeitsweisen:* Diese Arbeitsweisen machen sich Unterschiede bei der religiösen Erziehung und Bildung in verschiedenen Ländern, Konfessionen und Religionen zunutze, um religionspädagogische Erkenntnisse aus den bei Vergleichen aufscheinenden Gemeinsamkeiten und Unterschieden zu gewinnen. Die nächste Parallele zu religionspädagogischen Vergleichen stellt die Vergleichende Erziehungswissenschaft dar.

(6) *Evaluative Arbeitsweisen:* Als Evaluation wird die Untersuchung der Qualität religionspädagogischer Programme und Einrichtungen bezeichnet, die sich vor allem empirischer, aber auch systematischer und analytisch-kritischer Verfahrensweisen bedient. Religionspädagogische Evaluationsforschung wird einerseits immer wichtiger, steht andererseits aber noch ziemlich am Anfang. Am weitesten entwickelt sind Evaluations- oder Qualitätsmodelle für den Kindergarten (→136).

(7) *Konstruktive Arbeitsweisen:* Die Aufgabe der Religionspädagogik erschöpft sich nicht in Verstehen und Erklären, sei es historischer Zusammenhänge oder gegenwärtiger Situationen. Deshalb sind konstruktive, auf die zukünftige Gestaltung und Verbesserung religionspädagogischer Handlungsmodelle gerichtete Arbeitsweisen eigens hervorzuheben. Dabei wird auf alle bislang genannten Arbeitsweisen zurückgegriffen und werden entsprechende Erkenntnisse dafür fruchtbar gemacht, eine reflektierte und geprüfte Grundlage für Gestaltungsvorschläge zu gewinnen.

Weiterführende Literatur

P. Biehl, Art. Religionspädagogik 3 Methoden. In: N. Mette/F. Rickers (Hg.), Lexikon der Religionspädagogik, Neukirchen-Vluyn 2001, 1735-1743
J. A. van der Ven/H.-G. Ziebertz (Hg.), Paradigmenentwicklung in der Praktischen Theologie, Kampen/Weinheim 1993

Literatur

Adam, Gottfried, Der Unterricht der Kirche. Studien zur Konfirmandenarbeit, Göttingen 1980

Adam, Gottfried, Kindergottesdienst. In: Adam/Lachmann 1987, 279-313

Adam, Gottfried, Methoden ethischer Erziehung. In: Adam/Schweitzer 1996, 110-128

Adam, Gottfried, Pädagogik und Diakonie. Analysen und Überlegungen zu einem facettenreichen Verhältnis. In: Zeitschrift für Pädagogik und Theologie 54 (2002), 4-16

Adam, Gottfried, Lehrpläne des Religionsunterrichts. In: Adam/Lachmann 2003, 194-221

Adam, Gottfried/Lachmann, Rainer (Hg.), Gemeindepädagogisches Kompendium, Göttingen 1987

Adam, Gottfried/Lachmann, Rainer (Hg.), Kinder- und Schulbibeln. Probleme ihrer Erforschung, Göttingen 1999

Adam, Gottfried/Lachmann, Rainer (Hg.), Methodisches Kompendium für den Religionsunterricht, Göttingen ⁴2002 (a)

Adam, Gottfried/Lachmann, Rainer (Hg.), Methodisches Kompendium für den Religionsunterricht 2. Aufbaukurs, Göttingen 2002 (b)

Adam, Gottfried/Lachmann, Rainer, Begründungen des schulischen Religionsunterrichts. In: dies. (Hg.), Religionspädagogisches Kompendium, Göttingen ⁶2003b, 121-137 (a)

Adam, Gottfried/Lachmann, Rainer (Hg.), Religionspädagogisches Kompendium, Göttingen ⁶2003 (b)

Adam, Gottfried/Schweitzer, Friedrich (Hg.), Ethisch erziehen in der Schule, Göttingen 1996

aej (Arbeitsgemeinschaft der Evangelischen Jugend in der Bundesrepublik Deutschland), Wege zur Kooperation. Evangelische Kinder- und Jugendarbeit und Ganztagsschule, Hannover 2004

Affolderbach, Martin (Hg.), Grundsatztexte zur evangelischen Jugendarbeit. Materialien zur Diskussion in Praxis, Lehre und Forschung, Stuttgart ²1982

Ahme, Michael/Beintker, Michael (Hg.), Theologische Ausbildung in der EKD. Dokumente und Texte aus der Arbeit der Gemischten Kommission/Fachkommission I zur Reform des Theologiestudiums (Pfarramt und Diplom) 1993 – 2004, Leipzig 2005

Albertz, Martin/Forck, Bernhard H., Evangelische Christenlehre. (Ein Altersstufen-Lehrplan), Wuppertal-Barmen o. J. (1938)

Aldebert, Heiner, Christenlehre in der DDR. Evangelische Arbeit mit Kindern in einer säkularen Gesellschaft. Eine Standortbestimmung nach zwanzig Jahren »Kirche im Sozialismus« und vierzig Jahren DDR, Hamburg 1990

Aldebert, Heiner, Bibliodrama mit Juden, Christen und Muslimen – Gemeinsam neue Wege durch heilige Texte gehen. Praxis und Theorie eines Bibliodramas der Buchreligionen. In: Lähnemann 1998b, 455-470

Alexander, Hanan, Reclaiming Goodness: Education and the Spiritual Quest, Notre Dame 2001

Alkier, Stefan/Dressler, Bernhard, Wundergeschichten als fremde Welten lesen lernen. Didaktische Überlegungen zu Mk 4, 35-41. In: Dressler/Meyer-Blanck 1998, 163-187

Arnold, Franz Xaver, Dienst am Glauben, Freiburg 1948

Arnold, Franz Xaver, Katechese aus der Mitte der Heilsgeschichte. In: Katechetische Blätter 81 (1956), 227-235

Asbrand, Barbara, Zusammen Leben und Lernen im Religionsunterricht. Eine empirische Studie zur grundschulpädagogischen Konzeption eines interreligiösen Religionsunterrichts im Klassenverband der Grundschule, Frankfurt/M. 2000

Atkinson, Harley (Hg.), Handbook of Young Adult Religious Education, Birmingham 1995

Auer, Alfons, Geglücktes Altern. Eine theologisch-ethische Ermutigung, Freiburg u. a. 1995

Auernheimer, Georg, Einführung in die interkulturelle Erziehung, Darmstadt 1990

Augustinus, Aurelius, Vom ersten katechetischen Unterricht, München 1985

Baacke, Dieter, Jugend und Jugendkulturen. Darstellung und Deutung, Weinheim/München ²1993

Baldermann, Ingo, Die Bibel – Buch des Lernens. Grundzüge biblischer Didaktik, Göttingen 1980

Baldermann, Ingo, Wer hört mein Weinen? Kinder entdecken sich selbst in den Psalmen, Neukirchen-Vluyn 1986

Baldermann, Ingo, Gottes Reich – Hoffnung für Kinder. Entdeckungen mit Kindern in den Evangelien, Neukirchen-Vluyn 1991

Baldermann, Ingo, Einführung in die biblische Didaktik, Darmstadt 1996

Baltes, Paul (Hg.), Entwicklungspsychologie der Lebensspanne, Stuttgart 1979

Bar-Lev, Mordechai/Shaffir, William (Hg.), Religion and the Social Order: Leaving Religion and Religious Life, Greenwich/London 1997

Bartholomäus, Wolfgang, Einführung in die Religionspädagogik, Darmstadt 1983

Barz, Heiner/May, Susanne (Hg.), Erwachsenenbildung als Sinnstiftung? Zwischen Bildung, Therapie und Esoterik, Bielefeld 2001

Basedow, Johann Bernhard, Philalethie. Neue Aussichten in die Wahrheiten und Religion der Vernunft bis in die Gränzen der glaubwürdigen Offenbarung dem Denkenden Publico eröffnet, Altona 1764

Battke, Achim u. a. (Hg.), Schulentwicklung – Religion – Religionsunterricht. Profil und Chance von Religion in der Schule der Zukunft, Freiburg u. a. 2002

Baudler, Georg, Korrelationsdidaktik: Leben durch Glauben erschließen. Theorie und Praxis der Korrelation von Glaubensüberlieferung und Lebenserfahrung auf der Grundlage von Symbolen und Sakramenten, Paderborn u. a. 1984

Bauer, Thomas/Kaddor, Lamya/Strobel, Katja (Hg.), Islamischer Religionsunterricht: Hintergründe, Probleme, Perspektiven, Münster 2004

Baumann, Maurice u. a. (Hg.), Baustelle Religion. Eine empirische Untersuchung zum schulischen Religionsunterricht im Kanton Bern, Bern 2004

Baumann, Ulrike u. a., Religionsdidaktik. Praxishandbuch für die Sekundarstufe I und II, Berlin 2005

Baumann, Urs (Hg.), Islamischer Religionsunterricht. Grundlagen, Begründungen, Berichte, Projekte, Dokumentationen, Frankfurt/M. 2001

Bäumler, Christof, Unterwegs zu einer Praxistheorie. Gesammelte Aufsätze zur kirchlichen Jugendarbeit 1963 – 1977, München 1977

Bäumler, Christof u. a., Methoden der empirischen Sozialforschung in der Praktischen Theologie. Eine Einführung, München/Mainz 1976

Bäumler, Christof/Bangert, Mechthild/Schwab, Ulrich, Kirche – Clique – Religion. Fallstudien zur kirchlichen Jugendarbeit in der Großstadt, München 1994

Beaudoin, Tom, Virtual Faith. The Irreverent Spiritual Quest of Generation X, San Francisco 1998

Beck, Ulrich, Was ist Globalisierung? Irrtümer des Globalismus – Antworten auf Globalisierung, Frankfurt/M. 1997

Beck, Ulrich/Giddens, Anthony/Lash, Scott, Reflexive Modernisierung. Eine Kontroverse, Frankfurt/M. 1996

Becker, Sybille/Nord, Ilona (Hg.), Religiöse Sozialisation von Mädchen und Frauen, Stuttgart u. a. 1995

Becker, Ulrich, Hoffnung für die Kinder dieser Erde. Beiträge für Religionspädagogik und Ökumene, Münster 2004

Becker, Ulrich u. a., Projekt Ökumene. Auf dem Weg zur Einen Welt. Arbeitsbuch Religion – Sekundarstufe I, Düsseldorf/Stuttgart 1997

Becker, Ulrich/Scheilke, Christoph (Hg.), Aneignung und Vermittlung. Beiträge zu Theorie und Praxis einer religionspädagogischen Hermeneutik. Für Klaus Goßmann zum 65. Geburtstag, Gütersloh 1995

Beck-Gernsheim, Elisabeth, Was kommt nach der Familie. Einblicke in neue Lebensformen, München 1998

Bee-Schroedter, Heike, Neutestamentliche Wundergeschichten im Spiegel vergangener und gegenwärtiger Rezeptionen. Historisch-exegetische und empirisch-entwicklungspsychologische Studien, Stuttgart 1998

Behnken, Imbke/Zinnecker, Jürgen (Hg.), Kinder, Kindheit, Lebensgeschichte. Ein Handbuch, Seelze-Velber 2001

Bell, Desmond u. a. (Hg.), Menschen suchen – Zugänge finden. Auf dem Weg zu einem religionspädagogisch verantworteten Umgang mit der Bibel. Festschrift für Christine Reents, Wuppertal 1999

Bellah, Robert N., Beyond Belief: Essays on Religion in a Post-Traditional World, New York u. a. 1976

Benner, Dietrich, Allgemeine Pädagogik. Eine systematisch-problemgeschichtliche Einführung in die Grundstruktur pädagogischen Denkens und Handelns, Weinheim/München 1987

Benner, Dietrich, Bildung und Religion. Überlegungen zu ihrem problematischen Verhältnis und zu den Aufgaben eines öffentlichen Religionsunterrichts heute. In: Battke u. a. 2002, 51-70

Benner, Dietrich, Erziehung – Religion, Pädagogik – Theologie, Erziehungswissenschaft – Religionswissenschaft. Systematische Analysen zu pädagogischen, theologischen und religionspädagogischen Reflexionsformen und Forschungsdesiderata. In: Groß 2004, 9-50

Benner, Dietrich/Brüggen, Friedhelm, Bildsamkeit/Bildung. In: Benner/Oelkers 2004, 174-215

Benner, Dietrich/Oelkers, Jürgen (Hg.), Historisches Wörterbuch der Pädagogik, Weinheim/ Basel 2004

Berg, Carsten, Gottesdienst mit Kindern. Von der Sonntagsschule zum Kindergottesdienst, Gütersloh 1987

Berg, Horst Klaus, Ein Wort wie Feuer. Wege lebendiger Bibelauslegung, München/Stuttgart 1991

Berg, Horst Klaus, Grundriss der Bibeldidaktik. Konzepte – Modelle – Methoden, München/ Stuttgart 1993

Bergau, Wilfried, Der Traditionsabbruch bei Jugendlichen – Ursachen und Folgen. In: Die neuen Schüler – Jugend ohne Gott? (Arbeitshilfen für den evangelischen Religionsunterricht), Hannover 1989, 17-46

Berger, Peter L., Der Zwang zur Häresie. Religion in der pluralistischen Gesellschaft, Frankfurt/M. 1980

Berger, Peter L. (Hg.), The Desecularization of the World: Resurgent Religion and World Politics, Grand Rapids 1999

Bernard, Felix, Art. Kindererziehung II. Kath. In: Lexikon für Kirchen- und Staatskirchenrecht Bd. 2, Paderborn u. a. 2002, 411 f.

BETA/DQF (Bundesvereinigung Ev. Tagesreinrichtungen für Kinder/Diakonisches Institut für Qualitätsmanagement und Forschung) (Hg.), Bundes-Rahmenhandbuch Evangelischer Tageseinrichtungen für Kinder. Ein Leitfaden zur Qualitätsentwicklung, Berlin 2002

Beuscher, Bernd, Remedia. Religion – Ethik – Medien, Norderstedt 1999
Beuscher, Bernd/ Zilleßen, Dietrich, Religion und Profanität. Entwurf einer profanen Religionspädagogik, Weinheim 1998
Beyer, Peter (Hg.), Religion im Prozess der Globalisierung, Würzburg 2001
Biehl, Peter, Beruf: Religionslehrer. Schwerpunkte der gegenwärtigen Diskussion. In: JRP 2 (1986), 161-194
Biehl, Peter, Der biographische Ansatz in der Religionspädagogik. In: Grözinger/Luther 1987, 272-296
Biehl, Peter, Symbole geben zu lernen. Einführung in die Symboldidaktik anhand der Symbole Hand, Haus und Weg, Neukirchen-Vluyn 1989 (a)
Biehl, Peter, Religionspädagogik und Ästhetik. In: Jahrbuch der Religionspädagogik 5 (1989), 3-44 (b)
Biehl, Peter, Symbole geben zu lernen II. Zum Beispiel: Brot, Wasser und Kreuz. Beiträge zur Symbol- und Sakramentendidaktik, Neukirchen-Vluyn 1993
Biehl, Peter, Der phänomenologische Ansatz in der deutschen Religionspädagogik. In: Heimbrock 1998a, 15-46
Biehl, Peter, Festsymbole. Zum Beispiel: Ostern. Kreative Wahrnehmung als Ort der Symboldidaktik, Neukirchen-Vluyn 1999
Biehl, Peter, Art. Religionspädagogik 3 Methoden. In: Mette/Rickers 2001, 1735-1743
Biehl, Peter, Die geschichtliche Dimension religiösen Lernens. Anmerkungen zur Kirchengeschichtsdidaktik. In: Jahrbuch der Religionspädagogik 18 (2002), 135-143
Biehl, Peter, Die Gottebenbildlichkeit des Menschen und das Problem der Bildung – Zur Neufassung des Bildungsbegriffs in religionspädagogischer Perspektive. In: Biehl/Nipkow 2003, 9-102 (a)
Biehl, Peter, Die Wiederentdeckung der Bildung in der gegenwärtigen Religionspädagogik – Ein Literaturbericht. In: Biehl/Nipkow 2003, 111-152 (b)
Biehl, Peter/Nipkow, Karl Ernst, Bildung und Bildungspolitik in theologischer Perspektive, Münster 2003
Biehl, Peter/Wegenast, Klaus (Hg.), Religionspädagogik und Kultur. Beiträge zu einer religionspädagogischen Theorie kulturell vermittelter Praxis in Kirche und Gesellschaft, Neukirchen-Vluyn 2000
Bielefeldt, Heiner/Heitmeyer, Wilhelm (Hg.), Politisierte Religion. Ursachen und Erscheinungsformen des modernen Fundamentalismus, Frankfurt/M. 1998
Biemer, Günter, Der Dienst der Kirche an der Jugend. Grundlegung und Praxisorientierung (Handbuch kirchlicher Jugendarbeit 1), Freiburg u. a. 1985
Biesinger, Albert, Gott in die Familie. Erstkommunion als Chance für Eltern und Kinder, München 1996
Biesinger, Albert/Bendel, Herbert (Hg.), Gottesbeziehung in der Familie. Familienkatechetische Orientierungen von der Kindertaufe bis ins Jugendalter, Ostfildern 2000
Biesinger, Albert/Hänle, Joachim (Hg.), Gott – mehr als Ethik. Der Streit um LER und Religionsunterricht, Freiburg u. a. 1997
Biesinger, Albert/Kerner, Hans-Jürgen/Klosinski, Gunther/Schweitzer, Friedrich (Hg.), Brauchen Kinder Religion? Neue Erkenntnisse – Praktische Perspektiven, Weinheim/Basel 2005
Biesinger, David, Muss Kinderfernsehen gottlos sein? Bedeutung, Chancen und Grenzen des Kinderfernsehens in Deutschland für die religiöse Sozialisation, Münster u. a. 2003
Bischöfliches Schulamt der Diözese Rottenburg-Stuttgart (Hg.), Marchtaler Plan. Erziehungsund Bildungsplan für die Katholischen freien Grund- und Hauptschulen in der Diözese Rottenburg-Stuttgart, Rottenburg-Stuttgart 1987

Bitter, Gottfried u. a. (Hg.), Neues Handbuch religionspädagogischer Grundbegriffe, München 2002

Bizer, Christoph, Katechetische Memorabilien. Vorüberlegungen vor einer Rezeption der evangelischen Katechetik. In: Jahrbuch der Religionspädagogik 4 (1988), 77-98

Bizer, Christoph, Kirchgänge im Unterricht und anderswo. Zur Gestaltwerdung von Religion, Göttingen 1995

Blankertz, Herwig, Theorien und Modelle der Didaktik, München 1969

Blasberg-Kuhnke, Martina, Gerontologie und praktische Theologie. Studien zu einer Neuorientierung der Altenpastoral, Düsseldorf 1985

Blasberg-Kuhnke, Martina, Erwachsene glauben. Voraussetzungen und Bedingungen des Glaubens und Glaubenlernens Erwachsener im Horizont globaler Krisen, St. Ottilien 1992

Blasberg-Kuhnke, Martina, Erwachsenenbildung. In: Ziebertz/Simon 1995, 434-447

Blohm, Johannes, Abendmahl feiern mit Kindern. Anregungen, Modelle, Bausteine, München 1998

Bloth, Peter C., Art. Jugendweihe. In: TRE Bd. 17 (1988), 428-432

Blum, Hans-Joachim, Biblische Wunder – heute. Eine Anfrage an die Religionspädagogik, Stuttgart 1997

BMFSFJ (Bundesministerium für Familie, Senioren, Frauen und Jugend) (Hg.), 12. Kinder- und Jugendbericht, Berlin 2005

Bobzin, Dorothea, Das behalt ich mir. Begegnungen mit Kindern im Krankenhaus, Hannover 1993

Böckenförde, Ernst-Wolfgang, Recht, Staat, Freiheit. Studien zur Rechtsphilosophie, Staatstheorie und Verfassungsgeschichte, Frankfurt/M. [2]1992

Bockwoldt, Gerd, Religionspädagogik. Eine Problemgeschichte, Stuttgart u. a. 1977

Bode, Jörg/Kaufmann, Hans Bernhard (Hg.), Konfirmandenzeit von 11 bis 15? Praxisberichte – Modelle – Perspektiven, Gütersloh 1985

Bohl, Thorsten, Prüfen und Bewerten im Offenen Unterricht, Neuwied 2001

Böhm, Uwe, Ökumenische Didaktik. Ökumenisches Lernen und konfessionelle Kooperation im Religionsunterricht deutschsprachiger Staaten, Göttingen 2001

Böhme-Lischewski, Thomas/Lübking, Hans-Martin (Hg.), Engagement und Ratlosigkeit. Konfirmandenunterricht heute, Bielefeld 1995

Bohne, Gerhard, Das Wort Gottes und der Unterricht. Zur Grundlegung einer evangelischen Pädagogik, Berlin 1929

Bohne, Gerhard, Grundlagen der Erziehung. Die Pädagogik in der Verantwortung vor Gott. 2 Bde., Hamburg 1951/1953

Bohne, Jürgen (Hg.), Die religiöse Dimension wahrnehmen. Unterrichtsbeispiele und Reflexionen aus der Projektarbeit des Evangelischen Schulbundes in Bayern, Münster 1992

Bohne, Jürgen (Hg.), Evangelische Schulen im Neuaufbruch. Schulgründungen in Bayern, Sachsen und Thüringen 1989-1994, Göttingen 1998

Bohne, Jürgen/Stoltenberg, Annegrethe (Hg,), Zukunft gewinnen. Evangelische Schulgründungen in den östlichen Bundesländern in den Jahren 1996 – 2001, Göttingen 2001

Böhnke, Michael/Reich, K. Helmut/Ridez, Louis (Hg.), Erwachsen im Glauben. Beiträge zum Verhältnis von Entwicklungspsychologie und religiöser Erwachsenenbildung, Stuttgart u. a. 1992

Bolle, Rainer/Knauth, Thorsten/Weiß, Wolfram (Hg.), Hauptströmungen Evangelischer Religionspädagogik im 20. Jahrhundert. Ein Quellen- und Arbeitsbuch, Münster u. a. 2002

Boventer, Hermann, Evangelische und katholische Akademien. Gründerzeit und Auftrag heute, Paderborn u. a. 1983

Bower, Gordon H./Hilgard, Ernest R., Theorien des Lernens. 2 Bde., Stuttgart [5]1983/[3]1984

Breloer, Gerhard, Religion als Problem und Thema der nichtkonfessionellen Erwachsenen-bildung, Stuttgart 1973

Brezinka, Wolfgang, Metatheorie der Erziehung. Eine Einführung in die Grundlagen der Erziehungswissenschaft, der Philosophie der Erziehung und der Praktischen Pädagogik, München/Basel [4]1978

Brinkmann, Frank, Comics und Religion. Das Medium der »Neunten Kunst« in der gegen-wärtigen Deutungskultur, Stuttgart u. a. 1999

Brockmann, Gerhard/Stoodt, Dieter, Schülerorientierung als Situationserschließung und Si-tuationsbearbeitung. In: Wissenschaft und Praxis in Kirche und Gesellschaft 65 (1976), 256-269

Browning, Don S., Religious Thought and the Modern Psychologies, Philadelphia 1987

Brüning, Barbara, Ethikunterricht in Europa. Ideengeschichtliche Traditionen, curriculare Konzepte und didaktische Perspektiven der Sekundarstufe I, Leipzig o. J. (ca. 2001)

Bubmann, Peter/Tischer, Rolf (Hg.), Pop und Religion. Auf dem Weg zu einer neuen Volks-frömmigkeit? Stuttgart 1992

Bucher, Anton, Symbol – Symbolbildung – Symbolerziehung. Philosophische und Entwick-lungspsychologische Grundlagen, St. Ottilien 1990 (a)

Bucher, Anton, Gleichnisse verstehen lernen. Strukturgenetische Untersuchungen zur Re-zeption synoptischer Parabeln, Freiburg/Schweiz 1990 (b)

Bucher, Anton (Hg.), Das Gute muß immer gewinnen. Wie gehen Vor- und Grundschul-kinder mit Serien und Kindersendungen um? Eine Untersuchung unter entwicklungs-psychologischen und religionspädagogischen Konzepten, München 1992

Bucher, Anton, Religionsunterricht: Besser als sein Ruf? Empirische Einblicke in ein umstrit-tenes Fach, Innsbruck/Wien 1996

Bucher, Anton, Religionsunterricht zwischen Lernfach und Lebenshilfe. Eine empirische Untersuchung zum katholischen Religionsunterricht in der Bundesrepublik Deutsch-land, Stuttgart u. a. 2000 (a)

Bucher, Anton, Symbolerziehung. In: Schweitzer/Faust-Siehl 2000, 142-149 (b)

Bucher, Anton, Kindertheologie. Provokation? Romantizismus? Neues Paradigma? In: Bu-cher u. a. 2002, 9-27

Bucher, Anton u. a. (Hg.), »Mitten drin ist Gott«. Kinder denken nach über Gott, Leben und Tod. Jahrbuch für Kindertheologie 1, Stuttgart 2002

Bucher, Anton/Miklas, Helene (Hg.), Zwischen Berufung und Frust. Die Befindlichkeit von katholischen und evangelischen ReligionslehrerInnen in Österreich, Wien 2005

Bucher, Anton/Reich, K. Helmut (Hg.), Entwicklung von Religiosität. Grundlagen – Theo-rieprobleme – Praktische Anwendung, Freiburg/Schweiz 1989

Büchner, Peter, Vom Befehlen und Gehorchen zum Verhandeln. Entwicklungstendenzen von Verhaltensstandards und Umgangsnormen seit 1945. In: Ulf Preuss-Lausitz u. a., Kriegskinder – Konsumkinder – Krisenkinder. Zur Sozialisationsgeschichte seit dem Zweiten Weltkrieg, Weinheim/Basel 1983, 196-212

Bunge, Marcia J. (Hg.), The Child in Christian Thought, Grand Rapids/Cambridge 2001

Büsch, Andreas, Art. Ministrant/innen-Pädagogik. In: Mette/Rickers 2001, 1343 f.

Buschbeck, Bernhard, Johannes Calvin (1509 – 1564). In: Schröer/Zilleßen 1989, 35-46

Buschmann, Gerd/Pirner, Manfred L., Werbung, Religion, Bildung. Kulturhermeneutische, theologische, medienpädagogische und religionspädagogische Perspektiven, Frankfurt/ M. 2003

Büttner, Gerhard, Seelsorge im Religionsunterricht. Pastoralpsychologische Untersuchun-gen zum Zusammenhang von Thema und Interaktion in der Schulklasse, Stuttgart 1991

Büttner, Gerhard, »Jesus hilft!« Untersuchungen zur Christologie von Schülerinnen und Schülern, Stuttgart 2002 (a)

Büttner, Gerhard, Wie könnte ein »konstruktivistischer« Religionsunterricht aussehen? In: Zeitschrift für Pädagogik und Theologie 54 (2002), 155-170 (b)

Büttner, Gerhard/Dieterich, Veit-Jakobus, Religion als Unterricht. Ein Kompendium, Göttingen 2004

Büttner, Gerhard/Rupp, Hartmut (Hg.), Theologisieren mit Kindern, Stuttgart 2002

Büttner, Gerhard/Thierfelder, Jörg (Hg.), Trug Jesus Sandalen? Kinder und Jugendliche sehen Jesus Christus, Göttingen 2001

Carrara, Augusta, Der Weg der Catequesis Familiar in Peru, Essen 1999

Casanova, José, Public Religions in the Modern World, Chicago/London 1994

Caspard, Pierre, Examen de soi-même, examen public, examen d'État, de l'admission à la Sainte-Cène aux certificats de fin d'études, XVIᵉ-IXXᵉ siècles. In: Bruno Belhoste (Hg.), L'examen. Évaluer, sélectioner, certifier XVIᵉ-XXᵉ siècles, Paris 2002, 17-74

Caspari, Walter, Die evangelische Konfirmation, vornämlich in der lutherischen Kirche, Erlangen 1890

Colberg-Schrader, Hedi/Krug, Marianne, Arbeitsfeld Kindergarten. Pädagogische Wege, Zukunftsentwürfe und berufliche Perspektiven, Weinheim/München 1999

Collmar, Norbert, Schulpädagogik und Religionspädagogik. Handlungstheoretische Analysen von Schule und Religionsunterricht, Göttingen 2004

Combe, Arno/Helsper, Werner (Hg.), Pädagogische Professionalität. Untersuchungen zum Typus pädagogischen Handelns, Frankfurt/M. 1996

Comenius, Johann Amos, Pampaedia. Lateinischer Text und deutsche Übersetzung, Heidelberg ²1965

Comenius, Johann Amos, Große Didaktik, Stuttgart ⁵1982

Comenius-Institut, Abendmahl mit Kindern. Entwicklungen in den evangelischen Kirchen in der Bundesrepublik Deutschland und in der DDR. Dokumentation 1977 – 1982, Münster 1983

Comenius-Institut (Hg.), Religion in der Lebensgeschichte. Interpretative Zugänge am Beispiel der Margret E., Gütersloh 1993

Comenius-Institut (Hg.), Handbuch für die Arbeit mit Konfirmandinnen und Konfirmanden, Gütersloh 1998 (a)

Comenius-Institut (Hg.), Christenlehre und Religionsunterricht. Interpretationen zu ihrer Entwicklung 1945 – 1990, Weinheim 1998 (b)

Comenius-Institut (Hg.), Handbuch Evangelische Arbeit mit Kindern (z. Ersch. 2006)

Copley, Terence, Teaching Religion: Fifty Years of Religious Education in England and Wales, Exeter 1997

Copray, Norbert, Jung und trotzdem erwachsen. Bd. 1: Zur Situation junger Erwachsener in der Zukunftskrise, Düsseldorf 1987; Bd. 2: Zu Umgang und Arbeit mit jungen Erwachsenen in der Zukunftskrise, Düsseldorf 1988

Cornehl, Peter, Frömmigkeit – Alltagswelt – Lebenszyklus. Propädeutische Notizen. In: Pastoraltheologie 64 (1975), 388-401

Crenshaw, James L., Education in Ancient Israel: Across the Deadening Silence, New York 1998

Daiber, Karl-Fritz, Grundriss der praktischen Theologie als Handlungswissenschaft, München/Mainz 1977

Daiber, Karl-Fritz, Religion unter den Bedingungen der Moderne. Die Situation in der Bundesrepublik Deutschland, Marburg 1995

Davie, Grace, Religion in Modern Europe: A Memory Mutates, Oxford 2000

Davie, Grace/Hervieu-Léger, Danièle (Hg.), Identités religieuses en Europe, Paris 1996

DBK, Die bildende Kraft des Religionsunterrichts. Zur Konfessionalität des katholischen Religionsunterrichts, Bonn 1996

DBK, Kirchliche Richtlinien zu Bildungsstandards für den Katholischen Religionsunterricht in den Jahrgangsstufen 5-10/Sekundarstufe I, Bonn 2004

DBK (Hg.), Katholische Kirche in Deutschland. Statistische Daten 2003 (Arbeitshilfen 193), Bonn 2005 (a)

DBK, Der Religionsunterricht vor neuen Herausforderungen, Bonn 2005 (b)

DBK/EKD, Zur Kooperation von Evangelischem und Katholischem Religionsunterricht, Bonn/Hannover 1998

DEAE (Deutsche Evangelische Arbeitsgemeinschaft für Erwachsenenbildung), Die Erwachsenenbildung als evangelische Aufgabe, Karlsruhe 1978

DEAE (Deutsche Evangelische Arbeitsgemeinschaft für Erwachsenenbildung), Evangelische Erwachsenenbildung – Ein Auftrag der Kirche. Positionspapier, Karlsruhe 1983

DEAE (Deutsche Evangelische Arbeitsgemeinschaft für Erwachsenenbildung), Bildung und menschliche Würde im Zeitalter der technischen »Bildbarkeit« des Menschen. In: Seiverth 2002, 629-637

Debray, Régis, Rapport à Monsieur le Ministre de l'Education nationale »L'enseignement du fait religieux dans l'Ecole laïque«, Paris 2002

Degen, Roland, Gemeindeerneuerung als gemeindepädagogische Aufgabe. Entwicklungen in den evangelischen Kirchen Ostdeutschlands, Münster/Berlin 1992

Degen, Roland, Konfirmation und Jugendweihe – ostdeutsch. Anmerkungen zu bedrängenden Fragen. In: Die Christenlehre 47 (1994), 470-473

Degen, Roland, Im Leben glauben lernen. Beiträge zur Gemeinde- und Religionspädagogik, Münster u. a. 2000

Degen, Roland/Doyé, Götz (Hg.), Bildungsverantwortung der Evangelischen Kirchen in Ostdeutschland. Grundsatztexte, Entwicklungen, Kommentare, Münster 1995

Degen, Roland/Hansen, Inge (Hg.), Lernort Kirchenraum. Erfahrungen – Einsichten – Anregungen, Münster u. a. 1998

Degen, Roland/Hansen, Inge, Architektur und Kirchenraum. In: Bitter u. a. 2002, 71-75

Deresch, Wolfgang, Kirchliche Jugendarbeit. Wege zur personalen, sozialen und religiösen Identität, München 1984

Deutsche Shell (Hg.), Jugend 2000. Bd. 1, Opladen 2000

Deutsche Shell (Hg.), Jugend 2002. Zwischen pragmatischem Idealismus und robustem Materialismus, Frankfurt/M. 2002

Deutscher Bundestag 13. Wahlperiode, Unterrichtung durch die Bundesregierung: Bericht über die Lebenssituation von Kindern und die Leistungen der Kinderhilfen in Deutschland. Zehnter Kinder- und Jugendbericht, Bonn 1998

Deutsches Jugendinstitut (Hg.), Was für Kinder. Aufwachsen in Deutschland, München 1993

Deutsches Kinderhilfswerk (Hg.), Kinderreport Deutschland 2004. Daten, Fakten, Hintergründe, München 2004

Deutsches PISA-Konsortium (Hg.), PISA 2000. Basiskompetenzen von Schülerinnen und Schülern im internationalen Vergleich, Opladen 2001

Dewe, Bernd/Otto, Hans-Uwe, Art. Profession. In: Otto/Thiersch 2001, 1399-1423

Die Bekenntnisschriften der evangelisch-lutherischen Kirche, hg. im Gedenkjahr der Augsburgischen Konfession 1930, Göttingen [7]1976

Diesterweg, Friedrich Adolph Wilhelm, Kirchenlehre oder Pädagogik? (1852) In: ders., Sämtliche Werke 9, 375-472

Dieterich, Veit-Jakobus, Johann Amos Comenius. Ein Mann der Sehnsucht 1592 – 1670. Theologische, pädagogische und politische Aspekte seines Lebens und Werkes, Stuttgart 2003

Dieterich, Veit-Jakobus, Religionslehrplanentwicklung in Deutschland (1870-2000). Gegenstand und Konstruktion des evangelischen Religionsunterrichts im religionspädagogischen Diskurs und in den amtlichen Vorgaben, Tübingen 2004

Dippelhofer-Stiem, Barbara, Träger, Kirchengemeinde und Eltern als Umfeld des konfessionellen Kindergartens. In: dies./ Bernhard Wolf (Hg.), Ökologie des Kindergartens. Theoretische und empirische Befunde zu Sozialisations- und Entwicklungsbedingungen, Weinheim/München 1997, 27-48

Dippelhofer-Stiem, Barbara/Kahle, Irene, Die Erzieherin im evangelischen Kindergarten. Empirische Analysen zum professionellen Selbstbild des pädagogischen Personals, zur Sicht der Kirche und zu den Erwartungen der Eltern, Bielefeld 1995

Doedens, Folkert/Fischer, Dietlind, Kompetenzen von Religionslehrer/innen. Anregungen für eine berufsfeldbezogene Fortbildung. In: Rothgangel/Fischer 2004, 148-155

Doedens, Folkert/Weiße, Wolfram (Hg.), Religionsunterricht für alle. Hamburger Perspektiven zur Religionsdidaktik, Hamburg 1997

Doerne, Martin, Neubau der Konfirmation. Grundzüge einer Erneuerung kirchlichen Katechumenats, Gütersloh 1936

Dohmen, Günther, Das lebenslange Lernen. Leitlinien einer modernen Bildungspolitik, Bonn 1996

Döhnert, Albrecht, Jugendweihe zwischen Familie, Politik und Religion. Studien zum Fortbestand der Jugendweihe nach 1989 und die Konfirmationspraxis der Kirche, Leipzig 2000

Doll, Hans/Giernalczyk, Thomas/Skogstad, Helga, Nun mag ich auch nicht länger leben. Zur Beratung und Begleitung von suizidalen Jugendlichen und ihren Angehörigen. In: Riess/ Fiedler 1993, 382-398

Domjan, Michael u. a., Art. Learning. In: Encyclopedia of Psychology Bd. 5, 2000, 1-40

Domsgen, Michael, Familie und Religion. Grundlagen einer religionspädagogischen Theorie der Familie, Leipzig 2004

Domsgen, Michael (Hg.), Konfessionslos – eine religionspädagogische Herausforderung. Studien am Beispiel Ostdeutschlands, Leipzig 2005

Dorgerloh, Fritz, Junge Gemeinde in der DDR (Geschichte der evangelischen Jugendarbeit Teil 1), Hannover 1999

Dorgerloh, Stephan/Hentschel, Markus, Knockin' on heaven's door. Mit Jugendlichen die Religion ihrer Lebenswelt entdecken, Gütersloh 1997

Dormeyer, Detlev/Kollmann, Roland/Munzel, Friedhelm, Art. Bibelarbeit, Bibeldidaktik. In: Mette/Rickers 2001, 172-180

Dorsch, Gabriele, Die Konvention der Vereinten Nationen über die Rechte des Kindes, Berlin 1994

Drehsen, Volker, Neuzeitliche Konstitutionsbedingungen der Praktischen Theologie. Aspekte der theologischen Wende zur sozialkulturellen Lebenswelt christlicher Religion. 2 Bde., Gütersloh 1988

Drehsen, Volker/Sparn, Walter (Hg.), Im Schmelztiegel der Religionen. Konturen des modernen Synkretismus, Gütersloh 1996

Dressler, Bernhard (Hg.), Symbole und Metaphern. Beiträge zu einer kritischen Bestandsaufnahme der Symboldidaktik, Rehburg-Loccum 1995

Dressler, Bernhard, Darstellung und Mitteilung. Religionsdidaktik nach dem Traditionsabbruch. In: Leonhard/Klie 2003, 152-165

Dressler, Bernhard/Feige, Andreas/Schöll, Albrecht (Hg.), Religion – Leben, Lernen, Lehren, Münster 2004

Dressler, Bernhard/Klie, Thomas/Mork, Carsten (Hg.), Konfirmandenunterricht. Didaktik und Inszenierung, Hannover 2001

Dressler, Bernhard/Meyer-Blanck, Michael (Hg.), Religion zeigen. Religionspädagogik und Semiotik, Münster 1998

Dressler, Bernhard/Rickers, Folkert (Hg.), Der thematisch-problemorientierte Religionsunterricht. Aufbruch. Bewährung in der Praxis. Impulse, Neukirchen-Vluyn 2003

Dubach, Alfred/Campiche, Roland J. (Hg.), Jede(r) ein Sonderfall? Religion in der Schweiz. Ergebnisse einer Repräsentativbefragung, Zürich/Basel ²1993

Dursch, Georg Martin, Pädagogik oder Wissenschaft der christlichen Erziehung auf dem Standpunkte des katholischen Glaubens, Tübingen 1851

Dykstra, Craig/Parks, Sharon (Hg.), Faith Development and Fowler, Birmingham 1986

Eberhard, Otto (Hg.), Arbeitsschulmäßiger Religionsunterricht. Gesammelte Stundenbilder aus pädagogischer Werkstatt, Stuttgart 1924

Eberhard, Otto (Hg.), Lebendiger Religionsunterricht. Neue Folgen des Arbeitsschulmäßigen Religionsunterrichts in gesammelten Stundenbildern, Stuttgart 1925

Eberhard, Otto, Welterziehungsbewegung. Kräfte und Gegenkräfte in der Völkerpädagogik, Berlin 1930

Eberhard, Otto, Evangelischer Religionsunterricht an der Zeitenwende. Einblicke und Ausblicke, Tübingen 1932

Ebertz, Michael N., »Heilige Familie« – ein Auslaufmodell? Religiöse Kompetenz der Familien in soziologischer Sicht. In: Biesinger/Bendel 2000, 16-43

Eck, Diana, A New Religious America: How a ›Christian Country‹ Has Now Become the World's Most Religiously Diverse Nation, San Francisco 2001

Eco, Umberto, Lector in fabula. Die Mitarbeit der Interpretation in erzählenden Texten, München 1987

Edelbrock, Anke, Symboldidaktik am Beispiel von Hubertus Halbfas und Peter Biehl. In: Jahrbuch der Religionspädagogik 18 (2002), 74-89

Edelbrock, Anke, Mädchenbildung und Religion in Kaiserreich und Weimarer Republik. Eine Untersuchung zum evangelischen Religionsunterricht und zur Vereinsarbeit der Religionslehrerinnen, Neukirchen-Vluyn 2006

Edelstein, Wolfgang, Gesellschaftliche Anomie und moralpädagogische Intervention. Moral im Zeitalter individueller Wirksamkeitserwartungen. In: ders./Fritz Oser/Peter Schuster (Hg.), Moralische Erziehung in der Schule. Entwicklungspsychologie und pädagogische Praxis, Weinheim/Basel 2001, 13-34

Edelstein, Wolfgang u. a., Lebensgestaltung-Ethik-Religionskunde. Zur Grundlegung eines neuen Schulfachs. Analysen und Empfehlungen, vorgelegt vom Wissenschaftlichen Beirat LER, Weinheim/Basel 2001

Ehrenpreis, Stefan/Lotz-Heumann, Ute, Reformation und konfessionelles Zeitalter, Darmstadt 2002

Eiben, Jürgen, Kirche und Religion – Säkularisierung als sozialistisches Erbe? In: Deutsche Shell (Hg.), Jugend '92 Bd. 2: Im Spiegel der Wissenschaften, Opladen 1992, 91-104

Eimuth, Kurt-Helmut, Die Sekten-Kinder: missbraucht und betrogen. Erfahrungen und Ratschläge, Freiburg u. a. 1996

EKD, Zu verfassungsrechtlichen Fragen des Religionsunterrichts. Stellungnahme der Kommission I der EKD (1971). In: EKD, Die Denkschriften der EKD Bd. 4/1: Bildung und Erziehung, Gütersloh 1987, 56-63

EKD, Zusammenhang von Leben, Glauben und Lernen. Empfehlungen zur Gemeindepädagogik, Gütersloh 1982

EKD (Hg.), Ökumenisches Lernen. Grundlagen und Impulse. Eine Arbeitshilfe der Kammer der EKD für Bildung und Erziehung, Gütersloh 1985

EKD (Hg.), Der Dienst der Evangelischen Kirche an der Hochschule. Eine Studie im Auftrag der Synode der EKD, Gütersloh 1991

EKD, Fremde Heimat Kirche. Ansichten ihrer Mitglieder. Erste Ergebnisse der dritten EKD-Umfrage über Kirchenmitgliedschaft, Frankfurt/M. 1993 (a)

EKD (Hg.), Statistik über Äußerungen des kirchlichen Lebens in den Gliedkirchen der EKD in den Jahren 1990 und 1991. Statistische Beilage Nr. 88 zum Amtsblatt der EKD, H. 11 v. 15. November 1993 (b)

EKD (Hg.), Identität und Verständigung. Standort und Perspektiven des Religionsunterrichts in der Pluralität. Eine Denkschrift der EKD, Gütersloh 1994

EKD, Im Dialog über Glauben und Leben. Zur Reform des Lehramtsstudiums Evangelische Theologie/Religionspädagogik. Empfehlungen der Gemischten Kommission, Gütersloh 1997 (a)

EKD (Hg.), Orientierung in zunehmender Orientierungslosigkeit. Evangelische Erwachsenenbildung in kirchlicher Trägerschaft. Eine Stellungnahme der Kammer der EKD, Gütersloh 1997 (b)

EKD, Religion in der Grundschule. Eine Stellungnahme des Rates der Evangelischen Kirche in Deutschland, Hannover 2001

EKD, Im Geist der Liebe mit dem Leben umgehen. Argumentationshilfe für aktuelle medizin- und bioethische Fragen, Hannover 2002

EKD, Maße des Menschlichen. Evangelische Perspektiven zur Bildung in der Wissens- und Lerngesellschaft. Eine Denkschrift, Gütersloh 2003 (a)

EKD, Perspektiven für Jugendliche mit schlechteren Startchancen. Eine Stellungnahme der Kammer der Evangelischen Kirche in Deutschland für Bildung und Erziehung, Kinder und Jugend, Hannover 2003 (b)

EKD (Hg.), Weltsichten, Kirchenbindung, Lebensstile. Vierte EKD-Erhebung über Kirchenmitgliedschaft, Hannover 2003 (c)

EKD (Hg.), Christlicher Glaube und nicht-christliche Religionen. Theologische Leitlinien. Ein Beitrag der Kammer für Theologie (EKD-Texte 77), Hannover 2003 (d)

EKD, Ganztagsschule – in guter Form! Eine Stellungnahme des Rates der Evangelischen Kirche in Deutschland, Hannover 2004 (a)

EKD (Hg.), Wo Glaube wächst und Leben sich entfaltet. Der Auftrag evangelischer Kindertageseinrichtungen. Eine Erklärung des Rates der EKD, Gütersloh 2004 (b)

EKD (Hg.), Religionsunterricht und Allgemeine Hochschulreife. Bedeutung, Aufgabe und Situation des Religionsunterrichts in der gymnasialen Oberstufe und im Abitur, Hannover 2004 (c)

EKD (Hg.), Evangelische Kirche in Deutschland. Zahlen und Fakten zum kirchlichen Leben, Hannover 2005

EKD (Hg.), Schule – in evangelischer Trägerschaft (Arbeitstitel; i. Vorb., z. Ersch. 2006/7)

Elsenbast, Volker/Fischer, Dietlind/Schreiner, Peter, Zur Entwicklung von Bildungsstandards. Positionen, Anmerkungen, Fragen, Perspektiven für kirchliches Bildungshandeln, Münster 2004

Elsenbast, Volker/Lachmann, Rainer/Schelander, Robert (Hg.), Die Bibel als Buch der Bildung. Festschrift für Gottfried Adam zum 65. Geburtstag, Wien 2004

Englert, Rudolf, Glaubensgeschichte und Bildungsprozess. Versuch einer religionspädagogischen Kairologie, München 1985

Englert, Rudolf, Wissenschaftstheorie der Religionspädagogik. In: Gottfried Bitter/Gabriele Miller (Hg.), Handbuch religionspädagogischer Grundbegriffe, München 1986, 424-432

Englert, Rudolf, Religiöse Erwachsenenbildung. Situationen – Probleme – Handlungsorientierung, Stuttgart u. a. 1992

Englert, Rudolf, Die Korrelationsdidaktik am Ausgang ihrer Epoche. Plädoyer für einen ehrenhaften Abgang. In: Hilger/Reilly 1993, 97-110

Englert, Rudolf, Wissenschaftstheorie der Religionspädagogik. In: Ziebertz/Simon 1995, 147-174

Englert, Rudolf, Was ist gelingender Religionsunterricht? Die Sicht von Anwärter/innen für das Lehramt an Grundschulen. In: Fischer u. a. 2003, 226-242

Englert, Rudolf/Güth, Ralph (Hg.), »Kinder zum Nachdenken bringen«. Eine empirische Untersuchung zu Situation und Profil katholischen Religionsunterrichts an Grundschulen. Die Essener Umfrage, Stuttgart u. a. 1999

Englert, Rudolf/Leimgruber, Stephan (Hg.), Erwachsenenbildung stellt sich religiöser Pluralität, Freiburg/Gütersloh 2005

Englert, Rudolf/Schweitzer, Friedrich, Religiöses Lernen in der Grundschule – Ein Forschungsbericht. In: Angelika Speck-Hamdan u. a. (Hg.), Jahrbuch Grundschule IV. Fragen der Praxis – Befunde der Forschung, Seelze 2003, 60-89

Erasmus von Rotterdam, Ausgewählte pädagogische Schriften, Paderborn 1963

Erikson, Erik H., Identität und Lebenszyklus. Drei Aufsätze, Frankfurt/M. 1974

Erikson, Erik H., Der junge Mann Luther. Eine psychoanalytische und historische Studie, Frankfurt/M. 1975

Erikson, Erik H., Jugend und Krise. Die Psychodynamik im sozialen Wandel, Stuttgart 1981

Esser, Wolfgang G., Gott reift in uns. Lebensphasen und religiöse Entwicklung, München 1991

Evangelische Kirche im Rheinland, Gemeinde … Oase für Kinder. Von den Chancen der Arbeit mit Kindern in der Gemeinde. Eine Arbeitshilfe, Düsseldorf 1994

Evangelische Schülerinnen- und Schülerarbeit Pfalz im Protestantischen Landesjugendpfarramt (Hg.), Reflexionstagungen/Besinnungstage. Arbeitshilfe für Religionslehrerinnen und Religionslehrer, Kaiserslautern 1995

Failing, Wolf-Eckart/Heimbrock, Hans-Günter, Gelebte Religion wahrnehmen. Lebenswelt – Alltagskultur – Religionspraxis, Stuttgart u. a. 1998

Famos, Cla Reto, Zur Rechtslage eines obligatorischen Religionsunterrichts. In: Kunz u. a. 2005, 47-64

Faust-Siehl, Gabriele, Themenkonstitution als Problem von Didaktik und Unterrichtsforschung, Weinheim 1987

Faust-Siehl, Gabriele u. a., Die Zukunft beginnt in der Grundschule. Empfehlungen zur Neugestaltung der Primarstufe. Ein Projekt des Grundschulverbandes Arbeitskreis Grundschule, Reinbek 1996

Faust-Siehl, Gabriele/Schweitzer, Friedrich, Religion in der Grundschule: Zur pädagogischen Begründung und Gestaltung von Religionsunterricht. In: Schweitzer/Faust-Siehl 2000, 34-47

Feige, Andreas, Erfahrungen mit Kirche. Daten und Analysen einer empirischen Untersuchung über Beziehungen und Einstellungen junger Erwachsener zur Kirche, Hannover [2]1982

Feige, Andreas, Christliche Tradition auf der Schulbank. Über Arbeitsbedingungen und Funktionsvorstellungen evangelischer Religionslehrer im Kontext ihrer Eingebundenheit in volkskirchliche Strukturen. In: ders./Karl Ernst Nipkow, Religionslehrer sein heute. Empirische und theoretische Überlegungen zur Religionslehrerschaft zwischen Kirche und Staat, Münster 1988, 5-62

Feige, Andreas, Kirchenmitgliedschaft in der Bundesrepublik Deutschland. Zentrale Perspektiven empirischer Forschungsarbeit im problemgeschichtlichen Kontext der deutschen Religions- und Kirchensoziologie nach 1945, Gütersloh 1990 (a)

Feige, Andreas, Kirche auf dem Prüfstand: Die Radikalität der 18-20 Jährigen. Biographische und epochale Elemente im Verhältnis der Jugend zur Kirche – ein Vergleich zwischen 1972 und 1982. In: Matthes 1990, 65-98 (b)

Feige, Andreas u. a., ›Religion‹ bei ReligionslehrerInnen. Religionspädagogische Zielvorstellungen und religiöses Selbstverständnis in empirisch-soziologischen Zugängen. Berufsbiographische Fallanalysen und eine repräsentative Meinungserhebung unter evangelischen ReligionslehrerInnen in Niedersachsen, Münster u. a. 2000

Feige, Andreas/Tzscheetzsch, Werner, Christlicher Religionsunterricht im religionsneutralen Staat? Unterrichtliche Zielvorstellungen und religiöses Selbstverständnis von ev. und kath. Religionslehrerinnen und -lehrern in Baden-Württemberg. Eine empirisch repräsentative Befragung, Ostfildern/Stuttgart 2005

Feldges, Heike, Lass uns deine Nähe spüren. Kleinkindergottesdienste, Düsseldorf 2002

Fend, Helmut, Sozialgeschichte des Aufwachsens. Bedingungen des Aufwachsens und Jugendgestalten im zwanzigsten Jahrhundert, Frankfurt/M. 1988

Ferchoff, Wilfried/Neubauer, Georg, Jugend und Postmoderne, Analysen und Reflexionen über die Suche nach neuen Lebensorientierungen, Weinheim/München 1989

Ferchoff, Wilfried/Neubauer, Georg, Patchwork-Jugend. Eine Einführung in postmoderne Sichtweisen, Opladen 1997

Fetz, Reto Luzius/Reich, Karl Helmut/Valentin, Peter, Weltbildentwicklung und Schöpfungsverständnis. Eine strukturgenetische Untersuchung bei Kindern und Jugendlichen, Stuttgart u. a. 2001

Finn, Mark/Gartner, John (Hg.), Object Relations Theory and Religion, Westport/London 1992

Finsterbusch, Karin, Die kollektive Identität und die Kinder. Bemerkungen zu einem Programm im Buch Deuteronomium. In: Jahrbuch für Biblische Theologie 17 (2002), 99-120

Fischer, Arthur u. a., Hauptergebnisse. In: Deutsche Shell 2000, 11-21

Fischer, Dietlind, Juliana-van-Stolberg-Schule in Ede/NL. In: Fischer u. a. 1996, 47-60

Fischer, Dietlind u. a., Auf dem Weg zur Interkulturellen Schule. Fallstudien zur Situation interkulturellen und interreligiösen Lernens, Münster/New York 1996

Fischer, Dietlind/Elsenbast, Volker/Schöll, Albrecht (Hg.), Religionsunterricht erforschen. Beiträge zur empirischen Erkundung von religionsunterrichtlicher Praxis, Münster u. a. 2003

Flick, Uwe/Kardoff, Ernst von/Steinke, Ines (Hg.), Qualitative Forschung. Ein Handbuch, Reinbek 2000

Flitner, Andreas, Konrad, sprach die Frau Mama ... Über Erziehung und Nicht-Erziehung, Berlin 1982

Flitner, Wilhelm, Allgemeine Pädagogik. In: ders., Gesammelte Schriften Bd. 2: Pädagogik. Systematische Pädagogik. Allgemeine Pädagogik, Paderborn u. a. 1983, 123-283

Foitzik, Karl, Gemeindepädagogik. Problemgeschichte eines umstrittenen Begriffs, Gütersloh 1992

Foitzik, Karl/Goßmann, Elsbe, Gemeinde leben. Zusammenarbeit pädagogischer und theologischer Mitarbeiter, Gütersloh 1986

Foitzik, Karl/Goßmann, Elsbe, Arbeitsplatz Gemeinde. Lerngemeinschaft zwischen Verwaltung und Verheißung, Gütersloh 1989

Forst, Rainer, Toleranz und Konflikt. Geschichte, Gehalt und Gegenwart eines umstrittenen Begriffs, Frankfurt/M. 2003

Fowler, James W., Die Berufung der Theorie der Glaubensentwicklung: Richtungen und Modifikationen seit 1981. In: Nipkow u. a. 1988, 29-47

Fowler, James W., Stufen des Glaubens. Die Psychologie der menschlichen Entwicklung und die Suche nach Sinn, Gütersloh 1991

Fox, Seymour/Scheffler, Israel/Marom, Daniel (Hg.), Visions of Jewish Education, Cambridge/New York 2003

Fraas, Hans-Jürgen, Katechismustradition. Luthers kleiner Katechismus in Kirche und Schule, Göttingen 1971

Fraas, Hans-Jürgen, Religiöse Erziehung und Sozialisation im Kindesalter, Göttingen ²1975

Fraas, Hans-Jürgen, Glauben und Lernen. Ein theologisch-didaktischer Leitfaden für die Elementarerziehung, Göttingen 1978

Fraas, Hans-Jürgen, Glaube und Identität. Grundlegung einer Didaktik religiöser Lernprozesse, Göttingen 1983

Francke, August Hermann, Pädagogische Schriften, Paderborn ²1964

Freese, Hans-Ludwig, Kinder sind Philosophen, Weinheim/Berlin 1989

Freudenberger-Lötz, Petra, Religiöse Bildung in der neuen Schuleingangsstufe. Religionspädagogische und grundschulpädagogische Perspektiven, Stuttgart 2003

Frey, Anna-Lena, Hat Religion bei Jugendlichen ausgespielt? Beobachtungen und Erfahrungen in Tübingen. In: Jahrbuch der Religionspädagogik 10 (1995), 3-9

Friedeburg, Ludwig von, Bildungsreform in Deutschland. Geschichte und gesellschaftlicher Widerspruch, Frankfurt/M. 1992

Friemel, Franz Georg, Katholischer Glaubensunterricht in der Säkularität. In: Comenius-Institut 1998b, 151-166

Froese, Regine, Zwei Religionen – eine Familie. Das Gottesverständnis und die religiöse Praxis von Kindern in christlich-muslimischen Familien, Freiburg/Gütersloh 2005

Frör, Kurt (Hg.), Confirmatio. Forschungen zur Geschichte und Praxis der Konfirmation, München 1959

Fuchs-Heinritz, Werner, Religion. In: Deutsche Shell 2000, 157-180

Gabriel, Karl, Christentum zwischen Tradition und Postmoderne, Freiburg ²1993

Gandow, Thomas, Jugendweihe. Humanistische Jugendfeier, München 1994

Gansberg, Fritz (Hg.), Religionsunterricht? Achtzig Gutachten. Ergebnis einer von der Vereinigung für Schulreform in Bremen veranstalteten allgemeinen deutschen Umfrage, Leipzig 1906

Gärtner, Michael, Die Familienerziehung in der Alten Kirche. Eine Untersuchung über die ersten vier Jahrhunderte des Christentums mit einer Übersetzung und einem Kommentar zur Schrift des Johannes Chrysostomus über Geltungssucht und Kindererziehung, Köln/Wien 1985

Gemeinsame Synode der Bistümer in der Bundesrepublik Deutschland, »Der Religionsunterricht in der Schule« (1974). In: DBK (Hg.), Nachkonziliare Texte zu Katechese und Religionsunterricht, Bonn 1989, 263-304

Gensicke, Thomas, Individualität und Sicherheit in neuer Synthese? Wertorientierungen und gesellschaftliche Aktivität. In: Deutsche Shell 2002, 139-212

Gephart, Werner/Waldenfels, Hans (Hg.), Religion und Identität. Im Horizont des Pluralismus, Frankfurt/M. 1999

Gerner, Berthold, Einführung in die Pädagogische Anthropologie, Darmstadt ²1986

Gesellschaft für Religionspädagogik/Deutscher Katechetenverein (Hg.), Neues Handbuch Religionsunterricht an berufsbildenden Schulen. (BRU-Handbuch), Neukirchen-Vluyn 2005

Giddens, Anthony, Modernity and Self-Identity: Self and Society in the Late Modern Age, Stanford 1991

Gillen, Marie A./Taylor, Maurice C. (Hg.), Adult Religious Education. A Journey of Faith Development, New York/Mahwah 1995

Goecke-Seischab, Margarete Louise/Harz, Frieder, Komm, wir entdecken eine Kirche. Räume erspüren, Bilder verstehen, Symbole erleben. Tipps für Kindergarten, Grundschule und Familie, München ²2002

Goßmann, Klaus (Hg.), Ökumenisches Lernen im Religionsunterricht, Münster 1987

Goßmann, Klaus (Hg.), Ökumenisches Lernen im Religionsunterricht europäischer Schulen, Münster 1988

Göttler, Joseph, Skizze eines zeitgemäßen Systems der religiös-sittlichen Erziehung. In: Katechetische Blätter 43 (1917), 322-339, 387-397, 445-450, 494-507

Göttler, Joseph, Religions- und Moralpädagogik. Grundriss einer zeitgemäßen Katechetik, Münster 1923

Gottwald, Eckart, Mehr als nur Hollywood – Jesus im Spiegel massenmedialer Kommunikation. In: Jahrbuch der Religionspädagogik 15 (1999), 195-206

Gottwald, Eckart, Didaktik der religiösen Kommunikation. Die Vermittlung von Religion in Lebenswelt und Unterricht, Neukirchen-Vluyn 2000

Gottwald, Eckart/Siedler, Dirk C. (Hg.), »Islamische Unterweisung« in deutscher Sprache. Berichte, Stellungnahmen und Perspektiven zum Schulversuch in Nordrhein-Westfalen, Neukirchen-Vluyn 2001

Gräb, Wilhelm, Praktische Theologie und Religionspädagogik. In: Jahrbuch der Religionspädagogik 4 (1987), 43-74

Gräb, Wilhelm, Sinn fürs Unendliche. Religion in der Mediengesellschaft, Gütersloh 2002

Graf, Friedrich Wilhelm, Die Wiederkehr der Götter. Religion in der modernen Kultur, München 2004

Gräffe, Johann Friedrich Christoph, Vollständiges Lehrbuch der allgemeinen Katechetik nach kantischen Grundsätzen zum Gebrauche akademischer Vorlesungen. Bd. 1, Göttingen 1795

Grethlein, Christian, Gemeindepädagogik, Berlin/New York 1994

Grethlein, Christian, Religionspädagogik, Berlin/New York 1998

Grethlein, Christian, Fachdidaktik Religion. Evangelischer Religionsunterricht in Studium und Praxis, Göttingen 2005

Grimmitt, Michael, Religious Education and Human Development: The Relationship Between Studying Religions and Personal, Social and Moral Education, Great Wakering 1987

Grimmitt, Michael, Introduction: The Captivity and Liberation of Religious Education and the Meaning and Significance of Pedagogy. In: ders. (Hg.), Pedagogies of Religious Education: Case Studies in the Research and Development of Good Pedagogic Practice in RE, Great Wakering 2000, 7-23

Grom, Bernhard, Religionspädagogische Psychologie des Kleinkind-, Schul- und Jugendalters, Düsseldorf/Göttingen 1981

Grom, Bernhard, Methoden für Religionsunterricht, Jugendarbeit und Erwachsenenbildung, Düsseldorf/Göttingen [10]1996

Gronover, Matthias, Religionspädagogik mit Luhmann. Wissenschaftstheoretische, systemtheoretische Zugänge zur Theologie und Pragmatik des Fachs, Münster 2006

Groschopp, Horst/Schelander, Robert, Art. Lebenskunde. In: Mette/Rickers 2001, 1164-1169

Groß, Engelbert, Religiöses Lernen: die Eine-Welt-Mission der Kirchen, Münster 1998

Groß, Engelbert (Hg.), Erziehungswissenschaft, Religion und Religionspädagogik, Münster 2004

Groß, Engelbert/König, Klaus (Hg.), Religiöses Lernen der Kirchen im globalen Dialog. Weltweit akute Herausforderungen und Praxis einer Weggemeinschaft für Eine-Welt-Religionspädagogik, Münster 2000

Großegger, Beate/Heinzlmaier, Bernhard, Trendpaket 1. Jugendkultur als flächiges Klebekunstwerk, Graz/Wien 1997

Grossmann, Wilma, Kindergarten. Eine historisch-systematische Einführung in seine Entwicklung und Pädagogik, Weinheim/Basel 1987

Grözinger, Albrecht, Praktische Theologie und Ästhetik. Ein Beitrag zur Grundlegung der Praktischen Theologie, München 1987

Grözinger, Albrecht/Luther, Henning (Hg.), Religion und Biographie. Perspektiven zur gelebten Religion. Festgabe für Gert Otto zum 60. Geburtstag, München 1987

Grözinger, Karl E./Gladigow, Burkhard/Zinser, Hartmut (Hg.), Religion in der schulischen Bildung und Erziehung. LER – Ethik – Werte und Normen in einer pluralistischen Gesellschaft, Berlin 1999

Grunder, Hans-Ulrich/Schweitzer, Friedrich (Hg.), Texte zur Theorie der Schule. Historische und aktuelle Ansätze zur Planung und Gestaltung von Schule, Weinheim/München 1999

Grunder, Hans-Ulrich/Schweitzer, Friedrich (Hg.), Gemeinschaft – Ethos – Schule. Eine praxisnahe Einführung für Ausbildung und Weiterbildung, Weinheim/Basel 2006

Gudjons, Herbert, Allgemeine Didaktik. Ein Überblick über die gegenwärtige Diskussion. In: Religionsdidaktik. Jahrbuch der Religionspädagogik 18 (2002), 3-20

Gutmann, Hans-Martin, Der Herr der Heerscharen, die Prinzessin der Herzen und der König der Löwen. Religion lehren zwischen Kirche, Schule und populärer Kultur, Gütersloh 1998

Gutmann, Hans-Martin, Populäre Kultur im Religionsunterricht. In: Biehl/Wegenast 2000, 179-200

Häberle, Peter, Erziehungsziele und Orientierungswerte im Verfassungsstaat, Freiburg/München 1981

Habermas, Jürgen, Zur Rekonstruktion des Historischen Materialismus, Frankfurt/M. 1976

Habermas, Jürgen, Theorie des kommunikativen Handelns. 2 Bde., Frankfurt/M. 1981

Hagenah, Werner/Wegner, Doris (Hg.), Evangelisches Kinderhaus – Ein Versuch, das Leben zu lernen. Pädagogische Grundlegung und Konzept für ein Evangelisches Kinderhaus, Düsseldorf 1995.

Halbfas, Hubertus, Das dritte Auge. Religionsdidaktische Anstöße, Düsseldorf 1982

Hallberg, Bo, Die Jugendweihe. Zur deutschen Jugendweihetradition, Lund 1977

Hammelsbeck, Oskar, Der kirchliche Unterricht. Aufgabe – Umfang – Einheit, München 1939

Hammelsbeck, Oskar, Evangelische Lehre von der Erziehung, München 1950

Hanisch, Helmut/Bucher, Anton, Da waren die Netze randvoll. Was Kinder von der Bibel wissen, Göttingen/Zürich 2002

Hanisch, Helmut/Schmidt, Heinz (Hg.), Diakonische Bildung. Theorie und Empirie, Heidelberg 2004

Hanselmann, Johannes/Hild, Helmut/Lohse, Eduard (Hg.), Was wird aus der Kirche? Ergebnisse der 2. EKD-Umfrage über Kirchenmitgliedschaft, Gütersloh 1984

Hansmann, Otto/Marotzki, Winfried (Hg.), Diskurs Bildungstheorie I: Systematische Markierungen. Rekonstruktion der Bildungstheorie unter Bedingungen der gegenwärtigen Gesellschaft, Weinheim 1988

Hanusch, Rolf/Lämmermann, Godwin (Hg.), Jugend in der Kirche zur Sprache bringen. Anstöße zur Theorie und Praxis kirchlicher Jugendarbeit, München 1987

Hareide, Bjarne, Die Konfirmation in der Reformationszeit. Eine Untersuchung der lutherischen Konfirmation in Deutschland 1520 – 1585, Göttingen 1971

Härle, Wilfried, Dogmatik, Berlin/New York 1995

Harnisch, Wolfgang, Die Gleichniserzählungen Jesu. Eine hermeneutische Einführung, Göttingen 1985

Harvey, David, The Condition of Postmodernity. An Enquiry into the Origins of Cultural Change, Oxford 1989

Harz, Frieder, Musik, Kind und Glaube. Zum Umgang mit Musik in der religiösen Erziehung, Stuttgart 1982

Harz, Frieder, Was ist das Evangelische am Kindergarten in kirchlicher Trägerschaft? In: Schreiner 1999a, 63-79

Haslinger, Herbert (Hg.), Handbuch Praktische Theologie. Bd. 1: Grundlegungen, Mainz 1999

Hassiepen, Werner/Herms, Eilert (Hg.), Grundlagen der theologischen Ausbildung und Fortbildung im Gespräch. Die Diskussion über die »Grundsätze für die Ausbildung und Fortbildung der Pfarrer und Pfarrerinnen der Gliedkirchen der EKD«. Dokumentation und Erträge 1988 – 1993, Stuttgart 1993

Haußmann, Werner, Dialog mit pädagogischen Konsequenzen? Perspektiven der Begegnung von Christentum und Islam für die schulische Arbeit. Ein Vergleich der Entwicklungen in England und der Bundesrepublik Deutschland, Hamburg 1993

Heckel, Theodor, Zur Methodik des evangelischen Religionsunterrichtes, München 1928

Hedtke, Reinhold, Erziehung durch die Kirche bei Calvin. Der Unterweisungs- und Erziehungsauftrag der Kirche und seine anthropologischen und theologischen Grundlagen, Heidelberg 1969

Heidari, Muhammad, Muslimische Erziehungsvorstellungen und Glaubenserziehung im Kontext interreligiösen Lernens. In: Rickers/Gottwald 1998, 71-102

Heil, Stefan, Empirische Unterrichtsforschung zum Religionsunterricht – Stand und Entwicklungsgeschichte. In: Fischer u. a. 2003, 13-35

Heil, Stefan/Ziebertz, Hans-Georg/Prokopf, Andreas, Abduktives Schließen im professionellen Religionslehrerhandeln. In: Ziebertz/Heil/Prokopf 2003, 187-204

Heil, Stefan/Ziebertz, Hans-Georg, Religionspädagogisch professioneller Habitus. In: Ziebertz u. a. 2005, 41-96

Heimbrock, Hans-Günter (Hg.), Religionslehrer – Person und Beruf. Erfahrungen und Informationen, Modelle und Materialien, Göttingen 1982

Heimbrock, Hans-Günter, Unbußfertiger Sohn oder überlebte Vaterbilder. Anmerkungen zum Verhältnis von Religionspädagogik und Praktischer Theologie. In: Theologia Practica 24 (1989), 175-187

Heimbrock, Hans-Günter (Hg.), Religionspädagogik und Phänomenologie. Von der empirischen Wendung zur Lebenswelt, Weinheim 1998 (a)

Heimbrock, Hans-Günter, Welches Interesse hat Theologie an der Wirklichkeit? Von der Handlungstheorie zur Wahrnehmungswissenschaft. In: Failing/Heimbrock 1998, 11-36 (b)

Heimbrock, Hans-Günter, Religionsunterricht im Kontext Europa. Einführung in die kontextuelle Religionsdidaktik in Deutschland, Stuttgart 2004

Heine, Susanne, Glaubensentscheidung und Glaubenserziehung. Zur pädagogischen Aktualität der Kontroverse zwischen Erasmus und Luther. In: Evangelische Theologie 46 (1986), 113-127

Heinemann, Ursula/Friedrichsdorf, Joachim (Hg.), Wege miteinander. Konfessionelle Kooperation in der Schule. Modelle und Beispiele, München/Stuttgart 1999

Heitmeyer, Wilhelm/Müller, Joachim/Schröder, Helmut, Verlockender Fundamentalismus. Türkische Jugendliche in Deutschland, Frankfurt/M. 1997

Helmke, Andreas, Unterrichtsqualität erfassen, bewerten, verbessern, Seelze [3]2004

Helmreich, Ernst C., Religionsunterricht in Deutschland, von den Klosterschulen bis heute, Düsseldorf 1966

Hemel, Ulrich, Ziele religiöser Erziehung. Beiträge zu einer integrativen Theorie, Frankfurt/M. 1988

Henkys, Jürgen, Gemeindepädagogik in der DDR. In: Adam/Lachmann 1987, 55-86

Henkys, Jürgen/Kehnscherper, Günther, Die Unterweisung. In: Handbuch der Praktischen Theologie. Bd. 3, Berlin 1978, 7-140

Hentig, Hartmut von, Bildung. Ein Essay, München 1996

Hermann, Inger, Halt's Maul, jetzt kommt der Segen. Kinder auf der Schattenseite des Lebens fragen nach Gott, Stuttgart 1999

Herms, Eilert, Bildung und Ausbildung als Thema der Theologie und Aufgabe der Kirche. In: ders., Erfahrbare Kirche. Beiträge zur Ekklesiologie, Tübingen 1990, 209-221

Herms, Eilert, Pluralismus aus Prinzip. In: ders., Kirche für die Welt. Lage und Aufgabe der evangelischen Kirchen im vereinigten Deutschland, Tübingen 1995, 467-485

Herms, Eilert, Die Theologie als Wissenschaft und die theologischen Fakultäten an der Universität. In: Jürgen Henkys/Birgit Weyel (Hg.), Einheit und Kontext. Praktisch-theologische Theoriebildung und Lehre im gesellschaftlichen Umfeld. Festschrift für Peter C. Bloth zum 65. Geburtstag, Würzburg 1996, 155-186

Herms, Eilert, Anforderungen des konsequenten weltanschaulichen/religiösen Pluralismus an das öffentliche Bildungswesen. In: Scheilke/Schweitzer 1999a, 219-248

Hess, Carol Lakey, Caretakers of our common house. Women's development in communities of faith, Nashville 1997

Hildebrandt, Uta, Das Grundrecht auf Religionsunterricht. Eine Untersuchung zum subjektiven Rechtsgehalt des Art. 7 Abs. 3 GG, Tübingen 2000

Hilger, Georg, Ästhetisches Lernen. In: Hilger u. a. 2001, 305-318 (a)

Hilger, Georg, Welche Wirkung hat der Religionsunterricht? – Leistungsbewertung. In: ders. u. a. 2001, 260-270 (b)

Hilger, Georg/Leimgruber, Stephan/Ziebertz, Hans-Georg, Religionsdidaktik. Ein Leitfaden für Studium, Ausbildung und Beruf, München 2001

Hilger, Georg/Reilly, George (Hg.), Religionsunterricht im Abseits? Das Spannungsfeld Jugend – Schule – Religion, München 1993

Hinderer, Martin, KU 3 in Württemberg. Konzeption, erste Erfahrungen und offene Fragen. In: Zeitschrift für Pädagogik und Theologie 52 (2000), 399-407

Hirscher, Johann Baptist, Katechetik. Oder: der Beruf des Seelsorgers, die ihm anvertraute Jugend im Christenthum zu unterrichten und zu erziehen, nach seinem ganzen Umfange dargestellt, Tübingen 1831

Hirst, Paul H., Christian education: a contradiction in terms? In: Jeff Astley/Leslie J. Francis (Hg.), Critical Perspectives on Christian Education. A Reader on the aims, principles and philosophy of Christian education, Leominster 1994, 305-313

Hock, Klaus, Einführung in die Religionswissenschaft, Darmstadt 2002

Hoenen, Raimund, Vom Religionsunterricht zur kirchlichen Unterweisung. Otto Güldenberg und die Anfänge der ostdeutschen Katechetik, Leipzig 2003

Hofmeier, Johann, Der Kindergarten in der Pfarrgemeinde. Ein pädagogisches und pastorales Handlungsfeld, Würzburg 1992

Honig, Michael-Sebastian, Entwurf einer Theorie der Kindheit, Frankfurt/M. 1999

Hörnig, Johannes Thomas, Mission und Einheit. Geschichte und Theologie der amerikanischen Sonntagsschulbewegung im 19. Jahrhundert unter besonderer Berücksichtigung ihrer ökumenischen Relevanz und ihres Verhältnisses zur Erweckungsbewegung, Maulbronn 1991

Huber, Wolfgang, Kirche in der Zeitenwende. Gesellschaftlicher Wandel und Erneuerung der Kirche, Gütersloh 1998

Hug, Walter, Johann Jacob Rambach (1693 – 1735). Religionspädagoge zwischen den Zeiten, Stuttgart 2003

Hull, John, Studies in Religion and Education, London/New York 1984

Hull, John, What Prevents Christian Adults from Learning? London 1985

Hull, John, Wie Kinder über Gott reden. Ein Ratgeber für Eltern und Erziehende, Gütersloh 1997

Hull, John, Utopian Whispers. Moral, religious and spiritual values in schools, Norwich 1998

Hull, John, Glaube und Bildung. Ausgewählte Schriften Bd. 1, Berg am Irchel 2000

Hungs, Franz Josef, Handbuch der theologischen Erwachsenenbildung, München 1991

Hurrelmann, Klaus, Einführung in die Sozialisationstheorie, Weinheim/Basel ⁸2002

Hurrelmann, Klaus, Lebensphase Jugend. Eine Einführung in die sozialwissenschaftliche Jugendforschung, Weinheim ⁷2004

Hurrelmann, Klaus/Ulich, Dieter (Hg.), Handbuch der Sozialisationsforschung, Weinheim/Basel 1980

Hurrelmann, Klaus/Ulich, Dieter (Hg.), Neues Handbuch der Sozialisationsforschung, Weinheim ⁴1991

Hüther, Gerald, Kinder brauchen Wurzeln. Zum Verhältnis von Bindung und Bildung. In: Annette Schavan (Hg.), Bildung und Erziehung. Perspektiven auf die Lebenswelten von Kindern und Jugendlichen, Frankfurt/M. 2004, 17-26

Hyperius, Andreas, De catechesi (1570), Helmstadi 1708

Ilgner, Rainer (Hg.), Handbuch Katholische Schule. Bde. 1-6, Köln 1992 ff.

Jackson, Robert, Religious Education: An Interpretive Approach, London 1997

Jackson, Robert, Rethinking Religious Education and Plurality: Issues in Diversity and Pedagogy, London/New York 2004

Jackson, Robert/Nesbitt, Eleanor, Hindu Children in Britain, Stoke-on-Trent 1993

Jacobs, Friedhelm, Die religionspädagogische Wende im Herbartianismus, Heidelberg 1969

Jahrbuch für Biblische Theologie Bd. 17, Neukirchen-Vluyn 2002

Jank, Werner/Meyer, Hilbert, Didaktische Modelle, Frankfurt/M. 1994

Jendorff, Bernhard, Leistungsmessung im Religionsunterricht. Methoden und Beispiele, München 1979

Jendorff, Bernhard, Lernerfolgskontrolle und Leistungsmessung. In: Bitter u.a. 2002, 468-472

Jentsch, Werner, Urchristliches Erziehungsdenken. Die Paideia Kyriu im Rahmen der hellenistisch-jüdischen Umwelt, Gütersloh 1951

Jentsch, Werner, Handbuch der Jugendseelsorge. Teil III/1, Gütersloh 1973

Jeremias, Joachim; Die Gleichnisse Jesu. Kurzausgabe, Göttingen ⁹1984

Jessen, Silke, »Man redet viel über Gott und so ...« Schülermitbeteiligung im Religionsunterricht der Grundschule aus allgemein- und religionsdidaktischer Sicht, Münster u. a. 2003

Johann, Horst-Theodor (Hg.), Erziehung und Bildung in der heidnischen und christlichen Antike, Darmstadt 1976

Johannsen, Friedrich/Noormann, Harry (Hg.), Lernen für eine bewohnbare Erde. Bildung und Erneuerung im ökumenischen Horizont. Ulrich Becker zum 60. Geburtstag, Gütersloh 1990

Jüngel, Eberhard, Wertlose Wahrheit. Zur Identität und Relevanz des christlichen Glaubens. Theologische Erörterungen III, München 1990

Jung, Michael, Austria. In: Schreiner 2000, 13-16

Jungmann, Josef Andreas, Die Frohbotschaft und unsere Glaubensverkündigung, Regensburg 1936

Kabisch, Richard, Wie lehren wir Religion? Versuch einer Methodik des evangelischen Religionsunterrichts für alle Schulen auf psychologischer Grundlage, Göttingen 1910

Kaelble, Hartmut/Schriewer, Jürgen (Hg.), Vergleich und Transfer. Komparatistik in den Sozial-, Geschichts- und Kulturwissenschaften, Frankfurt/M./New York 2003

Kant, Immanuel, Die Metaphysik der Sitten (1797). In: ders., Werke VIII, Frankfurt 1956, 307-634

Katholische Bundesarbeitsgemeinschaft für Erwachsenenbildung (Hg.), Katholische Erwachsenenbildung vor neuen Herausforderungen. Erklärung der KBE zur aktuellen Bildungspolitik, Bonn 2001

Kaufmann, Hans Bernhard, Muss die Bibel im Mittelpunkt des Religionsunterrichts stehen? Thesen zur Diskussion um eine zeitgemäße Didaktik des Religionsunterrichts. In: Loccumer Protokolle 12/1966, 37-39

Kaufmann, Hans Bernhard (Hg.), Streit um den problemorientierten Unterricht in Schule und Kirche, Frankfurt/M. u. a. 1973

Kaufmann, Hans Bernhard (Red.), Situationsansatz und Religionspädagogik. (Förderprogramm für den Kindergarten 3), Münster 1976

Kegan, Robert, Die Entwicklungsstufen des Selbst. Fortschritte und Krisen im menschlichen Leben, München 1986

Keil, Franz/Thalheimer, Beate (Hg.), Echt klasse. Werkstattbuch zur Schulseelsorge, Ostfildern 1995

Kerner, Charlotte, Blueprint/Blaupause, Weinheim u. a. 2004

Keupp, Heiner, Diskursarena Identität: Lernprozesse in der Identitätsforschung. In: ders./ Renate Höfer (Hg.), Identitätsarbeit heute. Klassische und aktuelle Perspektiven der Identitätsforschung, Frankfurt/M. 1997, 11-39

Keupp, Heiner u. a., Identitätskonstruktionen. Das Patchwork der Identitäten in der Spätmoderne, Reinbek 1999

Key, Ellen, Das Jahrhundert des Kindes (1900), Königstein 1978

Kiehn, Antje u. a., Bibliodrama, Stuttgart 1987

Kimble, Melvin A./Mc Fadden, Susan H. (Hg.), Aging, Spirituality, and Religion: A Handbook, Minneapolis 1995

Kirchenamt der EKD (Hg.), Im Dialog über Glauben und Leben. Zur Reform des Lehramtsstudiums Evangelische Theologie/Religionspädagogik, Gütersloh 1997

Kirsner, Inge/Wermke, Michael (Hg.), Religion im Kino. Religionspädagogisches Arbeiten mit Filmen, Göttingen 2000

Kittel, Helmuth, Vom Religionsunterricht zur evangelischen Unterweisung, Hannover [2]1949

Klafki, Wolfgang, Studien zur Bildungstheorie und Didaktik, Weinheim/Basel 1963

Klafki, Wolfgang, Aspekte kritisch-konstruktiver Erziehungswissenschaft. Gesammelte Beiträge zur Theorie-Praxis-Diskussion, Weinheim/Basel 1976

Klafki, Wolfgang, Neue Studien zur Bildungstheorie und Didaktik. Beiträge zur kritisch-konstruktiven Didaktik, Weinheim/Basel 1985 (a)

Klafki, Wolfgang, Sinn und Unsinn des Leistungsprinzips in der Erziehung. In: ders. 1985a, 155-193 (b)

Klein, Birgit, Art. Jüdischer Religionsunterricht in Deutschland. In: Mette/Rickers 2001, 911-916

Klein, Stephanie, Theologie und empirische Biographieforschung. Methodische Zugänge zur Lebens- und Glaubensgeschichte und ihre Bedeutung für eine erfahrungsbezogene Theologie, Stuttgart u. a. 1994

Kliemann, Peter, Ehrenamtliche Mitarbeiter. Zur Identität von Gruppenleitern in der kirchlichen Jugendarbeit. Eine empirische Studie, Stuttgart 1983

Kliemann, Peter, Impulse und Methoden, Anregungen für die Praxis des Religionsunterrichts, Stuttgart 1997

Kliemann, Peter/Rupp, Hartmut (Hg.), Tausend Stunden Religion. Wie junge Erwachsene den Religionsunterricht erleben, Stuttgart 2000

Klippert, Heinz, Methoden-Training, Weinheim/Basel [11]2000

Kliss, Oliver, Schulentwicklung und Religion. Untersuchungen zum Kaiserreich zwischen 1870 und 1918, Stuttgart 2005

Klöcker, Michael/Tworuschka, Udo, Religionen in Deutschland. Kirchen, Glaubensgemein-
schaften, Sekten, München 1994
Klosinski, Gunther (Hg.), Pubertätsriten. Äquivalente und Defizite in unserer Gesellschaft,
Bern u. a. 1991
Klosinski, Gunther (Hg.), Religion als Chance oder Risiko. Entwicklungsfördernde und ent-
wicklungshemmende Aspekte religiöser Erziehung, Bern u. a. 1994
Klosinski, Gunther, Wenn Kinder Hand an sich legen. Selbstzerstörerisches Verhalten bei
Kindern und Jugendlichen, München 1999
Klosinski, Gunther, Religiosität als Chance und Hindernis der Persönlichkeitsentwicklung.
In: Biesinger u. a. 2005, 22-35
Klostermann, Ferdinand/Zerfaß, Rolf (Hg.), Praktische Theologie heute, München/Mainz
1974
*KMK/Sekretariat der Ständigen Konferenz der Kultusminister der Länder in der Bundesrepu-
blik Deutschland,* Zur Situation des Ethikunterrichts in der Bundesrepublik Deutsch-
land. Bericht der Kultusministerkonferenz vom 10. 7. 1998, Bonn 1998
*KMK/Sekretariat der Ständigen Konferenz der Kultusminister der Länder in der Bundesrepu-
blik Deutschland,* Standards für die Lehrerbildung: Bildungswissenschaften. Beschluss
der Kultusministerkonferenz vom 16. 12. 2004. In: Zeitschrift für Pädagogik 51 (2005),
280-290
Knauth, Thorsten/Leutner-Ramme, Sibylla/Weiße, Wolfram, Religionsunterricht aus Schü-
lerperspektive, Münster u. a. 2000
Knauth, Thorsten u. a. (Hg.), KU – weil ich ein Junge bin. Ideen – Konzeptionen – Modelle
für jungengerechten KU, Gütersloh 2002
Knauth, Thorsten, Problemorientierter Religionsunterricht. Eine kritische Rekonstruktion,
Göttingen 2003
Knoblauch, Hubert, Qualitative Religionsforschung. Religionsethnographie in der eigenen
Gesellschaft, Paderborn u. a. 2003
Köcher, Renate, Religionsunterricht – zwei Perspektiven. In: DBK (Hg.), Religionsunter-
richt. Aktuelle Situation und Entwicklungsperspektiven, Bonn 1989, 22-59
Koenig, Harold George, Aging and God. Spiritual pathways to mental health in midlife and
later years, New York/London 1994
Koerrenz, Ralf, Ökumenisches Lernen, Gütersloh 1994
Koerrenz, Ralf, Evangelium und Schule. Studien zur strukturellen Religionspädagogik, Leip-
zig 2003
Koerrenz, Ralf, Kinder-Theologie im Spielzimmer. In: Zeitschrift für Pädagogik und Theo-
logie 57 (2005), 78-83
Kögler, Ilse, Die Sehnsucht nach mehr. Rockmusik, Jugend und Religion. Informationen
und Deutungen, Graz u. a. 1994
Kohlberg, Lawrence, Die Psychologie der Moralentwicklung, Frankfurt/M. 1995
Kohler-Spiegel, Helga, Religionspädagogik im Kontext feministischer Theologie. In: Zie-
bertz/Simon 1995, 204-221
Kohler-Spiegel, Helga, Gender im Religionsunterricht – Mädchen/Jungen im Religions-
unterricht. In: Religionsdidaktik. Jahrbuch der Religionspädagogik 18 (2002), 157-170
Kongregation für den Klerus, Allgemeines Direktorium für die Katechese, Bonn 1997
Konrad, Franz-Michael, Der Kindergarten. Seine Geschichte von den Anfängen bis in die
Gegenwart, Freiburg 2004
Konrad, Franz-Michael, Vergleichende Erziehungswissenschaft – als Beitrag zum Lernen
durch Begegnung. In: Jahrbuch der Religionspädagogik 21 (2005), 207-217
Körber, Sigurd, Didaktik der Religionswissenschaft. In: Hubert Cancik/Burkhard Gladigow/

Matthias Laubscher (Hg.), Handbuch religionswissenschaftlicher Grundbegriffe. Bd. 1, Stuttgart u. a. 1988, 195-215

Krappmann, Lothar, Soziologische Dimensionen der Identität. Strukturelle Bedingungen für die Teilnahme an Interaktionsprozessen, Stuttgart [4]1979

Krappmann, Lothar/Scheilke, Christoph T. (Hg.), Religion in der Schule – für alle?! Die plurale Gesellschaft als Herausforderung an Bildungsprozesse, Seelze-Velber 2003

Krüger, Heinz-Hermann (Hg.), Handbuch der Jugendforschung, Opladen [2]1993

Krüger, Heinz-Hermann, Einführung in Theorien und Methoden der Erziehungswissenschaft, Opladen 1997

Krüger, Heinz-Hermann/Grunert, Cathleen (Hg.), Handbuch Kindheits- und Jugendforschung, Opladen 2002

Krüger, Heinz-Hermann/Helsper, Werner (Hg.), Einführung in Grundbegriffe und Grundfragen der Erziehungswissenschaft, Opladen 1995

Kühl-Freudenstein, Olaf, Evangelische Religionspädagogik und völkische Ideologie. Studien zum »Bund für deutsche Kirche« und »Glaubensbewegung Deutsche Christen«, Würzburg 2003

Kuld, Lothar, Glaube in Lebensgeschichten. Ein Beitrag zur theologischen Autobiographieforschung, Stuttgart u. a. 1997

Kuld, Lothar/Gönnheimer, Stefan, Compassion. Sozialverpflichtetes Lernen und Handeln, Stuttgart u. a. 2000

Küng, Hans, Projekt Weltethos, München/Zürich 1990

Kunstmann, Joachim, Religion und Bildung. Zur ästhetischen Signatur religiöser Bildungsprozesse, Freiburg/Gütersloh 2002

Kunstmann, Joachim, Religionspädagogik. Eine Einführung, Tübingen/Basel 2004

Kunz, Ralph u. a. (Hg.), Religion und Kultur – ein Schulfach für alle? Zürich 2005

Kürten, Karin, Der evangelische Religionslehrer im Spannungsfeld von Schule und Religion, Neukirchen-Vluyn 1987

Kwiran, Manfred, Religionsunterricht in USA – ein Vergleich, Frankfurt/M. u. a. 1987

Lachmann, Rainer, Religionsunterricht in der Weimarer Republik. Zwischen liberaler und deutscher Religionspädagogik, Würzburg 1996

Lachmann, Rainer, Systematische Theologie auf dem religionspädagogischen Prüfstand. In: Ritter/Rothgangel 1998, 36-49

Lachmann, Rainer, Verständnis und Aufgaben religionsunterrichtlicher Fachdidaktik. In: Adam/Lachmann 2003a, 17-36 (a).

Lachmann, Rainer, Gegenwärtige Entwicklungen und Perspektiven des Religionsunterrichts. In: Adam/Lachmann 2003a, 87-103 (b)

Lachmann, Rainer, Wege der Unterrichtsvorbereitung. In: Adam/Lachmann 2003, 222-241 (c)

Ladenthin, Volker, Ethik und Bildung in der modernen Gesellschaft. Die Institutionalisierung der Erziehung in systematischer Perspektive, Würzburg 2002

Lähnemann, Johannes, Zur Lage des islamischen Religionsunterrichts in der Bundesrepublik Deutschland und West-Berlin. In: Jahrbuch der Religionspädagogik 2 (1986), 197-205

Lähnemann, Johannes (Hg.), »Das Projekt Weltethos« in der Erziehung. Referate und Ergebnisse des Nürnberger Forums 1994, Hamburg 1995

Lähnemann, Johannes, Evangelische Religionspädagogik in interreligiöser Perspektive, Göttingen 1998 (a)

Lähnemann, Johannes (Hg.), Interreligiöse Erziehung 2000. Die Zukunft der Religions- und Kulturbegegnung, Hamburg 1998 (b)

Lähnemann, Johannes, Die Bibel – ein Buch interreligiösen Lernens? In: Lämmermann u. a. 1999, 281-293

Lämmermann, Godwin, Religion in der Schule als Beruf. Der Religionslehrer zwischen institutioneller Erziehung und Persönlichkeitsbildung, München 1985

Lämmermann, Godwin, Grundriss der Religionsdidaktik., Stuttgart u. a. 1991

Lämmermann, Godwin, Religionspädagogik im 20. Jahrhundert, Gütersloh 1994

Lämmermann, Godwin, Art. Elementarisierung. In: Mette/Rickers 2001, 382-388

Lämmermann, Godwin, Religionsdidaktik. Bildungstheologische Grundlegung und konstruktiv-kritische Elementarisierung, Stuttgart 2005

Lämmermann, Godwin u. a. (Hg.), Bibeldidaktik in der Postmoderne. Klaus Wegenast zum 70. Geburtstag, Stuttgart u. a. 1999

Lange, Ernst, Bildung als Problem und als Funktion der Kirche. In: Joachim Matthes (Hg.), Erneuerung der Kirche – Stabilität als Chance? Konsequenzen aus einer Umfrage, Gelnhausen/Berlin 1975, 189-222

Lange, Günter, Bilder zum Glauben. Christliche Kunst sehen und verstehen, München 2002

Langenhorst, Georg, Jesus ging nach Hollywood. Die Wiederentdeckung Jesu in Literatur und Film der Gegenwart, Düsseldorf 1998

Langer, Klaus, Warum noch Religionsunterricht? Religiosität und Perspektiven von Religionspädagogen heute, Gütersloh 1989

Langer, Wolfgang (Hg.), Handbuch der Bibelarbeit, München 1987

Langeveld, Martinus, Studien zur Anthropologie des Kindes, Tübingen 1956

Laslett, Peter, Das dritte Alter. Historische Soziologie des Alterns, Weinheim/München 1995

Lechner, Martin, Pastoraltheologie der Jugend. Geschichtliche, theologische und kairologische Bestimmung der Jugendpastoral einer evangelisierenden Kirche, München 1992

Lehmann, Christine, Heranwachsende fragen neu nach Gott. Anstöße zum Dialog zwischen Religionspädagogik und Feministischer Theologie, Neukirchen-Vluyn 2003

Lehtiö, Pirkko, Religionsunterricht ohne Schule. Die Entwicklung der Lage und des Inhaltes der Evangelischen Christenlehre in der DDR von 1945 – 1959, Münster 1983

Leimgruber, Stephan, Interreligiöses Lernen, München 1995

Leimgruber, Stephan, Ökumenisches Lernen. In: Hilger u. a. 2001, 420-432

Lenzen, Dieter, Erziehungswissenschaft – Pädagogik. Geschichte – Konzepte – Fachrichtungen. In: ders. (Hg.), Erziehungswissenschaft. Ein Grundkurs, Reinbek 1994, 11-41

Leonhard, Silke/Klie, Thomas (Hg.), Schauplatz Religion. Grundzüge einer Performativen Religionspädagogik, Leipzig 2003

Leschinsky, Achim, Vorleben oder Nachdenken? Bericht der wissenschaftlichen Begleitung über den Modellversuch zum Lernbereich »Lebensgestaltung-Ethik-Religion«, Frankfurt/M. 1996

Levinson, Daniel J., Das Leben des Mannes. Werdenskrisen, Wendepunkte, Entwicklungschancen, Köln 1979

Levinson, Daniel J., The Seasons of a Woman's Life, New York 1996

Liebold, Heide, Religions- und Ethiklehrkräfte in Ostdeutschland. Eine empirische Studie zum beruflichen Selbstverständnis, Münster 2004

Liebold, Heide, »In der Hinsicht lassen wir uns eigentlich ziemlich in Ruhe«. Religiöse Erziehung in christlich-konfessionslosen Familien. Ein Beitrag aus Ostdeutschland. In: Wege zum Menschen 57 (2005), 239-253

Link, Christoph, Rechtsgutachten über die Vereinbarkeit des Hamburger Modells eines »Religionsunterrichts für alle in evangelischer Verantwortung« mit Artikel 7 Abs. 3 GG. In: Weiße 2002, 201-230

Linnemann, Eta, Gleichnisse Jesu. Einführung und Auslegung. Kurzausgabe. Göttingen [2]1982

Listl, Joseph/Pirson, Dietrich (Hg.), Handbuch des Staatskirchenrechts der Bundesrepublik Deutschland. Bd. 1, Berlin [2]1994

Loch, Werner, Die Verleugnung des Kindes in der Evangelischen Pädagogik. Zur Aufgabe einer empirischen Anthropologie des kindlichen und jugendlichen Glaubens, Essen ²1968

Lohfink, Norbert, Der Glaube und die nächste Generation. Das Gottesvolk der Bibel als Lerngemeinschaft. In: ders., Das Jüdische am Christentum. Die verlorene Dimension, Freiburg u. a. ²1989, 144-166, 260-263

Lohrbächer, Albrecht/Ruppel, Helmut/Thierfelder, Jörg, Schoa – Schweigen ist unmöglich, Stuttgart 1999

Lott, Jürgen, Handbuch Religion II: Erwachsenenbildung, Stuttgart u. a. 1984

Lott, Jürgen (Hg.), Religion – warum und wozu in der Schule? Weinheim 1992

Lück, Christhard, Religionsunterricht an der Grundschule. Studien zur organisatorischen und didaktischen Gestalt eines umstrittenen Schulfaches, Leipzig 2002

Lück, Wolfgang/Schweitzer, Friedrich, Religiöse Bildung Erwachsener. Grundlagen und Impulse für die Praxis, Stuttgart u. a. 1999

Luckmann, Thomas, Bemerkungen zu Gesellschaftsstruktur, Bewusstseinsformen und Religion in der modernen Gesellschaft. In: Burkard Lutz (Hg.), Soziologie und gesellschaftliche Entwicklung. Verhandlungen des 22. Deutschen Soziologentages in Dortmund 1984, Frankfurt/M./New York 1985, 475-484

Luckmann, Thomas, Die unsichtbare Religion, Frankfurt/M. 1991

Luhmann, Niklas, Die Religion der Gesellschaft, Frankfurt/M. 2000

Lukatis, Ingrid, Frauen und Männer als Kirchenmitglieder. In: Matthes 1990, 119-148

Luther, Henning, Theologie der Konfirmation. In: Theologia Practica 27 (1992); 193-209 (a)

Luther, Henning, Religion und Alltag. Bausteine zu einer Praktischen Theologie des Subjekts, Stuttgart 1992 (b)

Luther, Martin, Werke. Kritische Gesamtausgabe, Weimar 1883 ff.

Lynn, Robert/Wright, Elliott, The Big Little School, Birmingham 1980

Lyon, K. Brynolf, Toward a Practical Theology of Aging, Philadelphia 1985

Markefka, Manfred/Nauck, Bernhard (Hg.), Handbuch der Kindheitsforschung, Neuwied u. a. 1993

Marrou, Henri-Irénée, Geschichte der Erziehung im klassischen Altertum, Freiburg/München 1957

Martens, Ekkehard, Philosophieren mit Kindern. Eine Einführung in die Philosophie, Stuttgart 1999

Martens, Ekkehard, Methodik des Ethik- und Philosophieunterrichts. Philosophieren als elementare Kulturtechnik, Hannover 2003

Matthes, Joachim, Volkskirchliche Amtshandlungen, Lebenszyklus und Lebensgeschichte. Überlegungen zur Struktur volkskirchlichen Teilnahmeverhaltens. In: ders. (Hg.), Erneuerung der Kirche – Stabilität als Chance? Konsequenzen aus einer Umfrage, Gelnhausen/Berlin 1975, 83-112

Matthes, Joachim (Hg.), Kirchenmitgliedschaft im Wandel. Untersuchungen zur Realität der Volkskirche. Beiträge zur Zweiten EKD-Umfrage »Was wird aus der Kirche?«, Gütersloh 1990

Meinberg, Eckhard, Das Menschenbild der modernen Erziehungswissenschaft, Darmstadt 1988

Melanchthon, Philipp, Glaube und Bildung. Texte zum christlichen Humanismus, Stuttgart 1989

Melanchthon deutsch. 2 Bde, Leipzig 1997

Mendl, Hans, Konstruktivismus und Religionspädagogik. Replik auf Büttner. In: Zeitschrift für Pädagogik und Theologie 54 (2002), 170-184

Mendl, Hans, Lernen an (außer-)gewöhnlichen Biographien. Religionspädagogische Anregungen für die Unterrichtspraxis, Donauwörth 2005
Mertin, Andreas, Videoclips im Religionsunterricht. Eine praktische Anleitung zur Arbeit mit Musikvideos, Göttingen 1999
Mertin, Andreas, Internet im Religionsunterricht, Göttingen 2000
Mette, Norbert, Voraussetzungen christlicher Elementarerziehung. Vorbereitende Studien zu einer Religionspädagogik des Kleinkindalters, Düsseldorf 1983
Mette, Norbert, Option für die Jugend. In: Diakonia 23 (1992), 361-365
Mette, Norbert, Religionspädagogik, Düsseldorf 1994
Mette, Norbert, Art. Konziliarer Prozess. In: Mette/Rickers 2001, 1093-1098
Mette, Norbert/Rickers, Folkert (Hg.), Lexikon der Religionspädagogik. 2 Bde., Neukirchen-Vluyn 2001
Mette, Norbert/Schweitzer, Friedrich, Neuere Religionsdidaktik im Überblick. In: Jahrbuch der Religionspädagogik 18 (2002), 21-40
Mette, Norbert/Steinkamp, Hermann, Sozialwissenschaften und Praktische Theologie, Düsseldorf 1983
Meyer, Diemut/Reents, Christine/Ulrich, Gritta, Zum Bild der Frau in evangelischen Religionsbüchern. In: Johannsen/Noormann 1990, 36-51
Meyer, Hilbert, Unterrichtsmethoden. 2 Bde., Frankfurt/M. [11]2000
Meyer, Johannes, Das Berufsbild der Religionslehrers. Eine Untersuchung der religionspädagogischen Literatur von der Neuscholastik bis heute, Zürich u. a. 1984
Meyer, Karlo, Zeugnisse fremder Religionen im Unterricht.»Weltreligionen« im deutschen und englischen Religionsunterricht, Neukirchen-Vluyn 1999
Meyer, Meinert/Plöger, Wilfried (Hg.), Allgemeine Didaktik, Fachdidaktik und Fachunterricht, Weinheim 1994
Meyer-Blanck, Michael (Hg.), Zwischenbilanz Hoyaer Modell. Erfahrungen – Impulse – Perspektiven, Hannover 1993
Meyer-Blanck, Michael, Vom Symbol zum Zeichen. Symboldidaktik und Semiotik, Hannover 1995
Meyer-Blanck, Michael, Vom Symbol zum Zeichen. Plädoyer für eine semiotische Revision der Symboldidaktik. In: Dressler/Meyer-Blanck 1998, 10-26 (a)
Meyer-Blanck, Michael, Der Ertrag semiotischer Theorien für die Praktische Theologie. In: Dressler/Meyer-Blanck 1998, 241-277 (b)
Meyer-Blanck, Michael, Kleine Geschichte der evangelischen Religionspädagogik, dargestellt anhand ihrer Klassiker, Gütersloh 2003
Meyer-Blanck, Michael/Kuhl, Lena, Konfirmandenunterricht mit 9/10jährigen. Planung und praktische Gestaltung, Göttingen 1994
Miller, Randolph C. (Hg.), Theologies of Religious Education, Birmingham/Al 1995
Miller-McLemore, Bonnie J., Let the Children Come. Reimagining Childhood from a Christian Perspective, San Francisco 2003
Mollenhauer, Klaus, Theorien zum Erziehungsprozess. Zur Einführung in erziehungswissenschaftliche Fragestellungen, München 1972
Mollenhauer, Klaus, Vergessene Zusammenhänge. Über Kultur und Erziehung, München 1983
Mollenhauer, Klaus/Rittelmeyer, Christian, Methoden der Erziehungswissenschaft, München 1977
Möller, Rainer, Die religionspädagogische Ausbildung von Erzieherinnen. Bestandsaufnahme, Geschichte, Perspektiven, Stuttgart u. a. 2000
Möller, Rainer/Tschirch, Reinmar, Arbeitsbuch Religionspädagogik für ErzieherInnen, Stuttgart 2002

Moran, Gabriel, Education Toward Adulthood, New York u. a. 1979

Moran, Gabriel, Religious Education as a Second Language, Birmingham/Ala. 1989

Morgenthaler, Christoph, Systemische Seelsorge. Impulse der Familien- und Systemtherapie für die kirchliche Praxis, Stuttgart ³2002

Moser, Heinz, Einführung in die Medienpädagogik. Aufwachsen im Medienzeitalter, Opladen ²1999

Moser, Ulrich, Identität, Spiritualität und Lebenssinn. Grundlagen seelsorgerlicher Begleitung im Altenheim, Würzburg 2000

Müller, Hans Martin (Hg.), Kulturprotestantismus. Beiträge zu einer Gestalt des modernen Christentums, Gütersloh 1992

Müller, Peter, In der Mitte der Gemeinde. Kinder im Neuen Testament, Neukirchen-Vluyn 1992

Müller-Friese, Anita, Vom Rand in die Mitte. Erfahrungsorientierter Religionsunterricht an der Schule für Lernbehinderte, Stuttgart 2001

Müller-Friese, Anita/Leimgruber, Stephan, Religionspädagogische Aspekte eines integrativen Religionsunterrichts. In: Pithan u. a. 2002, 356-374

Nastainczyk, Wolfgang, Religionspädagogik und Katechetik – ein Zwischenbericht zu ihrem Nach- und Nebeneinander. In: Ritter/Rothgangel 1998, 94-106

Nave-Herz, Rosemarie, Familie heute. Wandel der Familienstrukturen und Folgen für die Erziehung, Darmstadt ²2002

Neidhart, Walter, Konfirmandenunterricht in der Volkskirche, Zürich 1964

Neidhart, Walter/Eggenberger, Hans (Hg.), Erzählbuch zur Bibel, Zürich 1975

Neubert, Ehrhart, Die postkommunistische Jugendweihe – Herausforderung für kirchliches Handeln. In: Studien- und Begegnungsstätte Berlin 1994, 34-86

Neubert, Ehrhart, »gründlich ausgetrieben«. Eine Studie zum Profil und zur psychosozialen, kulturellen und religiösen Situation von Konfessionslosigkeit in Ostdeutschland und den Voraussetzungen kirchlicher Arbeit (Mission) (begegnungen 13), Berlin 1996

Nida-Rümelin, Julian, Ethische Essays, Frankfurt/M. 2002

Niebergall, Friedrich, Die Lehrbarkeit der Religion und die Kritik im Religionsunterricht. In: Monatsblätter für den evangelischen Religionsunterricht 1 (1908), 238-244, 321-335, 353-359

Niebergall, Friedrich, Die Entwicklung der Katechetik zur Religionspädagogik. In: Monatsblätter für den evangelischen Religionsunterricht 4 (1911), 1-10, 33-43, 69-75

Niebergall, Friedrich, Praktische Theologie. Lehre von der kirchlichen Gemeindeerziehung auf religionswissenschaftlicher Grundlage. 2 Bde., Tübingen 1918/1919

Niebergall, Friedrich, Der neue Religionsunterricht, Langensalza o. J. (1922)

Nipkow, Karl Ernst, Christlicher Glaubensunterricht in der Säkularität – Die zwei didaktischen Grundtypen des evangelischen Religionsunterrichts. In: ders., Schule und Religionsunterricht im Wandel. Ausgewählte Studien zur Pädagogik und Religionspädagogik, Heidelberg/Düsseldorf 1971, 236-263

Nipkow, Karl Ernst, Grundfragen der Religionspädagogik. Bd. 1: Gesellschaftliche Herausforderungen und theoretische Ausgangspunkte, Gütersloh 1975

Nipkow, Karl Ernst, Religionsunterricht in der Leistungsschule. Gutachten – Dokumente, Gütersloh 1979

Nipkow, Karl Ernst, Moralerziehung. Pädagogische und theologische Antworten, Gütersloh 1981

Nipkow, Karl Ernst, Grundfragen der Religionspädagogik. Bd. 3: Gemeinsam leben und glauben lernen, Gütersloh 1982

Nipkow, Karl Ernst, Elementarisierung als Kern der Lehrplanung und Unterrichtsvorbereitung. In: Katechetische Blätter 111 (1986), 600-608

Nipkow, Karl Ernst, Erwachsenwerden ohne Gott? Gotteserfahrung im Lebenslauf, München 1987

Nipkow, Karl Ernst, Bildung als Lebensbegleitung und Erneuerung. Kirchliche Bildungsverantwortung in Gemeinde, Schule und Gesellschaft, Gütersloh 1990

Nipkow, Karl Ernst, Ziele Interreligiösen Lernens als mehrdimensionales Problem. In: van der Ven/Ziebertz 1994, 197-232

Nipkow, Karl Ernst, Die Herausforderung aus Brandenburg. »Lebensgestaltung-Ethik-Religionskunde« als staatliches Pflichtfach. In: Zeitschrift für Theologie und Kirche 93 (1996), 124-148

Nipkow, Karl Ernst, Bildung in einer pluralen Welt. Bd. 1: Moralpädagogok im Pluralismus (a); Bd. 2: Religionspädagogik im Pluralismus, Gütersloh 1998 (b)

Nipkow, Karl Ernst, Religionsunterricht für alle? Stellungnahme zum Hamburger Modell. In: Zeitschrift für Pädagogik und Theologie 52 (2000), 293-311

Nipkow, Karl Ernst, Möglichkeiten und Grenzen eines evolutionären Paradigmas in der Erziehungswissenschaft. In: Zeitschrift für Pädagogik 48 (2002), 670-689

Nipkow, Karl Ernst, God, Human Nature and Education for Peace: New Approaches to Moral and Religious Maturity, Aldershot 2003

Nipkow, Karl Ernst, Wünsche an eine zukunftsfähige Religionspädagogik aus wissenschaftlicher Sicht. In: Schweitzer/Schlag 2004, 53-70

Nipkow, Karl Ernst, Pädagogik und Religionspädagogik zum neuen Jahrhundert. Bd. 1: Bildungsverständnis im Umbruch. Religionspädagogik im Lebenslauf. Elementarisierung, Gütersloh 2005(a); Bd. 2: Christliche Pädagogik und Interreligiöses Lernen. Friedenserziehung. Religionsunterricht und Ethikunterricht, Gütersloh 2005 (b)

Nipkow, Karl Ernst, Religionsunterricht – Schulen in evangelischer Trägerschaft. In: Zeitschrift für Pädagogik und Theologie 58 (2006), 28-37

Nipkow, Karl Ernst/Rössler, Dietrich/Schweitzer, Friedrich (Hg.), Praktische Theologie und Kultur der Gegenwart. Ein internationaler Dialog, Gütersloh 1991

Nipkow, Karl Ernst/Schweitzer, Friedrich (Hg.), Religionspädagogik. Texte zur evangelischen Erziehungs- und Bildungsverantwortung seit der Reformation. Bd. 1: Von Luther bis Schleiermacher (ThB 84), München 1991; Bd. 2/1: 19. und 20. Jahrhundert (ThB 88) (a); Bd. 2/2: 20. Jahrhundert (ThB 89), Gütersloh 1994 (b)

Nipkow, Karl Ernst/Schweitzer, Friedrich (Hg.), Zukunftsfähige Schule – in kirchlicher Trägerschaft. Die Tübinger Barbara-Schadeberg-Vorlesungen (Schule in evangelischer Trägerschaft 1), Münster u. a. 2002

Nipkow, Karl Ernst/Schweitzer, Friedrich/Fowler, James W. (Hg.), Glaubensentwicklung und Erziehung, Gütersloh 1988

Noelle-Neumann, Elisabeth/Köcher, Renate, Die verletzte Nation. Über den Versuch der Deutschen, ihren Charakter zu ändern, Stuttgart 1987

Nohl, Hermann, Die pädagogische Bewegung in Deutschland und ihre Theorie, Frankfurt/M. [6]1963

Nüchtern, Michael, Sehnsucht nach religiöser Unmittelbarkeit. Was bedeuten Wellness- und Spiritualitätssehnsucht für die religiöse Erwachsenenbildung? In: Englert/Leimgruber 2005, 35-44

Oberthür, Rainer, Kinder und die großen Fragen. Ein Praxisbuch für den Religionsunterricht, München 1995

Oberthür, Rainer, Kinder fragen nach Leid und Gott. Lernen mit der Bibel im Religionsunterricht, München 1998

Oberthür, Rainer, Die Seele ist eine Sonne. Was Kinder über Gott und die Welt wissen, München 2000

Oelkers, Jürgen, Kultur und Bildung: Neue Aspekte eines alten Problems. In: Biehl/Wegenast 2000, 233-250

Oelkers, Jürgen, Einführung in die Theorie der Erziehung, Weinheim/Basel 2001

Oelkers, Jürgen/Osterwalder, Fritz/Tenorth, Heinz-Elmar (Hg.), Das verdrängte Erbe. Pädagogik im Kontext von Religion und Theologie, Weinheim/Basel 2003

Oelkers, Jürgen/Wegenast, Klaus (Hg.), Das Symbol – Brücke des Verstehens, Stuttgart u. a. 1991

Oerter, Rolf/Montada, Leo (Hg.), Entwicklunspsychologie. Ein Lehrbuch, München u. a. 1982 ff.

Olbrich, Josef, Geschichte der Erwachsenenbildung in Deutschland, Opladen 2001

Orth, Gottfried, Erwachsenenbildung zwischen Parteilichkeit und Verständigung. Zur Theorie theologischer Erwachsenenbildung, Göttingen 1990

Orth, Gottfried (Hg.), Dem bewohnten Erdkreis Schalom. Beiträge zu einer Zwischenbilanz ökumenischen Lernens, Münster 1991

Oser, Fritz, Genese und Logik der Entwicklung des religiösen Bewusstseins: Eine Entgegnung auf Kritiken. In: Nipkow u. a. 1988, 48-88

Oser, Fritz, Religiöse Entwicklung im Erwachsenenalter. In: Böhnke u. a. 1992, 67-88 (a)

Oser, Fritz, Die Entstehung Gottes im Kinde. Zum Aufbau der Gottesbeziehung in den ersten Schuljahren, Zürich 1992 (b)

Oser, Fritz/Gmünder, Paul, Der Mensch – Stufen seiner religiösen Entwicklung. Ein strukturgenetischer Ansatz, Zürich/Köln 1984

Oser, Fritz/Oelkers, Jürgen (Hg.), Die Wirksamkeit der Lehrerbildungssysteme. Von der Allrounderbildung zur Ausbildung professioneller Standards, Zürich 2001

Osmer, Richard R., Confirmation. Presbyterian Practices in Ecumenical Perspective, Louisville 1996

Osmer, Richard R., Religion unterrichten in der staatlichen Schule in den USA: Aussichten und Möglichkeiten. In: Scheilke/Schweitzer 1999a, 279-294

Osmer, Richard R., The Teaching Ministry of Congregations, Louisville 2005

Osmer, Richard R./Schweitzer, Friedrich (Hg.), Developing a Public Faith: New Directions in Practical Theology. Essays in Honor of James W. Fowler, St. Louis 2003 (a)

Osmer, Richard R./Schweitzer, Friedrich, Religious Education between Modernization and Globalization: New Perspectives on the United States and Germany, Grand Rapids/Cambridge 2003 (b)

Ottmar, Georg (Hg.), Mit Kindern Taufe und Abendmahl feiern, Gütersloh 1998

Otto, Gert, Grundlegung der Praktischen Theologie, München 1986

Otto, Hans-Uwe/Thiersch, Hans (Hg.), Handbuch Sozialarbeit/Sozialpädagogik, Neuwied/Kriftel ²2001

Palmer, Christian, Evangelische Katechetik, Stuttgart 1844

Palmer, Christian, Evangelische Pädagogik. 2 Bde., Stuttgart 1853

Pannenberg, Wolfhart, Gottebenbildlichkeit und Bildung des Menschen. In: Theologia Practica 12 (1977), 259-273

Pannenberg, Wolfhart, Anthropologie in theologischer Perspektive, Göttingen 1983

Parks, Sharon, The Critical Years: The Young Adult Search for a Faith to Live by, San Francisco 1986

Paul, Eugen, Geschichte der christlichen Erziehung. Bd. 1: Antike und Mittelalter, Freiburg u. a. 1993; Bd. 2: Barock und Aufklärung, Freiburg u. a. 1995

Peters, Albrecht, Die theologische Konzeption des Kleinen Katechismus. In: Pastoraltheologie 73 (1984), 340-353

Peterßen, Wilhelm H., Lehrbuch Allgemeine Didaktik, München ⁵1996

Petsch, Hans-Joachim, Reflexion und Spiritualität. Evangelische Erwachsenenbildung als Ort der Moderne in der Kirche, Würzburg 1993

Petzold, Klaus, Art. Gebet. In: Mette/Rickers 2001, 655-659

Pfeifer, Volker, Didaktik des Ethikunterrichts. Wie lässt sich Moral lehren und lernen? Stuttgart 2003

Pfister, Gerhard, Vergessene Väter der modernen Religionspädagogik. E. Thrändorf, A. Reukauf, R. Staude, Göttingen 1989

Pickel, Gert, Dimensionen religiöser Überzeugungen bei jungen Erwachsenen in den Neuen und Alten Bundesländern der Bundesrepublik Deutschland. In: Kölner Zeitschrift für Soziologie und Sozialpsychologie 47 (1995), 516-534

Pithan, Annebelle, Religionsbücher geschlechtsspezifisch betrachtet. Ein Beitrag zur Religionsbuchforschung. In: Der Evangelische Erzieher 45 (1993), 421-435

Pithan, Annebelle (Hg.), Religionspädagoginnen des 20. Jahrhunderts, Göttingen/Zürich 1997

Pithan, Annebelle/Adam, Gottfried/Kollmann, Roland (Hg.), Handbuch Integrative Religionspädagogik. Reflexionen und Impulse für Gesellschaft, Schule und Gemeinde, Gütersloh 2002

Pithan, Annebelle/Kohler-Spiegel, Helga, Art. Feministische Theologie, Religionspädagogik. In: Mette/Rickers 2001, 556-569

Plagentz, Achim, Die Diskussion um die Lehrbarkeit der Religion. Eine theoriegeschichtliche Untersuchung zur liberalen Religionspädagogik im Kontext der Reformpädagogik, Diss. München 2003

Plieth, Martina, Kind und Tod. Zum Umgang mit kindlichen Schreckensvorstellungen und Hoffnungsbildern, Neukirchen-Vluyn 2001

Plöger, Wilfried, Allgemeine Didaktik und Fachdidaktik, München 1999

Pollack, Detlef, Säkularisierung – einer moderner Mythos? Studien zum religiösen Wandel in Deutschland, Tübingen 2003

Pollack, Detlef/Pickel, Gert (Hg.), Religiöser und kirchlicher Wandel in Ostdeutschland 1989 – 1999, Opladen 2000

Porzelt, Burkhard, Jugendliche Intensiverfahrungen. Qualitativ-empirischer Zugang und religionspädagogische Relevanz, Graz 1999

Postman, Neil, Das Verschwinden der Kindheit, Frankfurt/M. 1983

Prange, Klaus, Plädoyer für Erziehung, Hohengehren 2000

Preul, Reiner, Religion – Bildung – Sozialisation. Studien zur Grundlegung einer religionspädagogischen Bildungstheorie, Gütersloh 1980

Preul, Reiner, Luther und die Praktische Theologie. Beiträge zum kirchlichen Handeln, Marburg 1989

Preul, Reiner, Kirchentheorie. Wesen, Gestalt und Funktion der Evangelischen Kirche, Berlin/New York 1997

Preul, Reiner, Kulturprotestantismus in religionspädagogischer Perspektive. In: Biehl/Wegenast 2000, 105-124

Preul, Reiner, Anthropologische Fundamente des christlichen Erziehungs- und Bildungsverständnisses. In: Eilert Herms (Hg.), Menschenbild und Menschenwürde, Gütersloh 2001, 138-155

Raab, Erich/Rademacker, Hermann/Winzen, Gerda, Handbuch Schulsozialarbeit, Weinheim/München 1987

Rambach, Johann Jacob, Der wohl-informirte Catechet, Jena 1722

Rang, Martin, Biblischer Unterricht. Theoretische Grundlegung und praktische Handreichung für den Religionsunterricht in Schule, Kirche und Familie, Berlin 1936

Rang, Martin, Handbuch für den biblischen Unterricht. Theoretische Grundlegung und praktische Handreichung für die christliche Unterweisung der evangelischen Jugend. 2 Bde., Tübingen 1939

Ratzinger, Joseph, Das Menschenbild des Konzils in seiner Bedeutung für die Bildung. In: Kulturbeirat beim Zentralkomitee der deutschen Katholiken (Hg.), Christliche Erziehung nach dem Konzil, Bachem 1967, 33-64

Ratzinger, Joseph Kardinal, Die Krise der Katechese und ihre Überwindung. Rede in Frankreich, Einsiedeln 1983

Reents, Christine, Die Bibel als Schul- und Hausbuch für Kinder. Werkanalyse und Wirkungsgeschichte einer frühen Schul- und Kinderbibel im evangelischen Raum: Johann Hübner, Zweymal zwey und funffzig Auserlesene Biblische Historien, der Jugend zum Besten abgefasset. Leipzig 1714 bis Leipzig 1874 und Schwelm 1902, Göttingen 1984

Reich, K. Helmut, Auf dem Weg zum Selbstsein in Zugehörigkeit. Kognitiv-emotionale und religiöse Entwicklung. In: Böhnke u. a. 1992, 35-66

Reich, Kersten, Konstruktivistische Didaktik. Lehren und Lernen aus interaktionistischer Sicht, Neuwied/Kriftel 2002

Reiher, Dieter (Hg.), Kirchlicher Unterricht in der DDR von 1949 bis 1990. Dokumentation eines Weges, Göttingen 1992

Reller, Horst/Grohmann, Rita, Lernen um zu lehren. Eltern geben Konfirmandenunterricht, Gütersloh 1985

Reu, Johannes Martin, Quellen zur Geschichte des kirchlichen Unterrichts in der evangelischen Kirche Deutschlands zwischen 1530 und 1600 (9 Teilbände), Gütersloh 1904 ff.

Richter, Klemens, Jugendweihe – ein Initiationsritus in der sozialistischen Industriegesellschaft der DDR. In: Theologische Revue 83 (1987), 1-14

Rickers, Folkert, Zwischen Kreuz und Hakenkreuz. Untersuchungen zur Religionspädagogik im »Dritten Reich«, Neukirchen-Vluyn 1995

Rickers, Folkert, Religionspädagogik in Thüringen 1933 bis 1945. In: Klaus Raschzok (Hg.), Zwischen Volk und Bekenntnis. Praktische Theologie im Dritten Reich, Leipzig 2000, 239-278

Rickers, Folkert, Art. Interreligiöses Lernen. In: Mette/Rickers 2001, 874-881

Rickers, Folkert/Gottwald, Eckart (Hg.), Vom religiösen zum interreligiösen Lernen. Wie Angehörige verschiedener Religionen und Konfessionen lernen. Möglichkeiten und Grenzen interreligiöser Verständigung, Neukirchen-Vluyn 1998

Riedel, Klaus, Lehr-/Lernforschung. In: Dieter Lenzen (Hg.), Pädagogische Grundbegriffe, Reinbek 1989, 963-972

Riesebrodt, Martin, Die Rückkehr der Religionen. Fundamentalismus und der »Kampf der Kulturen«, München 2000

Riess, Richard/Fiedler, Kirsten (Hg.), Die verletzlichen Jahre. Ein Handbuch zur Beratung und Seelsorge an Kindern und Jugendlichen, Gütersloh 1993

Ritter, Werner H., Glaube und Erfahrung im religionspädagogischen Kontext. Die Bedeutung von Erfahrung für den christlichen Glauben im religionspädagogischen Verwendungszusammenhang. Eine grundlegende Studie, Göttingen 1989

Ritter, Werner/Rothgangel, Martin (Hg.), Religionspädagogik und Theologie. Enzyklopädische Aspekte. Festschrift zum 65. Geburtstag für Professor Dr. Wilhelm Sturm, Stuttgart u. a. 1998

Rizzuto, Ana-Maria, The Birth of the Living God. A Psychoanalytic Study, Chicago/London 1979

Roebben, Bert (Hg.), Religieus opvoeden in een multiculturele samenleving, Leuven 2000

Roggenkamp-Kaufmann, Antje, Religionspädagogik als »Praktische Theologie«. Zur Entstehung der Religionspädagogik in Kaiserreich und Weimarer Republik, Leipzig 2001

Rogowski, Cyprian, Die Entwicklung der katholischen Religionspädagogik in Polen und in der Bundesrepublik Deutschland nach dem II. Vatikanischen Konzil. Eine vergleichende Untersuchung, Paderborn 1995

Röhrig, Hans-Jürgen, Religionsunterricht mit geistigbehinderten Schülern – aber wie? Perspektivwechsel zu einer subjektorientierten Religionsdidaktik, Neukirchen-Vluyn 1999

Roof, Wade C., Spiritual Marketplace: Baby Boomers and the Remaking of American Religion, Princeton/Oxford 1999

Rösener, Antje, »Wellness für die Seele«? Erfahrungsbericht aus der evangelischen Erwachsenenbildung. In: Englert/Leimgruber 2005, 21-26

Rössler, Dietrich, Grundriß der praktischen Theologie, Berlin/New York 1986

Roth, Gerhard, Das Gehirn und seine Wirklichkeit. Kognitive Neurobiologie und ihr philosophischen Konsequenzen, Frankfurt/M. 1997

Rothgangel, Martin, Qualitätskriterien »guten« Religionsunterrichts. In: Rothgangel/Fischer 2004, 104-118

Rothgangel, Martin/Fischer, Dietlind (Hg.), Standards für religiöse Bildung? Zur Reformdiskussion in Schule und Lehrerbildung, Münster 2004

Rothgangel, Martin/Thaidigsmann, Edgar (Hg.), Religionspädagogik als Mitte der Theologie? Theologische Disziplinen im Diskurs, Stuttgart 2005

Rousseau, Jean-Jacques, Emil oder Über die Erziehung, Paderborn u. a. ⁵1981

Rousseau, Jean-Jacques, Vom Gesellschaftsvertrag oder Grundsätze des Staatsrechts, Stuttgart 1986

Rudge, Linda, Standards und Standardisierung im Religionsunterricht 1993 – 2003: Eine besonders englische Erfahrung? In: Zeitschrift für Pädagogik und Theologie 56 (2004), 213-226

Ruster, Thomas, Der verwechselbare Gott. Theologie nach der Entflechtung von Christentum und Religion, Freiburg u. a. 2000

Sailer, Johann Michael, Über Erziehung für Erzieher, Paderborn 1962

Salzmann, Christian Gotthilf, Über die wirksamsten Mittel, Kindern Religion beizubringen, Leipzig 1780

Sanders, Willy/Wegenast, Klaus (Hg.), Erzählen für Kinder – Erzählen von Gott. Begegnung zwischen Sprachwissenschaft und Theologie, Stuttgart u. a. 1983

Sauter, Gerhard, Was heißt: nach Sinn fragen? Eine Theologisch-philosophische Orientierung, München 1982

Sautermeister, Jochen/Schweitzer, Friedrich, Gute religiöse Erziehung. Familienerziehung in religionspädagogischer Sicht. In: Wege zum Menschen 57 (2005), 191-201

Sayer, Josef/Biesinger, Albert, Von lateinamerikanischen Gemeinden lernen, München 1988

Schach, Bernhard, Der Religionslehrer im Rollenkonflikt. Eine religionssoziologische Untersuchung, München 1980

Schäfer, Gerd E., Bildungsprozesse im Kindesalter. Selbstbildung, Erfahrung und Lernen in der frühen Kindheit, Weinheim 1995

Schäfers, Michael, Jugend – Religion – Musik. Zur religiösen Dimension der Popularmusik und ihrer Bedeutung für die Jugendlichen heute, Münster 1999

Scheidler, Monika, Didaktik ökumenischen Lernens – am Beispiel des Religionsunterrichts in der Sekundarstufe, Münster u. a. 1999

Scheilke, Christoph T., Evangelische Erwachsenenbildung. In: Jahrbuch der Religionspädagogik 12 (1996), 179-196

Scheilke, Christoph T., Art. Akademie. III. Evangelische und katholische Akademien. In: RGG Bd. 1 (1998), 246-250

Scheilke, Christoph T., Religions- und Ethikunterricht an allen Schulen – auch an Schulen evangelischer Trägerschaft! Ein Vorschlag. In: Scheilke/Schweitzer 1999a, 187-202

Scheilke, Christoph T., Leistungsbeurteilung im Religionsunterricht der Grundschule. In: Schweitzer/Faust-Siehl 2000, 191-201

Scheilke, Christoph T., Von Religionen lernen in der Pluralität. Ansätze, Aufgaben und Entwicklungserfordernisse eines interreligiösen Religionsunterrichts im Überblick. In: Schweitzer 2002a, 164-178

Scheilke, Christoph T., Von Religion lernen heute. Befunde und Perspektiven in Schule, Gemeinde und Kirche, Münster 2003

Scheilke, Christoph T./Schreiner, Martin (Hg.), Handbuch Evangelische Schule, Gütersloh 1999

Scheilke, Christoph T./Schweitzer, Friedrich (Hg.), Religion, Ethik, Schule. Bildungspolitische Perspektiven in der pluralen Gesellschaft, Münster u. a. 1999 (a)

Scheilke, Christoph T./Schweitzer, Friedrich (Hg.), Kinder brauchen Hoffnung – Religion im Alltag des Kindergartens. Bd. 1: Mit Geheimnissen leben, Gütersloh/Lahr 1999 (b)

Scheilke, Christoph T./Schweitzer, Friedrich (Hg.), Das ist aber ungerecht! Mit Kindern Gerechtigkeit erfahren. Kinder brauchen Hoffnung – Religion im Alltag des Kindergartens Bd. 2, Gütersloh 2000

Scheller, Charlotte/Dohna, Amélie Gräfin zu, Kirche mit den Allerkleinsten. Krabbelgottesdienste, Göttingen 2002

Scheunpflug, Annette, Evolutionäre Didaktik. Unterricht aus system- und evolutionstheoretischer Perspektive, Weinheim/Basel 2001 (a)

Scheunpflug, Annette, Biologische Grundlagen des Lernens, Berlin 2001 (b)

Schian, Martin, Die Sokratik im Zeitalter der Aufklärung. Ein Beitrag zur Geschichte des Religionsunterrichts, Breslau 1900

Schieder, Rolf, Wieviel Religion verträgt Deutschland? Frankfurt/M. 2001

Schilling, Hans, Grundlagen der Religionspädagogik. Zum Verhältnis von Theologie und Erziehungswissenschaft, Düsseldorf 1970

Schleiermacher, Friedrich, Erziehungslehre. Aus Schleiermacher's handschriftlichem Nachlasse und nachgeschriebenen Vorlesungen, hg. v. C. Platz, Berlin 1849

Schleiermacher, Friedrich, Die praktische Theologie nach den Grundsätzen der evangelischen Kirche im Zusammenhange dargestellt, hg. v. Jacob Frerichs, Berlin 1850

Schleiermacher, Friedrich, Über die Religion. Reden an die Gebildeten unter ihren Verächtern (1799). Hg. v. Rudolf Otto, Göttingen [6]1967

Schleiermacher, Friedrich, Kurze Darstellung des theologischen Studiums zum Behuf einleitender Vorlesungen, Darmstadt 1973

Schleiermacher, Friedrich, Monologen (1800) nebst den Vorarbeiten, Hamburg [3]1978

Schlenker, Claudia, Kinderbücher über den Tod. In: Christoph T. Scheilke/Friedrich Schweitzer (Hg.), Musst Du auch sterben? Kinder begegnen dem Tod. Kinder brauchen Hoffnung – Religion im Alltag des Kindergartens Bd. 3, Gütersloh 2000, 74-80

Schlüter, Richard, Der Stand der Ökumenediskussion und ihre religionspädagogischen Konsequenzen aus katholischer Sicht. In: Klaus Goßmann/Johannes Schneider (Hg.), Das Gemeinsame stärken, das Differente klären. Ökumenisches Lernen zwischen den Konfessionen, Münster 1995, 53-70

Schlüter, Richard, Konfessioneller Religionsunterricht heute? Hintergründe – Kontroversen – Perspektiven, Darmstadt 2000

Schmid, Hans, Die Kunst des Unterrichtens. Ein praktischer Leitfaden für den Religionsunterricht, München 1997

Schmidt, Friedrich, Kindergarten als Nachbarschaftszentrum in der Gemeinde. Eine Studie zur Gemeindeentwicklung unter Beteiligung von Kindern und Familien, Waltrop 1999

Schmidt, Günter R., Religionspädagogik, Ethos, Religiosität, Glaube in Sozialisation und Erziehung, Göttingen 1993

Schmidt, Heinz, Didaktik des Ethikunterrichts. 2 Bde., Stuttgart u. a. 1983/1984

Schmidt, Heinz, Religionsdidaktik. Ziele Inhalte und Methoden religiöser Erziehung in Schule und Unterricht. Bd. 2: Der Unterricht in Klasse 1-13 (Theologische Wissenschaft; 16,2), Stuttgart 1984

Schmidt, Heinz, Gerechtigkeit, Friede und Bewahrung der Schöpfung. Der konziliare Prozess als Modell religiösen, ethischen und ökumenischen Lernens. In: Jahrbuch der Religionspädagogik 9 (1993), 31-50

Schneider, Ilona Katharina, Weltanschauliche Erziehung in der DDR. Normen – Praxis – Opposition. Eine kommentierte Dokumentation, Opladen 1995

Schneider, Jan Heiner, Schulbezogene Arbeit der Kirchen im Wandel. Probleme und Perspektiven der »Schulseelsorge«, Düsseldorf 1976

Schneider-Flume, Gunda, Die Identität des Sünders. Eine Auseinandersetzung theologischer Anthropologie mit dem Konzept der psychosozialen Identität Erik H. Eriksons, Göttingen 1985

Schnitzspahn, Gerhard, Der evangelische Kindergarten. Ein religionspädagogischer Beitrag zur Neubestimmung des evangelischen Profils, Stuttgart u. a. 1999

Schoberth, Ingrid, Glauben-lernen. Grundlegung einer katechetischen Theologie, Stuttgart 1998

Scholl, Robert, Das Bildungsproblem in der Alten Kirche. In: Johann 1976, 503-526

Schottroff, Luise, Die Güte Gottes und die Solidarität von Menschen. Das Gleichnis von den Arbeitern im Weinberg. In: Willy Schottroff/Wolfgang Stegemann (Hg.), Der Gott der kleinen Leute. Sozialgeschichtliche Bibelauslegungen. Bd. 2: Neues Testament, München u. a. 1979, 71-93

Schreijäck, Thomas (Hg.), Menschwerden im Kulturwandel. Kontexte kultureller Identität als Wegmarken interkultureller Kompetenz. Initiationen und ihre Inkulturationsprozesse, Luzern 1999

Schreijäck, Thomas (Hg.), Christwerden im Kulturwandel. Analysen, Themen und Optionen für Religionspädagogik und Praktische Theologie. Ein Handbuch, Freiburg u. a. 2001

Schreiner, Martin, Im Spielraum der Freiheit. Evangelische Schulen als Lernorte christlicher Weltverantwortung, Göttingen 1996

Schreiner, Martin (Hg.), Vielfalt und Profil. Zur evangelischen Identität heute, Neukirchen-Vluyn 1999 (a)

Schreiner, Martin, Mit Begeisterung und Besonnenheit. Zum Profil evangelischer Religionslehrerinnen und Religionslehrer heute. In: ders. 1999a, 189-203 (b)

Schreiner, Peter (Hg.), Religious Education in Europe: A collection of basic information about RE in European countries, Münster 2000

Schreiner, Peter/Sieg, Ursula/Elsenbast, Volker (Hg.), Handbuch Interreligiöses Lernen, Gütersloh 2005

Schreiner, Peter/Wulff, Karen (Hg.), Islamischer Religionsunterricht. Ein Lesebuch, Münster 2001

Schriewer, Jürgen, Internationalisierung der Pädagogik und Vergleichende Erziehungswissenschaft. In: Detlef K. Müller (Hg.), Pädagogik, Erziehungswissenschaft, Bildung, Köln u. a. 1994, 427-462

Schröder, Achim/Leonhardt, Ulrike, Jugendkulturen und Adoleszenz. Verstehende Zugänge zu Jugendlichen in ihren Szenen, Neuwied/Kriftel 1998

Schröder, Bernd, Jüdische Erziehung im modernen Israel. Eine Studie zur Grundlegung vergleichender Religionspädagogik, Leipzig 2000

Schröder, Bernd, Mindeststandards religiöser Bildung und Förderung christlicher Identität.

Literatur

Überlegungen zum Zielspektrum religionspädagogisch reflektierten Handelns. In: Rothgangel/Fischer 2004, 13-33

Schröer, Henning, Humanwissenschaften und Religionspädagogik. In: Der Evangelische Erzieher 29 (1977), 150-177

Schröer, Henning, Möglichkeiten eines kinderfreundlichen Gemeindeaufbaus. In: Evangelische Kirche im Rheinland 1994, 75

Schröer, Henning/Zilleßen, Dietrich (Hg.), Klassiker der Religionspädagogik, Frankfurt/M. 1989

Schwab, Ulrich, Evangelische Jugendarbeit in Bayern 1800 – 1933, München 1992

Schwab, Ulrich, Familienreligiosität. Religiöse Traditionen im Prozess der Generationen, Stuttgart u. a. 1995

Schwab, Ulrich, Der Ort der Konfirmandenarbeit. Die Kirchengemeinde in sozialräumlicher Perspektive. In: Comenius-Institut 1998a, 135-145

Schwarze, Bernd, Die Religion der Rock- und Popmusik. Analysen und Interpretationen, Stuttgart u. a. 1997

Schwarze, Bernd/Treml, Hubert, Spiritualität und Rockmusik. Spurensuche nach einer Spiritualität der Subjekte. Anregungen für die Religionspädagogik aus dem Bereich der Rockmusik, Ostfildern 1997

Schweitzer, Friedrich, Identität und Erziehung. Was kann der Identitätsbegriff für die Pädagogik leisten? Weinheim/Basel 1985

Schweitzer, Friedrich, Zwischen Theologie und Praxis – Unterrichtsvorbereitung und das Problem der Lehrbarkeit von Religion. In: Jahrbuch der Religionspädagogik 7 (1991), 3-41 (a)

Schweitzer, Friedrich, Die Einheit der Praktischen Theologie und die Religionspädagogik. Überlegungen zu einer neuen Diskussion. In: Der Evangelische Erzieher 43 (1991), 606-619 (b)

Schweitzer, Friedrich, Die Religion des Kindes. Zur Problemgeschichte einer religionspädagogischen Grundfrage, Gütersloh 1992

Schweitzer, Friedrich, Grundformen ethischen Lehrens und Lernens in der Schule. In: Adam/Schweitzer 1996, 62-80

Schweitzer, Friedrich, Die Suche nach eigenem Glauben. Einführung in die Religionspädagogik des Jugendalters, Gütersloh [2]1998

Schweitzer, Friedrich, Jugendkultur und Religionspädagogik. In: Biehl/Wegenast 2000, 165-178

Schweitzer, Friedrich (Hg.), Der Bildungsauftrag des Protestantismus, Gütersloh 2002 (a)

Schweitzer, Friedrich, Bildung als Dimension der Praktischen Theologie. In: Schweitzer 2002a, 265-277 (b)

Schweitzer, Friedrich, LER in Brandenburg – am Ende des Streits? Bilanz und Perspektiven nach der »Einvernehmlichen Verständigung«. In: Theologische Literaturzeitschrift 117 (2002), 1139-1146 (c)

Schweitzer, Friedrich, Religionspädagogik – Begriff und wissenschaftstheoretische Grundlagen. In: Bitter u. a. 2002, 46-49 (d)

Schweitzer, Friedrich, Praktisches Lernen. In: Adam/Lachmann 2002b, 76-83 (e)

Schweitzer, Friedrich, Pädagogik und Religion. Eine Einführung (Grundriss der Pädagogik/Erziehungswissenschaft 19), Stuttgart 2003 (a)

Schweitzer, Friedrich, Postmoderner Lebenszyklus und Religion. Eine Herausforderung für Kirche und Theologie, Gütersloh 2003 (b)

Schweitzer, Friedrich mit weiteren Beiträgen von K. E. Nipkow u. a., Elementarisierung im Religionsunterricht. Erfahrungen, Perspektiven, Beispiele, Neukirchen-Vluyn 2003 (c)

Schweitzer, Friedrich, Lebensgeschichte und Religion. Religiöse Entwicklung und Erziehung im Kindes- und Jugendalter, Gütersloh [5]2004

Schweitzer, Friedrich, Das Recht des Kindes auf Religion. Ermutigungen für Eltern und Erzieher, Gütersloh [2]2005 (a)

Schweitzer, Friedrich, Begegnung in der Wissenschaft: Internationalisierung und Vergleichende Religionspädagogik. Überblick und Zukunftsperspektiven. In: Jahrbuch der Religionspädagogik 21 (2005), 189-206 (b)

Schweitzer, Friedrich, Evangelische Perspektiven zum interreligiösen Lernen. In: Schreiner u. a. 2005, 114-125 (c)

Schweitzer, Friedrich, Wider die Suche nach der theologischen Leitdisziplin. Theologie als Prozess interdisziplinärer Kooperation. In: Rothgangel/Thaidigsmann 2005, 68-82 (d)

Schweitzer, Friedrich/Biesinger, Albert zus. m. Reinhold Boschki/Claudia Schlenker/Anke Edelbrock/Oliver Kliss/Monika Scheidler, Gemeinsamkeiten stärken – Unterschieden gerecht werden. Erfahrungen und Perspektiven zum konfessionell-kooperativen Religionsunterricht, Freiburg/Gütersloh 2002

Schweitzer, Friedrich/Englert, Rudolf/Schwab, Ulrich/Ziebertz, Hans-Georg, Entwurf einer pluralitätsfähigen Religionspädagogik, Gütersloh 2002

Schweitzer, Friedrich/Faust-Siehl, Gabriele (Hg.), Religion in der Grundschule. Religiöse und moralische Erziehung, Frankfurt/M. [4]2000

Schweitzer, Friedrich/Nipkow, Karl Ernst/Faust-Siehl, Gabriele/Krupka, Bernd, Religionsunterricht und Entwicklungspsychologie. Elementarisierung in der Praxis, Gütersloh [2]1997

Schweitzer, Friedrich/Schlag, Thomas (Hg.), Religionspädagogik im 21. Jahrhundert, Freiburg/Gütersloh 2004

Schweitzer, Friedrich/Simojoki, Henrik, Moderne Religionspädagogik. Ihre Entwicklung und Identität, Freiburg/Gütersloh 2005

Schweitzer, Friedrich/Simon, Werner, Religionspädagogik im ökumenischen Vergleich. Anstöße zu einer vergleichenden Betrachtung. In: Religionspädagogische Beiträge 37/1996, 39-58

Schweizerisches Pastoralsoziologisches Institut (Hg.), Junge Eltern reden über Religion und Kirche, Zürich 1986

Schweizerisches Pastoralsoziologisches Institut (Hg.), Religiöse Lebenswelt junger Eltern, Zürich 1989

Schwenk, Bernhard, Hellenistische Paideia und christliche Erziehung. In: Carsten Colpe/Ludger Honnefelder/Matthias Lutz-Bachmann (Hg.), Spätantike und Christentum. Beiträge zur Religions- und Geistesgeschichte der griechisch-römischen Kultur und Zivilisation der Kaiserzeit, Berlin 1992, 141-158

Schwerin, Eckart (Hg.), Gemeindepädagogik. Lernwege der Kirche in einer sozialistischen Gesellschaft. Gemeindepädagogische Ansätze, Spuren, Erträge, Münster 1991

Schwerin, Eckart/Wilke, Hans-Hermann (Hg.), Aufbrüche und Umbrüche. Zur pädagogischen Arbeit der evangelischen Kirche seit der Wende, Leipzig 1998

Schwöbel, Christoph, Toleranz aus Glauben. Identität und Toleranz im Horizont religiöser Wahrheitsgewissheiten. In: ders., Christlicher Glaube im Pluralismus. Studien zu einer Theologie der Kultur, Tübingen 2003, 217-244

Seils, Martin, Zweireichelehre heute. Erträge einer neuen Diskussion. In: Trutz Rendtorff (Hg.), Charisma und Institution, Gütersloh 1985, 199-210

Seiverth, Andreas/Deutsche Evangelische Arbeitsgemeinschaft für Erwachsenenbildung (DEAE) (Hg.), Re-Visionen Evangelischer Erwachsenenbildung. Am Menschen orientiert, Bielefeld 2002

Siebert, Horst, Pädagogischer Konstruktivismus. Eine Bilanz der Konstruktivismusdiskussion für die Bildungspraxis, Neuwied/Kriftel 1999

Sieg, Ursula, Die gleiche Sache aus verschiedenen Perspektiven. Interreligiöses Lernen in der Grundschule. In: Doedens/Weiße 1997, 125-135

Simon, Werner, Die Reformbewegung in der katholischen Religionspädagogik. In: Der Evangelische Erzieher 49 (1997), 405-416

Simon, Werner, Gleichnisse. In: Schweitzer/Faust-Siehl 2000, 220-228

Simon, Werner, Im Horizont der Geschichte. Religionspädagogische Studien zur Geschichte der religiösen Bildung und Erziehung, Münster u. a. 2001

Simon, Werner, Theologische und kirchliche Positionen zur Reform der Religionslehrerbildung. In: Ziebertz u. a. 2005, 30-39

Slee, Nicola, Women's Faith Development: Patterns and Processes, Aldershot 2004

Soden, Hermann von, Lässt sich Religion lehren? In: Katechetische Zeitschrift 4 (1901), 129-141

Sommer, Regina, Lebensgeschichte und gelebte Religion von Frauen. Eine qualitativ-empirische Studie über den Zusammenhang von biographischer Struktur und religiöser Orientierung, Stuttgart u. a. 1998

Sparn, Walter (Hg.), Wer schreibt meine Lebensgeschichte? Biographie, Autobiographie, Hagiographie und ihre Entstehungszusammenhänge, Gütersloh 1990

Spieß, Manfred, Religionsunterricht oder nicht? Der Biblische Geschichtsunterricht im Land Bremen. In: Lott 1992, 81-102

Spitzer, Manfred, Lernen. Gehirnforschung und die Schule des Lebens, Heidelberg/Berlin 2002

Stachel, Günter (Hg.), Die Religionsstunde – beobachtet und analysiert. Eine Untersuchung zur Praxis des Religionsunterrichts, Zürich u. a. 1976

Städtler-Mach, Barbara, Kinderseelsorge. Seelsorge mit Kindern und ihre pastoralpsychologische Bedeutung, Göttingen 2004

Stallmann, Martin, Die biblische Geschichte im Unterricht. Katechetische Beiträge, Göttingen 1963

Standfest, Claudia/Köller, Olaf/Scheunpflug, Annette, leben – lernen – glauben. Zur Qualität evangelischer Schulen. Eine empirische Untersuchung über die Leistungsfähigkeit von Schulen in evangelischer Trägerschaft, Münster u. a. 2005

Steinhäuser, Martin, Gemeindliche Arbeit mit Kindern begleiten. Empirische Studien zur Entwicklung der Aufgaben und Strukturen gemeindepädagogischer Fachaufsicht, Münster u. a. 2002

Steinwede, Dietrich, Werkstatt Erzählen. Anleitungen zum Erzählen biblischer Geschichten, Münster 1974

Stieglitz, Heinrich, Zur Geschichte der »Münchener Methode«. In: Katechetische Blätter 32 (1906), 228-232

Stock, Hans, Studien zur Auslegung der synoptischen Evangelien im Unterricht, Gütersloh 1959

Stock, Hans, Elementartheologie. In: Werner Böcker/Hans-Günter Heimbrock/Engelbert Kerkhoff (Hg.), Handbuch religiöse Erziehung. Bd. 2: Handlungsfelder und Problemfelder, Düsseldorf 1987, 452-466

Stollberg, Dietrich, Seelsorge. In: Werner Böcker/Hans-Günter Heimbrock/Engelbert Kerkhoff (Hg.), Handbuch Religiöser Erziehung. Bd. 1: Lernbedingungen und Lerndimensionen, Düsseldorf 1987, 228-240

Stolz, Fritz, Grundzüge der Religionswissenschaft, Göttingen 1988

Stoodt, Dieter, Information und Interaktion im Religionsunterricht. In: Klaus Wegenast

(Hg.), Religionsunterricht – wohin? Neue Stimmen zum Religionsunterricht an öffentlichen Schulen, Gütersloh 1971, 293-310

Stoodt, Dieter, Von der religiösen Erziehung zur religiösen Sozialisation. In: Manfred Arndt (Hg.), Religiöse Sozialisation, Stuttgart u. a. 1975, 11-25

Studien- und Begegnungsstätte Berlin (Hg.), Zur Konfessionslosigkeit in (Ost-)Deutschland. Ein Werkstattbericht (Begegnungen 4/5), Berlin 1994

Studien- und Begegnungsstätte Berlin (Hg.), Unter anderen(m) Kirche. Zur Beziehung von Kirchengemeinde und Konfessionslosen am Beispiel einer Gemeinde im Osten Berlins (begegnungen 12), Berlin 1995

Sundermeier, Theo, Konvivenz und Differenz. In: Rudolf Weth (Hg.), Bekenntnis zu dem einen Gott? Neukirchen-Vluyn 2000, 1-16

Synode der EKD, Aufwachsen in schwieriger Zeit – Kinder in Gemeinde und Gesellschaft, Gütersloh 1995

Tarasar, Constance J., Orthodox Theology and Religious Education. In: Miller 1995, 83-120

Tenorth, Heinz-Elmar, »Alle alles zu lehren«. Möglichkeiten und Perspektiven allgemeiner Bildung, Darmstadt 1994

Tenorth, Heinz-Elmar, Reform – Pädagogik – Religion. In: Der Evangelische Erzieher 49 (1997), 376-384

Terhart, Ewald, Lehr-Lern-Methoden. Eine Einführung in Probleme der methodischen Organisation von Lehren und Lernen, Weinheim/München ³2000

Terhart, Ewald; Lehrerberuf und Lehrerbildung. Forschungsbefunde, Problemanalysen, Reformkonzepte, Weinheim/Basel 2001

Theißen, Gerd, Zur Bibel motivieren. Aufgaben, Inhalte und Methoden einer offenen Bibeldidaktik, Gütersloh 2003

Thiemann, Manfred, Jesus Comes from Hollywood. Religionspädagogisches Arbeiten mit Jesus-Filmen, Göttingen 2002

Thiersch, Hans, Die hermeneutisch-pragmatische Tradition der Erziehungswissenschaft. In: ders. u. a. 1978, 11-108

Thiersch, Hans u. a., Die Entwicklung der Erziehungswissenschaft, München 1978

Thomas, Günter, Medien – Ritual – Religion. Zur religiösen Funktion des Fernsehens, Frankfurt/M. 1998

Thomas, Philipp/Martens, Ekkehard (Hg.), Religionsphilosophie, Hannover 2004

Thonak, Sylvia, Religion in der Jugendforschung. Eine kritische Analyse der Shell-Jugendstudien in religionspädagogischer Absicht, Münster u. a. 2003

Thrändorf, Ernst, Die Behandlung des Religionsunterrichts nach Herbart-Ziller'scher Methode. In: Zeitschrift für Praktische Theologie 6 (1884), 365-390; 7 (1885), 1-21

Thurneysen, Eduard, Konfirmandenunterricht. Ein Kapitel aus der praktischen Theologie. In: Zwischen den Zeiten 3 (1925), 387-410

Tiling, Magdalene von, Grundlagen pädagogischen Denkens, Stuttgart 1932

Tillmann, Klaus-Jürgen, Sozialisationstheorien. Eine Einführung in den Zusammenhang von Gesellschaft, Institution und Subjektwerdung, Reinbek ¹³2004

Tippelt, Rudolf (Hg.), Handbuch Erwachsenenbildung, Weiterbildung, Opladen ²1999

Tracy, David, Blessed Rage for Order: The New Pluralism in Theology, Chicago/London 1996

Trautmann, Franz, Religionsunterricht im Wandel. Eine Arbeitshilfe zu seiner konzeptionellen Entwicklung, Essen 1990

Trimpel, Heiko, Seelsorge bei Dr. Sommer. Religion und Religiosität in der Jugendzeitschrift BRAVO, München 1997

Tulasiewicz, Witold/To, Cho-Yee (Hg.), World Religions and Educational Practice, London/New York 1993

Tworuschka, Udo, Die Geschichte nichtchristlicher Religionen im christlichen Religions-
unterricht. Ein Abriss, Köln 1983
Uphoff, Berthold, Kirchliche Erwachsenenbildung. Befreiung und Mündigkeit im Span-
nungsfeld von Kirche und Welt, Stuttgart u. a. 1991
Urban, Detlef/Weinzen, Hans Willi, Jugend ohne Bekenntnis? 30 Jahre Konfirmation und
Jugendweihe im anderen Deutschland 1954 – 1984, Berlin 1984
VELKD (Hg.), Religionen, Religiosität und christlicher Glaube. Eine Studie. Hg. im Auftrag
der VELKD und der Arnoldshainer Konferenz, Gütersloh 1991
Ven, Johannes A. van der/Ziebertz, Hans-Georg (Hg.), Paradigmenentwicklung in der Praktischen Theologie, Kampen/Weinheim 1993
Ven, Johannes A. van der/Ziebertz, Hans-Georg (Hg.), Religiöser Pluralismus und interreli-
giöses Lernen, Kampen/Weinheim 1994
Vischer, Lukas, Die Geschichte der Konfirmation. Ein Beitrag zur Diskussion über das Kon-
firmationsproblem, Zollikon, 1958
Voges, Friedhelm, Konfirmandenunterricht im 4. Schuljahr. Auch ohne Wunderwirkung
empfehlenswert. Was aus dem »Hoyaer Modell« geworden ist. In: Zeitschrift für Päda-
gogik und Theologie 52 (2000), 384-398
Walter, Ulrich, Kinder erleben Kirche. Werkbuch Kindergottesdienst, Gütersloh 1999
Weber, Anton, Die wesentlichen Merkmale der Münchener Methode. In: Katechetische Blät-
ter 32 (1906), 289-298
Weber, Hans Ruedi, Jesus und die Kinder, Hamburg 1980
Weder, Hans, Die Gleichnisse Jesu als Metaphern. Traditions- und redaktionsgeschichtliche
Analysen und Interpretationen, Göttingen ³1984
Wegenast, Klaus, Die empirische Wendung in der Religionspädagogik. In: Der Evangelische
Erzieher 20 (1968), 111-125
Wegenast, Klaus, Das Problem der Probleme. Das Verhältnis des problemorientierten Reli-
gionsunterrichts zur Theologie und zu den sozialwissenschaftlich verantworteten Fä-
chern. In: Der Evangelische Erzieher 24 (1972), 102-126
Wegenast, Klaus (Hg.), Religionspädagogik. Bd. 1: Der evangelische Weg, Darmstadt 1981;
Bd. 2: Der katholische Weg, Darmstadt 1983
Wegenast, Klaus, Bibeldidaktik 1975 – 1985. Ein Überblick. In: Jahrbuch der Religionspäda-
gogik 3 (1987), 127-152 (a)
Wegenast, Klaus, Evangelische Erwachsenenbildung. In: Adam/Lachmann 1987, 379-413 (b)
Wegenast, Klaus, Religionsdidaktik Sekundarstufe I. Voraussetzungen, Formen, Begrün-
dungen, Materialien, Stuttgart u. a. 1993
Wegenast, Klaus und Philipp, Biblische Geschichten dürfen auch »unrichtig« verstanden
werden. Zum Erzählen und Verstehen neutestamentlicher Erzählungen. In: Bell u. a.
1999, 246-263
Wehrmann, Ilse (Hg.), Kindergärten und ihre Zukunft, Weinheim u. a. 2004
Weidenmann, Bernd/Krapp, Andreas (Hg.), Pädagogische Psychologie. Ein Lehrbuch, Wein-
heim ²1993
Weingardt, Martin (Hg.), Lebensräume öffnen. Neue Schritte zum kreativen Miteinander
von Jugendarbeit – Schule – Gemeinde. Dokumentation örtlicher Projekte. Pilotprojekt
»Jugendarbeit und Schule« 1989-1992, Stuttgart ⁴1995
Weiße, Wolfram (Hg.), Vom Monolog zum Dialog. Ansätze einer interkulturellen dialogi-
schen Religionspädagogik, Münster/New York 1996
Weiße, Wolfram (Hg.), Wahrheit und Dialog. Theologische Grundlagen und Impulse gegen-
wärtiger Religionspädagogik, Münster u. a. 2002
Welker, Michael, Kirche im Pluralismus, Gütersloh 1995
Welker, Michael, Was geht vor beim Abendmahl? Stuttgart 1999

Welsch, Wolfgang, Unsere postmoderne Moderne, Weinheim ²1988
Welter, Bruno, Pastoraltheolog/innen in der Schule. Ein Pilotprojekt der Schulpastoral. In: Katechetische Blätter 118 (1993), 690-693
Werbick, Jürgen, Glaubenlernen aus Erfahrung. Grundbegriffe einer Didaktik des Glaubens, München 1989
Weymann, Volker, Evangelische Erwachsenenbildung. Grundlagen theologischer Didaktik, Stuttgart u. a. 1983
Wichelhaus, Manfred/Stock, Alex, Bildtheologie und Bilddidaktik. Studien zur religiösen Bildwelt, Düsseldorf 1981
Wigger, Lothar, Art. Didaktik. In: Benner/Oelkers 2004, 244-278
Winkler, Michael, Erziehung. In: Krüger/Helsper 1995, 53-70
Wittenbruch, Wilhelm/Kurth, Ulrike (Hg.), Katholische Schulen. Nachfrage steigend – Bildungswert fallend?, Donauwörth 1999
Wohlrab-Sahr, Monika (Hg.), Biographie und Religion. Zwischen Ritual und Selbstsuche, Frankfurt/M./New York 1995
Wright, J. Eugene, Erikson: Identity and Religion, New York 1982
Wulf, Christoph (Hg.), Vom Menschen. Handbuch historische Anthropologie, Weinheim/Basel 1997
Wulf, Christoph/Macha, Hildegard/Liebau, Eckart (Hg.), Formen des Religiösen. Pädagogisch-anthropologische Annäherungen, Weinheim/Basel 2004
Wunderlich, Reinhard, Pluralität als religionspädagogische Herausforderung, Göttingen 1997
Wuthnow, Robert, Growing Up Religious. Christians and Jews and their Journeys of Faith, Boston 1999
Zezschwitz, Carl Adolph Gerhard von, System der christlich kirchlichen Katechetik. Bd. 1: Der Katechumenat oder die Lehre von der kirchlichen Erziehung: Der Katechumenat oder die kirchliche Erziehung nach Theorie und Geschichte. Ein Handbuch namentlich für Seelsorger und Pädagogen, Leipzig 1863
Ziebertz, Hans-Georg, Komplementarität von Forschungsmethoden. In: van der Ven/Ziebertz 1993, 225-260
Ziebertz, Hans-Georg, Lehrerforschung in der empirischen Religionspädagogik. In: Ziebertz/Simon 1995, 47-78
Ziebertz, Hans-Georg, Religion, Christentum und Moderne. Veränderte Religionspräsenz als Herausforderung, Stuttgart 1999
Ziebertz, Hans-Georg, Wer initiiert religiöse Lernprozesse? – Rolle und Person der Religionslehrerinnen und Religionslehrer. In: Hilger u. a. 2001, 180-200
Ziebertz, Hans-Georg (Hg.), Erosion des christlichen Glaubens? Umfragen, Hintergründe und Stellungnahmen zum »Kulturverlust des Religiösen«, Münster 2004 (a)
Ziebertz, Hans-Georg, Religionspädagogik und Empirische Methodologie. In: Schweitzer/Schlag 2004, 209-222 (b)
Ziebertz, Hans-Georg/Heil, Stefan/Prokopf, Andreas (Hg.), Abduktive Korrelation. Religionspädagogische Konzeption, Methodologie und Professionalität im interdisziplinären Dialog, Münster u. a. 2003 (a)
Ziebertz, Hans-Georg/Kalbheim, Boris/Riegel, Ulrich, Religiöse Signaturen heute. Ein religionspädagogischer Beitrag zur empirischen Jugendforschung, Freiburg/Gütersloh 2003 (b)
Ziebertz, Hans-Georg/Leimgruber, Stephan, Interreligiöses Lernen. In: Hilger u. a. 2001, 433-442
Ziebertz, Hans-Georg/Simon, Werner (Hg.), Bilanz der Religionspädagogik, Düsseldorf 1995

Ziebertz, Hans-Georg u. a., Religionslehrerbildung an der Universität. Profession – Religion – Habitus, Münster 2005

Ziegler, Tobias, »Jesus als ›unnahbarer Übermensch‹ oder ›bester Freund‹? Elementare Zugänge Jugendlicher zur Christologie als Herausforderung für Religionspädagogik und Theologie«, z. Ersch. Neukirchen-Vluyn 2006

Ziehe, Thomas, Zeitvergleiche, Jugend in kulturellen Modernisierungen, Weinheim/München 1991

Ziemer, Jürgen, Seelsorgelehre. Eine Einführung für Studium und Praxis, Göttingen 2000

Ziener, Gerhard/Scheilke, Christoph T., Erfahrungen mit der Entwicklung und bei der Einführung von Bildungsstandards in Baden-Württemberg. In: Zeitschrift für Pädagogik und Theologie 56 (2004), 226-236

Zilleßen, Dietrich/Gerber, Uwe, Und der König stieg herab von seinem Thron. Das Unterrichtskonzept religion elementar, Frankfurt/M. 1997

Zimmer, Jürgen (Hg.), Erziehung in früher Kindheit. (Enzyklopädie Erziehungswissenschaft 6), Stuttgart 1984

Zimmer, Jürgen, Das kleine Handbuch zum Situationsansatz, Ravensburg 1998.

Zinnecker, Jürgen (Hg.), Der heimliche Lehrplan. Untersuchungen zum Schulunterricht, Weinheim/Basel 1975

Zinnecker, Jürgen, Jugendkultur 1940-1985, Opladen 1987

Zinnecker, Jürgen/Silbereisen, Rainer K., Kindheit in Deutschland. Aktueller Survey über Kinder und ihre Eltern, Weinheim 1996

Zock, Hetty, A Psychology of Ultimate Concern: Erik H. Erikson's Contribution to the Psychology of Religion, Amsterdam/Atlanta 1990

Zühlke, Eckehard/Elsenbast, Volker (Hg.), Sozialpädagogische Ausbildung zwischen Fröbel und Pisa. Ein Lesebuch, Münster u. a. 2004

Zwingli, Ulrich, Wie man die Jugendt in guten Sitten und christenlicher Zucht uferziehen unnd leeren sölle; ettliche kurtze Underwysung, Zürich 1526

Literatur

Namenregister

Heine, S. 35
Heinemann, U. 169
Heinzlmaier, B. 248
Heitmeyer, W. 71
Helmke, A. 136, 192
Helmreich, E. C. 90
Helsper, W. 186, 192
Hemel, U. 134
Henkys, J. 141, 216, 266
Hentig, H. von 89
Hentschel, M. 131
Herbart, J. F. 46 f., 142
Herder, J. G. 123
Hermann, I. 232
Herms, E. 19, 56, 79, 124, 186, 238
Hervieu-Léger, D. 67
Hess, C. L. 257
Hick, J. 170
Hildebrandt, U. 83
Hilgard, E. R. 113
Hilger, G. 134, 141, 148, 164, 234
Hinderer, M. 217
Hirscher, J. B. 45
Hirst, P. H. 66
Hock, K. 277 f.
Hoenen, R. 53, 216
Hofmeier, J. 206
Honig, M.-S. 197, 201
Horkheimer, M. 280
Hörnig, J. T. 211
Huber, W. 56, 75, 238
Hübner, J. 142
Hug, W. 38
Hull, J. 74, 80, 94, 160, 201, 223, 260
Humboldt, W. von 78, 123
Hungs, F. J. 259
Hurrelmann, K. 101, 228, 231
Hüther, G. 115
Hyperius, A. 36, 264

Ilgner, R. 237 f.
Iser, W. 151

Jackson, R. 60, 68, 80, 94 f., 170
Jacobs, F. 46, 142
Jank, W. 139, 184
Jendorff, B. 133
Jentsch, W. 20, 250
Jeremias, J. 181 f.
Jessen, S. 220

Johann, H.-T. 25
Johannsen, F. 168
Jung, C. G. 162
Jung, M. 94
Jüngel, E. 78
Jungmann, J. 52, 146

Kabisch, R. 47, 51, 62, 144, 269
Kaelble, H. 284
Kahle, I. 206
Kant, I. 44 f., 68 f.
Katholische Bundesarbeitsgemeinschaft für
    Erwachsenenbildung 259
Kaufmann, H. B. 147, 152, 155, 206, 218
Kegan, R. 72
Kehnscherper, G. 141, 216, 266
Keil, F. 250
Kerner, C. 182 f.
Kerschensteiner, G. 48
Keupp, H. 70, 108
Key, E. 266
Kiehn, A. 150
Kimble, M. A. 258
Kirsner, I. 167
Kittel, H. 51 f., 145
Klafki, W. 123, 132, 138, 176-178, 268, 280,
    283
Klein, B. 84, 90
Klie, T. 163
Kliemann, P. 126, 130, 186, 192, 220, 233
Klippert, H. 130
Kliss, O. 10, 43
Klöcker, M. 55, 256
Klosinski, G. 72, 204 f., 251
Klostermann, F. 279
KMK (Kultusministerkonferenz) 91, 192
Knauth, T. 126, 148, 153, 155, 172, 284
Knitter, P. 170
Knoblauch, H. 284
Köcher, R. 102, 187, 190 f.
Koenig, H. G. 258
Koepp, W. 123
Koerrenz, R. 168, 224, 237
Kögler, I. 166
Kohlberg, L. 109, 159
Kohler-Spiegel, H. 172, 174 f.
König, K. 169
Konrad, F.-M. 206, 284
Körber, S. 81, 277
Krapp, A. 116

Namenregister

Krappmann, L. 19, 70
Krug, M. 206
Krüger, H.-H. 228, 248, 280, 284
Kuhl, L. 217
Kühl-Freudenstein, O. 52
Kuld, L. 126, 157, 233
Küng, H. 58, 80, 170
Kunstmann, J. 26, 116, 124, 164, 269, 276
Kunz, R. 93, 96, 277
Kürten, K. 190
Kurth, U. 237
Kwiran, M. 284

Lachmann, R. 52, 64, 88, 120, 128 f., 130 f., 150, 177, 205, 214, 275
Ladenthin, V. 68
Lähnemann, J. 58, 90, 151, 170 f., 222 f., 277
Lämmermann, G. 53, 139, 141, 148, 150 f., 156, 177, 180, 189, 245
Lange, E. 240, 260
Lange, G. 164 f.
Langenhorst, G. 166
Langer, K. 189, 191
Langer, W. 150
Langeveld, M. 200
Laslett, P. 255, 258
Lechner, M. 245
Lehmann, C. 174
Lehtiö, P. 53, 216
Leimgruber, S. 81, 168-170, 232, 254, 259-261
Lenzen, D. 275
Leonhard, S. 163
Leonhardt, U. 248
Leschinsky, A. 93
Levinson, D. J. 254, 259
Liebold, H. 189-191, 202
Link, C. 92
Linnemann, E. 181
Listl, J. 83, 96
Loch, W. 200
Locke, J. 40
Lohfink, N. 22
Lohrbächer, A. 155
Lott, J. 90, 92, 259
Lotz-Heumann, U. 27
Lübking, H.-M. 186, 239, 241
Lück, C. 189 f., 220
Lück, W. 106, 134, 258-261

Luckmann, T. 103, 256 f.
Luhmann, N. 67, 102, 161
Lukatis, I. 257
Luther, H. 51, 53, 72, 119, 156, 240, 259
Luther, M. 27-36, 38, 51, 62, 119, 124, 172, 241
Lynn, R. 211
Lyon, K. B. 258

Markefka, M. 197
Marotzki, W. 123
Marrou, H.-I. 25
Martens, E. 91, 159, 278
Marx, K. 102
Matthes, J. 240
May, S. 259
Meinberg, E. 118
Meister Eckhart 122
Melanchthon, P. 27, 30 f., 35
Mendl, H. 120, 161
Mertin, A. 166
Mette, N. 146, 156, 168, 206, 269, 275 f., 286
Meyer, D. 173
Meyer, H. 129, 139, 184
Meyer, J. 189
Meyer, K. 95, 284
Meyer, M. 140
Meyer-Blanck, M. 53, 163, 165, 217
Miklas, H. 189
Miller, R. C. 284
Miller-McLemore, B. J. 22
Mollenhauer, K. 70, 73, 280
Möller, R. 206, 210
Montada, L. 107
Moran, G. 260, 273
Morgenthaler, C. 10, 204
Moser, H. 224 f.
Moser, U. 258
Müller, H.M. 269
Müller, P. 22, 26, 200
Müller-Friese, A. 232

Nastainczyk, W. 141
Nauck, B. 197
Nave-Herz, R. 121, 198
Neidhart, W. 120, 150, 240
Nesbitt, E. 95
Neubauer, G. 248
Neubert, E. 240 f., 261

Nida-Rümelin, J. 181
Niebergall, F. 47, 62, 144, 253
Nipkow, K. E. 27-29, 33 f., 37 f., 53, 56, 60,
  64, 68, 73, 76, 78 f., 81, 92 f., 95 f., 111,
  120-126, 132 f., 147, 152, 158 f., 170-172,
  179 f., 184, 187, 218, 234 f., 237 f., 241,
  243, 260, 274, 276-279
Noelle-Neumann, E. 102
Nohl, H. 63
Noormann, H. 168
Nord, I. 175, 257
Nüchtern, M. 259

Oberthür, R. 150 f.
Oelkers, J. 119, 122, 161, 193, 269, 274
Oerter, R. 107
Olbrich, J. 253
Orth, G. 168, 171, 260
Oser, F. 109 f., 158 f., 193, 257
Osmer, R. R. 36, 50, 59 f., 95, 112 f., 141,
  242, 266, 273, 284
Ottmar, G. 213
Otto, G. 272
Otto, H.-U. 186

Palmer, C. 46, 50, 265
Pannenberg, W. 124, 255
Parks, S. 112, 252
Paul, E. 24, 26, 35, 132, 172
Pavlov, J. P. 114
Peirce, C. S. 163
Pestalozzi, J. H. 122
Peterßen, W. H. 139
Peters, A. 29
Petsch, H.-J. 259
Petzold, K. 120
Peukert, H. 269
Pfeifer, V. 91
Pfister, G. 46, 142
Piaget, J. 109, 111, 151, 159
Pickel, G. 55, 229, 251
Pirner, M. L. 166 f.
Pirson, D. 83, 96
Pithan, A. 58, 172 f., 199, 232
Plagentz, A. 62
Plieth, M. 226
Plöger, W. 140
Pogrell, L. von 119
Pollack, D. 55, 67, 102, 229
Porzelt, B. 153

Postman, N. 199, 255
Prange, K. 122
Preul, R. 38, 41, 76 f., 123 f., 269

Raab, E. 250
Rambach, J. J. 38, 264
Rang, M. 51, 139, 145
Ratke, W. 142
Ratzinger, J. 61, 188, 266
Reents, C. 142, 173
Reich, K. 160
Reich, K. H. 112, 257
Reiher, D. 53, 216
Reilly, G. 148, 234
Reischle, M. 47
Reller, H. 218
Reu, J. M. 35
Richter, K. 240
Rickers, F. 52, 65, 145, 155, 169 f., 275, 284,
  286
Ricœur, P. 111
Riedel, K. 125
Riesebrodt, M. 257
Riess, R. 204, 226, 250 f.
Rittelmeyer, C. 280
Ritter, W. 140, 155, 188, 274
Rizzuto, A.-M. 108, 257
Roebben, B. 170
Roggenkamp-Kaufmann, A. 47 f.
Rogowski, C. 284
Röhrig, H.-J. 232
Roof, W. C. 256
Rösener, A. 259
Rössler, D. 251, 272
Roth, G. 115, 123
Roth, H. 101, 123
Rothgangel, M. 134, 136, 140, 188, 274, 279
Rousseau, J.-J. 39 f., 44, 51, 77, 227, 264
Rudge, L. 135
Rupp, H. 126, 159, 192, 220, 233
Ruster, T. 266

Sailer, J. M. 45 f.
Salzmann, C. G. 40, 264
Sanders, W. 150
Sauter, G. 72
Sautermeister, J. 98, 203
Sayer, J. 218
Schach, B. 186
Schäfer, G. E. 206

Trautmann, F. 51
Treml, H. 166
Trimpel, H. 166
Tschirch, R. 206, 210
Tulasiewicz, W. 284
Tworuschka, U. 55, 169, 256
Tzscheetzsch, W. 189, 191, 195

Ulich, D. 101
Ulrich, G. 173
Uphoff, B. 259
Urban, D. 240

Valentin, P. 112
VELKD (Vereinigte Evangelisch-Lutheri-
sche Kirche in Deutschland) 81
Ven, J. A. van der 279, 286
Vischer, L. 36
Voges, F. 217

Waldenfels, H. 71
Walter, U. 210 f., 214
Weber, A. 49, 144
Weber, H. R. 22
Weder, H. 181
Wegenast, K. 15, 52 f., 101, 105, 150 f., 154,
161, 167, 234, 237, 248, 250, 276
Wegenast, P. 15
Wegner, D. 209
Wehrmann, I. 136
Weiße, W. 92, 95, 171
Weidenmann, B. 116
Weinel, A. 172
Weingardt, M. 246
Weinzen, H. W. 240

Welker, M. 56, 213
Welsch, W. 54
Welter, B. 250
Werbick, J. 188
Wermke, M. 167
Weymann, V. 259
Wichelhaus, M. 164
Wichern, J. H. 211, 244
Wigger, L. 142
Wilke, H.-H. 216
Winkler, M. 117
Wittenbruch, W. 237
Wohlrab-Sahr, M. 74, 106, 257, 284
Wright, J. E. 108, 211
Wulf, C. 68, 274
Wulff, K. 91
Wundt, W. 47, 144
Wunderlich, R. 234
Wuthnow, R. 284

Zerfaß, R. 279
Zezschwitz, C. A. G. von 50 f., 203, 265
Ziebertz, H.-G. 60, 71, 81, 106, 126, 148,
170, 189, 194 f., 231, 279 f., 286
Ziegler, T. 159
Ziehe, T. 248
Ziemer, J. 250 f.
Ziener, G. 134
Ziller, T. 46, 142
Zilleßen, D. 38, 180
Zimmer, J. 206
Zinnecker, J. 101, 197, 201, 248
Zock, H. 108
Zühlke, E. 210
Zwingli, U. 27, 30